CAMILLE FLAMMARION

L'Inconnu

ET LES

Problèmes psychiques

> ★
>
> MANIFESTATIONS DE MOURANTS
> APPARITIONS. TÉLÉPATHIE
> COMMUNICATIONS PSYCHIQUES
> SUGGESTION MENTALE
> VUE A DISTANCE
> LE MONDE DES RÊVES
> LA DIVINATION DE L'AVENIR

PARIS
ERNEST FLAMMARION, ÉDITEUR
26, RUE RACINE, PRÈS L'ODÉON

*Il a été tiré, de cet ouvrage,
20 exemplaires sur papier du Japon, tous numérotés,
et parafés par l'éditeur.*

L'Inconnu

ET LES

Problèmes psychiques

OEUVRES DE CAMILLE FLAMMARION

OUVRAGES PHILOSOPHIQUES

La Pluralité des Mondes habités. 1 vol. in-12. 57° édition.
Les Mondes imaginaires et les Mondes réels. 1 vol in-12. 25° édit.
La Fin du Monde. 1 vol. in-12. ill. par J.-P. Laurens, Rochegrosse, Bayard, Robida, etc. 16° mille.
Récits de l'Infini. Lumen. 1 vol. in-12. 13° édition.
Lumen. 1 vol. in-18. 52° mille.
Dieu dans la nature. 1 vol. in-12. 28° édition.
Les derniers jours d'un philosophe, de sir H. Davy. 1 vol. in-12.
Lumen. Édition de luxe, illustrée par Lucien Rudaux. 1 beau vol. in-8°.
Uranie, roman sidéral. 1 vol. in-12. Ill. de Émile Bayard, Bieler, Falero Myrbach, etc. 30° mille.
Stella, roman sidéral. 1 vol. in-12. 10° mille.

ASTRONOMIE PRATIQUE

La planète Mars et ses conditions d'habitabilité. Étude synthétique accompagnée de 580 dessins télescopiques et 23 cartes. 1 vol. in-8°.
La planète Vénus. Discussion générale des observations (94 dessins). 1 brochure in-8°.
Les Étoiles doubles. Catalogue des étoiles multiples en mouvement, avec les positions et la discussion des orbites. 1 vol. in-8°.
Études sur l'Astronomie. Recherches sur div. questions. 9 vol. in-18.
Grand Atlas céleste, contenant plus de cent mille étoiles. In-folio.
Grande Carte céleste, contenant toutes les étoiles visibles à l'œil nu.
Planisphère mobile, donnant la position des étoiles pour chaque jour.
Carte générale de la Lune.
Globes de la Lune et de la planète Mars.

ENSEIGNEMENT DE L'ASTRONOMIE

Astronomie populaire. Exposition des grandes découvertes de l'astronomie. 1 vol. grand in-8°, illustré. 100° mille.
Les Étoiles et les Curiosités du Ciel. Supplément de l'Astronomie populaire. 1 vol. grand in-8°, illustré. 55° mille.
Les Merveilles célestes. 1 vol. in-8° illustré. 50° mille.
Les Terres du Ciel. Description des planètes de notre système 1 vol. grand in-8°, illustré. 50° mille.
Petite Astronomie descriptive. 1 volume in-12, illustré.
Qu'est-ce que le Ciel? 1 volume in-18, illustré.
Copernic et le Système du monde. 1 volume in-18.
Petit Atlas astronomique de poche. 1 vol. in-24.
Annuaires astronomiques pour chaque année.

SCIENCES GÉNÉRALES

Le Monde avant la création de l'Homme. 1 vol. gr. in-8°, ill. 56° mille.
L'Atmosphère. Météorologie populaire. 1 vol. grand in-8°, ill. 28° mille.
Mes Voyages aériens. 1 volume in-12.
Contemplations scientifiques. 2 volumes in-12.
L'Éruption du Krakatoa et les Tremblements de terre. 1 v. in-18.

VARIÉTÉS LITTÉRAIRES

Dans le Ciel et sur la Terre. 1 volume in-12.
Rêves étoilés. 1 volume in-18.
Clairs de Lune. 1 volume in-18.
Excursions dans le Ciel. 1 volume in-18.

CAMILLE FLAMMARION

L'Inconnu

ET LES

Problèmes psychiques

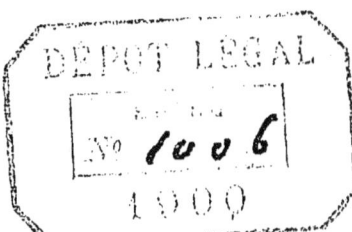

*

MANIFESTATIONS DE MOURANTS
APPARITIONS. TÉLÉPATHIE
COMMUNICATIONS PSYCHIQUES
SUGGESTION MENTALE
VUE A DISTANCE
LE MONDE DES RÊVES
LA DIVINATION DE L'AVENIR

PARIS

ERNEST FLAMMARION, ÉDITEUR

26, RUE RACINE, PRÈS L'ODÉON

Droits de traduction et de reproduction réservés pour tous les pays
y compris la Suède et la Norvège.

INTRODUCTION

Les aspirations universelles et constantes de l'humanité pensante, le souvenir et le respect des morts, l'idée innée d'une Justice immanente, le sentiment de notre conscience et de nos facultés intellectuelles, la misérable incohérence des destinées terrestres comparée à l'ordre mathématique qui régit l'univers, l'immense vertige d'infini et d'éternité suspendu dans les hauteurs de la nuit étoilée, et, au fond de toutes nos conceptions, l'identité permanente de notre *moi*, malgré les variations et les transformations perpétuelles de la substance cérébrale, tout concourt à établir en nous la conviction de l'existence de notre âme comme entité individuelle, de sa survivance à la destruction de notre organisme corporel, et de son immortalité.

Toutefois, la démonstration scientifique n'est pas encore faite, et les physiologistes enseignent, au contraire, que la pensée est une fonction du cerveau, que sans cerveau il n'y a pas de pensée, et que tout meurt avec nous. Il y a contradiction entre les aspirations idéales de l'humanité et ce que l'on appelle la science positive.

D'autre part, on ne sait, on ne peut affirmer que ce que l'on a appris, et l'on ne saura jamais que ce que l'on aura appris. La Science seule est en progrès dans l'histoire actuelle de l'humanité. Elle a transformé le monde, quoiqu'on ne lui rende que bien rarement la justice et la reconnaissance qui lui sont dues. C'est par elle que nous vivons intellectuellement et même matériellement aujourd'hui. C'est elle seule qui peut nous éclairer et nous conduire.

Cet ouvrage est un essai d'analyse scientifique de sujets considérés, en général, comme étrangers à la science, et même comme incertains, fabuleux et plus ou moins imaginaires.

Je vais montrer que ces faits existent.

Je vais essayer d'appliquer les méthodes des sciences d'observation à la constatation et à l'analyse de phénomènes relégués généralement jusqu'ici dans le domaine des contes, du merveilleux ou du surnaturel, et d'établir qu'ils sont produits par des forces encore inconnues et appartiennent à un monde invisible, naturel, différent de celui qui tombe sous nos sens.

Cette tentative est-elle rationnelle? est-elle logique? peut-elle conduire à des résultats? Je l'ignore. Mais elle est intéressante. Et si elle nous mettait sur la voie de la connaissance de la nature de l'âme humaine et de la démonstration scientifique de sa survivance, elle ferait faire à l'humanité un progrès supérieur à tous ceux qui lui ont été apportés jusqu'ici par l'évolution graduelle de toutes les autres sciences réunies.

La raison humaine ne peut admettre comme certain que ce qui est démontré. Mais, d'autre part, nous n'avons le droit de rien nier d'avance, car le témoignage de nos sens est incomplet et trompeur.

Nous devons aborder tout sujet d'études sans aucune idée préconçue, être disposés à admettre ce qui sera prouvé, mais n'admettre que ce qui le sera. En général, dans ces sortes de sujets touchant à la télépathie, aux apparitions, à la vue à distance, à la suggestion mentale, aux rêves prémonitoires, au magnétisme, aux manifestations psychiques, à l'hypnotisme, au spiritisme et à certaines croyances religieuses, il est inouï de voir combien peu on a mis de critique éclairée dans l'examen des choses en discussion, et quel incohérent assemblage de sottises on accueille à titre de vérités. Mais la méthode d'observation scientifique est-elle applicable à toutes ces recherches? Voilà ce que nous devrons d'abord apprécier par ces recherches elles-mêmes.

En principe, nous ne devons croire à rien sans preuves.

Il n'y a que deux méthodes en ce monde : celle de

l'ancienne scolastique, qui affirmait certaines vérités *a priori*, auxquelles les faits étaient tenus de se conformer, et celle de la science moderne depuis Bacon, qui part de l'observation des faits et ne construit la théorie qu'après les avoir constatés. Je n'ai pas besoin d'ajouter que c'est la seconde de ces deux méthodes qui est appliquée ici.

Le cadre de cet ouvrage est essentiellement *scientifique*. Je laisserai de côté, par principe même, les choses qui ne me paraîtront pas avoir été certifiées, soit par l'observation, soit par l'expérience.

Beaucoup disent : « A quoi bon chercher ? Vous ne trouverez rien. Ce sont là des secrets que Dieu se réserve. » Il y a toujours eu des gens qui ont préféré l'ignorance au savoir. Avec cette manière de raisonner et d'agir, on n'aurait jamais rien su, et plus d'une fois on l'a appliquée aussi aux recherches astronomiques. C'est le raisonnement de ceux qui ont l'habitude de ne pas penser personnellement, et qui confient à de prétendus directeurs le soin de tenir leurs consciences en lisières.

D'autres affectent d'objecter que ces chapitres des sciences occultes font reculer notre savoir vers le moyen âge au lieu de l'avancer vers l'avenir lumineux préparé par le progrès moderne. Eh bien ! l'étude raisonnée de ces faits ne peut pas plus nous ramener aux temps de la sorcellerie que l'étude des phénomènes astronomiques ne peut nous ramener au temps de l'astrologie.

En commençant cet ouvrage, mes yeux viennent

de tomber sur la préface du livre du comte Agénor de Gasparin sur *Les tables tournantes* et d'y lire ce qui suit :

« Il y a un mot, un gros mot, qui demande à être éclairci : « le sujet de mon travail n'est pas sérieux ». En d'autres termes, nous ne voulons pas savoir si vous avez tort ou raison, il nous suffit de savoir que la vérité dont vous prétendez prendre la défense, n'est pas au nombre des vérités brevetées et autorisées, des vérités dont on peut s'occuper sans se compromettre, des vérités avouables, des *vérités sérieuses*. Il existe des vérités ridicules ; tant pis pour elles ! Leur tour viendra peut-être, et alors les gens qui se respectent daigneront les prendre sous leur protection, mais, en attendant, aussi longtemps que certaines personnes fronceront le sourcil, aussi longtemps que certains salons railleront, il sera de mauvais goût de braver le blâme de l'opinion reçue. Ne nous parlez pas de la vérité ! Il s'agit de convenances, il s'agit de tenue, il s'agit de demeurer dans l'ornière où marchent à la file les hommes *sérieux*. »

Ces paroles écrites il y a près d'un demi-siècle sont toujours vraies. Notre pauvre espèce humaine, si ignorante de tout, et dont les heures se passent, en général, si stupidement, comprend dans ses rangs des individus qui s'admirent très sérieusement, et jugent les hommes et les choses. Il n'y a qu'un parti à prendre lorsqu'on étudie une question quelconque, c'est de ne pas se préoccuper de ces individus, de leur opinion publique ou privée, et d'aller droit devant soi dans la recherche de la vérité. Les trois quarts de l'humanité sont composés d'êtres encore incapables de comprendre cette recherche et qui vivent sans penser par eux-mêmes. Laissons-les avec leurs jugements superficiels et dépourvus de valeur réelle.

Il y a fort longtemps que je m'occupe de ces questions, dans les heures de loisir de mes travaux astronomiques. Mon ancienne carte de « membre associé libre de la Société parisienne des études spirites », signée par Allan Kardec, vient de passer sous mes yeux : elle est du 15 novembre 1861. (J'avais alors 19 ans et j'étais depuis trois ans élève-astronome à l'Observatoire de Paris.) Depuis plus d'un tiers de siècle, j'ai été tenu au courant de la plupart des phénomènes observés sur l'ensemble de notre globe, et j'ai examiné la plupart des « médiums ». Il m'a toujours semblé que ces phénomènes méritaient d'être étudiés dans un esprit de libre examen, et j'ai cru en maintes circonstances devoir insister sur ce point[1]. C'est, sans aucun doute, à cause de cette longue expérience personnelle que l'on a tant insisté pour réclamer la rédaction de cet ouvrage.

Peut-être aussi, la pratique habituelle des méthodes expérimentales et des sciences d'observation assure-t-elle un contrôle plus digne de confiance

---

1. Voyez mon opuscule *Des Forces naturelles inconnues* (1865) et *Discours prononcé aux obsèques d'Allan Kardec* (1869).

que les vagues approximations dont on se contente habituellement dans la vie ordinaire.

Mais j'hésitais toujours. Le temps en est-il vraiment venu? Est-ce suffisamment préparé? Le fruit est-il mûr?

On peut toutefois commencer (et on le fait avec raison). Les siècles développeront le germe.

Ceci est donc un livre d'*études*, conçu et exécuté dans le seul but de connaître la réalité, sans préoccupation des idées généralement admises jusqu'ici, avec l'indépendance d'esprit la plus complète et le désintéressement le plus absolu de l'opinion publique.

Il faut avouer, d'ailleurs, que si ce travail est intéressant, passionnant même, au point de vue de la recherche de vérités inconnues, il est fort ingrat au point de vue de cette opinion publique. Tout le monde, ou à peu près, désapprouve ceux qui y consacrent quelque temps. Les hommes de science pensent que ce n'est pas un sujet scientifique et qu'il est toujours regrettable de perdre son temps. Les personnes, au contraire, qui croient aveuglément aux communications spirites, aux rêves, aux pressentiments, aux apparitions, trouvent qu'il est inutile d'y apporter un esprit critique d'analyse et d'examen. Ne nous dissimulons pas non plus que le sujet reste imprécis et obscur, et que nous aurons beaucoup de peine à l'éclairer d'une véritable lumière. Mais ce travail n'aurait-il servi qu'à apporter une petite pierre à l'édifice des connaissances humaines, que je serais heureux de l'avoir entrepris.

Le plus difficile pour l'homme est, semble-t-il, de rester absolument indépendant et affranchi de toute ambition personnelle, de dire ce qu'il pense, ce qu'il sait, sans aucun souci de l'opinion qu'on peut avoir de lui, en demeurant désintéressé de tout. La mise en pratique de la noble devise de Jean-Jacques ne produit guère que des ennemis. Car l'humanité est, avant tout, une race égoïste, grossière, barbare, ignorante, lâche et hypocrite. Les êtres qui vivent par l'esprit et par le cœur sont l'exception.

Ce qu'il y a encore de plus curieux peut-être, c'est que la libre recherche de la vérité est désagréable à tout le monde, car chaque cerveau a ses petits préjugés dont il ne veut pas démordre.

Si je dis, par exemple, que l'immortalité de l'âme, déjà enseignée par la philosophie, sera bientôt prouvée expérimentalement par les sciences psychiques, plus d'un sceptique sourira de mon affirmation.

Si je dis, au contraire, que le spirite qui appelle Socrate ou Newton, Archimède ou saint Augustin, dans son guéridon, et qui s'imagine converser avec eux est dupe d'une illusion, voici tout un parti qui me jettera de lourdes pierres pour me lapider.

Mais, encore une fois, ne nous préoccupons pas de ces diverses opinions.

À quoi peuvent conduire ces études sur les problèmes psychiques? demande-t-on aussi.

— A montrer que l'âme existe et que les espérances d'immortalité ne sont pas des chimères.

Le « matérialisme » est une hypothèse qui ne peut plus se soutenir depuis que nous connaissons mieux « la matière ». Celle-ci n'offre plus le solide point d'appui qu'on lui attribuait. Les corps sont composés de milliards d'atomes mobiles invisibles, qui ne se touchent pas et sont en mouvement perpétuel les uns autour des autres ; ces atomes infiniment petits sont maintenant considérés eux-mêmes comme des centres de force. Où est la matière ? Elle disparaît sous le dynamisme.

Une loi intellectuelle régit l'univers, dans l'organisme duquel notre planète n'est qu'un humble organe : c'est la loi du Progrès. J'ai montré dans mon ouvrage *Le Monde avant la création de l'homme* que le transformisme de Lamarck et Darwin n'est qu'une constatation de faits et non une cause (le produit ne peut jamais être supérieur à son générateur), et dans mon ouvrage *La fin du Monde*, que rien ne peut finir, puisque depuis l'éternité passée tout existe encore.

L'étude de l'univers nous fait entrevoir l'existence d'un plan et d'un but, qui n'ont point l'habitant de notre planète pour objet spécial, et qui sont d'ailleurs inconnaissables pour notre petitesse.

La loi du Progrès qui régit la vie, l'organisation physique de cette vie elle-même, l'attraction des sexes, la prévoyance inconsciente des plantes, des insectes, des oiseaux, etc., pour assurer leur progéniture et l'examen des principaux faits de l'histoire naturelle établissent, comme l'a écrit Oersted, qu'il y a « de l'esprit dans la nature. »

Les actes de la vie habituelle ne nous montrent la pensée que dans le cerveau de l'homme et des animaux. De là, les physiologistes ont conclu qu'elle est une propriété, un produit du cerveau. On affirme, disons-nous, qu'il n'y a pas de pensée sans cerveau.

Or, rien ne nous autorise à admettre que la sphère de nos observations soit universelle, qu'elle comprenne toutes les possibilités de la nature, dans tous les mondes.

Nul n'a le droit d'affirmer que la pensée ne puisse pas exister sans cerveau.

Si l'un ou l'autre des millions de microbes qui habitent notre corps cherchait à généraliser ses impressions, pourrait-il se douter, en naviguant dans le sang de nos artères ou de nos veines, en dévorant nos muscles, en perçant nos os, en voyageant dans les divers organes de notre corps, depuis la tête jusqu'aux pieds, que ce corps, comme le sien, est régi par une unité organique?

Nous sommes sensiblement dans le même cas relativement à l'univers astral.

Le soleil, cœur gigantesque de son système, source de la vie, rayonne au foyer des orbites planétaires et gravite lui-même dans un organisme sidéral plus vaste encore. Nous n'avons pas le droit de nier qu'une pensée puisse résider dans l'espace et diriger ces mouvements comme nous dirigeons ceux de nos bras ou de nos jambes. La puissance instinctive qui régit les êtres vivants, les forces qui entretiennent les battements de nos cœurs, la circulation de notre sang, la respiration de nos poumons, le fonctionnement de nos organes, n'existent-ils pas, autres, dans l'univers matériel, régissant des conditions d'existence incomparablement plus importantes que celles d'un être humain, puisque, par exemple, si le soleil s'éteignait ou si le mouvement de la terre était disloqué, ce n'est pas un être humain qui mourrait, ce serait la population entière du globe, sans parler des autres planètes.

Il existe dans le cosmos un élément dynamique, invisible et impondérable, répandu à travers l'univers, indépendant de la matière visible et pondérable, et agissant sur elle. Et dans cet élément dynamique il y a une intelligence supérieure à la nôtre[1].

Oui, sans doute, nous pensons par le cerveau, comme nous voyons par les yeux, comme nous en-

---

1. Le grand chimiste Humphry Davy, le premier qui ait expérimenté le protoxyde d'azote (en 1799), en avait dès ses premières expériences respiré une forte dose et avait perdu connaissance. Pendant cette minute d'anéantissement apparent, il ressentit des impressions cérébrales extraordinaires dont il se souvint au réveil, au moins en ce qui concernait leur conséquence métaphysique. Ses idées, rappelées avec énergie, éclatèrent tout à coup par cette exclamation prononcée sur le ton d'un inspiré : « *Rien n'existe que la pensée; l'univers se compose d'impressions, d'idées, de plaisirs et de peines*[1]. »

Dans le récit d'une de ses curieuses expériences, Mme d'Espérance, dont les facultés médiumniques sont si extraordinaires, nous fait part d'une impression analogue : « Comment décrire l'indescriptible? Le temps avait disparu; l'espace n'existait plus. Je compris que les pensées sont les seules substances réellement tangibles[2]. »

1. Sir Humphry Davy. *Les derniers jours d'un philosophe*, édition française, préface, p. XXI.
2. E. d'Espérance. *Au pays de l'Ombre*, p. 292.

tendons par le sens de l'ouïe ; mais ce n'est pas notre cerveau qui pense, pas plus que ce ne sont nos yeux qui voient. Que dirait-on d'une personne qui féliciterait une lunette de bien voir les canaux de Mars? L'œil est un organe. Le cerveau en est un aussi.

Les problèmes psychiques ne sont pas aussi étrangers qu'on le suppose parfois aux problèmes astronomiques. Si l'âme est immortelle, si le ciel est sa future patrie, la connaissance de l'âme ne peut pas rester étrangère à la connaissance du ciel. L'espace infini n'est-il pas le domaine de l'éternité? Qu'y a-t-il donc de surprenant à ce que des astronomes aient été penseurs, chercheurs, soucieux de s'éclairer sur la nature réelle de l'homme comme de la création? Ne reprochons pas à Schiaparelli, directeur de l'Observatoire de Milan, observateur assidu de la planète Mars, au professeur Zoellner, de l'Observatoire de Leipsig, auteur de recherches importantes sur les planètes, à Crookes, qui fut astronome avant d'être chimiste, à l'astro-physicien Huggins, et à d'autres savants, tels que le prof. Richet, Wallace, Lombroso, etc., d'avoir cherché à savoir ce qu'il y a de vrai dans ces manifestations. La vérité est une, et tout se tient dans la nature.

J'oserai même ajouter qu'il n'y aurait pas grand intérêt pour nous à étudier l'univers sidéral si nous étions certains qu'il nous est et nous restera éternellement étranger, si nous ne devions jamais en rien connaître personnellement. L'immortalité dans les astres me paraît être le complément logique de l'astronomie. En quoi le ciel peut-il nous intéresser si nous ne vivons qu'un jour sur la terre?

Les sciences psychiques sont très en retard sur les sciences physiques. L'astronomie a eu son Newton, la biologie n'en est qu'à Copernic, la psychologie n'a encore que des Hipparque et des Ptolémée. Tout ce que nous pouvons faire actuellement, c'est de recueillir des observations, de les coordonner, et d'aider aux débuts de la nouvelle science.

On pressent, on prévoit que la religion de l'avenir sera scientifique, sera fondée sur la connaissance des faits psychiques. Cette religion de la science aura sur toutes les autres antérieures un avantage considérable : *l'unité*. Aujourd'hui, un juif ou un protestant n'admet pas le culte de la Vierge et des saints, un musulman hait « le chien de chrétien », un bouddhiste répudie les dogmes de l'Occident. Aucune de ces divisions ne saurait exister dans une religion fondée sur la solution scientifique générale des problèmes psychiques.

Mais nous sommes loin d'arriver aux questions de théories ou de dogmes. Ce qui importe avant tout, c'est de savoir si vraiment les phénomènes dont il s'agit existent, et de s'éviter la perte de temps et le ridicule de chercher la cause de ce qui n'existe pas! Constatons d'abord les faits. Les théories viendront plus tard. Cet ouvrage sera surtout composé d'observations, d'exemples, de constatations, de témoignages. Le moins de phrases possible. Il s'agit d'accumuler les preuves de telle sorte que la certitude en résulte. Nous essaierons une classification méthodique des phénomènes en groupant ensemble ceux qui offrent entre eux le plus d'analogie et en essayant ensuite de les expliquer. Ce livre n'est pas un roman, mais un recueil de documents, une thèse d'étude scientifique. J'ai voulu y suivre cette maxime de l'astronome Laplace : « Nous sommes si éloignés de connaître tous les agents de la nature, écrivait-il, précisément à propos du magnétisme humain, qu'il ne serait pas philosophique de nier les phénomènes uniquement parce qu'ils sont inexplicables dans l'état actuel de nos connaissances. Seulement, nous devons les examiner avec une attention scrupuleuse et déterminer jusqu'à quel point il faut multiplier les observations ou les expériences, afin d'obtenir une probabilité supérieure aux raisons que l'on peut avoir d'ailleurs de ne pas les admettre. »

On connaît notre programme. Ceux qui voudront bien nous suivre verront que si ce travail a un mérite, c'est celui de la sincérité. Nous désirons savoir si l'on peut arriver à affirmer que les phénomènes mystérieux dont l'humanité semble avoir été témoin depuis la plus haute antiquité existent réellement, et nous n'avons pas d'autre but que la recherche de la vérité.

Paris, mars 1900.

L'INCONNU

L'INCONNU

I

LES INCRÉDULES

> Croire tout découvert est une erreur profonde :
> C'est prendre l'horizon pour les bornes du monde.
> LEMIERRE.

Un grand nombre d'hommes sont atteints d'une véritable myopie intellectuelle, et, selon la juste image de Lemierre, prennent leur horizon pour les bornes du monde. Les faits nouveaux, les idées nouvelles les offusquent, les horripilent. Ils ne veulent rien voir changer à la marche accoutumée des choses. L'histoire du progrès des connaissances humaines est pour eux lettre morte.

L'audace des chercheurs, des inventeurs, des révolutionnaires, leur paraît criminelle. Il semble, à leurs yeux, que l'humanité ait toujours été ce qu'elle est aujourd'hui, et ils ne se souviennent ni de l'âge de la pierre ni de l'invention du feu, ni de celle des maisons, des voitures et des chemins de fer.

ni des conquêtes de l'esprit, ni des découvertes de la science. On retrouve encore en eux quelques traces de l'héritage des poissons et même des mollusques. Bien assis, au surplus, dans leurs larges fauteuils, ces excellents bourgeois demeurent imperturbablement satisfaits. Ils sont absolument incapables d'admettre ce qu'ils ne comprennent pas, et ne se doutent pas qu'ils ne comprennent rien du tout. Ils ne savent pas qu'au fond de l'explication de tous les phénomènes de la nature il y a l'inconnu, et ils se contentent de changements de mots. Pourquoi une pierre tombe-t-elle? « Parce que la Terre l'attire. » Une réponse aussi claire suffit à leur ambition. Ils croient comprendre. Une phraséologie classique les séduit comme au temps de Molière : « ossabandus, nequeis, nequer, potarinum quipsa milus... voilà justement ce qui fait que votre fille est muette », disait Sgnanarelle.

Dans tous les siècles, à tous les degrés de civilisation, on rencontre de ces hommes simples, tranquilles, non toutefois dépourvus de vanité, qui nient candidement les choses inexplorées et qui prétendent juger l'insondable organisation de l'univers. Telles deux fourmis dans un jardin s'entretenant de l'histoire de France ou de la distance du Soleil.

Parcourons l'histoire, et édifions-nous de quelques exemples.

L'école de Pythagore, affranchie des idées communes sur la nature, s'était élevée à la notion du mouvement diurne de notre planète, qui évite au ciel immense et sans bornes l'obligation absurde de tourner en vingt-quatre heures autour d'un point insignifiant. Que le suffrage universel se révolte contre cette idée de génie, cela va de soi : on ne peut pas demander à un éléphant de s'envoler vers le nid des aigles. Mais la force des préjugés vulgaires est telle que, même des esprits supérieurs restèrent dans l'impossibilité de s'élever à cette conception, Platon lui-même et Archimède, ces deux brillantes intelligences. Et les astronomes eux-mêmes, Hipparque et Ptolémée. Celui-ci ne peut s'empêcher de rire aux éclats d'une pareille billevesée. Il qualifie la théorie du mouvement de la Terre de « complètement ridicule », πάνυ γελοιότατον! L'expression est tout à fait pittoresque. On voit d'ici le ventre d'un bon chanoine se secouer et se tordre à une plaisanterie de cette force, *panu guéloïotaton!* Dieux! que c'est drôle! La Terre qui tournerait! Les pythagoriciens sont toqués : c'est leur tête qui tourne.

Socrate boit la ciguë pour s'être affranchi des superstitions de son temps. Anaxagore est persécuté pour avoir osé enseigner que le Soleil est plus grand que le Péloponèse. Deux mille ans plus tard, Galilée est persécuté à son tour pour affirmer la grandeur du système du monde et l'insignifiance de notre planète. La recherche de la vérité n'avance qu'à pas lents, mais les passions humaines et les intérêts dominateurs aveuglants restent les mêmes.

Et le doute dure encore, malgré les preuves accumulées par toute l'astronomie moderne. N'avonsnous pas, dans nos bibliothèques, un ouvrage publié en 1806, expressément contre le mouvement de la Terre, et déclarant que jamais son auteur n'admettra qu'il tourne comme un chapon à la broche? Ce brave chapon était un homme de beaucoup d'esprit d'ailleurs (ce qui n'exclut pas l'ignorance); c'était un membre de l'Institut, portant le nom de Mercier, plus connu par son *Tableau de Paris*, et que l'on aurait pu croire doué d'un jugement plus étendu et plus sûr.

J'assistais un jour à une séance de l'Académie des sciences, le jour, d'hilarante mémoire, où le physicien Du Moncel présenta le phonographe d'Edison à la docte assemblée. Une fois la présentation faite, l'appareil se mit docilement à réciter la phrase enregistrée sur son rouleau. Alors, on vit un académicien d'un âge mûr, l'esprit pénétré, saturé même, des traditions de sa culture classique, se révolter noblement contre l'audace du novateur, se précipiter sur le représentant d'Edison et le saisir à la gorge en s'écriant : « Misérable! nous ne serons pas dupes d'un ventriloque! » Ce membre de l'Institut s'appelait Monsieur Bouillaud. C'était le 11 mars 1878. Le plus curieux encore peut-être, c'est que six mois après, le 30 septembre, dans une séance analogue, il tint à honneur de déclarer qu'après un mûr examen il n'y avait là pour lui que de la ventriloquie et qu' « on ne peut admettre qu'un vil métal puisse remplacer le noble appareil de la phonation humaine. » Le phonographe n'était, selon lui, qu'une *illusion d'acoustique.*

Lorsque Lavoisier fit l'analyse de l'air et découvrit qu'il se compose principalement de deux gaz, l'oxygène et l'azote, cette découverte troubla plus d'un esprit positif et rassis. Un membre de l'Académie des sciences, le chimiste Baumé (l'inventeur de l'aréomètre), croyant fermement aux quatre éléments de la science antique, écrivait doctoralement : « Les éléments ou principes des corps ont été reconnus et confirmés par les physiciens de tous les siècles et de toutes les nations. Il n'est pas présumable que ces éléments, regardés comme tels depuis deux mille ans, soient mis, de nos jours, au nombre des substances composées, et qu'on puisse donner comme certains des procédés pour décomposer l'eau et l'air, et des *raisonnements absurdes, pour ne rien dire de plus,* pour nier l'existence du feu et de la terre. Les propriétés reconnues aux éléments tiennent à toutes les connaissances physiques et chimiques acquises jusqu'à présent ; elles ont servi de base à une infinité de découvertes et de théories plus lumineuses les unes que les autres, auxquelles il faudrait ôter aujourd'hui toute croyance, *si le feu, l'air, l'eau et la terre étaient reconnus pour n'être plus des éléments.* »

Tout le monde sait aujourd'hui que ces quatre éléments, si religieusement défendus, n'existent pas, et que ce sont les chimistes modernes qui avaient raison en décomposant l'air et l'eau. Quant au feu ou phlogistique qui, d'après Baumé et ses contemporains, était le *deus ex machina* de la nature et de la vie, il n'a jamais existé que dans l'imagination des professeurs.

Et Lavoisier, lui-même, ce grand chimiste, n'est pas indemne de la même accusation contre ceux qui « croient tout découvert », car il a écrit un savant rapport à l'Académie pour démontrer que des pierres *ne peuvent pas* tomber du ciel. Or, la chute d'aérolithes, à propos de laquelle il fit ce rapport officiel, avait été admirablement observée dans tous ses détails : on avait vu et entendu le bolide éclater, on avait vu l'aérolithe tomber, on l'avait ramassé tout brûlant, on l'avait ensuite soumis à l'examen de l'Académie, et l'Académie déclara, par l'organe de son rapporteur, que la chose était incroyable et inadmissible. Remarquons aussi que, depuis des milliers d'années, des pierres étaient tombées du ciel devant des centaines de témoins, qu'on en avait recueilli un grand nombre, que plusieurs étaient conservées dans les églises, dans les musées, dans les collections. Mais il manquait encore, à la fin du siècle dernier, un homme indépendant pour les affirmer. Cet homme arriva : ce fut Chladni.

Je ne jette la pierre ni à Lavoisier, ni à personne, qu'on l'entende bien, mais à la tyrannie des préjugés. On ne croyait pas, on ne voulait pas croire que des pierres puissent tomber du ciel. Cela paraissait contraire au sens commun. Par exemple, Gassendi est l'un des esprits les plus indépendants et les plus instruits du XVIIe siècle. Un aérolithe pesant trente kilogrammes est tombé en Provence, en 1627, par un clair soleil : Gassendi l'a vu, l'a touché, l'a examiné — et l'a attribué à quelque éruption terrestre inconnue.

Les professeurs péripatéticiens du temps de Galilée affirmaient doctoralement que le Soleil *ne pouvait pas* avoir de taches..

Le spectre du Brocken, la fata Morgana, le mirage ont été niés par un grand nombre de gens sensés tant qu'ils n'ont pas été expliqués.

Il n'y a pas fort longtemps encore (1890) que la foudre en boule était révoquée en doute en pleine Académie des sciences de Paris par celui-là même des membres de l'Institut qui aurait dû le mieux la connaître.

L'histoire des progrès de la science nous montre, à chaque instant, que de grands et féconds résultats peuvent provenir d'observations simples et presque vulgaires. Dans le domaine de l'étude scientifique, rien ne doit être dédaigné. Quelle transformation merveilleuse de la vie moderne l'électricité n'a-t-elle pas produite! Télégraphe, téléphone, lumière électrique, moteurs légers et rapides, etc., etc. Sans l'électricité, les nations, les cités, les mœurs seraient tout autres; sans elle, par exemple, la locomotion à vapeur n'aurait pu prendre ses développements; car, si les stations ne pouvaient communiquer instantanément l'une avec l'autre, les trains ne pourraient circuler avec sécurité sur les voies. Or, le berceau de cette admirable fée est humblement voilé dans les premières lueurs, à peine sensibles, de l'aurore naissante. On n'y distingue que des éléments bien vagues, que des yeux perspicaces ont eu la gloire de remarquer et de signaler à l'attention du monde.

On se souvient du bouillon de grenouilles de Mme Galvani, en 1791. Galvani avait épousé la jolie fille de son ancien professeur, Lucie Galeozzi, et l'aimait tendrement. Elle était souffrante à Bologne, se mourant de la poitrine. Le médecin avait ordonné un bouillon de grenouilles, mets d'ailleurs excellent. Galvani avait tenu à le préparer lui-même.

Assis sur son balcon, dit-on, il avait dépouillé un certain nombre de ces petites bêtes et avait suspendu les membres inférieurs séparés du tronc, à ce balcon de fer, au moyen de petits crochets de cuivre qui lui servaient dans ses expériences, lorsqu'il vit avec un étonnement que justifiait l'étrangeté du phénomène, les membres des grenouilles s'agiter convulsivement toutes les fois qu'ils avaient touché accidentellement le fer du balcon. Galvani, qui était lui-même professeur de physique à l'université de Bologne, étudia le fait avec une rare sagacité et découvrit bientôt les conditions nécessaires pour le reproduire. Prenons les membres inférieurs d'une grenouille écorchée, nous remarquerons les nerfs lombaires, les filets blancs. Si l'on saisit ces nerfs, si on les enveloppe avec une feuille d'étain, et si on pose les cuisses, dans l'état de flexion, sur une lame de cuivre, alors, en faisant toucher la petite lame d'étain à la lame de cuivre, à l'instant les muscles se contracteront et un léger obstacle contre lequel on aurait appuyé l'extrémité des pattes, sera renversé avec assez de force. Telle est l'expérience à laquelle Galvani fut conduit par le hasard; il lui dut la découverte qui porte son nom : le *galvanisme*, et qui donna naissance, dans la suite, à la pile de Volta, à la galvanoplastie et à tant d'autres applications de l'électricité.

L'observation du physicien de Bologne fut accueillie par un immense éclat de rire, à l'exception de quelques savants sérieux qui lui donnèrent l'attention qu'elle méritait. Le pauvre inventeur en fut très attristé. « Je suis attaqué, écrivait-il en 1792, par deux sectes bien opposées, les savants et les ignorants. Les uns et les autres se rient de moi et m'appellent le maître de danse des grenouilles. Pourtant, je sais que j'ai découvert une des forces de la nature. »

Vers la même époque, le magnétisme humain n'a-t-il pas été absolument nié, à Paris, par l'Académie des sciences et la Faculté de médecine? On attendit, pour y croire (et encore!), que Jules Cloquet opérât d'un cancer au sein, sans douleur, une femme préalablement magnétisée[1].

C'est ce qui était arrivé pour la découverte de la circulation du sang : Guy-Patin et la Faculté n'ont-ils pas mordu Harvey de leurs sarcasmes?

J'ai connu, à Turin, vers 1873, un descendant, très pauvre, du marquis de Jouffroy, mon compatriote de la Haute-Marne, l'inventeur des bateaux à vapeur en 1776. On sait que cet ingénieux chercheur avait épuisé toutes ses ressources à démontrer la possibi-

1. On peut lire plus loin, p. 490, le rapport officiel écrit sur cette remarquable opération chirurgicale. Elle a été faite le 12 avril 1829.

lité d'appliquer la vapeur à la navigation. Un premier bateau avait marché sur le Doubs, à Baume-les-Dames. Un autre remonta la Saône, à Lyon, jusqu'à l'île Barbe. Jouffroy voulut fonder une compagnie pour l'exploitation ; mais il lui fallait un privilège. Le gouvernement soumit la question à l'Académie des sciences qui, sous l'inspiration de Perier (l'auteur de la pompe à feu de Chaillot), répondit par un avis défavorable. Tout le monde, d'ailleurs, accablait le pauvre marquis de plaisanteries sur sa prétention de « vouloir accorder le feu et l'eau » et on le saluait du sobriquet de « Jouffroy-la-Pompe ». Le malheureux inventeur finit par se décourager, émigra ensuite sous la Révolution et revint en France pendant le Consulat pour constater que Fulton, à son tour, n'était pas plus heureux avec le premier consul qu'il ne l'avait été lui-même sous l'ancien régime. D'autre part, Fulton ne réussit pas davantage à convaincre l'Angleterre en 1804, et ce n'est qu'en 1807 que son premier bateau à vapeur put être lancé victorieusement sur l'Hudson, dans sa propre patrie, qui finit par lui rendre une justice un peu tardive.

Presque tous les inventeurs en sont là. Un autre de mes compatriotes de la Haute-Marne, Philippe Lebon, qui inventa l'éclairage au gaz en 1797, mourut en 1804, le jour de la cérémonie du couronnement de l'empereur (assassiné, dit-on, aux Champs-Elysées, à Paris), sans avoir vu son pays adopter son idée. On objectait surtout qu'une lampe sans mèche ne pouvait pas brûler ! L'éclairage au gaz fut appliqué, en 1805, par l'Angleterre, à Birmingham ; en 1815 à Londres ; en 1818 à Paris.

Lors de la création des chemins de fer, des ingénieurs démontrèrent qu'ils ne marcheraient pas et que les roues des locomotives tourneraient sur place. A la Chambre des députés, en 1838, Arago tempéra l'ardeur des partisans de la nouvelle invention, parla de l'inertie de la matière, de la ténacité des métaux et de la résistance de l'air. « Les vitesses, disait-il, seront grandes, très grandes, mais pas autant qu'on l'avait espéré. Ne nous payons pas de mots. On parle de l'accroissement du transit. En 1836, le montant total des frais de transit, en France, a été de 2 803 000 francs. Si tous les chemins de fer étaient exécutés, si tout le transit s'effectuait par rails et locomotives, les 2 803 000 francs se réduiraient à 1 052 000. Ce serait, par an, une diminution de 1 751 000 francs. Le pays perdrait donc environ les deux tiers de la dépense totale du transport par rouliers. Méfions-nous de l'imagination, cette folle du logis. Deux tringles de fer parallèles ne donneront pas une face nouvelle aux landes de Gascogne. » Et tout le discours se continue sur ce ton ! On voit que, lorsqu'il s'agit d'idées nouvelles, les plus grands esprits peuvent se tromper.

Et M. Thiers : « J'admets, disait-il, que les chemins de fer présenteront *quelques avantages* pour le transport des voyageurs, si l'usage en est limité à quelques lignes fort courtes aboutissant à de grandes villes comme Paris. Il ne faut pas de grandes lignes. »

Et Proudhon : « C'est une opinion banale et ridicule de prétendre que les chemins de fer peuvent servir à la circulation des idées. »

En Bavière, le collège royal de Médecine consulté déclara que les chemins de fer causeraient, s'ils étaient réalisés, le plus grand tort à la santé publique, parce qu'un mouvement aussi rapide provoquerait des ébranlements cérébraux chez les voyageurs et des vertiges dans le public extérieur, et recommanda d'enfermer les voies entre deux cloisons en planches à la hauteur des vagons.

Lorsque parut la proposition d'établir un câble sous-marin entre l'Europe et l'Amérique, en 1855, l'une de nos grandes autorités en physique, Babinet, de l'Institut, examinateur à l'École polytechnique, écrivit dans la *Revue des Deux Mondes* : « Je ne puis regarder ces idées comme sérieuses; la *théorie des courants* pourrait donner des *preuves sans réplique* de l'IMPOSSIBILITÉ d'une telle transmission, même quand on ne tiendrait pas compte des courants qui s'établissent d'eux-mêmes dans un long fil électrique et qui sont très sensibles dans le petit trajet de Douvres à Calais. Le *seul moyen* de joindre l'ancien monde au nouveau, c'est de franchir le détroit de Behring, à moins de passer par les îles Féroë, l'Islande, le Groënland et le Labrador » (!!)

Le géologue Élie de Beaumont, secrétaire perpétuel de l'Académie des sciences, mort en 1874, n'a pas cessé toute sa vie de nier l'homme fossile, sans rien savoir de positif sur ce point. Mon laborieux ami, Émile Rivière, a découvert, en 1872, l'homme fossile dans une grotte, près de Menton, et l'a fait transporter au Muséum de Paris où chacun peut le voir. C'est à peine aujourd'hui si l'on daigne l'admettre, et M. Rivière, à l'heure actuelle (1899), n'a même pas été décoré! (Dieu sait pourtant combien il y a, comme contraste, de médiocrités décorées!)

En Angleterre, la Société royale a refusé en 1841 l'insertion du plus important mémoire du célèbre Joule, fondateur avec Mayer de la thermodynamique; et Thomas Young, fondateur avec Fresnel de la théorie ondulatoire de la lumière, a été ridiculisé par lord Brougham.

En Allemagne, d'autre part, Mayer, voyant le scepticisme narquois avec lequel son immortelle découverte était accueillie des savants officiels, se prit à douter de lui-même et se jeta par la fenêtre! Un peu plus tard, les académies lui tendaient les bras. Le grand électricien Ohm a été traité de fou par ses compatriotes allemands.

Et comment ne pas nous souvenir de ce qui arriva lors de l'invention de la lunette d'approche! Les sénateurs des Pays-Bas refusèrent d'accorder un brevet « parce qu'on n'y regardait que d'un œil », et un demi-siècle plus tard, l'éminent astronome Hévélius refusa d'adapter des verres à ses instruments pour son Catalogue d'étoiles, parce qu'il supposait qu'ils nuiraient à la précision des déterminations de position.

Ces exemples pourraient être continués jusqu'à la fin du monde.... Ils suffisent pour nous édifier sur l'un des aspects de l'esprit humain, sur un caractère non négligeable dans notre recherche de la vérité.

Un ami de trente années d'affectueux attachement et de doux voisinage intellectuel, Eugène Nus, a dédié l'un de ses ouvrages, *Choses de l'autre monde*,

>   Aux mânes des savants,
>   Brevetés, patentés,
>   Palmés, décorés et enterrés,
>   Qui ont repoussé
>   La rotation de la terre,
>   Les météorites,
>   Le galvanisme,
>   La circulation du sang,
>   La vaccine,
>   L'ondulation de la lumière,
>   Le paratonnerre,
>   Le daguerréotype,
>   La vapeur,
>   L'hélice,
>   Les paquebots,
>   Les chemins de fer,
>   L'éclairage au gaz,
>   Le magnétisme,
>   Et le reste,
> A ceux, vivants et à naître, qui font de même
>   Dans le présent,
>   Et feront de même dans l'avenir.

Je trouverais fort irrévérencieux de l'imiter, et je me garderai bien d'écrire la même dédicace en tête de ce livre. Mais je la rappelle pourtant, et je la laisse imprimer, car elle n'est pas sans valeur philosophique, et j'ajouterai avec un historien de ces phénomènes, que ces retardataires, que l'on rencontre partout, dans les sciences, dans les arts, dans l'industrie, en politique, en administration, etc., ont leur utilité : « Passés à l'état de bornes, ils jalonnent la route du progrès. »

Auguste Comte et Littré ont paru tracer à la science sa voie définitive, sa voie « positive ». N'admettre que ce que l'on voit, ce que l'on touche, ce que l'on entend, ce qui tombe sous le témoignage direct des sens, et ne pas chercher à connaître l'inconnaissable : depuis un demi-siècle, c'est la règle de conduite de la science.

Mais voici. En analysant les témoignages de nos sens, on trouve qu'ils nous trompent absolument. Nous voyons le soleil, la lune et les étoiles tourner autour de nous : c'est faux. Nous sentons la terre immobile : c'est faux. Nous voyons le soleil se lever au-dessus de l'horizon : il est au-dessous. Nous touchons des corps solides : il n'y en a pas. Nous entendons des sons harmonieux : l'air ne transporte que des ondulations silencieuses en elles-mêmes. Nous admirons les effets de la lumière et des couleurs qui font vivre à nos yeux le splendide spectacle de la nature : en fait, il n'y a ni lumière, ni couleurs, mais seulement des mouvements éthérés obscurs qui, en frappant notre nerf optique, nous donnent les sensations lumineuses. Nous nous brûlons le pied au feu : c'est, à notre insu, dans notre cerveau seulement que réside la sensation de la brûlure. Nous parlons de chaleur et de froid : il n'y a dans l'univers ni chaleur ni froid, mais seulement du mouvement. Ainsi nos sens nous trompent sur la réalité. Sensation et réalité sont deux.

Ce n'est pas tout. De plus, nos cinq pauvres sens sont insuffisants. Ils ne nous font sentir qu'un très petit nombre des mouvements qui constituent la vie de l'Univers. Pour en donner une idée, je répéterai ici ce que j'écrivais dans *Lumen*, il y a un tiers de siècle : « Depuis la dernière sensation acoustique perçue par notre oreille, due à 36 850 vibrations par seconde, jusqu'à la première sensation optique perçue par notre œil, due à 400 000 000 000 000 de vibrations dans la même unité de temps, nous ne pouvons rien percevoir. Il y a là un intervalle énorme avec lequel aucun sens ne nous met en relation. Si nous avions d'autres cordes à notre lyre, dix, cent, mille, l'harmonie de la nature se traduirait plus complètement en les faisant entrer en vibrations. » D'une part, nos sens nous trompent; d'autre part, leur témoignage est tout à fait incomplet. Il n'y a pas là de quoi être si fiers et poser en principe une prétendue philosophie positive.

Sans doute, il faut bien nous servir de ce que nous avons. La foi religieuse dit à la raison : « Ma petite amie, tu n'as qu'une lanterne pour te conduire : souffle dessus et laisse-toi mener par moi ». Ce n'est pas notre avis. Nous n'avons qu'une lanterne, et même une assez mauvaise; mais l'éteindre serait le comble de l'aveuglement. Reconnaissons, au contraire, en principe, que la raison ou, si l'on veut, le raisonnement doit toujours et en tout être notre guide. Hors de là, il n'y a plus rien du tout. Mais ne circonscrivons pas la science dans un cercle étroit. J'en reviens encore à Auguste Comte, parce qu'il est le fondateur de l'école moderne, et qu'il représente l'un des plus grands esprits de notre siècle. Il limite la sphère de l'astronomie à ce qu'on savait de son temps. C'est tout simplement absurde. « Nous concevons, dit-il, la possibilité d'étudier la forme des astres, leurs distances, leurs mouvements, tandis que nous ne saurons jamais étudier, par aucun moyen, leur composition chimique. » Ce célèbre philosophe est mort en 1857. Cinq ans plus tard, l'analyse spectrale faisait précisément connaître la composition chimique des astres et classait les étoiles dans l'ordre de leur nature chimique.

C'est comme les astronomes du XVIIe siècle qui affirmaient qu'il *ne peut* exister que sept planètes.

L'inconnu d'hier est la vérité de demain.

On serait dans l'erreur, cependant, en supposant que les savants (certains savants) et les hommes en vue soient seuls responsables de ces actes d'inertie. Il en est de même de la majorité de l'humanité, et le gros du public est dans le même cas. La pâte du cerveau humain est à peu près la même, que l'on soit savant, littérateur, artiste, magistrat, politicien, industriel, ouvrier, laboureur ou fainéant. Les reproches que l'on peut adresser aux hommes dont l'esprit est fermé aux conceptions nouvelles, à ces êtres qui, comme Napoléon, par exemple (auquel l'invention aurait assuré la ruine de sa plus puissante ennemie, l'Angleterre), n'ont pas compris l'invention de la vapeur, s'appliquent pour ainsi dire à tout le monde. Un homme, d'ailleurs, peut être très supérieur en certaines facultés et très inférieur en d'autres. Les exemples regrettables qui précèdent ne font donc pas le procès des savants en particulier et encore moins celui de la Science. Seulement, on aimerait voir les esprits éclairés ne pas tomber dans la commune impuissance du vulgaire, et c'est à cause de l'estime qu'ils nous inspirent que nous remarquons davantage leurs faiblesses.

Il est juste de nous souvenir, toutefois, qu'il y a une excuse à ces obstructions, à ces freins, à ces résistances. En général, on n'est pas sûr de la réalité ni de la valeur des choses nouvelles. Les premiers bateaux à vapeur marchaient mal et ne valaient pas les bateaux à voiles. Les premiers becs de gaz éclairaient peu et sentaient mauvais. La Terre, vraiment, paraît bien fixe et bien stable. L'eau et l'air semblent des éléments. Il ne paraît pas naturel que des pierres tombent du ciel. Les premières manifestations de l'électricité étaient incohérentes. Les chemins de fer dérangeaient tout[1].

Et puis, le génie est en avant, une découverte nouvelle est en avant. Il est donc tout naturel que

---

1. J'ai assisté, à l'âge de six ans, à la construction de la ligne du chemin de fer Paris-Lyon-Méditerranée, dans la section de Tonnerre à Dijon, et, à l'âge de douze ans, à celle de Paris à Mulhouse, dans la section de Chaumont à Chalindrey, et je me souviens comme d'hier des conversations qui se tenaient autour de moi. Personne n'avait aucune intuition du développement que les réseaux devaient prendre en moins d'un demi-siècle, et, loin de souhaiter avoir des gares à sa portée, on était plutôt disposé à les éloigner le plus possible, du moins à Langres, où je commençais mes études, et dans mon village, à Montigny-le-Roi : en ces deux points notamment, les gares sont aussi isolées et aussi éloignées que possible des affaires de chaque pays.

l'on soit en arrière et que l'on ne comprenne pas.

Et puis aussi, bien souvent, les faits nouveaux, peu connus, inexpliqués, sont vagues, embrouillés, d'une analyse difficile, mal servis par ceux qui les présentent. Quelles difficultés le magnétisme humain n'a-t-il pas eues à traverser avant d'arriver à l'état d'expérimentation scientifique où il est aujourd'hui, sous d'autres noms! Et combien n'a-t-il pas été exploité par des charlatans se jouant de la crédulité publique! Et, dans les phénomènes magnétiques, comme dans ceux du spiritisme, que de fraudes, que de supercheries, que d'infâmes mensonges, sans compter les personnes stupides qui trichent « pour s'amuser »! Et de quels tours merveilleux les prestidigitateurs ne sont-ils pas capables! On peut donc excuser en partie les réserves des hommes de science.

La découverte récente des rayons Röntgen, si incroyable et si étrange en elle-même à son origine, devrait nous éclairer sur l'exiguë petitesse du champ de nos observations habituelles. Voir à travers des objets opaques! dans l'intérieur d'un coffre fermé! distinguer le squelette d'un bras, d'une jambe, d'un corps à travers la chair et les vêtements! Une telle découverte est, sans contredit, tout à fait contraire à nos certitudes accoutumées. Cet exemple est assurément l'un des plus éloquents en faveur de cet axiome : il est antiscientifique d'affirmer que les réalités s'arrêtent à la limite de nos connaissances et de nos observations.

Et le téléphone, qui transmet la parole, non par

des ondes sonores, mais par un mouvement électrique ! Si nous pouvions parler à l'aide d'un tube entre Paris et Marseille, notre voix emploierait trois minutes et demie pour arriver à destination, et il en serait de même de celle de notre correspondant, de sorte que la réponse à un mot lancé : « allô ! allô ! » ne nous reviendrait qu'au bout de sept minutes. On n'y songe pas, mais le téléphone est aussi absurde que les rayons X au point de vue de notre conception des choses antérieure à ces découvertes.

On a parlé des cinq portes de nos connaissances : la vue, l'ouïe, l'odorat, le goût et le toucher. Ces cinq portes ne nous donnent encore que peu d'accès sur le monde extérieur, surtout les trois dernières. L'œil et l'oreille vont assez loin, mais, en fait, c'est presque la lumière seule qui met notre esprit en communication avec l'univers. Or, qu'est-ce que la lumière ? Un mode de vibration de l'éther excessivement rapide. La sensation de lumière est produite sur notre rétine par les vibrations qui s'étendent depuis 400 trillions par seconde (extrémité rouge du spectre lumineux) jusqu'à 756 trillions (extrémité violette). Elles sont depuis longtemps mesurées avec précision. En deçà comme au delà de ces nombres, il y a d'autres vibrations de l'éther, non perceptibles pour nos yeux. Au delà du rouge, ce sont des vibrations calorifiques obscures. Au delà du violet, ce sont des vibrations chimiques, actiniques, photographiables, également obscures. Il en existe beaucoup d'autres qui nous restent inconnues. A ces remarques j'ajouterai aujourd'hui, en la modifiant et la développant, une comparaison faite récemment par sir William Crookes, à propos de la continuité probable des phénomènes de l'univers et des lacunes que notre organisation terrestre subit dans cette continuité. Prenons un pendule battant la seconde dans l'air. En doublant les battements, nous obtenons la série suivante :

1ᵉʳ degré	2	
2	4	
3	8	
4	16	
5	32	
6	64	
7	128	
8	256	Son.
9	512	
10	1.024	
15	32.768	
20	1.047.576	Inconnu.
25	33.554.432	
30	1.073.741.824	Électricité.
35	34.359.738.368	
40	1.099.511.627.776	Inconnu.
45	35.184.372.088.832	
48	281.474.976.710.656	
49	562.949.953.421.312	Lumière [1].
50	1.125.890.906.842.624	
55	36.028.797.018.963.968	
56	72.057.594.037.927.936	Inconnu.
57	144.115.188.075.855.872	
58	288.230.376.151.711.744	
59	576.460.752.303.423.488	
60	1.152.921.504.606.846.976	Rayons X.
61	2.305.843.009.213.693.952	
62	4.611.686.018.427.387.904	Inconnu.
63	9.223.372.036.854.775.808	

1. Rayons lumineux, calorifiques et chimiques, spectre de l'infra-rouge à l'ultra-violet.

Au cinquième degré depuis l'unité, à 32 vibrations par seconde, nous entrons dans la région où la vibration de l'atmosphère nous est révélée sous la forme de *son*. Nous trouvons là la note musicale la plus basse. Si, parmi les sons musicaux, on en choisit un très grave, par exemple l'octave inférieure de l'orgue, on s'aperçoit que les sensations élémentaires, quoique formant un tout continu, ce qui est nécessaire pour que le son soit musical, y restent cependant distinctes jusqu'à un certain degré. Plus le son est bas, dit Helmholtz, mieux l'oreille y distingue les pulsations successives de l'air.

Dans les dix degrés suivants, les vibrations par seconde s'élèvent de 32 à 32 768; chaque doublement reproduit la même note, à l'octave supérieure. Le diapason normal qui donne le *la* vibre 435 fois par seconde, soit 870 vibrations doubles. Le son le plus aigu est vers 36 000 vibrations, et là s'arrête la région du son pour une oreille humaine ordinaire. Mais probablement certains animaux mieux doués que nous entendent des sons trop aigus pour nos organes, c'est-à-dire des sons où la vitesse des vibrations dépasse cette limite.

Nous arrivons ensuite dans une région où la vitesse des vibrations augmente rapidement, et le milieu vibrant n'est plus la grossière atmosphère, mais un milieu infiniment subtil, « un air plus divin », appelé éther. Il y a là des vibrations d'ordre inconnu. Plus loin, nous pénétrons dans la sphère des rayons *électriques*[1].

Puis vient la région qui s'étend du 35e au 45e degré, de 34 milliards 359 millions à 35 trillions 184 milliards de vibrations par seconde. Elle nous est *inconnue* : nous ignorons les fonctions de ces vibrations, mais qu'elles existent et agissent dans l'univers, il est difficile de ne pas l'admettre.

Maintenant, nous approchons de la région de la lumière, ce sont des vitesses comprises entre le 48e et le 50e ordre. La sensation de *lumière*, c'est-à-dire les vibrations qui transmettent les signes visibles, est comprise entre les étroites limites d'environ 400 trillions (lumière rouge) à 756 trillions (lumière violette), ce qui fait moins d'un degré.

Les phénomènes de la nature qui se passent constamment autour de nous, d'ailleurs, s'accomplissent sous l'action de forces invisibles. La vapeur d'eau, dont l'œuvre est si considérable dans la climatologie, est invisible. La chaleur est invisible. L'élec-

---

1. La décharge d'une bouteille de Leyde à travers une bobine de fils très fins et très longs donne naissance à des vibrations électromagnétiques, dont les périodes, déterminées par Helmholtz (1869) et après lui par bien d'autres observateurs, peuvent être comprises entre 1000 et 10 000 par seconde pour les appareils usuels. En 1888, Hertz a réussi à reproduire des vibrations de même nature, de 100 000 par seconde, et à en étudier la propagation. Ces vibrations se propagent dans le vide (éther), ce qui les distingue des vibrations sonores, qui ne se propagent que dans la matière ordinaire, air, eau, bois, etc., il est rationnel de les considérer comme de nature analogue aux vibrations de la chaleur rayonnante, conformément aux idées émises par Maxwell dès 1867. Voy. sir W. Thomson, *Conférences*, p. 189.

tricité est invisible. Les rayons chimiques sont invisibles. Le spectre solaire, représentant l'ensemble des rayons lumineux sensibles à la rétine humaine, les rayons visibles, est aujourd'hui connu de tout le monde. Si l'on fait passer un rayon de soleil à travers un prisme, on obtient, à la sortie du prisme, un ruban coloré s'étendant du rouge au violet. Un grand nombre de raies le traversent, les principales sont indiquées par les lettres de A à H : ce sont des lignes d'absorption produites par les substances qui brûlent dans l'atmosphère solaire et par la vapeur d'eau de l'atmosphère terrestre. On en connaît aujourd'hui des milliers.

Si l'on promène un thermomètre à gauche du spectre visible, au delà du rouge, on le voit s'élever et l'on constate qu'il y a là des rayons calorifiques invisibles pour nous.

Si l'on place une plaque photographique à droite du spectre, au delà du violet, on la voit s'impressionner et l'on constate la présence de rayons chimiques très actifs, invisibles pour nous. Remarque importante : des corps invisibles peuvent devenir visibles; ainsi l'uranium, le sulfate de quinine, deviennent visibles dans l'obscurité sous les radiations ultra-violettes.

On définit aujourd'hui tous ces rayons par leur longueur d'onde : c'est l'espace parcouru par l'onde pendant la durée d'une période vibratoire. Bien que les longueurs d'onde des radiations soient d'une extrême petitesse, on parvient, grâce à l'emploi de réseaux de diffraction, à les déterminer avec une très grande précision. Les voici :

(L'unité employée est le dix-millionième de millimètre.)

SPECTRE SOLAIRE VISIBLE COULEUR	Longueur d'onde.	Vibrations par seconde en trillions.
Rouge extrême.	734	400
Limite du rouge et de l'orangé.	647	490
— de l'orangé et du jaune	587	558
— du jaune et du vert	535	590
— du vert et du bleu.	492	596
— du bleu et de l'indigo	456	675
— de l'indigo et du violet.	424	700
Violet extrême.	397	756

Partie infra-rouge invisible, calorifique. Longueur d'onde : de 1940 à 734.

Partie ultra-violette invisible, chimique. Longueur d'onde : de 397 à 295.

Le premier de ces deux spectres invisibles a été déterminé avec une grande précision par l'astronome américain Langley à l'aide de l'appareil de son invention nommé bolomètre[1]. C'est dans cette région invisible que s'exerce la plus grande partie de l'énergie solaire. La partie de ce spectre déjà explorée est 16 fois plus étendue que le spectre visible !

D'autre part, le physicien français, Edmond Becquerel, a photographié depuis longtemps le spectre chimique[2]. Ce spectre, dont l'étude a été continuée

---

1. Voy. *Bulletin de la Société Astronomique de France*, année 1895, p. 110. Voy. aussi l'année 1897, p. 307.
2. Voy. *La Lumière*, Paris, 1868, tome I, p. 131.

depuis, est environ deux fois plus étendu que le spectre visible.

Quittant la région du spectre solaire étudié, nous arrivons à ce qui est pour nos sens et nos moyens de recherche une autre *région inconnue* et à des fonctions que nous commençons à peine à soupçonner. Il est vraisemblable que l'on trouvera les rayons Röntgen entre le 58ᵉ et le 61ᵈ degré, là où les vibrations vont de 288 230 376 151 711 744 à 2 305 843 009 213 693 952 par seconde ou même plus.

On voit que, dans cette série, il y a plusieurs grandes lacunes ou régions inconnues sur lesquelles nous ne savons absolument rien. Qui pourrait dire que ces vibrations ne jouent pas un rôle important dans l'économie générale de l'univers?

Enfin, n'existe-t-il pas des vibrations plus rapides encore que celles où la série précédente est arrêtée?

Nous vivons dans un espace à trois dimensions. Des êtres qui vivraient dans un espace à deux dimensions, dans la surface d'un cercle, par exemple, dans un plan, ne connaîtraient que la géométrie à deux dimensions, ne pourraient pas passer par-dessus la ligne qui limite un cercle ou un carré, seraient emprisonnés par une circonférence, sans possibilité d'en sortir. Donnez-leur une troisième dimension, avec la faculté de s'y mouvoir : ils passeront tout simplement par-dessus la ligne, sans la rompre, sans même y toucher. Les six surfaces d'une pièce fermée (4 murs, plancher et plafond) nous emprisonnent; mais supposons une quatrième dimension et dotons-nous de la faculté d'y vivre : nous sortirons de notre prison aussi facilement qu'un homme passe au-dessus d'une ligne tracée sur le sol. Nous ne pouvons pas plus concevoir cet hyperespace (n^4) qu'un être construit pour se mouvoir uniquement dans un plan (n^2) ne pourrait concevoir l'espace cubique (n^3); mais nous ne sommes pas autorisés à déclarer qu'il n'existe pas.

Il y a, dans la vie terrestre même, certaines facultés inexpliquées pour l'homme, certains sens ignorés. Comment le pigeon voyageur et l'hirondelle retrouvent-ils leurs nids? Comment le chien revient-il chez lui, à plusieurs centaines de kilomètres de distance, par un chemin qu'il n'a pas parcouru? Comment la vipère fait-elle descendre un oiseau dans sa gueule et comment le lézard attire-t-il à lui le papillon fasciné? etc., etc. J'ai montré ailleurs que les habitants des autres mondes doivent être doués de sens tout différents des nôtres.

Nous ne connaissons rien d'ABSOLU. Tous nos jugements sont *relatifs*, par conséquent imparfaits et incomplets.

La sagesse scientifique consiste donc à être très réservés dans nos négations. Nous avons le droit d'être modestes. « Le doute est une preuve de modestie, dirons-nous avec Arago, et il a rarement nui aux progrès des sciences. *On n'en pourrait dire autant de l'incrédulité.* »

Il y a encore un grand nombre de faits inexpliqués, qui appartiennent au domaine de l'inconnu. Les phénomènes dont nous allons nous entretenir sont de ce nombre. La télépathie, ou sensation à distance, les apparitions ou manifestations de mourants, la transmission de pensée, la vue en rêve, en somnambulisme, sans le secours des yeux, de paysages, de villes, de monuments, la prescience ou prémonition d'un événement prochain, la prévision de l'avenir, les avertissements, les pressentiments, quelques cas magnétiques extraordinaires, les dictées inconscientes par coups frappés dans les tables, certains bruits inexpliqués, quelques logements hantés, des soulèvements ou lévitations contraires aux lois de la pesanteur, des mouvements et transports d'objets sans contact, des effets qui ressemblent à des matérialisations de forces (ce qui paraît absurde), les manifestations, apparentes ou réelles, d'âmes désincarnées ou d'esprits de tout ordre, et bien d'autres phénomènes bizarres et actuellement inexplicables, méritent notre curiosité et notre attention scientifique. Soyons bien convaincus, d'ailleurs, que tout ce que nous pouvons observer et étudier est *naturel*, et que nous devons examiner tous les faits tranquillement, scientifiquement, sans préoccupation de mystère, sans trouble et sans mysticisme, comme lorsqu'il s'agit d'astronomie, de physique ou de physiologie. Tout est dans la nature, l'inconnu comme le connu, et le surnaturel n'existe pas. C'est là un mot vide de sens[1]. Les éclipses, les comètes,

1. Je me permettrai de renvoyer, sur ce point, à mon ouvrage *Dieu dans la nature*.

les étoiles temporaires étaient regardées comme surnaturelles, comme des signes de la colère divine, avant qu'on en connût les lois. On appelle souvent surnaturel ce qui est merveilleux, extraordinaire, inexpliqué. C'est *inconnu* qu'il faut dire, tout simplement.

Les critiques qui verraient dans cet ouvrage un retour aux temps de la superstition seraient dupes d'une grosse erreur. Il s'agit, au contraire, d'analyse et d'examen.

Ceux qui disent : « Moi, croire à ces impossibilités, jamais! je ne crois qu'aux lois de la nature, et ces lois, *on les connaît* » ressemblent aux anciens géographes naïfs qui écrivaient sur leurs mappemondes, aux colonnes d'Hercule (détroit de Gibraltar) : HIC DEFICIT ORBIS, « *ici finit le monde* », sans se douter que dans cet espace occidental, inconnu et vide, il y a deux fois plus de terres que ces braves géographes n'en connaissaient.

Toutes nos connaissances humaines pourraient être représentées symboliquement par une petite île, une île minuscule, entourée d'un océan sans bornes.

Il nous reste encore beaucoup, *beaucoup* à apprendre.

3.

II

LES CRÉDULES

> *Allez vous laver et mangez de l'herbe.*
>
> Paroles de l'« Immaculée Conception », à Lourdes.

Notre premier chapitre, *les Incrédules*, nous a montré combien l'esprit humain est, en général, peu disposé à accepter les faits inexpliqués et les idées nouvelles, et combien cette inertie a été nuisible à l'avancement de nos connaissances sur la nature et sur l'homme. Mais, fort heureusement, il y a des Copernic, des Galilée, des Kepler, des Newton, des Herschel, des Papin, des Fulton, des Galvani, des Volta, des Palissy, des Ampère, des Arago, des Niepce, des Daguerre, des Fraunhöfer, des Kirchoff, des Fresnel, des Le Verrier, des chercheurs et des indépendants. La Science est tenue, par l'éternelle loi de l'honneur, à regarder en face et sans crainte tout problème qui peut franchement se présenter à elle, disait naguère sir William Thomson, l'un des plus éminents physiciens de notre époque, et c'est là une proposition que nous aurions pu inscrire en épigraphe de ce livre. Mais dans les questions difficiles, obscures, incertaines, un nouveau devoir s'impose à nous, c'est d'examiner, d'analyser les choses avec la plus sévère circonspection, et de n'admettre, ici comme en tout, d'ailleurs, que ce qui est certain. Il ne faudrait pas, sous prétexte de progrès, remplacer une incrédulité systématique par une crédulité dépourvue de tout sens critique, et peut-être n'est-il pas inutile, avant d'entrer dans le cœur de notre sujet, de montrer aussi, par quelques exemples, combien il est nécessaire de nous tenir en garde contre cet excès contraire, non moins blâmable, non moins dangereux que le premier.

L'espèce humaine forme d'ailleurs un ordre composite d'une diversité vraiment remarquable. De même qu'il y a des êtres qui ne croient à rien, on en rencontre d'autres, non moins nombreux, qui croient à tout. La crédulité des hommes et des femmes est véritablement sans limites. Les stupidités les plus abracadabrantes ont été accueillies, acceptées, défendues. Et, remarque assez singulière, ce sont souvent les esprits les plus sceptiques qui ont été victimes des mensonges les plus audacieux et qui ont soutenu les insanités les plus colossales. Un regard d'investigation jeté sur l'humanité nous montre autant de crédules que d'incrédules, les uns comme les autres dupes de leur manière de penser.

Nous n'avons encore ici que l'embarras du choix, et les exemples sont si innombrables qu'il n'y a qu'à se baisser pour en prendre.

Vous rappelez-vous l'histoire de la dent d'or dont parle Fontenelle dans son *Histoire des Oracles*? Pour être ancienne, elle n'en est pas moins typique. En 1595, le bruit courut que les dents étaient tombées à un enfant de sept ans, en Silésie, et qu'il lui en était venu une en or, à la place d'une de ses grosses dents. Horstius, professeur en médecine, de l'Université de Helmstædt, écrivit en 1595 l'histoire de cette dent, assura qu'elle était en partie naturelle, en partie miraculeuse, et qu'elle avait été envoyée de Dieu à cet enfant pour consoler les chrétiens affligés par les Turcs. On ne saisit pas bien le rapport qui peut exister entre cette dent et les Turcs, mais l'explication fut tout de même prise au sérieux. La même année, Rullandus en écrivit une seconde histoire, et deux ans après, Ingolsterus, autre savant, publia un troisième mémoire, contradictoire des deux premiers. « Un autre grand homme, nommé Libavius, ajoute Fontenelle, ramassa tout ce qui avait été dit de la dent et y ajouta son sentiment particulier. Il ne manquait autre chose à tant de beaux ouvrages, sinon qu'il fût vrai que la dent était d'or. Quand un orfèvre l'eut examinée, il se trouva que c'était une feuille d'or appliquée à la dent avec beaucoup d'adresse ; mais on avait fait des livres avant de consulter l'orfèvre. »

Il y a plus d'une dent d'or dans l'histoire de la crédulité ancienne et moderne.

Vous souvenez-vous aussi des *rats à trompe* dont fut victime, il y a un demi-siècle, un savantissime naturaliste?

Un zouave, pour utiliser les loisirs que le gouvernement lui faisait en Afrique, s'amusait à pratiquer la greffe animale sur des rats. Il insérait un bout de queue sur le museau, et la jonction s'opérait fort bien, comme on voit le nez reconstitué avec un fragment de peau. Un savant du Muséum de Paris paya fort cher le premier rat, qui lui fut envoyé comme spécimen d'une espèce de rongeurs jusque-là inconnue. On lui en présenta d'autres qu'il acheta également avec une grande générosité. Il paraît qu'il ne fut désabusé qu'au croisement, les unions entre rats et rates à trompe n'ayant produit que des ratons de l'espèce la plus vulgaire.

Remarquons, à ce propos, que l'homme de science étant, par sa nature même, foncièrement honnête (car il n'y aurait pas de science sans honnêteté) et n'étant pas accoutumé à se défier des objets sur lesquels il travaille, est plus facile à duper que beaucoup d'autres. En astronomie, en chimie, en physique, en géologie, en histoire naturelle, il n'y a pas de mensonges. Pour un mathématicien, pour un géomètre, 2 et 2 font 4, et les trois angles d'un triangle sont égaux à deux angles droits. Ce témoignage de droiture et de naturelle franchise ne paraît malheureusement applicable ni aux affaires, ni à la politique, ni aux occupations habituelles des êtres humains en général.

J'ai connu un éminent géomètre, l'un de nos plus savants professeurs de l'École polytechnique, membre de l'Institut des plus distingués et des plus respectés, homme de hautes qualités intellectuelles et morales. N'a-t-il pas été dupe de la supercherie la plus audacieuse qui se puisse imaginer, et ne se présente-t-il pas à notre souvenir comme le type le plus consommé de l'homme crédule — et d'une crédulité sans limites? Un habile faussaire, Vrain-Lucas, flattant son goût effréné pour les autographes, ne lui vendit-il pas à prix d'or de faux autographes de Pascal. de Newton, de Galilée, de Henri IV, de François Ier? Et ensuite des lettres de Charlemagne, puis de Vercingétorix!... de Pythagore!... d'Archimède!... de Cléopâtre!... et, mieux encore, de Lazare le ressuscité! de Marie-Madeleine! et, je crois même, de Jésus-Christ! M. Michel Chasles acheta en sept ans (1862-1869), 27 000 de ces autographes pour la somme rondelette de 140 000 francs! Malgré l'habileté du faussaire, on pouvait cependant remarquer, dès l'origine, certaines nuances tendant à faire suspecter l'authenticité des pièces. Je me souviens, entre autres, d'une lettre de Galilée dans laquelle il disait qu'on pourrait trouver une planète lointaine en observant dans le voisinage de Saturne. Le mystificateur avait eu l'audace de faire prédire par Galilée, en 1640, la découverte d'Uranus faite par Herschel en 1781, et, confondant l'orbite avec le corps céleste qui la parcourt, faisait dire à l'astronome italien que la planète était derrière Saturne. Je m'amusai à calculer la position d'Uranus pour l'époque de la lettre supposée : la planète n'était pas du tout dans la région du ciel où brillait Saturne. J'en traçai le diagramme (voy. *Astronomie populaire*, liv. IV, ch. 1) et allai montrer au savant géomètre quelle sottise on faisait dire à Galilée. A ma stupéfaction, M. Chasles me répondit que « cela ne faisait rien » et qu'il était sûr de l'authenticité de la lettre. Il me la montra. Elle était écrite d'une écriture semblable à celle de Galilée, sur du vieux papier jauni à filigrane, pliée et revêtue des cachets de la poste du temps. L'illusion était vraiment complète. Mais faire dire à un astronome que l'on peut chercher Uranus derrière Saturne, c'était là une phrase d'écolier; et l'amateur d'autographes était déjà tellement aveuglé qu'il était tout prêt à accepter, argent comptant, quelques mois après, un laissez-passer écrit par Vercingétorix *en français* (!) pour « l'empereur Jules César ».

Je ne sais pas s'il y a des exemples de crédulité plus forts que celui-là!

Avouons, dans tous les cas, que ce sont là de rudes leçons, dont nous devons tous nous souvenir.

J'entends d'ici des esprits moins savants, se croyant beaucoup plus forts, et se disant avec sécurité : « Ce n'est pas à moi que cela arriverait! » Sans doute, il paraît difficile de descendre tout à fait une telle pente. Mais je me suis plus d'une fois aperçu que ceux-là même qui se croyaient les plus supérieurs avaient certaines faiblesses assez curieuses, dînaient mal, par exemple, si l'on se trouvait treize à table, touchaient du métal s'ils apprenaient un malheur, craignaient de tomber malades s'ils cassaient un miroir, frémissaient devant une salière renversée ou deux couteaux placés en croix, etc., etc. Des citoyens très sérieux m'affirmaient hier que les phases de la lune influencent les œufs, les femmes, le vin en bouteilles, la pousse des cheveux et la coupe des arbres. Ne soyons pas trop fiers!

Combien de personnes hésitent encore à se mettre en route un vendredi ou un 13? Consultez les recettes des chemins de fer, des tramways et des omnibus, et vous serez stupéfaits des différences. Visitez Paris et amusez-vous à vérifier les numéros 13 des avenues, des boulevards et des rues, vous verrez de vos yeux combien il en manque, remplacés par 11 *bis*! Cela nous rappelle l'origine des années bissextiles, les Romains ayant doublé un jour, l'ayant intercalé subrepticement à la fin de février, sans le nommer, *pour que les dieux ne le voient pas*. Et n'avez-vous jamais rencontré de personnes qui consultent quelquefois les somnambules « extra-lucides » de la foire aux jambons?

Nos ancêtres, du temps de l'âge de la pierre et du bronze, tremblant devant toutes les forces de la nature qu'ils avaient à combattre, ont divinisé ces forces et peuplé les champs, les bois, les fontaines, les vallées, les grottes, les chaumières, d'êtres imaginaires dont le souvenir n'a pas entièrement disparu et dont les générations actuelles gardent encore l'héritage. Les superstitions populaires sont partout répandues et les préjugés les plus bizarres sont encore associés aux actions d'une partie de l'humanité.

Il y a des personnes qui continuent de croire,

comme au temps des Romains, que l'on peut conjurer les orages et les tempêtes. Il y avait, à ce propos, vers 1870, dans un village des environs d'Issoire (Puy-de-Dôme), un prêtre qui avait la réputation de garantir sa paroisse et d'envoyer le vent et la grêle sur les contrées voisines. On le voyait même, à une fenêtre du clocher, faire des conjurations. A sa mort, il fut remplacé par un curé qui eut la malechance d'assister à un violent ouragan peu après son entrée en fonctions. Les paysans étaient allés le prier de les garantir, mais il n'y avait pas réussi, et, à partir de ce moment, l'épithète de *grêleroux* lui fut donnée, et la population le prit si fortement en grippe que l'évêque fut obligé de le changer.

Un ancien marin, habitant Toulon, avait la réputation, vers 1885, de faire survenir un orage juste le jour où l'on allait en pèlerinage à Notre-Dame-du-Mai, sur la montagne de Sicié. On y croyait si sincèrement qu'on lui cachait, avec le plus grand soin tous les projets.

Nous pourrions citer d'autres exemples analogues. Le patron du Vieux-Beausset, près Toulon, saint Eutrope, passe pour avoir la faculté d'amener la pluie, *quand il le veut*. Il y a quelques années, un jour de mai, le gardien de l'ermitage où se trouve la vieille statue du saint, la descendit de son socle, la plaça sur la porte, et se mit à la rouer de coups. Un passant, étonné d'un pareil traitement, lui en demanda la raison : « *Oh! moun bouan moussu*, répliqua le sacristain, *si lou menavi pas ensin, n'en pourriou ren faire!* » (Oh! mon bon monsieur, si je ne le traitais pas ainsi, je n'en pourrais rien faire!) Peu après, la pluie se mit à tomber, et les récoltes furent sauvées.

Le 15 juillet 1899, près d'Albertville (Savoie), le curé de Thénésol a béni une nouvelle croix, « la croix de la Belle-Étoile », rétablie en grande cérémonie, à une altitude de 1856 mètres, à la place de l'ancienne, brûlée par les habitants de la commune de Scythenex sous prétexte qu'elle préservait de la grêle, à leur préjudice, la commune voisine de Mercury-Gémilly. Trois cents personnes avaient fait, par un rude soleil, le pèlerinage de cette reconstitution.

M. Bérenger-Féraud rapporte, dans son intéressant recueil, *Superstitions et survivances*, qu'en certains endroits de la Provence les bonnes femmes ont une recette infaillible pour guérir les enfants de la coqueluche : c'est de faire passer sept fois de suite l'enfant sous le ventre d'un âne, en allant de droite à gauche, et surtout jamais de gauche à droite. Il y a des ânes plus ou moins renommés pour leur vertu curative. On en connaissait un excellent au village du Luc, il y a quelques années, et sa réputation était si grande qu'on lui amenait les enfants de Draguignan et même de Cannes, c'est-à-dire de plus de soixante kilomètres.

Le même auteur raconte qu'étant allé, en 1887, dans une maison religieuse d'une certaine grande ville de Provence, un de ses amis remarqua que la statue de saint Joseph, qui ornait le parloir de la communauté, avait la face tournée contre le mur. Il crut d'abord à l'inadvertance de quelque domestique ; mais, s'étant informé, il apprit que le saint avait été mis en pénitence pour ne pas avoir exaucé les prières qu'on lui avait adressées. L'enquête fut poussée un peu plus loin et fit savoir qu'on lui avait demandé d'inspirer à un voisin très pieux l'idée de léguer par testament à la communauté un morceau de terrain dont elle avait besoin. On a même fait savoir à ce voisin très pieux que « si saint Joseph continue à rester sourd aux prières, on le descendra à la cave, et même qu'on le fustigera ». L'auteur ajoute : « Je n'en voulais pas croire mes oreilles, et, cependant, il a bien fallu me rendre à l'évidence, devant les affirmations de plus de vingt personnes qui avaient eu connaissance de cette punition. Bien plus, j'ai appris que dans certaines villes des Bouches-du-Rhône, du Lyonnais, qu'à Paris même, cette pratique est en usage dans la communauté dont je parle. Ces indications précises ne permettent pas de mettre en doute la punition du saint, quelque stupéfiante qu'elle paraisse. »

A Toulon, vers 1850, une femme, ayant un enfant malade, invoqua un superbe christ en ivoire qu'elle possédait et pour lequel elle avait une dévotion toute particulière. Ce christ provenait, sans doute, du pillage d'une maison noble en 1793, car il était d'une grande valeur artistique. Or, l'enfant mourut, malgré les prières, les neuvaines et les cierges brûlés. Dans un mouvement de désespoir, la femme saisit le crucifix et lui dit : « Coquin ! c'est ainsi que tu as répondu à mes prières. Eh bien ! tiens ! »

Puis, joignant le geste à la parole, elle le jeta par la fenêtre.

Saint-Simon raconte, dans ses *Mémoires*, que, pendant le siège de Namur, en 1692, la pluie s'étant mise à tomber à verse le jour de la Saint-Médard, les soldats, furieux de cet événement qui leur présageait encore quarante jours de pluie, se mirent en colère contre le saint et brisèrent avec rage toutes les images qui tombèrent sous leurs mains.

On prend quelquefois les choses plus gaîment, lors même qu'une neuvaine — ou même deux — n'amène pas la cessation des pluies. Au temps où, à Paris, la châsse de sainte Geneviève avait une influence, on la transportait en procession de Saint-Etienne-du-Mont à Notre-Dame. Un jour, la procession était à peine en route que la pluie se mit à tomber. « La sainte se trompe, dit à son voisin l'évêque de Castres : elle s'imagine qu'on lui demande de la pluie. »

Le baron d'Hausser rapporte, dans son *Voyage en Italie*, la conversation suivante entendue par lui à Naples :

« Comment va votre enfant ?

— Il a toujours la fièvre.

— Il faut faire brûler un cierge à sainte Gertrude.

— Ça n'a pas réussi.

— A quelle chapelle êtes-vous allée ?

— Rue de Tolède.

— Ah! ma pauvre femme! Cette sainte Gertrude est *la plus mauvaise* de tout Naples. On n'obtient rien d'elle. Allez donc dans l'église de la place des Carmes, vous verrez que cette sainte Gertrude-là est bien plus compatissante pour les pauvres gens. »

Dans cette même ville de Naples, ceux qui ont assisté au miracle annuel de la liquéfaction du sang de saint Janvier savent combien les spectateurs, les fidèles sont nerveux, impatients, lorsqu'il tarde à se produire. En 1872, j'ai failli me faire un mauvais parti en regardant de trop près le fameux reliquaire exposé à l'adoration de la foule. — Tout le monde connaît l'histoire du général Championnet, en 1799, (arrivée sans doute non point à lui-même, mais à l'un de ses lieutenants).

Il y a quelques années, visitant la crypte de la Vierge noire, à Chartres, j'engageai un instant la conversation avec une paysanne au sortir de l'église. « Oh! monsieur, me dit-elle, elle n'est pas aussi grande dame que Notre-Dame-des-Victoires de Paris, et *elle nous entend bien mieux.* » Cette opinion me rappelait celle de Louis XI, enlevant de son chapeau la statuette de Notre-Dame d'Embrun pour la remplacer par celle de Notre-Dame de Cléri, et lui adressant ensuite avec une tout autre confiance sa royale prière.

Sans contredit, les superstitions populaires sont si répandues, qu'on en rencontre partout. Je traversais récemment un vieux village du moyen âge, perché comme un nid d'aigle sur une montagne

4.

escarpée du département des Alpes-Maritimes, et, comme je visitais l'église, le médecin du pays, savant archéologue, qui m'accompagnait, me fit remarquer un tronc dans lequel les fidèles jettent de petits billets, accompagnés d'une offrande, à l'adresse de saint Antoine de Padoue, pour retrouver les objets perdus. La réponse arrive assez souvent, sur le même billet, dans une petite niche voisine.

La crédulité revêt toutes les formes. Celle des usages et des coutumes plus ou moins bizarres relatifs au mariage n'est pas la moins étonnante, et il ne sera pas sans intérêt d'en rappeler quelques exemples.

Dans le village de Bauduen, en Provence, il y a un rocher formant plan incliné. Le jour de la fête patronale, les jeunes filles désireuses de se marier viennent, depuis un temps immémorial, glisser sur ce rocher, ce qui l'a rendu poli comme du marbre.

Au village de Saint-Ours, dans les Basses-Alpes, on voit aussi une pierre sur laquelle les jeunes filles vont glisser pour trouver un mari et les jeunes femmes pour devenir mères.

A Loches, les femmes sans enfants vont glisser sur une « meule de Saint-Ours » comme celles de Bauduen et des Basses-Alpes. Cette croyance ne date pas d'aujourd'hui, car on la trouve déjà dans la Grèce ancienne. Elle est en grande faveur en Tunisie.

Le pèlerinage de la Sainte-Baume, entre Marseille et Toulon, passe, depuis plus de mille ans, pour assurer le mariage et la progéniture, et est l'objet d'un culte très convaincu de la part des paysannes de Provence.

En un grand nombre de points de la France, les jeunes filles pressées de se marier vont jeter des feuilles de saule ou des épingles de bois dans les fontaines. Si la feuille suit directement le courant, ou si l'épingle surnage, la demoiselle sera demandée par un épouseur avant la fin de l'année.

Près de Guérande, en Bretagne, les jeunes filles vont placer dans les fentes d'un dolmen des morceaux de laine de couleur rose, pour se marier dans l'année.

A Saint-Junien-les-Courbes, dans la Haute-Vienne, elles évoquent saint Eutrope et suspendent à une croix la jarretière de leur jambe gauche.

Au bourg d'Oisans, dans l'Isère, elles se rendent au mois de juin à la chapelle de la montagne de Brandes, près de laquelle se trouve une pierre verticale en forme de cône, contre laquelle elles se mettent à genoux en la touchant dévotement de leurs jambes.

A Laval, dans l'église d'Avesnières, il y a une grande statue de saint Christophe, dans les jambes de laquelle les filles et les garçons qui souhaitent se marier dans l'année vont planter des épingles.

Près de Perros (Côtes-du-Nord), dans la chapelle de Saint-Guiriez, les filles vont en pèlerinage pour se marier et plantent des épingles dans le nez du saint pour se le rendre particulièrement favorable.

Dans la vallée du Lunain (Seine-et-Marne), il y a

un menhir appelé Pierre frite, où les jeunes gens décidés au mariage vont planter des clous ou des épingles.

Près de Troyes, les jeunes filles qui veulent se marier vont jeter une épingle sur un tertre appelé la Croix de Beigne.

Aux environs de Verdun, les femmes qui désirent des enfants vont s'asseoir sur un rocher, où se voit l'empreinte d'une femme qui se serait assise sur un bloc plastique, et qui s'appelle dans le pays la chaise de Sainte-Lucie. Elles croient que cet acte est favorable à leur désir, et il paraît qu'Anne d'Autriche s'y est assise avant la naissance de Louis XIV. Il en est de même à Sampiques (Meuse).

Dans les Ardennes, c'est la protection de sainte Philomène qui est la plus efficace pour empêcher les filles de coiffer sainte Catherine.

A Bourges, on voyait, il n'y a pas longtemps encore, dans la rue Chevrière du faubourg du Château, une statue du bon saint Greluchon, placée dans le mur d'une maison, et que les femmes désireuses de maternité allaient racler pour en faire un breuvage fécondant. A Poligny, dans le Jura, les jeunes femmes vont, dans le même but, embrasser une pierre levée qui est, dit la légende, la pétrification d'un géant ayant voulu violenter une jeune fille.

A Dourgues, dans le Tarn, près de la chapelle de Saint-Ferréol, on voit des rochers percés dans lesquels les paralytiques et les boiteux vont passer pour se guérir. Dans le caveau de l'église de Kimperlé, il y a une pierre verticale percée d'un trou, dans lequel passent ceux qui ont mal à la tête. Dans la lande de Saint-Siméon, dans l'Orne, les malades traversent un dolmen qui passe pour avoir la vertu de guérir un grand nombre de maladies [1].

M. Martinet a trouvé près de cinquante fontaines dont les propriétés extraordinaires semblent remonter aux temps les plus reculés. Il a recueilli avec soin les légendes de la Bretagne et du Berry, que l'on récite encore dans les contes de la veillée. C'est le pays des Meneux-de-Loups, des Loups-Garous, des Sorts. Certaines régions, entre autres, y sont l'objet des terreurs les plus superstitieuses; leurs forêts sont peuplées de Laveuses-de-Nuit, leurs marais de Feux Follets. Dès la tombée de la nuit, les profondeurs mystérieuses des bois se remplissent de bruits sinistres; de lugubres fantômes se glissent le long des arbres, secoués par des forces invisibles. Malheur à celui qui s'engagerait dans ces sombres retraites! Il n'en reviendrait jamais.

Les villages et les chaumières d'une partie du Bas-Berry admettent toujours l'existence de géants qui, autrefois, ont habité le pays, et qui ont formé les éminences naturelles ou artificielles si nombreuses dans cette région. Ces géants sont personnifiés par Gargantua, dont la légende, toujours populaire, non seulement dans la partie de l'Indre confinant à la Creuse, mais dans tout l'ouest de la France, est bien

1. BÉRANGER-FÉRAUD, *Superstitions et Survivances.*

antérieure au héros de Rabelais. Rabelais, selon toute probabilité, a emprunté ce mythe aux croyances de la Saintonge, du Poitou et du Bas-Berry, qu'il a habités pendant quelque temps.

Le souvenir des fées est encore vivace dans une foule de localités du Berry; ce sont elles qui, presque partout, ont édifié les dolmens et les menhirs qu'elles portaient, malgré leur pesanteur énorme, dans leurs tabliers de gaze. On les connaît généralement sous le nom de Fades, Fadées, Martes, Marses; dans quelques régions, pourtant, on les nomme Dames, Demoiselles, comme dans le Midi. On les voit errer la nuit et accomplir leurs rites mystérieux dans chaque grotte, sur chaque rocher, autour de nombreux dolmens et menhirs semés dans la contrée qui avoisine les bords pittoresques et sauvages de la Creuse, de la Bouzanne, de l'Anglin et du Portefeuille.

Les Martes sont de grandes femmes hideuses, maigres, à peine vêtues, aux cheveux longs, noirs et raides. Du haut de la table d'un dolmen, ou du faîte d'un menhir, elles appellent parfois, à la tombée de la nuit, les bergers et les laboureurs, et si ceux-ci ne se hâtent pas de répondre à leurs avances, elles les poursuivent. Malheur à celui qui ne fuit pas assez précipitamment, et qu'elles contraignent à subir leurs baisers impudiques.

Les Fades sont bien plus douces et bien moins turbulentes que les Martes; elles consacrent généralement leur temps aux troupeaux. Ce sont elles qui sont chargées de veiller sur les nombreux trésors enfouis dans de merveilleux souterrains, dont l'entrée est fermée par les énormes pierres des menhirs et des dolmens. Pourtant leur pouvoir expire chaque année, le dimanche des Rameaux.

A Vertolaye, en Auvergne, on voit une pierre branlante à laquelle les mères portent leurs enfants afin qu'ils soient solides comme la pierre et conservent toujours l'usage de leurs membres.

Près de Saint-Valery-en-Caux, sur la falaise, on aperçoit les ruines de l'ancienne chapelle Saint-Léger, dont il ne subsiste plus guère que le clocher carré. On y porte les enfants tardifs et on leur fait faire cinq fois le tour des ruines, afin qu'ils aient le *pas léger*.

Saint Hubert protège les chasseurs, saint Roch guérit de la rage, saint Corneille sauve les bestiaux, saint Cloud guérit les clous, saint Aignan la teigne, etc.

Ces croyances sont très anciennes : Pausanias raconte qu'il y avait à Hyette, en Béotie, un temple d'Hercule avec une pierre brute qui guérissait les malades ; à Alpenus, une pierre consacrée à Neptune avait la même propriété, etc.

J'ai assisté quelquefois, dans les environs de Paris même, à Morsang-sur-Orge, non loin de Juvisy, à la fête du solstice d'été, au feu de la Saint-Jean, autrefois païenne, aujourd'hui christianisée, mais toujours empreinte de la superstitieuse crédulité antique. Le Soleil, dieu de la vie, vient de se coucher dans l'occident lumineux, le crépuscule s'étend sur la nature ;

sur la place de l'église, un bûcher a été préparé, un beau sapin extrait de la forêt voisine; un prêtre sort de l'église avec les enfants de chœur et les chantres, et vient bénir le bûcher; on y met le feu, et la flamme éclatante pétille; tout le village est là; les garçons et les filles approchent, attendent le brasier final; les filles doivent sauter sans se brûler, et la plus audacieuse est la plus remarquée : elle se mariera sûrement avant la fin de l'année. Puis les tisons doivent être emportés avant d'être consumés : ils préserveront les demeures, comme le buis bénit des Rameaux, contre l'incendie et la foudre. Beaucoup ajoutent encore aujourd'hui la plus naïve confiance en cet usage traditionnel, qui remonte aux Gallo-Romains d'il y a quinze ou dix-huit siècles, et sans doute beaucoup plus haut. Les feux de la Saint-Jean subsistent encore de nos jours, du reste, sur la plus grande partie de la France — j'allais écrire de la Gaule.

Qui ne connaît aussi les crêpes de la Chandeleur? Elles portent bonheur à l'agriculture, au commerce, à toutes les entreprises; il faut en faire ce jour-là (2 février), et surtout ne pas les manquer. Napoléon, avant de partir pour la Russie, faisait des crêpes et disait en riant : « Si je retourne celle-ci, je gagnerai la première bataille! et celle-là, la seconde! » Il en retourna une, deux, trois, mais la quatrième retomba dans le feu, — présageant, dit un historien, l'incendie de Moscou.

En Berry, à la Châtelette, saint Guignolet rend les femmes fécondes; à Bourges, c'est saint Greluchon;

au Bourg Dieu, c'est saint Guerlichon; à Vendres, dans l'Allier, c'est saint Phoutin; à Sampigny, dans la Meuse, c'est saint Foutin; à Auxerre, c'est saint Faustin, etc. Malgré la surveillance des curés, les femmes grattaient certaine partie du corps de ces saints et buvaient cette poussière dans un verre d'eau.

A Gargilesse, dans la Creuse, le curé ayant fait disparaître de l'église saint Greluchon, les femmes dont le rêve est d'être mère vont maintenant gratter une statue en marbre de la tombe de Guillaume de Naillac, qui, paraît-il, est déjà fortement usée.

A Rocamadour, dans le Rouergue, les femmes qui ne sont pas satisfaites de leur mari vont baiser et faire jouer le verrou de la porte de l'église, ou bien toucher une barre de fer qu'on appelle le braquemart de Roland.

A Anvers, les femmes invoquent contre la stérilité le « saint prépuce de Jésus-Christ » qui leur a été envoyé tout exprès dans ce but, de Jérusalem, par Godefroy de Bouillon, marquis d'Anvers[1], dans l'espérance de leur faire oublier leur ancien culte païen pour « le Ters », objet de piété connu sous un autre nom par les dames romaines. Il y a une confrérie spéciale pour ce souvenir de la circoncision, fête qui, fort illogiquement, ouvre d'ailleurs nos calendriers chrétiens[2] !

---

1. Cette relique est *également* conservée à Rome, à Saint-Jean-de-Latran.

2. La fantaisie religieuse n'a vraiment pas de bornes. J'ouvre un journal, mes yeux tombent sur le compte-rendu d'un procès fait à

On croit encore, en bien des provinces, à divers genres de sorciers. En Provence, par exemple, on croit aux noueurs d'aiguillettes, qui empêchent la consommation du mariage, comme on croit en Italie au mauvais œil, comme on croit en Alsace aux loups-garous. Mais on croit aussi aux moyens d'annuler les sorts. A Toulon, notamment, les couturières mettent, encore aujourd'hui, du sel dans l'ourlet des robes de noce, le sel ayant la propriété d'assurer le parfait bonheur des nouveaux mariés.

A Paris, comme à Rome au temps de Tibère, on n'a pas cessé de consulter les tireurs d'horoscopes qui prédisent l'avenir par les règles astrologiques de la position des étoiles et des planètes le jour de la naissance. Il y a encore des astrologues! Or, comment peut-on croire à la valeur d'un horoscope, lorsqu'on sait qu'il naît en moyenne un enfant par seconde sur l'ensemble du globe, soit une soixantaine par minute ou environ 3600 par heure, ou 86400 par jour, que si les étoiles et les planètes avaient une influence réelle sur les destinées, dix enfants nés au même moment devraient avoir le même avenir : une reine et une fille de ferme qui deviennent mères en même temps devraient donner le jour à deux êtres régis par les mêmes lois, etc., etc.

La croyance aux amulettes, aux grigris, aux médailles, aux scapulaires, est aussi vivace chez les peuples civilisés que chez les sauvages, et en France

une sœur du couvent du Bon-Pasteur d'Angers, qui s'appelle *sœur Circoncision!*

qu'au Soudan et au Congo. Il suffit, pour en être édifié, de lire certains ouvrages, tels que les livres de Mgr de Ségur, de Dom Guéranger, ou de l'abbé de Saint-Paul sur la médaille de Saint-Benoît. On y voit, par exemple, que cette médaille de saint Benoît, approuvée par le pape Benoît XIV, guérit tout : les maux de dents, de gorge, de tête, purifie l'eau des puits, fait pousser les arbres, arrête les incendies, protège les chevaux, les vaches, les chats, les poules, les arbres, la vigne, les verres de lampe, etc., etc. Je n'invente rien. Voici quelques citations :

« Une vache toussait d'une manière violente, écrit Dom Guéronger (*Croix de Saint-Benoît*, p. 72), ne mangeait point et ne donnait plus de lait. Le visiteur traça sur le front de l'animal le signe de la croix, en employant la formule inscrite sur la médaille ; il recommanda de plonger celle-ci dans un peu d'eau et de son, que l'on ferait boire tous les jours à la vache (bonne précaution) jusqu'à parfaite guérison, et suspendit une médaille dans l'étable. Quelques semaines plus tard, il eut la satisfaction d'apprendre que la vache était complètement rétablie. »

La même médaille agit sur les arbres. « Je coupai toutes les grosses branches et ne laissai que le tronc, écrit-on à l'auteur de l'ouvrage *Origine et effets admirables de la croix de Saint-Benoît*, l'abbé de Saint-Paul. Le trait de scie m'ayant démontré que les branches étaient réellement mortes, je plaçai immédiatement sous l'écorce une médaille de Saint-

Benoît, en priant le grand saint de faire revivre ce bel arbre qui faisait l'admiration de la contrée. Au printemps, il a repris son luxuriant feuillage. »

Pendant la Commune, « des médailles glissées dans la barricade de la rue de Rivoli ont préservé le ministère de la marine ainsi que le dépôt des cartes et plans[1] ».

Qui ne se souvient aussi de l'histoire de la sainte larme de Vendôme, versée par Jésus-Christ sur la mort de Lazare, recueillie par un ange et conservée dans un coffret d'or? Elle a été pendant des siècles à Vendôme la source de nombreux miracles et de grands revenus. Et les cheveux de la Vierge Marie que l'on nous montre à Naples! Et la robe sans cou-

---

1. Voy. PAUL PARFAIT, l'Arsenal de la Dévotion et le Dossier des Pèlerinages. Ce recueil des superstitions pourrait être continué. Saint Antoine de Padoue paraît en grande faveur en ce moment. On lit dans le journal la Croix du 7 septembre 1899 : « 385 lettres ont été déposées cette semaine dans le tronc de saint Antoine, 8, rue François-Ier. Elles annonçaient ou recommandaient : 72 guérisons, 104 grâces spirituelles, 227 grâces temporelles, 81 conversions, 59 emplois, 317 actions de grâces, 12 vocations, 15 mariages, 302 grâces particulières, 53 écoles, 47 maisons religieuses, 109 maisons de commerce, 8 objets perdus, 14 examens, 96 familles, 56 défunts, 15 procès, 106 jeunes gens, 8 paroisses. Un pauvre ouvrier, père de huit enfants, a fait promesse de 5 francs à saint Antoine de Padoue, et se voyant un peu mieux, il envoie la somme et le prie de ne plus le laisser retomber dans les mêmes douleurs. — Loir-et-Cher : « Je vous adresse 1 fr. 50, somme que nous avons promise tous les mois pour notre culture et notre commerce. » Etc. — Les perquisitions faites le 11 novembre 1899 dans cette maison des Pères Assomptionnistes ont fait découvrir 1 580 000 francs dans le coffre-fort, plus 11 testaments, etc. Ce sont eux qui ont inventé les « Voyageurs de désir » : Vous ne pouvez pas aller à Lourdes; envoyez toujours l'argent, on priera pour vous, ad intentionem.

ture de Jésus offerte à la vénération des crédules à l'église d'Argenteuil *et* à Trèves, etc., etc.?

La crédulité est partout. Voyez, dans les églises, les cierges que l'on fait brûler devant les images et les statues des saints pour obtenir du ciel la guérison d'un malade, la réussite d'une affaire, le succès d'un examen, etc. Ces cierges qui en brûlant représentent des prières s'élevant vers le ciel ne rappellent-ils pas les moulins à prières que les Thibétains font tourner, en s'imaginant attirer les bénédictions divines?

Tout le monde connaît l'histoire de Notre-Dame-de-Lorette, de la maison de la Vierge Marie, « Santa Casa » qui aurait fait un voyage aérien de Nazareth à Lorette, en l'an 1294, en s'arrêtant en Dalmatie. L'église qui la renferme a été terminée par Bramante, sous le pontificat de Jules II, en 1513. La Santa Casa, bâtie en briques, mesure 10 m. 60 de longueur, 4 m. 56 de largeur et 6 m. 21 de hauteur. Naguère encore, il n'eût pas été de bon goût de douter de l'authenticité de cette maison et de son transport miraculeux à travers les airs.

Aujourd'hui, Notre-Dame-de-Lorette est remplacée par Notre-Dame-de-Lourdes. Les administrateurs de cette exploitation en règle ne se donnent même pas la peine de masquer le mépris qu'ils professent pour la crédulité des fidèles. Il suffit de lire, pour en juger, l'inscription qu'ils ont gravée en lettres d'or sur une plaque de marbre, où l'on fait dire à la MÈRE DE DIEU, s'adressant à la petite Bernadette : « *Faites-moi la grâce* de revenir ici! », ou encore : « Je désire *qu'il vienne du monde* », ou encore : « *Allez vous laver* dans cette eau et *mangez de cette herbe* ».

Il n'est pas rare de rencontrer des personnes qui nient imperturbablement les questions dont nous nous occupons ici et qui acceptent carrément les absurdités les plus colossales, par exemple, l'anecdote du déluge *universel* racontée dans la Bible, dans laquelle il est écrit que, « les bondes du réservoir des eaux supérieures ayant été ouvertes », l'eau coula du ciel en cataracte pendant quarante jours et quarante nuits, s'éleva sur toute la terre de quinze coudées au-dessus des plus hautes montagnes, et porta pendant cent cinquante jours l'arche dans laquelle Noë avait fait entrer un mâle et une femelle de *toutes les espèces d'animaux* existant sur le globe. Aucun conte des *Mille et une Nuits* n'atteint à la première cheville de cette arche; mais la crédulité religieuse est si aveugle qu'elle l'accepte sans commentaire, comme elle affirme le miracle de Josué arrêtant le Soleil!

Et dans les sujets dont nous avons à nous entretenir ici, dans les récits d'apparitions, de manifestations, de rêves prémonitoires, de pressentiments, d'expériences d'hypnotisme et de spiritisme, quelle libre carrière ne s'est pas donnée la crédulité? J'ai connu un officier de grande valeur qui ne doutait pas un seul instant de l'identité des noms donnés par sa table, et qui s'entretenait avec Leibniz et Spinosa tous les dimanches après déjeuner. J'en ai connu un autre qui faisait de la philosophie sociale avec Jean Valjean, sans avoir jamais songé à l'origine purement romanesque de cet être imaginaire. Une grande et noble dame, d'un âge déjà mûr, fort intelligente, qui avait jadis connu très intimement lord Byron, l'évoquait tous les samedis soir pour le consulter sur ses placements financiers. Un docteur en médecine de la Faculté de Paris avait choisi pour amis de l'autre monde le Dante et Béatrix, qui venaient régulièrement causer avec lui, mais « pas ensemble », disait-il, car « il leur est défendu de se rapprocher ». Une dévote du spiritisme était gravement occupée à faire des mariages posthumes dans l'autre monde. Un médium extravagant, qui avait eu douze enfants et en avait perdu sept, demandait à ceux-ci tous les mois leur état de santé et leurs occupations, qu'il inscrivait régulièrement. Un autre appelait « l'âme de la Terre », qui lui répondait et qui dirigeait toutes ses pensées. Etc., etc.

Le spiritisme a été employé, comme la religion, à bien des usages n'ayant qu'un vague rapport avec lui. Il a servi à faire des mariages, sérieux ou passagers, à exploiter des caractères faibles, à capter des testaments. J'ai connu une femme, aimable d'ailleurs, qui est devenue marquise et fort riche en faisant dire par une table à celui dont elle convoitait le nom que sa première femme la désignait elle-même pour lui succéder. J'ai connu une veuve dont l'enfant qui venait de naître a été annoncé et accepté comme la réincarnation d'un enfant tendrement aimé et le lien providentiel tout indiqué pour un nouveau mariage. J'en connais une aussi qui, sous prétexte de spiritisme, vend des anneaux cabalistiques par lesquels elle guérit toutes les maladies. Etc., etc.

Une bonne histoire aussi, c'est celle du *Diable au dix-neuvième siècle*, de la franc-maçonnerie luciférienne et de Diana Vaughan, qui mystifia une partie notable du clergé français, plusieurs évêques, deux cardinaux et le pape Léon XIII lui-même, quoiqu'elle eût été forgée de toutes pièces par Léo Taxil, comme il l'a cyniquement avoué en 1897. Les apparitions de diables et de diablesses dans des cérémonies impies et obscènes avaient été prises au sérieux par de graves théologiens.

On peut avouer, du reste, que la crédulité politique est encore plus extravagante que la crédulité religieuse. Quand on songe qu'à l'heure actuelle les Français, les Allemands, les Russes, les Anglais, les Italiens, les Autrichiens, etc., etc., croient encore qu'ils doivent être soldats et habiter des casernes nauséabondes en faisant des exercices grotesques, et que tous les citoyens de l'Europe dépensent, pour la gloire de prétendues frontières tracées sur le papier, 16 *millions par jour* employés à empêcher les hommes de rester chez eux, chacun à son métier et à ses devoirs, on sent vraiment que l'âge de raison n'a pas encore sonné pour notre pauvre petite planète, et que la servitude volontaire fait partie du patrimoine de l'humanité.

Oui, notre espèce est très imparfaite, et la crédulité humaine nous offre des sujets aussi dignes d'attention que l'incrédulité de parti pris. Qu'il est donc difficile de se tenir dans le juste milieu et de suivre tranquillement les préceptes de la raison!

Oui, la crédulité existe toujours, en perpétuelle balance avec l'incrédulité. Défions-nous de l'une comme de l'autre. Les augures ne sont pas morts, le progrès n'a ni tué les aruspices, ni aboli les présages, et l'espèce humaine n'avance pas vite en intelligence. J'ajouterai toutefois, avec Humboldt, qu'un présomptueux scepticisme, qui rejette les faits sans examen, est à certains égards plus blâmable qu'une crédulité irraisonnée.

Il serait facile de multiplier ces exemples. J'ai simplement voulu montrer, dans ce second chapitre, que nous devons nous tenir en garde contre *la crédulité*, au même titre que contre *l'incrédulité*. Ce sont là deux excès contraires, à égale distance desquels nous devons nous efforcer de nous maintenir, dans l'acceptation et dans l'examen des faits extraordinaires dont nous allons nous entretenir.

Ne nions rien; n'affirmons rien : observons impartialement. C'est peut-être la position la plus difficile à tenir dans cet ordre de choses. Pour moi, je prie ceux qui seraient tentés de m'accuser soit de crédulité, soit d'incrédulité, de ne pas le faire à la légère, et de ne pas perdre de vue que je me tiens constamment sur mes gardes : JE CHERCHE.

III

LES MANIFESTATIONS TÉLÉPATHIQUES
DE MOURANTS, ET LES APPARITIONS

Des faits ! Pas de phrases.

Nous venons de nous mettre en garde contre deux dispositions intellectuelles contraires à la libre recherche de la vérité : l'incrédulité et la crédulité, et nous prendrons le plus grand soin de tenir toujours notre esprit dans cette complète indépendance, plus indispensable que jamais dans l'ordre d'études qui va nous occuper. A chaque instant, nous serons heurtés dans nos idées scientifiques habituelles et serons conduits à rejeter les faits, et à les nier sans plus ample examen. A chaque instant aussi, une fois engrenés dans le courant, nous nous sentirons glisser un peu trop vite dans l'acceptation de phénomènes insuffisamment observés et serons exposés au ridicule de chercher la cause de ce qui n'existe pas. Que l'esprit positif de la méthode expérimentale, à laquelle notre espèce humaine encore si inférieure et si barbare doit le peu de progrès qu'elle a faits, ne nous abandonne jamais dans ces recherches !

Je sais bien que la méthode expérimentale elle-même n'est pas absolue, et qu'elle a même conduit d'éminents psychologues à douter de tout. Taine enseigne que « la perception extérieure est une hallucination vraie » et que dans notre état normal, sain, raisonnable, nous n'avons « qu'une série d'hallucinations qui n'aboutissent pas ». Berkeley, Stuart Mill et Bain déclarent que « les corps ne sont qu'un pur néant » érigé par une illusion de notre esprit en substances et en choses du dehors; d'après ces trois philosophes, il n'y aurait rien d'intrinsèque dans une pierre, dans un morceau de fer, dans un arbre ou un animal. L'un de nos plus profonds mathématiciens français, auquel je posais récemment la question, m'avouait que, pour lui, il n'y a que des sensations. Qu'est-ce que des sensations sans un être sentant? Cet être existe donc réellement. Si l'on admettait la théorie, il s'ensuivrait que l'univers n'existe que dans la pensée des humains, et, par conséquent, seulement depuis qu'il y a des hommes sur la terre. C'est, me semble-t-il, l'opinion philosophique de mon très spirituel ami Anatole France et de quelques-uns de nos contemporains. Or, l'astronomie et la géologie nous prouvent — sans compter le reste — que l'univers existait avant l'homme. Et puis, si vous admettez vos sensations, vous ne pouvez vous refuser à admettre celles de votre voisin. Donc, votre voisin existe aussi bien que vous, et les autres êtres aussi, et également les choses. Défions-nous un peu des raisonnements trop transcendants. Zénon d'Élée n'a-t-il pas démontré que la flèche qui vole est immobile, et Démocrite que la neige est noire ?

Méfions-nous aussi du plaisir de paradoxer. C'est un jeu fort agréable, assurément, et qui nous élève au-dessus du gros bon sens vulgaire ; mais Alexandre Dumas fils nous a montré, par son propre exemple, que cet esprit-là n'est pas sans danger non plus, et devient, parfois, d'une remarquable fausseté. Essayons de rester sages.

Afin de nous reconnaître dans le monde mystérieux que nous allons visiter et de tirer de ces observations quelques résultats instructifs, nous commencerons par faire une *classification méthodique* des phénomènes, en groupant ensemble ceux qui se ressemblent, et en essayant d'en déduire les conclusions qui nous paraîtront le plus sûrement fondées. Le sujet en vaut la peine. Il s'agit de nous, de notre nature, de notre existence ou de notre néant. La question nous intéresse. Oh ! sans doute, voilà des messieurs qui hochent la tête en souriant et qui éprouvent un beau dédain pour notre tentative :

« Vous savez bien, disent-ils, que ces prétendus horizons de l'au-delà sont imaginaires, puisque tout finit pour nous à la mort. »

Mais non, nous ne le savons pas ; ni vous non plus. Vous n'en savez rien du tout, et vos affirmations, comme vos négations, ne sont que des mots, des mots creux. Toutes les aspirations de l'humanité protestent contre ce néant. L'idéal, le rêve, l'espérance, la justice ne sont peut-être pas de pures illusions, non plus que les corps dont nous parlions tout à l'heure. Le sentiment n'existe-t-il pas au même titre que la raison? Dans tous les cas, il y a là un problème réel et grave. « L'immortalité de l'âme est une chose si importante, écrivait Pascal, qu'il faut avoir perdu tout sentiment pour rester dans l'indifférence de savoir ce qui en est. » Pourquoi désespérerait-on d'arriver jamais à connaître la nature du principe pensant qui nous anime et à savoir si, oui ou non, il survit à la destruction du corps? Les recherches que nous entreprenons ici nous donneront-elles quelques notions certaines sur ce point? Peut-être.

Quoi qu'il en soit, je prie les lecteurs de n'être, s'il est possible, en lisant ces lignes, ni intransigeants, ni intolérants, ni radicaux, ni athées, ni matérialistes, ni israélites, ni protestants, ni catholiques, ni musulmans, mais tout simplement libres penseurs. Ceci est une tentative d'instruction. Rien de plus. Qu'on n'y cherche pas autre chose. D'excellents amis m'assurent que c'est se compromettre d'entrer aussi franchement dans cette voie, faire acte d'imprudence, d'un trop audacieux courage et d'une grande témérité. Je prie mes meilleurs amis de bien penser que je ne suis rien — rien du tout, qu'*un chercheur*, — et que tout ce que l'on peut écrire, dire ou penser de moi m'est de la dernière indifférence. Aucun intérêt, d'aucun ordre, n'a jamais guidé un seul de mes pas.

On objecte aussi : il y a bien des siècles que l'on cherche, on n'a jamais rien trouvé; donc on ne trouvera jamais rien. Avec des raisonnements comme celui-là, on n'aurait jamais rien appris.

Vitam impendere vero : Consacrer sa vie à la vérité! était la devise de Jean-Jacques. En est-il une plus noble pour tout philosophe, pour tout penseur?

Tentative d'instruction, disons-nous, qui ressemblera parfois aux enquêtes des juges d'instruction dans les affaires criminelles, car il s'y mêlera des éléments humains dont il faudra faire la part, et ces phénomènes n'ont pas la simplicité d'une observation astronomique ou d'une expérience de physique. Le premier devoir pour nous est de suivre une méthode d'étude et de faire un premier classement des faits à examiner.

Nous commencerons par les manifestations télépathiques de MOURANTS. Je dis *manifestations*, et non pas seulement apparitions, pour généraliser un ensemble de faits dont les apparitions visuelles ne représentent qu'une partie.

Le mot de *télépathie* est déjà connu du public depuis quelques années. On l'a construit étymologiquement, comme on avait formé les mots de télescope, télégraphie, téléphone, du radical grec τηλε : loin, et de πάθος : sensation. Sympathie, antipathie, ont la même origine étymologique. Il signifie donc, tout simplement « être averti, par une sensation quelconque, d'une chose qui se passe au loin[1] ».

1. Le mot de *télesthésie* serait toutefois préférable, plus juste, car πάθος signifie plutôt un état morbide, un état de maladie qui n'a rien à faire ici, tandis que αἴσθησις signifie sensibilité. Ce ne sont pas là des cas pathologiques.

Dans l'ordre de faits qui va nous occuper, on rencontre, à chaque pas, des récits incertains ou exagérés, des relations douteuses, des observations dépourvues de valeur à cause de l'absence de tout esprit critique. Nous ne devons accueillir ces récits qu'avec la plus extrême prudence — j'allais écrire défiance — et éliminer d'abord tous ceux qui nous paraissent suspects. Ici, plus que jamais, il importe de tenir compte du jugement, du savoir, de la valeur morale et intellectuelle des personnes qui nous les rapportent. L'amour du merveilleux ou de l'extraordinaire peut transformer en événements fantastiques des choses tout à fait ordinaires et qui s'expliquent le plus simplement du monde. Certaines personnes pourraient me raconter des histoires pendant toute une année, avec le plus grand luxe de preuves apparentes et de démonstrations éloquentes, sans que j'en crusse le premier mot, pas plus que des protestations de certains députés et de certains ministres. D'autres, au contraire, nous inspirent par leur caractère une confiance toujours justifiée. Dans mon enquête de ces faits à étudier, ces principes de prudence élémentaire m'ont toujours instinctivement guidé, et j'ai l'espérance de n'avoir admis aucune relation sans que son authenticité fût garantie par l'esprit scientifique éclairé des auteurs qui ont bien voulu me les confier, ou tout au moins par un jugement sain et une entière bonne foi.

J'exposerai d'abord, sous les yeux du lecteur, un choix d'observations très variées, pour lesquelles nous essaierons, avons-nous dit, une classification méthodique. Il importe, pour notre instruction, d'avoir un grand nombre de *faits* authentiques devant les yeux. Les explications et les théories viendront ensuite. Nous sommes les ouvriers de la méthode expérimentale.

Nous ouvrirons cette enquête par certaines manifestations inexplicables et étranges de *mourants*, non de « morts », la distinction doit être signalée.

Manifestations de mourants observées à l'état normal, les observateurs étant parfaitement éveillés, et non pendant le sommeil, par des rêves. Il en est un certain nombre vues en rêves, qui ne doivent pas être considérées comme nulles; mais elles seront inscrites à un autre chapitre.

Mon excellent ami, le général Parmentier, l'un de nos savants les plus distingués et les plus estimés, m'a affirmé les deux faits qui suivent, arrivés dans sa famille [1].

I. — Plusieurs personnes étaient réunies à un déjeuner, à Andlau, en Alsace. On avait attendu le maître de la maison, qui était à la chasse, et l'heure se passant on avait fini par se mettre à table sans lui, la dame du logis déclarant qu'il ne pouvait tarder à rentrer. On

---

1. M. Parmentier est général de division du génie, président de l'Alliance française pour la propagation de la langue française à l'étranger, vice-président de la Société astronomique de France et de la Société de géographie, ancien président du Comité des fortifications, ancien élève de l'École polytechnique, grand officier de la Légion d'honneur, etc. Je mentionne ces titres pour les lecteurs qui ne connaîtraient pas personnellement son caractère et ses travaux.

commença le déjeuner en devisant de choses joyeuses et l'on comptait, d'un instant à l'autre, voir arriver le retardataire, trop zélé disciple de saint Hubert.

Mais l'heure marchait toujours, et l'on s'étonnait de la longueur du retard, lorsque, tout à coup, par le temps le plus calme et le ciel le plus beau, la fenêtre de la salle à manger, qui était grande ouverte, se ferma violemment avec un grand bruit, et se rouvrit aussitôt, instantanément. Les convives furent d'autant plus surpris, stupéfaits, que ce mouvement de la fenêtre n'aurait pu se produire sans renverser une carafe d'eau posée sur une table devant la fenêtre, et que cette carafe avait conservé sa position. Tous ceux qui avaient vu et entendu le mouvement n'y comprirent absolument rien.

— Un malheur vient d'arriver! s'écria, en se levant, effarée, la maîtresse de maison.

Le déjeuner s'arrêta là. Trois quarts d'heure après, on rapportait sur une civière le corps du chasseur, qui avait reçu une charge de plomb en pleine poitrine. Il était mort presque aussitôt, n'ayant prononcé que ces mots :
« Ma femme! mes pauvres enfants! »

Voilà un fait, un fait de coïncidence à expliquer.

Tout d'abord, il nous paraît vulgaire et absurde. Que signifie ce bizarre mouvement de fenêtre, et à quoi cela rime-t-il? N'est-ce pas perdre son temps que de prendre au sérieux un incident aussi insignifiant?

Les grenouilles de Galvani, aussi, étaient bien insignifiantes, ainsi que la marmite de Papin. Cependant, l'électricité et la vapeur ne le sont point.

L'autre jour, la foudre a frappé un homme en plein champ, mais ne lui a fait d'autre mal que de lui arracher ses chaussures et de les lancer à une vingtaine de pas en en enlevant tous les clous, sans exception.

Une autre fois, elle a déshabillé une jeune paysanne, l'a mise complètement nue et l'a laissée sur le pré. On a retrouvé ses vêtements suspendus à un arbre.

Une autre fois, elle a tué net un laboureur au moment où il portait un morceau de pain à sa bouche, en déjeunant. Il reste immobile. On approche de lui, on le touche, il tombe en cendres. Mais ses vêtements étaient intacts.

Les bizarreries de la nature ne doivent pas nous empêcher d'étudier les phénomènes; au contraire.

Sans doute, en entendant raconter l'incident du chasseur d'Andlau, la première idée qui nous vient est de nier, purement et simplement. Non, certainement, que l'on puisse supposer que l'histoire ait été nventée de toutes pièces et qu'elle soit entièrement mensongère, car les circonstances dans lesquelles elle s'est passée et le caractère du narrateur ne le permettent pas. Mais on peut dire qu'il y a eu un petit mouvement de la fenêtre produit par une cause vulgaire, un coup de vent, un choc, un chat, que sais-je? et que sa coïncidence avec un événement tragique l'a fait amplifier après coup. Supposition difficile à admettre, toutefois, puisque la maîtresse de maison et ses voisins en ont été si fortement impressionnés.

Voici ce qui paraît s'être produit :

La fenêtre n'a pas bougé; la carafe en est la preuve, et la contradiction fut remarquée. Avant d'entrer dans l'analyse de ces faits, nous pouvons penser, dès à présent, que cette dame et une ou plusieurs autres personnes ont eu une *illusion* de la vue et de l'ouïe, la *sensation* d'un phénomène irréel, et que *leur cerveau a été impressionné* vivement par une cause extérieure.

Nous pouvons penser aussi que cette cause était la force psychique du mourant, de celui que l'on attendait, qui, à cette heure-là, devait être à cette table, qui s'y est transporté par la pensée, qui a projeté dans cette direction sa dernière énergie. Télégraphie sans fil....

Pourquoi s'est-elle manifestée de cette façon?

Comment l'impression cérébrale a-t-elle pu être collective?

Pourquoi?... Pourquoi?...

<blockquote>Tes pourquoi, dit le dieu, ne finiraient jamais.</blockquote>

Nous sommes en plein mystère et ne pouvons faire que des hypothèses. Oh! sans doute, cette histoire serait unique dans son genre qu'elle pourrait passer inaperçue, mais c'est la moindre parmi un très grand nombre de celles que nous avons à rapporter ici. N'insistons pas, pour le moment, sur la manière de l'expliquer, et continuons.

Voici un second exemple de transmission télépathique au moment de la mort, non moins singulier, plus remarquable encore, que je dois aussi à l'obligeance de M. le général Parmentier, qui en garantit l'authenticité :

II. — Nous sommes à Schlestadt, département du Bas-Rhin. C'était par une chaude nuit d'été. On avait laissé ouverte la porte de communication entre la chambre à coucher et le salon, et, dans le salon, les deux fenêtres grandes ouvertes et maintenues par des chaises dont le dossier les touchait. Le père et la mère de M. Parmentier dormaient.

Tout à coup, Mme Parmentier est réveillée par une brusque secousse du lit, de bas en haut. Elle est surprise, un peu effrayée, éveille son mari, et lui fait part de ce qu'elle vient d'éprouver.

Soudain, une deuxième secousse se produit, très violente. Le père du général Parmentier croit à un tremblement de terre, quoiqu'ils soient bien rares en Alsace, se lève, allume une bougie, ne remarque rien d'insolite, et se recouche. Mais immédiatement après, nouvelle secousse très forte du lit, puis vacarme et fracas dans le salon voisin, comme si les fenêtres s'étaient fermées avec violence, avec toutes les vitres mises en pièces. Le tremblement de terre paraît s'être accentué d'une manière encore plus formidable; M. et Mme Parmentier se lèvent et vont examiner les dégâts du salon : rien, les fenêtres sont toujours grandes ouvertes, les chaises n'ont pas changé de place, l'air est calme, le ciel pur et étoilé. Il n'y avait eu ni tremblement de terre ni coup de vent; le vacarme entendu était *fictif*.

M. et Mme Parmentier habitaient au premier, et il y avait, au rez-de-chaussée, une femme d'un certain âge dont l'armoire grinçait d'une manière agaçante, chaque fois qu'on l'ouvrait et qu'on la fermait. Ce grincement désagréable avait été entendu, et l'on se demandait ce que pouvait avoir cette dame à ouvrir et fermer ainsi son armoire à une pareille heure.

En constatant qu'il n'y avait rien de dérangé au salon, ni dans l'état des fenêtres, ni dans la position des moindres objets, Mme Parmentier prit peur. Elle crut à un malheur arrivé aux siens, à son père, à sa mère, que, nouvellement mariée, elle avait quittés depuis peu à Strasbourg, et qu'elle croyait pourtant en parfaite santé.

Mais elle apprit bientôt que son ancienne gouvernante,

qu'elle n'avait pas revue depuis son mariage, et qui s'était retirée à Vienne, en Autriche, dans sa famille, était morte *cette nuit-là*, et qu'avant de mourir elle avait exprimé plusieurs fois le regret d'avoir été séparée de sa chère élève, pour laquelle elle avait gardé un vif attachement.

Voilà un second fait, qui n'est pas sans analogie avec le premier, et qui semble indiquer les mêmes corrélations. Une impression partie du cerveau d'un mourant serait allée frapper un autre cerveau à 650 kilomètres de distance et *lui donner la sensation* d'un bruit extraordinaire? Cette impression a-t-elle pu frapper, soit directement, soit par sympathie voisine, deux cerveaux en rapport avec le premier?

Lorsque, le lendemain, Mme Parmentier avait demandé à sa voisine du rez-de-chaussée si elle n'avait pas ouvert sa grinçante armoire à une heure tardive de la nuit, si elle n'avait pas été secouée dans son lit, si elle n'avait pas entendu un tapage inaccoutumé, celle-ci répondit négativement, en faisant observer qu'elle dormait peu à son âge et que, si quelque phénomène insolite s'était produit, elle l'aurait sûrement remarqué. La dépêche psychique n'avait donc ému que les deux êtres en rapport avec la cause.

Sans doute, nous pouvons toujours être surpris de la matérialité, de la banalité, de la vulgarité de la manifestation, et puis, nous pouvons toujours dire : « Erreur des sens, hallucination sans cause, hasard et coïncidence ». Mais nous sommes ici pour examiner les choses sans parti pris et pour chercher à dégager, s'il est possible, les lois qui les régissent.

Continuons, car la valeur des faits croît en raison de leur nombre, puisqu'il s'agit de coïncidences.

III — M. André Bloch, jeune musicien de grand talent, prix de Rome, membre de la Société astronomique de France, m'adressait, tout récemment, la relation suivante d'un fait du même ordre observé en 1896. C'est d'hier.

> Mon cher Maître,
>
> C'était en juin 1896. Pendant les deux derniers mois de mon séjour en Italie, ma mère est venue me rejoindre à Rome et habitait tout près de l'Académie de France, dans une pension de famille de la via Gregoriana, où vous avez habité vous-même.
>
> Comme, à cette époque-là, j'avais encore un travail à terminer avant de revenir en France, ma mère, pour ne pas me déranger, visitait seule la ville et ne venait me rejoindre à la Villa Médicis que vers midi, pour déjeuner.
>
> Or, un jour, je la vis arriver, toute bouleversée, vers huit heures du matin. Comme je la questionnais, elle me répondit qu'en faisant sa toilette, elle avait vu tout d'un coup, à côté d'elle, son neveu René Kraemer, qui la regardait et qui lui dit en riant :
>
> *Mais oui, je suis bien mort !*
>
> Très effrayée de cette apparition, elle s'était empressée de venir me rejoindre. Je la tranquillisai de mon mieux, puis j'entretins la conversation sur d'autres sujets.
>
> Quinze jours après, nous rentrions tous deux à Paris, après avoir visité une partie de l'Italie, et nous apprenions alors la mort de mon cousin René, arrivée le vendredi 12 juin 1896, dans l'appartement que ses parents habitaient rue de Moscou, 31. Il avait quatorze ans.
>
> Grâce à un certain travail que je faisais à Rome au

moment du voyage de ma mère, je pus contrôler les dates, et même les heures, auxquelles ce phénomène se produisit. Or, ce jour-là, mon petit cousin, malade d'une péritonite depuis quelques jours, entrait en agonie vers six heures du matin et mourait à midi, après avoir plusieurs fois exprimé le désir de voir sa tante Berthe, ma mère.

Il est à noter que jamais, dans aucune des nombreuses lettres que nous recevions de Paris, on ne nous avait dit un mot de la maladie de mon cousin. On savait trop bien que ma mère avait une affection toute particulière pour cet enfant et qu'elle serait revenue à Paris pour le moindre bobo qu'il aurait eu. On ne nous avait même pas télégraphié sa mort.

J'ajouterai que, lorsqu'il est six heures du matin à Paris, les horloges de Rome, par suite de la différence de longitude, marquent sept heures, et que c'est précisément vers ce moment-là que ma mère a eu cette vision.

ANDRÉ BLOCH,
11, place Malesherbes, Paris.

Le fait observé par Mme Bloch est du même ordre que les deux précédents. A l'heure où il perdait la connaissance des choses terrestres, son neveu pensait ardemment à elle, qu'il aimait avec une tendresse filiale, et qu'elle aimait, elle aussi, comme son propre fils. La force psychique du mourant n'a-t-elle pu se manifester, sans sortir du caractère d'un enfant de quatorze ans, qui aurait pu dire, en effet, en riant :

« Eh bien, oui, je suis mort ! »

On peut nier, on peut toujours nier. Mais qu'est-ce que prouve une négation ? Ne vaut-il pas mieux être franc, avouer que ce sont là des coïncidences remarquables, quoique incompréhensibles dans l'état actuel de nos connaissances? L'hypothèse d'une hallucination sans cause est vraiment peu sérieuse. Ne nous payons pas de mots. Cherchons.

M. V. de Kerkhove m'écrivait en février 1889 :

IV. — Le 25 août 1874, étant au Texas (États-Unis), vers le coucher du soleil, après dîner, j'étais assis en fumant ma pipe dans la salle basse de la maison que j'occupais, devant la mer, avec une porte donnant sur le nord-ouest à ma droite. J'étais assis au point A.

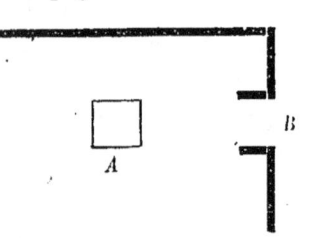

Tout à coup, dans l'embrasure de cette porte (B), je vois distinctement mon vieux grand-père. J'étais dans un état semi-conscient de doux bien-être et de quiétude, en homme qui a bon estomac et qui a bien dîné. Je n'éprouvai aucun étonnement de le voir là. De fait, je vivais végétativement et étais sans pensée en ce moment; mais je fis, à part moi, cette réflexion :

« C'est bizarre, comme ces rayons du soleil couchant mettent de l'or et de la pourpre partout, dans les moindres plis des vêtements et *de la figure* de mon grand-père. »

En effet, le soleil se couchait en ce moment tout rouge et jetait ses derniers rayons horizontaux diagonalement par la porte dans la salle. Le grand-père avait sa physionomie de bonté; il souriait, paraissait heureux. Tout à coup, il disparut avec le soleil couchant, et je m'éveillai comme d'un rêve, avec la conviction que j'avais eu une apparition. Six semaines après, j'appris par lettre que mon grand-père était mort dans la nuit du 25-26 août, entre une heure et deux heures du matin. Or, il y a entre la Belgique, où mourut mon grand-père, et la longitude du Texas, où j'étais, une différence de cinq heures et demie. Heure du coucher du soleil vers sept heures.

On pourrait objecter qu'il y a eu là simple illusion produite par les rayons du soleil couchant. C'est peu probable, M. de Kerhove ayant parfaitement *reconnu* son grand-père. Ce que nous devons remarquer surtout, ce sont ces coïncidences avec les dates de mort.

Le 10 novembre 1890, la lettre suivante m'était adressée de Christiania :

Mon cher Maître,

V. — Votre œuvre *Uranie* m'engage à vous faire connaître un événement que je tiens directement de celui même auquel le fait est arrivé. C'est M. Vogler, médecin danois, demeurant à Gudum, près Alborg (Jutland). M. Vogler est un homme d'une santé excellente, tant de corps que d'esprit, une nature droite et positive, sans la moindre disposition neurasthénique ou imaginative, tout au contraire.

Jeune étudiant en médecine, il voyageait en Allemagne avec le comte de Schimmuelmann, bien connu parmi la noblesse du Holstein. Ils étaient à peu près du même âge. Dans une des villes d'universités allemandes, où ils avaient résolu de rester quelque temps, ils avaient loué une petite maison. Le comte occupait le rez-de-chaussée, et M. Vogler s'était installé au premier ; la porte donnant sur la rue ainsi que l'escalier leur appartenaient à eux seuls.

Une nuit, M. Vogler s'étant couché, lisait encore. Tout d'un coup, il entendit la porte, au bas de l'escalier, s'ouvrir et se fermer ; mais il n'y songea guère, croyant que c'était son ami qui rentrait. Cependant, au bout d'un moment, il entendit des pas traînants et quasi fatigués monter l'escalier et s'arrêter devant la porte de sa chambre. Il vit la porte s'ouvrir, mais personne n'apparut ; les pas continuèrent cependant, et il les entendit sur le parquet s'approcher du lit. Il ne vit absolument rien, quoique la lumière éclairât bien la chambre. Lorsque le bruit des pas se fut avancé tout près du lit, il entendit un gros soupir, qu'il reconnut sur-le-champ comme celui de sa grand'mère qu'il avait laissée en bonne santé en Danemark. En même temps, il reconnut aussi les pas : c'étaient bien les pas traînants et vieux de son aïeule.

Il remarqua exactement l'heure de cette révélation, car il eut instantanément l'intuition que sa grand'mère mourait au même moment, et la nota sur un papier. Plus tard, une lettre de la maison paternelle lui annonça la mort subite de la grand'mère qui l'avait particulièrement chéri parmi les autres petits-enfants. Il fut constaté que la mort était *justement arrivée à l'heure indiquée*. De cette manière, l'aïeule prit congé de son petit-fils, qui ne savait même pas qu'elle fût malade.

ÉDOUARD HAMBRO,
Licencié en droit, Secrétaire au bureau des travaux publics
de la ville de Christiania.

Ce jeune homme a donc été averti de la mort de sa grand'mère par cette impression de pas et d'un soupir. Voilà ce qu'il faut admettre.

Mme Féret, à Juvisy, mère de la receveuse des postes de cette ville, m'écrivait récemment (décembre 1898) :

VI. — Le fait dont il s'agit remonte déjà assez loin ; mais je m'en souviens comme d'hier, car il m'a fortement frappée, et vivrais-je cent ans que je ne pourrais pas l'oublier.

C'était pendant la guerre de Crimée, en 1855. J'habitais alors rue de la Tour, à Passy.

Un jour, à l'heure du déjeuner, vers midi, je descendis à la cave. Un rayon de soleil pénétrait par le soupirail et allait éclairer le sol. Cette partie éclairée me parut soudain une plage de sable, au bord de la mer, et, étendu mort sur ce sable, gisait un de mes cousins, chef de bataillon.

Effrayée, je ne pus avancer davantage, et je remontai avec peine les marches de l'escalier. Ma famille, témoin de ma pâleur et de mon trouble, me pressa de questions. Et lorsque j'eus raconté ma vision, ils se moquèrent tous de moi.

Quinze jours après, nous recevions la triste nouvelle de la mort du commandant Solier. Il était mort en débarquant à Varna, et la date correspondait au jour où je l'avais vu étendu sur le sable de la cave.

Il est aussi difficile d'expliquer ce fait que les précédents, dans l'état actuel de nos connaissances. Sans doute, on peut dire qu'ici aussi un rayon de soleil est en jeu, que cette jeune fille pensait quelquefois à son cousin, que son départ pour la guerre l'avait frappée, que l'on avait parlé devant elle, avec elle, du nombre des morts, du choléra, des blessés, des malades, des innombrables dangers de cette guerre encore plus stupide que toutes les autres, et qu'il n'y a eu là qu'une illusion. C'est bientôt dit! Mme Féret est absolument sûre d'avoir vu très distinctement l'officier; elle a vu, de ses yeux vu, son cousin étendu sur la plage, et c'est bien là qu'il était tombé, mourant du choléra, en débarquant à Varna. Enregistrons aussi la coïncidence de la date. Ne pouvons-nous penser, rationnellement, que l'officier, en se sentant ainsi frappé sur le rivage de la terre étrangère, ait songé à cette France qu'il ne devait plus revoir, à ce Paris, à ses parents, à cette cousine dont l'image fugitive aura charmé ses derniers instants? Je n'admets pas un seul instant que la narratrice ait vu, de Paris, la plage de Varna; j'admets, au contraire, que la cause de la vision était là-bas, et qu'il y a eu communication télépathique entre le mourant et sa parente.

Continuons de passer en revue ces manifestations curieuses et d'examiner *des faits*! Les théories et les explications viendront ensuite. Plus nous aurons de faits, plus notre instruction fera de progrès. J'ai reçu, il y a quelques jours, la lettre suivante, d'un député poète bien connu, et estimé de tous pour la sincérité de ses convictions et le désintéressement de sa vie :

Cher Maître et Ami,

VII. — C'était en 1871. J'étais à l'âge où l'on cueille des fleurettes dans les champs comme vous cueillez des étoiles dans l'infini; mais, en un moment où j'avais oublié de faire mon ordinaire cueillette, j'avais écrit un article qui m'avait valu un certain nombre d'années de prison : tout vient à point à qui ne sait pas attendre. Or, j'étais à la prison Saint-Pierre, de Marseille. Là se trouvait aussi Gaston Crémieux, condamné à mort. Je l'aimais beaucoup, parce que nous avions eu les mêmes rêves et que nous étions tombés sur la même réalité. Dans la prison, à l'heure des promenades, il nous arrivait de traiter, au petit bonheur de la causerie, la question de Dieu et de l'âme immortelle. Un jour, comme quelques camarades s'étaient proclamés athées et matérialistes avec une véhémence peu ordinaire, je leur fis remarquer, sur un signe de Crémieux, qu'il était peu convenable de notre part de proclamer ces négations devant un condamné à mort qui croyait en Dieu et à l'immortalité de l'âme. Le condamné me dit en souriant :

« Merci, mon ami. Quand on me fusillera, j'irai vous faire la preuve en manifestant dans votre cellule. »

Le matin du 30 novembre, à la pointe du jour, je fus subitement réveillé par *un bruit de petits coups secs* donnés dans ma table. Je me retournai, le bruit cessa, et je me rendormis. Quelques instants après, le même bruit recommença. Je sautai alors de mon lit, je me plantai, bien éveillé, devant la table : *le bruit continua.* Cela se reproduisit encore une ou deux fois, toujours dans les mêmes conditions.

Au saut du lit, tous les matins, j'avais l'habitude de me rendre, avec la complicité d'un bon gardien, dans la cellule de Gaston Crémieux, où m'attendait une tasse de café. Ce jour-là, comme les autres jours, je fus fidèle à notre amical rendez-vous. Hélas ! il y avait des scellés sur la porte de la cellule et je constatai, l'œil braqué sur le judas, que le prisonnier n'était plus là. J'avais à peine fait cette terrible constatation que le bon gardien se jetait dans mes bras, tout en larmes :

« Ils nous l'ont fusillé ce matin, à la pointe du jour ; mais il est mort bien courageusement. »

L'émotion fut grande parmi les prisonniers. Dans le préau où nous échangions nos douloureuses impressions, je me rappelai tout à coup les bruits entendus. Je ne sais quelle crainte puérile d'être « blagué » m'empêcha de raconter à mes compagnons d'infortune ce qui s'était passé dans ma cellule à la minute précise où Crémieux tombait avec douze balles dans la poitrine. J'en fis toutefois la confidence à l'un d'eux, François Roustan, qui se demanda un instant si la douleur ne m'avait pas rendu fou.

Tel est mon récit de l'autre soir. Je vous l'ai écrit tel qu'il m'est revenu sous la plume. Faites-en l'usage qui vous paraîtra utile à vos recherches, mais ne portez pas, sur mon état d'âme, l'opinion de mon ami Roustan ; car la douleur ne pouvait pas m'avoir rendu fou, dans un moment où la connaissance du fait ne l'avait pas encore provoquée. J'étais dans mon état normal, je ne me doutais pas de l'exécution, et j'ai parfaitement entendu cette sorte d'avertissement. Voilà la vérité nue.

Clovis Hugues.

D'après ce récit, il semble qu'au moment même où Gaston Crémieux était fusillé (sa condamnation remontait aux jours de la Commune de Marseille : au 28 juin), son esprit ait agi sur le cerveau de son ami et lui ait donné une sensation, un écho, une répercussion du drame dont il tombait victime. La fusillade ne pouvait être entendue de la prison (elle eut lieu au Pharo) et le bruit a été répété plusieurs fois. Ce fait est aussi bizarre que tous les précédents; mais il est assurément difficile de le nier.

Nous nous occuperons plus loin des théories explicatives. Continuons notre exposé comparatif, d'ailleurs si varié et si curieux en lui-même.

Un savant distingué, M. Alphonse Berget, docteur ès sciences, préparateur au laboratoire de physique de la Sorbonne, examinateur à la Faculté des sciences de Paris, a bien voulu me communiquer la relation suivante :

VIII. — Ma mère était jeune fille et fiancée à mon père, alors capitaine d'infanterie, quand la chose s'est passée; elle habitait, à Schlestadt, la maison de ses parents.

Ma mère avait eu, comme amie d'enfance, une jeune fille nommée Amélie M***; cette jeune fille, aveugle, était la petite-fille d'un vieux colonel de dragons du premier Empire. Restée orpheline, elle vivait avec ses grands-parents. Elle était fort bonne musicienne et *chantait souvent avec ma mère.*

Vers l'âge de dix-huit ans, elle se détermina pour une vocation religieuse très prononcée, et prit le voile dans un couvent de Strasbourg. Dans les premiers temps, elle écrivait fréquemment à ma mère; puis, ses lettres s'espacèrent, et enfin, comme il arrive presque toujours en pareils cas, elle cessa complètement de correspondre avec son ancienne amie.

Elle était en religion depuis environ trois ans quand, un jour, ma mère monta au grenier, pour chercher quelque vieille chose dans un débarras. Tout à coup, elle redescend au salon, en poussant de grands cris, et tombe sans connaissance. On s'empresse, on la relève, elle revient à elle, et s'écrie en sanglotant :

« C'est horrible! Amélie se meurt, *elle est morte, car je viens de l'entendre chanter, comme il n'y a qu'une morte qui puisse chanter!* »

Et, de nouveau, une crise de nerfs lui fit perdre les sens.

Or, une demi-heure après, le colonel M*** entrait, comme un fou, chez mon grand-père, tenant une dépêche à la main. Cette dépêche était de la supérieure du couvent de Strasbourg et contenait ces seuls mots : « Arrivez, votre petite-fille au plus mal ». Le colonel saute dans le premier train, arrive au couvent, et apprend que *la sœur était morte* à TROIS HEURES PRÉCISES, heure exacte de la crise subie par ma mère.

Le fait m'a été raconté souvent par ma mère, par ma grand'mère, par mon père qui assistait à la scène, ainsi que par mon oncle et ma tante, témoins oculaires de cet étrange incident.

Ce fait n'est pas moins digne d'attention que les précédents. Le nom du narrateur est une sûre garantie de son authenticité. Il n'y a là ni imagination ni roman. Et l'hypothèse explicative paraît la même. L'amie de Mme Berget, en mourant, *au moment même* de sa mort, semble-t-il, a pensé, avec une grande intensité, un cher souvenir, un immense regret peut-être, à son amie d'enfance, et, de Strasbourg à Schlestadt, l'émotion de l'âme de la jeune fille est venue frapper instantanément le cerveau de Mme Berget, en lui donnant l'illusion d'une voix céleste chantant une pure mélodie. Comment? De quelle façon? Nous n'en savons rien. Mais il serait antiscientifique de nier une coïncidence réelle, un rapport de cause à effet, un phénomène d'ordre psychique, par la seule raison que nous ne savons pas l'expliquer.

— Le hasard est si grand! entend-on dire.

Oui, sans doute, mais prenons garde, n'ayons pas de parti pris. Le hasard peut-il expliquer ces coïncidences dans le calcul des probabilités? C'est ce que nous aurons à examiner.

Mais ne perdons pas de temps, les documents abondent.

Mme Ulric de Fonvielle m'a raconté, le 17 janvier dernier (1899), l'observation suivante, *faite par elle-même* et connue de toute sa famille.

IX. — Elle habitait à Rotterdam. Un soir, vers 11 heures, la famille dit, selon une ancienne habitude, les prières à haute voix, et chacun se retira dans sa chambre. Mme de Fonvielle était couchée depuis quelques minutes, et encore éveillée, lorsqu'elle vit devant elle, au pied du lit à baldaquin où elle couchait, *les rideaux s'écarter*, et une de ses amies d'enfance, qu'elle ne voyait plus depuis trois ans, à cause d'une indélicatesse dont elle s'était rendue coupable envers la famille, et dont on ne prononçait plus le nom, *lui apparaître avec une netteté aussi parfaite* que celle d'une personne vivante. Elle était vêtue d'un grand peignoir blanc, avait ses cheveux noirs tombant sur les épaules, et elle la regarda fixement de ses grands yeux noirs, en lui tendant la main et lui disant, en hollandais :

« Madame, je m'en vais à présent. Pouvez-vous me pardonner? »

Mme de Fonvielle s'assit sur son lit et lui tendit la main à son tour pour lui répondre; mais la vision disparut subitement.

La chambre était éclairée par une veilleuse, et tous les objets étaient visibles.

Aussitôt après, la pendule sonna les douze coups de minuit.

Le lendemain matin, Mme de Fonvielle racontait à sa nièce cette singulière apparition lorsqu'on sonna à la porte. C'était un télégramme de La Haye portant ces mots :

« Marie décédée hier soir à 11 heures trois quarts. »

M. Ulric de Fonvielle m'a affirmé, de son côté, que le fait de l'apparition et de la coïncidence n'est pas contestable. Quant à l'explication, il la cherche comme nous.

Le 20 mars dernier (1899) je recevais la lettre suivante :

Mon cher Maître,

X. — Vous me demandez de vous écrire le fait de pressentiment, double vue, suggestion ou apparition, dont je vous ai parlé.

J'allais entrer à l'École navale. J'en attendais le moment à Paris, rue de la Ville-l'Évêque, où habitait ma mère.

Nous avions alors un maître-d'hôtel Piémontais fort intelligent, très dévoué, mais aussi sceptique que peu crédule. Pour employer l'expression populaire, il ne croyait ni en Dieu ni au diable.

Un soir, vers 6 heures, il entre au salon, la figure convulsée.... « Madame, s'écrie-t-il! Madame! il m'arrive un grand malheur! ma mère vient de mourir.... A l'instant, j'étais dans ma chambre, un peu fatigué, je me reposais, la porte s'est ouverte... ma mère debout, pâle et défaite, était sur le seuil me faisant un geste d'adieu.

« Je me frottai les yeux croyant à une hallucination, mais non, je la voyais bien! Je me suis précipité vers elle pour la saisir... elle disparut!... Elle est morte. »

Le pauvre garçon pleurait. Ce que je puis affirmer, c'est que quelques jours après, la nouvelle en arrivait à Paris. Sa mère était bien morte *le jour et à l'heure* où il l'avait vue!

BARON DESLANDES,
Ancien officier de marine, 20, rue de Larochefoucauld, Paris.

Mme la baronne Staffe, dont les charmants ouvrages sont dans toutes les mains, m'a fait connaître les deux cas suivants :

XI. — Mme M.... qui, par son mariage, devint française et appartient à la grande famille médicale, était la véracité même. Elle fût morte plutôt que de proférer un mensonge.

Or voici ce qu'elle m'a raconté. Dans son adolescence, elle vivait en Angleterre, quoiqu'elle ne fût pas de nationalité britannique; à seize ans, elle avait été fiancée à un jeune homme, officier de l'armée des Indes.

Un jour de printemps, dans le port anglais qu'elle habitait, elle était accoudée au balcon de la maison de son père, et pensait naturellement à son fiancé. Tout à coup elle le voit dans le jardin, en face d'elle, mais bien pâle et comme exténué. Néanmoins, heureuse et joyeuse, elle s'écrie : « Harry! Harry! » et descend en coup de vent l'escalier de la maison. Elle ouvre précipitamment la porte, croyant trouver le bien-aimé sur le seuil; personne. Elle entre dans le jardin, examine la place où elle l'a vu, bat les buissons, regarde partout, pas de Harry !

On l'a suivie, on essaie de la consoler, de lui persuader que c'est une illusion, elle répète : « Je l'ai vu, je l'ai vu ! »

Et elle reste attristée et inquiète.

Quelque temps après, la jeune fille apprit que son fiancé avait succombé en pleine mer à un mal subit, *le jour et à l'heure* où elle l'avait vu dans le jardin.

XII. — Bernardine était une vieille servante sans instruction, sans l'ombre d'une idée spiritualiste, et qu'on accusait de se livrer quelquefois à la boisson.

Un soir, elle descend à la cave pour aller tirer de la bière, et remonte bientôt, son pot vide à la main, pâle et défaillante. On s'empresse autour d'elle : « Qu'as-tu Bernardine ?

— Je viens de voir ma fille, ma fille d'Amérique, elle était tout en blanc, elle avait l'air malade, elle m'a dit : « Adieu, maman ».

— Tu es folle! comment voudrais-tu avoir vu ta fille, qui est à New-York ?

— Je l'ai vue! je l'ai entendue! Ah! qu'est-ce que cela veut dire ? Elle est morte ! »

On se disait dans la maison : « Bernardine avait sans doute bu un peu plus que de raison. »

Mais elle resta désolée. Et le courrier qui suivit cet incident apporta la nouvelle de la mort de la fille de Bernardine ; elle s'était éteinte *le jour et à l'heure* où sa mère l'avait vue et avait reconnu le son de sa voix.

M. Binet, typographe à Soissons, m'a signalé, de son côté, la vision suivante, dont il a été lui-même l'acteur :

XIII. — Mézières, mon pays, a été saccagé par un bombardement qui dura trente-six heures seulement, mais qui suffit à faire de nombreuses victimes. Parmi ces dernières, la petite fille de notre propriétaire fut cruellement blessée : elle était alors âgée de 11 ou 12 ans. A cette époque j'en avais 15, et je jouais souvent avec Léontine (c'était son nom).

Vers le commencement de mars, j'allai passer quelques jours à Donchéry. Avant de m'éloigner, je savais que cette pauvre petite était condamnée. Le changement de pays et aussi l'insouciance firent que j'oubliai un peu les misères que l'on venait de traverser.

Je couchais seul dans une chambre longue et étroite dont la fenêtre donnait sur la campagne. Un soir, couché comme d'habitude à 9 heures, je ne pus m'endormir, chose extraordinaire, car aussitôt dîné, j'aurais dormi debout. La lune brillait dans son plein, éclairant le jardin et jetant une lumière assez forte dans la chambre.

Le sommeil ne me prenant pas, j'écoutais sonner les heures, qui me semblaient bien longues. Je pensais en regardant par la fenêtre qui se trouvait juste en face de mon lit, quand, vers minuit et demi, il me sembla voir un rayon de lune marcher, puis cette ombre lumineuse qui flottait comme une grande robe, prit la forme d'un corps et s'avançant vers mon lit s'arrêta tout auprès. Une figure maigre me souriait.... Je jetai un cri... « Léontine ! » Puis l'ombre lumineuse, glissant toujours, disparut au pied du lit.

Quelques jours plus tard, je retournai chez mes parents, et avant que l'on m'en eût parlé, je leur racontai ma vision : *c'était la nuit et l'heure où cette enfant était morte.*

M. Castex-Dégrange, directeur adjoint de l'École des beaux-arts à Lyon, m'a transmis le fait suivant :

XIV. — Mon beau-père, M. Clermont, docteur en médecine, oncle du docteur Clermont (élève et ami du docteur

Potain qui vient de mourir à Paris), avait un de ses frères, père dudit docteur, qui habitait l'Algérie.

Un matin, mon beau-père, qui n'avait d'ailleurs aucune inquiétude sur son frère qu'il savait bien portant, était au lit.

Avant de se lever pour aller voir ses malades, il avait l'habitude de prendre dans son lit une tasse de café au lait.

Il procédait à ce premier petit repas en causant avec sa femme assise près de lui, quand il est soulevé violemment et rejeté sur son lit, et cela si soudainement qu'il renversa tout le liquide contenu dans sa tasse.

A la même heure, il l'apprit plus tard, son frère mourait à Alger.

Il était allé se baigner en mer, avait été mordu ou piqué au tendon d'Achille, avait pris le tétanos et était mort après trente heures de maladie.

M. Chabaud, ancien chef d'institution à Paris, professeur très estimé, auquel de nombreux élèves sont redevables d'une excellente instruction, m'a rapporté l'observation que voici, faite par lui-même.

XV. — Une partie de mon enfance s'est passée à Limoges chez un vieil oncle qui me gâtait fort et que j'appelais bon papa. Nous habitions le premier étage d'une maison au rez-de-chaussée de laquelle se trouvait un restaurant.

Je l'avoue, à ma confusion grande, je m'égayais maintes fois, et malicieusement, aux dépens du patron de l'établissement. Entre autres plaisanteries de mauvais goût, j'entrais comme une trombe dans sa cuisine en criant : « Père Garat, venez vite, bon papa vous demande. »

Le bonhomme quittait précipitamment ses casseroles et montait au premier où je lui riais au nez.

Naturellement, il n'était pas content, et il maugréait en descendant l'escalier; mais ses menaces ne m'effrayaient guère. J'avais d'ailleurs bien soin de me tenir prudemment à distance.

Dans la bonne saison, nous allions souvent en promenade, du côté du Pont-Neuf, sur la route de Toulouse.

Un soir de mai 1851, j'avais dix ans, entre 6 et 7 heures (je peux préciser, car mes souvenirs sont très nets encore), nous nous disposions à sortir comme d'habitude, lorsque mon oncle voyant Mme Ravel, fille du restaurateur, engagea avec elle le dialogue suivant :

« Comment se trouve M. Garat?

— Fort mal, monsieur Chabrol.

— Faut-il entrer? (Mon oncle était médecin.)

— C'est inutile, monsieur Chabrol, mon pauvre père se meurt. »

Sur ce, nous passons outre, mon vieil oncle tout perplexe, et moi très heureux d'être dehors.

Une fois dans la rue, ou plutôt sur le boulevard (de la Corderie), je lance mon cerceau, et je cours après.

Je donne ces détails, qui ne témoignent guère en ma faveur, pour bien montrer mon état d'âme : mon cœur et mon cerveau étaient également libres de préoccupation, car, je le reconnais humblement, loin de m'apitoyer sur le sort du pauvre hôtelier, je n'y pensais même pas. C'est triste à dire, mais c'est la vérité.

Non loin du Pont-Neuf, la route de Toulouse bifurque : l'un des embranchements conduit à la place de l'Hôtel-de-Ville, l'autre à la place de la Cité.

Arrivé là, je m'arrête brusquement, car je viens d'apercevoir M. Garat qui s'avance tranquillement au milieu de la chaussée.

En trois bonds je fus auprès de mon oncle.

« Bon papa, fis-je, M. Garat est levé? Le voyez-vous là-bas, à quelques pas?

— Que me dis-tu là? reprend mon oncle, blanc comme un linge.

— La vérité, bon papa. C'est bien M. Garat, allez.

« Tenez, regardez-le avec son bonnet de coton, sa blouse bleue et son bâton.

« Bon ! le voilà maintenant qui se met à tousser.
— Approche-toi. »

Je m'avançai aussi près que possible, pour n'être pas à la portée de la main du restaurateur, qui à ma vue sembla ébaucher un geste rien moins que rassurant.

Je me repliai en bon ordre vers mon oncle qui me dit : « Retournons à la maison. »

Je pris les devants. Quand j'arrivai, il y avait cinq minutes que M. Garat était mort, juste le temps que j'avais mis pour faire le chemin.

Tout courant, je revins apprendre la sinistre nouvelle à mon oncle, qui tressaillit sans souffler mot.

Quoique je sois sûr d'avoir vu et bien vu, il y a près de cinquante ans je n'étais qu'un enfant, et l'on pourra objecter que j'ai été trompé par une ressemblance ou encore que mes sens ont été le jouet d'une illusion ; mais comment admettre qu'un vieux chirurgien de la marine aussi peu crédule par nature que par profession, ait eu aussi la berlue en plein jour ?

Tandis que je m'occupais spécialement de l'examen de ces énigmatiques manifestations et apparitions de mourants, pendant les premiers mois de cette année 1899, et qu'il m'arrivait d'en causer assez souvent avec diverses personnes, soit chez moi, soit dans le monde, je ne tardai pas à constater que si la majorité était d'un scepticisme à peu près complet et n'avait jamais rien vu de ce genre, cependant une portion notable savait que ces choses existent. On peut estimer qu'il y a, en moyenne, une personne sur vingt qui a observé par elle-même des faits analogues, ou qui en a entendu parler dans son entourage immédiat et peut fournir aussi des observations de première main.

Je viens de citer quinze cas qui m'ont été rapportés par des personnes en relation directe avec moi. J'avais entendu le récit d'une vingtaine d'autres du même ordre[1], lorsque l'idée me vint d'essayer de faire en France une enquête analogue à celle qui a été faite en Angleterre, il y a quelques années, sur ces sortes de phénomènes. L'occasion me parut excellente au point de vue de la sécurité, de l'authenticité, de la valeur des témoignages. Je publiai les premiers chapitres de cet ouvrage, dans le journal hebdomadaire de mon érudit et excellent ami Adolphe Brisson, les *Annales politiques et littéraires*, dont les abonnés forment comme une immense famille en correspondance fréquente avec la rédaction. Il y a là une sorte d'intimité que je n'ai jamais remarquée, sinon entre les lecteurs du *Bulletin mensuel de la Société astronomique de France*, et, autrefois, entre ceux du *Magasin pittoresque*. Ce lien de famille n'existe pas entre les lecteurs des journaux quotidiens ou même des revues les plus sérieuses. Une communauté d'idées réunit les lecteurs aux rédacteurs, non point que ce soit là une église dont tous les fidèles pensent de la même façon, mais on y

---

[1]. Notamment par M. F. Deloncle, ancien député, président de la Société l'Optique, à Paris; par M. Craponne, ingénieur, à Lyon; par M. Dorchain, littérateur français, à Paris; par Mme Ida Cail, à Paris; par M. Merger, doyen des avocats, à Chaumont (Haute-Marne); par Mme la comtesse de Mouzay, à Rambouillet; par Mme E. de Mare, à Juvisy; par M. L. Jourdan, député à Paris; par M. Édouard Noël homme de lettres à Paris, etc. Je pourrais rappeler aussi les exemples cités dans *Uranie* et dans *Stella* (celui de M. Best est très caractéristique).

sent une communauté, une bonne volonté, un désir général de s'unir, de s'aider dans les mêmes recherches, s'il y a lieu. Telle est, du moins, l'impression que j'ai reçue des lettres qu'un grand nombre de lecteurs m'avaient adressées dès mes premiers articles.

Je ne dis pas que sur les 80.000 abonnés des *Annales* il n'y ait pas, comme partout, des farceurs, des imposteurs, des crédules, des toqués, tout ce qu'on voudra. Mais ils y sont l'exception. L'immense majorité représente une honnête moyenne de parfait bon sens, s'étendant dans toutes les classes de la société, depuis les situations les plus élevées jusqu'aux plus humbles, et sans distinction de croyances.

Il y a aussi là, comme presque partout d'ailleurs, toute une classe de bigotes et de petites consciences ouatées de scrupules, qui ont peur de leur ombre et sont absolument incapables de penser par elles-mêmes. Ces personnes m'ont déclaré tout de suite qu'elles resteraient muettes comme des carpes, que je m'occupais de ce qui ne me regardait pas, que je jetais le trouble dans l'esprit des premières communiantes, et que ces questions diaboliques sont réservées à l'Église, dont le catéchisme résout tous les mystères.

C'est le raisonnement que tenaient à Socrate les dévots du temple de Jupiter. Où est aujourd'hui ce temple? Où est ce Jupiter? Mais nous lisons toujours les dialogues de Socrate.

Il me sembla donc, disais-je, que ce serait une bonne et fructueuse indication sur le nombre, la variété et la nature de ces faits, d'ouvrir une enquête parmi les nombreux et sympathiques lecteurs des *Annales*, et de leur demander de vouloir bien me faire connaître ceux dont ils auraient pu être témoins eux-mêmes ou dont ils pourraient affirmer l'authenticité d'après les rapports de leur entourage immédiat. L'appel suivant parut dans le numéro du 26 mars 1899 :

Ces faits mystérieux d'apparitions, de manifestations de mourants ou de morts, de pressentiments nettement définis, sont aussi importants qu'intéressants pour notre connaissance de la nature de l'être humain, corps et âme, et c'est ce qui nous a engagé à entreprendre cette série d'études et de recherches spéciales, qui sortent assurément du cadre ordinaire de la science et de la littérature.

Nous pourrions aller, dès aujourd'hui, un peu plus loin, précisément avec le sympathique concours de tous les lecteurs des *Annales*, s'ils voulaient bien s'y prêter en cette circonstance peut-être unique.

Il s'agit surtout ici d'un témoignage de statistique, de nous rendre compte de la proportion réelle de ces phénomènes psychiques : nous aurions, ici même, ce témoignage en huit jours, si nos lecteurs, *tous nos lecteurs*, avaient l'extrême obligeance de s'y prêter.

Voudraient-ils nous envoyer tout simplement une **carte postale**, répondant par un OUI ou par un NON aux deux questions suivantes :

1° *Vous est-il arrivé, à une époque quelconque, d'éprouver, étant éveillé, l'impression nette de voir un être humain, ou de l'entendre, ou d'être touché par lui, sans que vous puissiez rapporter cette impression à aucune cause connue ?*

2° *Cette impression a-t-elle coïncidé avec une mort ?*

« Dans le cas où l'on n'a jamais éprouvé aucune impression de ce genre, écrire simplement non, et signer. (Simples initiales, si on le préfère.)

Dans le cas où l'on aurait observé un fait de cet ordre, prière de répondre aux deux questions par *oui* ou par *non*, et d'ajouter quelques mots indiquant le genre de phénomène constaté, et, s'il y a eu coïncidence avec une mort, l'intervalle de temps qui a pu séparer la mort du phénomène observé.

Dans le cas où des faits de ce genre auraient été éprouvés en rêve, il serait bon de les signaler, s'il y a eu coïncidence de mort.

Enfin, dans le cas où, sans l'avoir observé soi-même, on connaîtrait un fait certain et authentique, il serait également fort intéressant de le relater en abrégé.

« Cette enquête aura une grande valeur scientifique, si *tous nos lecteurs* veulent bien nous envoyer leur réponse. Nous leur en adressons d'avance tous nos remerciements. Il n'y a ici en jeu aucune question d'intérêt personnel ; c'est, au contraire, un grave et curieux sujet d'intérêt général.

Comme on pouvait s'y attendre, *tous* les lecteurs n'ont pas répondu. Pour écrire une carte ou une lettre dans le seul but d'être utile à l'élucidation d'un problème, il faut un certain dévouement impersonnel à la cause de la vérité. Ces beaux caractères ne sont pas fréquents. Prendre quelques instants à sa vie habituelle, à ses occupations, à ses plaisirs, ou simplement à sa paresse, c'est un effort, c'est une sorte de vertu, quelque simple que cela soit. Et puis, dans cet ordre d'idées, plusieurs craignent le ridicule ! Je suis donc sincèrement et profondément reconnaissant à toutes les personnes qui ont bien voulu me répondre, et je regrette que le temps matériel m'ait absolument manqué pour leur exprimer à chacune personnellement mes très vifs remerciements.

Il serait injuste, d'ailleurs, d'attribuer tous les silences à l'indifférence, à la paresse ou à la peur du ridicule. Exemple, l'une des lettres, celle qui porte le n° 24, commence ainsi :

« Depuis que vous avez entrepris la série des si palpitants problèmes psychiques, je brûle du désir de vous adresser une relation qui me touche de très près, sans avoir le courage de le faire. Pourquoi? Par timidité? Non. Par un sentiment que je ne m'explique pas, mais qui est certainement commun à un grand nombre de vos lecteurs et qui consiste à se dire : « A quoi bon? M. Flammarion a certaine-
« ment reçu et possède des centaines de relations;
« une de plus ne fera rien à la chose, et puis...
« sera-t-elle même lue? »

D'autre part, j'ai eu lieu de constater qu'un certain nombre — non négligeable — de personnes qui ont été témoins de ces genres de faits les tiennent sous silence et refusent même de les raconter lorsqu'on en a eu connaissance, soit par un respect peut-être exagéré pour de douloureux souvenirs, soit pour n'immiscer aucun étranger dans des affaires intimes, soit simplement pour ne donner prise à aucune discussion, à aucune critique de la part des sceptiques.

Aux mois de juin et juillet suivants, j'ai prolongé

la même enquête dans *le Petit Marseillais* et dans *la Revue des revues*, un peu aussi dans le désir de me rendre compte de l'opinion publique générale.

J'ai reçu 4280 réponses, composées de 2456 *non* et de 1824 *oui*. Sur ces dernières, il y a eu 1758 lettres plus ou moins détaillées, dont un grand nombre étaient insuffisantes comme documents à discuter. Mais j'ai pu en réserver 786 importantes qui ont été classées, transcrites quant aux faits essentiels, et résumées. Ce qui frappe dans toutes ces relations, c'est la loyauté, la conscience, la franchise, la délicatesse des narrateurs qui tiennent à cœur de ne dire que ce qu'ils savent et comme ils le savent, sans rien ajouter ni retrancher. Chacun est là le serviteur de la vérité.

Ces 786 lettres transcrites, classées et numérotées[1] contiennent 1130 faits différents.

Les observations exposées dans ces lettres présentent à notre examen plusieurs sortes de sujets, que l'on peut classer comme il suit :

Manifestations et apparitions de mourants.
Manifestations et apparitions de vivants non malades.
Manifestations et apparitions de morts.
Vue de faits se passant au loin.
Rêves prémonitoires. Prévision de l'avenir.
Rêves montrant des morts.
Rencontres pressenties.

1. Ainsi classées : n⁰ˢ 1 à 700 provenant des lecteurs des *Annales*, 701 à 748 du *Petit Marseillais*, 749 à 786 de la *Revue des revues*. De nouvelles sont arrivées pendant l'impression de ce volume.

Pressentiments réalisés.
Doubles de vivants.
Mouvements d'objets sans cause apparente.
Communications de pensées à distance.
Impressions ressenties par des animaux.
Appels entendus à de grandes distances.
Portes fermées au verrou, s'ouvrant seules.
Maisons hantées.
Expériences de spiritisme.

Un très grand nombre de ces faits sont subjectifs, se passent dans le cerveau des témoins, tout en étant déterminés par une cause extérieure. Un grand nombre aussi sont des hallucinations pures et simples. Nous aurons à les examiner et à les discuter. Ce qu'ils nous apprennent, tout d'abord, c'est qu'il y a encore *beaucoup de choses que nous ne connaissons pas*; c'est qu'il y a, dans la nature, des *forces inconnues*, intéressantes à étudier.

Je vais d'abord extraire des lettres reçues celles qui ont pour objet les manifestations de mourants à des personnes éveillées et en état d'esprit normal, éliminant tout ce qui concerne les rêves. Ces observations continuent les précédentes. Je ne les ferai suivre d'aucun commentaire : la discussion viendra après; tout ce que je demande, c'est qu'on les lise avec soin.

Je supprime toutes les formules de politesse. Je supprime également toutes les protestations de sincérité et de certitude morale. Chaque correspondant *affirme sur l'honneur* qu'il rapporte exactement les faits tels qu'il les connaît. Que ce soit dit une fois pour toutes.

XVI. — Le 29 juillet 1865, Nephtali André était en mer entre la France et l'Algérie, où il se rendait après la clôture des cours académiques. Tout à coup, il eut l'impression de s'entendre appeler très distinctement : « Nephtali ». Il se retourna, regarda autour de lui et ne vit personne. Comme cette voix ressemblait, à s'y méprendre, à celle de son père qu'il savait malade, et comme, d'autre part, il avait entendu parler de phénomènes de télépathie, il eut, instantanément, l'idée d'une corrélation quelconque entre cet appel mystérieux et l'état de son père, M. Gabriel André. Il tira sa montre pour fixer le moment. Or, en arrivant à destination, le jeune homme apprenait le décès survenu *à l'heure même* où ce nom : « Nephtali » avait résonné à ses oreilles comme un appel suprême.

Mon grand-père, Gabriel André, avait épousé Mlle de Saulses-Larivière, parente de M. de Saulses-Freycinet, ministre de la Guerre.

Tony André,
Pasteur, à Florence. [*Lettre* 5.]

XVII. — Je réponds devant vous comme le ferait un témoin.

A. — Le jeudi 1er décembre 1898, après avoir passé la soirée avec ma mère, je pris ma lampe et entrai dans ma chambre pour m'y coucher. Aussitôt, je ressentis une sorte d'appréhension, de serrement de cœur, je sentis qu'il y avait quelqu'un dans cette chambre, quelqu'un que je ne voyais pas et qui cependant y était ou plutôt devait y être.

Ma chambre contient peu de meubles et de tentures, il serait impossible de s'y dissimuler; je l'eus bientôt embrassée d'un seul coup d'œil et je constatai qu'il n'y avait personne.

Cette appréhension se continuant, je sortis dans le vestibule, j'explorai l'escalier, et je ne vis rien.

J'eus alors le pressentiment qu'il allait m'arriver cette nuit quelque chose, que j'allais être volé, qu'un incendie allait éclater, qu'un gendarme allait venir me réveiller pour m'apprendre que quelque crime nécessitant mon transport venait d'être commis, je ne sais quoi, enfin.

Je mis ma montre sur une table de nuit, remarquant qu'il était 9 *heures et demie*, et me couchai.

Le lendemain matin, je recevais un télégramme m'annonçant qu'un oncle très âgé et malade depuis longtemps venait de mourir; ce télégramme ne contenait aucune indication de l'heure, il disait seulement qu'il était décédé la veille, soit le jeudi 1er décembre.

Je communiquai cette dépêche à ma mère en lui disant. « Il est mort à 9 heures et demie du soir ».

J'annonçai aussi cette heure devant plusieurs personnes amies, afin de pouvoir invoquer leur témoignage si mes dires étaient jamais contestés.

Je pris le premier train pour me rendre à Janville où demeurait ce parent, à environ 40 kilomètres de Malesherbes.

Après avoir échangé avec ma tante quelques paroles, je lui demandai à quelle heure était mort son mari.

Elle me répondit simultanément avec une femme qui gardait le mort et qui avait assisté à son agonie : « A 9 *heures et demie* du soir. »

B. — Au mois d'octobre 1897, ma mère se trouvant dans une chambre ouvrant sur la salle à manger par une porte, alors ouverte, entendit une sorte de soupir prolongé et ressentit comme un souffle qui aurait passé devant son visage.

J'étais sorti. Croyant que j'étais entré dans la salle à manger sans qu'elle eût entendu ouvrir la porte, elle dit à haute voix : « Est-ce toi, Georges ? »

Personne ne répondant, elle entra dans la salle à manger et vit qu'il n'y avait personne.

Lorsque je rentrai, elle me fit part de ce qu'elle venait de ressentir.

Le lendemain, elle recevait une dépêche lui annonçant la mort d'une cousine demeurant à Chambon (Loiret) à environ 25 kilomètres d'ici.

Elle partit à Chambon et apprit que cette cousine était morte des suites d'une chute quelques heures après l'accident. La manifestation qui s'était produite *coïncidait exactement* avec l'heure où cette parente était mourante.

GEORGES MERLET,
Juge de paix de Malesherbes (Loiret). [*Lettre* 6.]

XIX. — Le 4 décembre 1884, à 3 heures et demie du matin, étant parfaitement éveillée, je venais de me lever. J'eus la vision très nette de l'apparition de mon frère, Joseph Bonnet, sous-lieutenant de spahis, 2e régiment, en garnison à Batna, province de Constantine (Algérie). A cette époque, il était en manœuvres, et nous ne savions pas au juste où il se trouvait. Mon frère m'embrassa sur le front ; je sentis un frisson très froid, et il me dit très distinctement : *Adieu, Angèle, je suis mort*[1].

Très émue et toute bouleversée, je réveillai mon mari aussitôt en lui disant : « Joseph est mort ; il vient de me le dire. »

Comme ce jour-là, 4 décembre, était le jour de la naissance de mon frère (il accomplissait ses trente-trois ans), et que nous avions parlé la veille de cet anniversaire, mon mari m'assura que c'était là une suite de mes idées et me traita même de visionnaire et d'exaltée.

Toute cette journée du jeudi, je fus très angoissée. A 9 heures du soir, nous reçûmes une dépêche ; avant de l'ouvrir, je savais ce qu'elle contenait. Mon frère était mort à Kenchela (Algérie), à 3 heures du matin.

ANGÈLE ESPERON, née BONNET.

Je certifie absolument exact le récit ci-dessus de ma femme.

OSMAN ESPERON,
Capitaine en retraite, chevalier de la Légion d'honneur, à Bordeaux. [*Lettre* 9.]

XX. — C'était en 1845, le 28 octobre. Mon père, alors

---

[1]. A rapprocher du cas nº III.

âgé de quatorze ans, revenait de chercher un seau d'eau à un puits situé à 80 mètres de la maison de ses parents. Or, le matin, il avait vu rentrer chez lui, malade, le sieur Lenoir, âgé de cinquante ans, employé en qualité de berger chez M. Boutteville, cultivateur à Nanteau-sur-Lunain (Seine-et-Marne). Pour aller au puits (voir la figure explicative), il fallait passer à 20 mètres environ de l'habitation du sieur Lenoir. Il était alors quatre heures du soir.

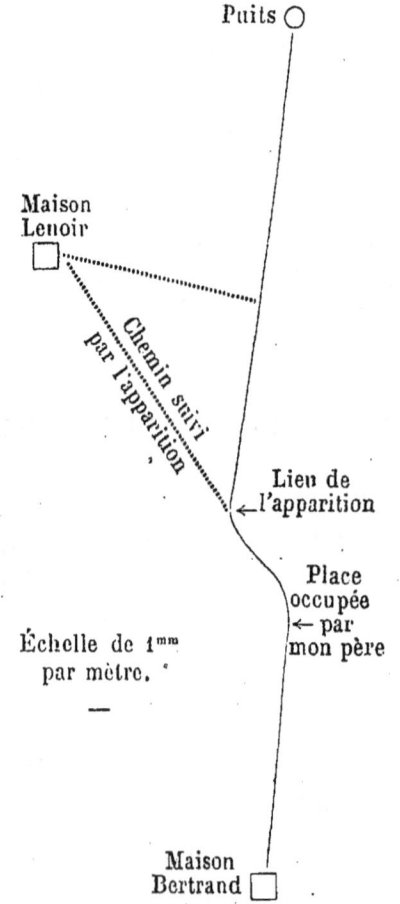

S'étant arrêté pour se reposer, il se retourna et vit très distinctement, à 10 mètres environ, le sieur Lenoir, un paquet sur l'épaule, venant de son côté. Pensant qu'il retournait à son travail, mon père reprit le seau et rentra à la maison. Son frère Charles, qui se trouvait dans la cour, entra aussitôt en disant : « Je ne sais ce qu'il y a chez la mère Lenoir; on l'entend crier : *Hélas! il est mort!* — Ce n'est certainement pas le père Lenoir, répondit alors mon père, car je viens de le voir partir chez son maître. »

Sans perdre de temps, ma grand'mère se rendit chez les époux Lenoir et apprit que le mari venait de mourir à l'instant même où l'apparition s'était manifestée à mon père.[1]

A. BERTRAND,
Instituteur à Vilbert (Seine-et-Marne). [*Lettre* 11.]

1. A rapprocher du cas n° XV.

XXI. — Nous étions à la campagne. Ma mère habitait une pièce voisine de celle où nous couchions, ma femme et moi.

Ma mère était âgée, mais très bien portante, et rien, la veille de sa mort, ne nous faisait présumer sa fin prochaine lorsqu'elle se retira le soir dans sa chambre.

Le matin, vers 5 heures et demie, je fus éveillé en sursaut par un bruit que je pris pour celui d'une sonnette.

Je sautai à bas du lit, en disant à ma femme : « Ma mère sonne ».

Ma femme me fit remarquer que cela ne pouvait être, ma mère n'ayant pas plus que nous de sonnette à la campagne, et que le bruit qui m'avait éveillé était le grincement de la poulie d'un puits situé sous nos fenêtres, grincement qui ne m'éveillait point d'ordinaire.

J'admis la possibilité de cette explication, et n'attachai pas d'importance à mon brusque réveil.

Je descendis à Lyon. Quelques heures après, ma femme me fit prévenir par un exprès, qu'elle venait de trouver ma mère morte dans son lit, et que tout faisait supposer que sa mort devait remonter à 5 ou 6 heures du matin, c'est-à-dire à peu près à l'heure où une inexplicable sensation m'avait fait croire qu'elle appelait.

E. GÉRIN,
Avoué près le Tribunal civil (Lyon). [*Lettre* 13.]

XXII. — J'avais chez moi, il y a quelques années, une vieille bonne, Sophie, qui avait élevé ma mère, moi-même, et avait aidé à élever mon enfant. Elle avait chez moi son logement et, à cause de son grand âge, ne pouvait plus guère s'occuper comme passe-temps que de la basse-cour.

Sophie n'était pas pour moi une mère, une vieille bonne, une femme; non, c'était simplement Sophie, je l'aimais de tout mon cœur comme aux premiers temps de mon enfance.

Pour elle, j'étais tout, son dieu, sa chose. J'arrive au fait.

Je revenais seul, en voiture, la nuit, d'un long voyage, lorsque j'entendis mon nom prononcé d'une voix étouffée tout près de moi. J'arrêtai brusquement mon cheval et descendis de voiture Je ne vis rien. J'allais remonter, croyant à une illusion de mes sens, lorsque j'entendis une seconde fois mon nom prononcé dans la voiture, d'une voix déchirante, comme quelqu'un qui appelle au secours. Je reconnus la voix de ma pauvre Sophie. Elle ne pouvait être là, puisque je la savais très souffrante depuis quelques jours. Je remontai en voiture, très perplexe. A peine assis, je m'entendis appeler une troisième fois, d'une voix très douce, la voix qu'elle avait lorsque, tout enfant, elle chantait pour m'endormir.

J'éprouvai alors une émotion indéfinissable. Encore aujourd'hui, en rappelant ce souvenir, je suis tout troublé.

A quelques centaines de mètres de là, je vis de la lumière dans une auberge, je descendis et notai sur mon carnet la chose extraordinaire qui venait de m'arriver.

Enfin une heure après j'arrivais chez moi : la première chose que j'appris, c'est que ma pauvre vieille Sophie venait de s'éteindre, après une heure d'agonie environ.

GEORGES PARENT,
Maire à Wiège-Faty (Aisne). [*Lettre* 20.]

XXIII. — Le soir du 8 mai 1896, vers 9 heures et demie, j'allais me coucher, lorsque je sentis comme une commotion électrique qui me secoua de la tête aux pieds. Ma mère était malade depuis quelques mois, je dois vous le dire, mais rien ne faisait prévoir que son état dût s'aggraver subitement. — La commotion avait été si étrange, si nouvelle, que je l'attribuai immédiatement, et sans réflexion, à la mort de ma mère. Sous le coup de cette émotion, je ne pus m'endormir que fort tard, et avec la conviction que j'aurais le lendemain une dépêche m'annonçant le malheur. Ma mère habitait à 60 kilomètres de Moulins.

Le lendemain matin, une dépêche me mandait en toute hâte. Je pars et je trouve ma mère à peu près sans connaissance. Elle mourut le lendemain, soit trente heures environ après l'avertissement.

Les personnes qui la soignaient me dirent que l'hémorragie interne (c'est à cela qu'elle avait succombé) l'avait terrassée à neuf heures et demie, le 8 mai, c'est-à-dire à *l'heure même* où j'ai été si étrangement averti.

Abbé L. FORESTIER,
Vicaire à Saint-Pierre (Moulins). [*Lettre* 23.]

XXIV. — Votre requête me fait un devoir de vous raconter un fait qui s'est passé ici et qui a vivement ému la plupart des habitants du bourg. Le voici dans toute sa simplicité.

Un jeune homme de quinze ans, domestique chez M. Y. M., depuis déjà longtemps, avait été chargé par celui-ci de conduire ses bêtes à cornes à l'abreuvoir. Je dois vous dire ici que le père de cet enfant était gravement malade depuis deux jours, ayant contracté une fluxion de poitrine à une foire proche de Chamberet, et que cette maladie avait été cachée au jeune enfant.

Or, à trente pas environ de l'étable, l'enfant, ou mieux le jeune garçon, arrivé auprès de l'abreuvoir, aperçut tout à coup deux bras levés en l'air, puis une forme de spectre, et entendit des cris douloureux accompagnés de gémissements. — La secousse fut si forte qu'il s'évanouit : il avait, dit-il, cru reconnaître son père. Il était environ 6 heures et demie ou 7 heures du soir.

Le lendemain, à 4 heures et demie, son père était mort, et le soir il avait demandé plusieurs fois son fils, au milieu de ses plus vives souffrances.

Ce fait peut vous être affirmé par cent personnes des plus honorables de Chamberet.

C. DUFAURE,
Pharmacien à Chamberet (Corrèze). [*Lettre* 25.]

XXV. — Le fait suivant peut mériter de vous être signalé. M. Destrubé, chef de musique au 114°, homme très digne de foi, fut, il y a quelques années, réveillé en sursaut par une voix qui appelait « Narcisse ».

A cet appel de son prénom, Destrubé, qui avait positivement cru entendre la voix de son père, répondit en se redressant sur son lit.

Cela se passait entre minuit et une heure du matin.

Quelques heures après, Destrubé recevait un télégramme lui annonçant la mort de son père, survenue la nuit même, et vers l'heure à laquelle il avait cru s'entendre appeler.

Destrubé, en garnison à Saint-Maixent, se rendit aux obsèques à Vaubecourt (Meuse), où on lui apprit que le dernier mot de son père mourant avait été : « Narcisse ».

Si ce fait peut être de quelque utilité pour vos intéressants travaux, je suis, cher maître, trop heureux de vous le faire connaître, et mon ami Destrubé se fait, au besoin, un devoir de le confirmer.

SORLET,
Capitaine au 137e de ligne, à Fontenay-le-Comte (Vendée). [*Lettre* 27.

XXVI. — En juin 1879, un de mes cousins faisait son volontariat à Bayonne ; ses parents habitaient le nord de la Charente-Inférieure, à environ 400 kilomètres de distance.

Un jour, sa mère, entrant dans la chambre ordinairement occupée par son fils, le vit très distinctement *étendu immobile sur son lit*. Elle en fut très impressionnée. Quelques heures plus tard, un ami de la famille vint à la maison et entretint en particulier le mari, père du jeune soldat. Cet entretien avait lieu au milieu d'une cour très spacieuse, et la mère, placée sur une porte à 40 ou 50 mètres, entendit l'ami, qui pourtant causait tout bas, dire à son mari : « N'en parlez pas à votre femme ». Elle s'écria aussitôt que son fils était mort.

En effet, le matin même, en revenant d'une marche militaire, il était allé se baigner à Biarritz et s'était noyé vers l'heure de l'apparition; un camarade avait télégraphié à l'ami de la famille pour le charger d'annoncer la nouvelle.

CLERMAUX,
Direction de l'enregistrement à Juvigny (Orne). [*Lettre* 29.]

XXVII. — Ma grand'tante, Mme de Thiriet, se sentant mourir (le 21 avril 1807) parut, quatre ou cinq heures avant sa mort, entièrement recueillie en elle-même. « Avez-vous plus de mal? lui demanda la personne de qui je tiens ce récit. — Non, ma chère, mais je viens d'appeler Midon pour mon enterrement. »

Midon était une personne qui l'avait servie, et qui demeurait à Eulmont, village situé à 10 kilomètres de Nancy où se trouvait Mme de Thiriet. La personne qui assistait aux derniers moments de celle-ci crut qu'elle rêvait; mais, deux heures après, elle fut bien étonnée de voir arriver Midon, ses vêtements noirs dans ses bras, et disant qu'elle avait entendu Madame l'appeler pour la voir mourir et lui rendre les derniers devoirs.

A. D'ARBOIS DE JUBAINVILLE,
Conservateur des eaux et forêts en retraite,
chevalier de la Légion d'honneur, à Nancy. [*Lettre* 30.]

XXVIII. — En 1875, un cousin germain de ma mère, M. Claudius Périchon, alors chef comptable à l'usine métallurgique de l'Horme, commune de Saint-Julien-en-Jarret (Loire), entrant au bureau de tabac, vit nettement dans la vitrine ma mère. Le lendemain, il recevait la nouvelle de sa mort.

Ma mère a-t-elle pensé à son cousin à ses derniers moments? Je ne saurais vous le dire. Dans tous les cas, la véracité de ce récit ne peut être mise en doute; mon cousin l'a raconté plusieurs fois à ses enfants, de qui je le tiens, et c'est un homme d'une certaine instruction, peu expansif, très sérieux, plein de bon sens, et par suite digne de foi.

BERGER,
Instituteur à Roanne. [*Lettre* 39.]

XXIX. — Le père de ma mère habitait Huningue, dont il était maire. Peu de temps après le siège de cette ville il reçut la nouvelle que son père qui habitait Rixheim, situé à environ 20 kilomètres d'Huningue, était dangereusement malade. Faire seller son cheval, et partir à toute bride, fut l'affaire d'un instant. A mi-chemin, *son père lui apparut à la tête du cheval qui se cabra.* Sa première pensée fut que son père était mort, et en effet, arrivé à Rixheim trois quarts d'heure après, il constata que son père avait rendu le dernier soupir au moment même de l'apparition.

Ma mère, Madeleine Saltzmann, alors encore jeune fille, épousa, quelques années après, Antoine Rothéa, mon père, notaire à Altkirch où il occupa cette fonction pendant trente ans; je lui ai succédé, et après la guerre de 1870, je quittai l'Alsace pour m'installer en France, et en dernier lieu à Orquevaux (Haute-Marne), votre département.

E. ROTHÉA.
[*Lettre* 40.]

XXX. — Ma chère mère mourut le samedi 8 avril 1893. J'avais reçu le mercredi précédent une lettre d'elle où elle me disait n'être pas trop souffrante de sa maladie de cœur, et me parlait d'une course qu'elle avait faite le samedi 1er avril près de notre campagne, à Wasselonne. Il était dans mes projets de sortir ce samedi 8 avril; je dînai tranquillement à midi, mais vers 2 heures il me prit une angoisse terrible. Je montai dans ma chambre et me jetai dans un fauteuil où j'éclatai en sanglots : je voyais ma mère *couchée sur son lit*, coiffée d'un bonnet de mousseline ruchée que je ne lui avais jamais vu, *et morte*. Ma vieille bonne, inquiète de ne pas m'entendre marcher, vint me rejoindre, et fut surprise de me voir si désespérée. Je lui dis ce que j'avais vu, l'angoisse que j'éprouvais. Elle prétendit que les nerfs me faisaient mal et me força à terminer ma toilette. Je sortis de la maison comme une personne inconsciente. Cinq minutes après, j'entendis derrière moi le pas rapide de mon mari, m'apportant une dépêche : « Mère perdue, ne passera pas la nuit. » — « Elle est morte, dis-je, je le sais, je l'ai vue. »

Je rentrai et nous nous préparâmes à partir par le premier train. Il était 2 heures et demie, heure de Paris, quand je vis ma mère sur son lit de mort, et trois heures plus tard nous apprîmes par télégramme, qu'elle était morte subitement, à 3 heures et demie, heure de Strasbourg. Elle n'avait pas été malade, ne s'était couchée que deux heures avant sa mort, se plaignant de froid et d'une grande somnolence et ne croyait pas mourir puisqu'elle se faisait lire une lettre par mon père qui se tenait au pied du lit. Comme elle n'a pas demandé à voir ses enfants, je crois qu'elle a dû songer cependant à moi en expirant. N'étant arrivée que le lundi vers 11 heures à Strasbourg, ma mère était déjà couchée dans sa bière, mais celles qui l'ont habillée m'ont décrit, *tel que je l'ai vu*, le bonnet en mousseline qu'on lui a laissé en l'ensevelissant.

A. Hess,
à Alby. [*Lettre* 42.]

XXXI. — Un jeune étudiant en médecine, interne à l'hôpital, fut pris d'une angine sans gravité à ce qu'on croyait. Un soir, il rentre dans sa chambre, sans être plus souffrant, se couche et s'endort, à ce qu'on suppose. Le matin de la même nuit, vers 3 heures, une religieuse de l'hospice fut réveillée par des coups frappés à sa porte, elle se lève à la hâte, les coups se faisant plus pressants, court à la porte et ne voit personne. Elle s'informe : personne n'avait rien entendu. Or le matin, à l'heure du lever, le voisin de chambre du jeune étudiant malade, inquiet de ne rien entendre dans la chambre de son ami, entre chez lui et le trouve mort, les mains crispées sur la gorge. Il avait succombé à une hémorragie.

La religieuse s'expliqua les coups frappés à sa porte. Le pauvre moribond avait probablement pensé à elle qu'il connaissait particulièrement. Si elle avait été près de lui, elle l'aurait peut-être empêché de mourir.

Si vous publiez cette relation, je vous prie de changer le nom de la ville et le mien, car ici on est tout à fait « fin-de-siècle » et on se moque de tout.

A. C.
[Lettre 43.]

XXXII. — En 1887, mes parents avaient recueilli parmi nous ma grand'mère âgée de quatre-vingts ans. J'avais alors douze ans et je fréquentais, en compagnie d'un de mes amis plus âgé que moi de deux ans, l'école communale de la rue Boulard, à Paris. Ma grand'mère était souffrante, mais rien ne faisait présager à bref délai un dénoûment fatal. J'ajouterai que mon ami venait assez souvent chez nous et que nos demeures étaient distantes de dix minutes de chemin environ.

Un matin, en me réveillant, vers 7 heures, ma mère m'apprit le décès de ma grand'mère survenu une heure auparavant. Il fut naturellement décidé que je n'irais pas à l'école ce jour-là. Mon père en se rendant vers 9 heures à l'Hôtel de Ville, où il est employé, passa à l'école pour informer le directeur du malheur qui nous frappait. Celui-ci lui répondit qu'il *le connaissait déjà*, que mon ami, en arrivant, le lui avait appris en lui disant que ma grand'mère était morte le matin même à 6 heures. Aucune communication n'avait eu lieu entre ma demeure et celle de mon ami, d'une part, entre ma demeure et l'école d'autre part. Voilà le fait, indiscutable, et que je vous affirme de la façon la plus formelle.

Voici maintenant l'explication qui nous fut donnée le lendemain ou le surlendemain par mon ami. S'étant réveillé la nuit, il avait vu sa jeune sœur, morte depuis quelques années, pénétrer dans sa chambre, tenant par la main ma grand'mère, et celle-ci lui avait dit : « Demain matin à 6 heures, je ne ferai plus partie du monde des vivants ». Maintenant, a-t-il entendu cette phrase? A-t-il été sincère et exact dans ses affirmations? Je ne sais.

Toujours est-il que, sur la foi de cette vision, il annonça au directeur de l'école, de la façon la plus précise, un fait que rien ne pouvait lui faire présager, ni connaître.

M. Miné,
6ᵉ section d'Administration militaire, Châlons-sur-Marne. [Lettre 44.]

XXXIII. — Le 22 janvier 1893, j'étais appelée par dépêche auprès de ma tante âgée de quatre-vingt-deux ans et malade depuis quelques jours.

A mon arrivée, je trouvai ma chère tante à l'agonie et ne parlant presque plus ; je m'installai à son chevet pour ne plus la quitter. Vers 10 heures du soir, je veillais assise dans un fauteuil près d'elle, lorsque je l'entendis appeler, avec une force étonnante : *Lucie ! Lucie ! Lucie !*. Je me levai vivement et je vis ma tante ayant perdu complètement connaissance et râlant. Dix minutes après, elle rendait le dernier soupir.

Lucie était une autre nièce et la filleule de ma tante, qui ne venait pas la voir assez souvent à son gré, puisqu'elle s'en était plainte plusieurs fois à la garde-malade.

Le lendemain, je dis à ma cousine Lucie : « Vous avez du être bien surprise en recevant une dépêche vous annonçant la mort de notre tante. » Elle me répondit : « Nullement, je m'y attendais un peu. Figurez-vous que la nuit dernière vers 10 heures, alors que je dormais profondément, j'ai été réveillée brusquement, *m'entendant appeler par ma tante :* « *Lucie ! Lucie ! Lucie !* » Je n'ai pas dormi le reste de la nuit. »

Voilà le fait, que je vous certifie très exact, en vous priant de ne donner que mes initiales si vous le publiez, car la ville que j'habite n'est guère composée que de gens futiles, ignorants ou bigots hypocrites.

P. L. B.
[Lettre 47.]

XXXIV. — J'avais un oncle qui avait servi aux zouaves. Son capitaine l'avait pris en affection ; cependant, par la suite, toutes relations avaient cessé entre eux. Plusieurs années après, un matin, au lit, bien éveillé, mon oncle a l'impression très nette de voir son capitaine entrer, s'avancer au pied de son lit, le regarder un instant sans rien dire, se retourner et disparaître. Mon oncle se lève, interroge dans la maison, personne n'a rien vu. Quelques jours après, il apprend la mort de ce capitaine *ce jour-là*. A-t-il vérifié la concordance de l'heure? Je ne sais.

EUGÈNE ROYER,
Pharmacien de 1re classe de l'École supérieure de Paris,
La Ferté-Milon (Aisne). [*Lettre* 49.]

XXXV. — J'ai à vous signaler un fait authentique que je tiens d'un des témoins lui-même. Voici. Dix à douze religieux réunis dans une salle de leur maison étaient en conférence; à un moment, un volet de la fenêtre se ferme brusquement avec grincement lugubre; au même instant un (ou plusieurs, je ne me souviens) se lève et s'écrie: « Un malheur vient d'arriver, notre supérieur est mort ». Le supérieur était à la maison mère et à des kilomètres. Le lendemain, les religieux reçoivent la fatale nouvelle, leur supérieur était bien mort *à l'heure du battement du volet*. Cette histoire m'a toujours fortement intrigué[1].

JOANNIS JANVIER,
Anzy-le-Duc, par Narcigny (Saône-et-Loire. [*Lettre* 52.]

XXXVI. — Il y a un an et demi environ, mon père, une cousine en séjour chez nous et ma sœur causaient dans la salle à manger. Ces trois personnes étaient seules dans l'appartement, quand tout à coup elles entendirent jouer du piano au salon. Très intriguée, ma sœur prend la lampe, va au salon et voit parfaitement quelques notes se baisser toutes ensemble, faire entendre des sons, et se relever[2].

Elle revient et raconte ce qu'elle a vu. On rit, au pre-

---

1. A rapprocher des cas n° I, II et XIV.
2. M. Victorien Sardou m'a rapporté avoir observé un fait analogue.

mier moment, de son histoire, en voyant une souris au bout de l'affaire, mais comme la personne est douée d'une vue excellente et qu'elle n'est pas superstitieuse le moins du monde, on trouva la chose étrange.

Or, huit jours après, une lettre venant de New-York nous apprenait la mort d'un vieil oncle qui habite cette ville. Mais chose plus extraordinaire, trois jours après l'arrivée de cette lettre, le piano se remettait à jouer. Comme la première fois, une annonce de mort nous arrivait huit jours après, celle de ma tante, cette fois.

Mon oncle et ma tante formaient un couple parfaitement uni; ils avaient gardé un très grand attachement à leurs parents et à leur Jura, leur lieu d'origine.

Jamais le piano ne s'est fait entendre de lui-même, depuis lors.

Les témoins de cette scène vous certifieront la chose quand vous le voudrez; nous habitons à la campagne dans les environs de Neuchâtel, et je vous assure bien qu'ici nous ne sommes pas des névrosés.

ÉDOUARD PARIS,
artiste peintre, près Neuchâtel (Suisse). [*Lettre* 54.]

XXXVII. — Je finissais en 1885 ma dernière année de service à l'arsenal de Tarbes, où je travaillais comme forgeron. Très avant dans la nuit du 20 mai, je fus éveillé par la sensation d'une lumière[1] passant devant mes yeux. Je regardai et je vis au pied de mon lit, à gauche, un disque lumineux, dont la lumière discrète rappelait celle d'une veilleuse. Sans voir de figure, sans rien entendre, j'eus dans ma pensée l'idée précise que j'avais devant moi un de mes cousins habitant Langon et qui était atteint d'une maladie grave. Après quelques secondes, la vision s'évanouit, je me trouvai assis sur mon lit; je me dis en me recouchant : « Imbécile, c'est un cauchemar. »

Le lendemain, comme d'habitude, je me rendis à l'ate-

---

1. Remarquons l'impression par le nerf optique, constante chez un forgeron battant le fer rouge devant la forge.

lier, et là, vers 8 heures et demie, je reçus une dépêche m'annonçant la mort de ce cousin survenue vers une heure de la nuit. Je demandai et obtins une permission de trois jours pour aller l'embrasser une dernière fois. Élevés en frères, nous nous aimions de même.

Je racontai en arrivant ce que je vous écris à mon oncle Lapaye et à ma marraine, père et mère du défunt. Ils sont encore en vie et peuvent, si besoin est, témoigner de la véracité du fait que je vous transmets, sans en avoir « arrangé les détails », comme vous le reprochez à quelques-uns.

Éloi Descamps,
à Bommes (Gironde). [Lettre 56.]

XXXVIII. — Quelques jours avant le 24 juillet 1895, je venais de me déshabiller et me tenais debout près de mon lit, mon mari était dans son cabinet de toilette, à ce moment. Étant parfaitement éveillée, j'ai vu la figure de ma grand'mère toute ridée, plissée bien plus qu'en réalité, et blême comme une tête de morte. Cela n'a eu que la durée d'un éclair, mais m'a troublée profondément. Je n'en ai rien dit dans le moment, ces choses-là paraissent toujours ridicules à raconter, et le lendemain matin, ma mère me faisait savoir que ma grand'mère était frappée d'une paralysie complète qui lui enlevait toute connaissance. Elle est morte en effet quelques jours après. Je n'ai pas vérifié si l'heure à laquelle je l'avais vue correspondait avec le moment où elle a été privée de connaissance.

Catholique fervente, 35 ans, femme d'avocat, tout ce qui a trait à l'au-delà m'intéresse extrêmement. Mais je vous prie de ne pas livrer mon nom, cette ville n'étant guère composée que d'esprits fort légers et occupés surtout de potinages.

L. M.,
à A. [Lettre 63.]

XXXIX. — En 1888, au mois de janvier, j'ai perdu ma grand'mère ; elle avait fait appeler ses enfants à ses derniers moments pour leur dire un suprême adieu. Tous étaient donc présents au moment de sa mort, à l'exception d'une de mes tantes qui était, et qui est encore religieuse au Brésil. Ma grand'mère a manifesté le regret qu'elle avait de ne pouvoir la voir. Maman fut chargée d'annoncer à ma tante la triste nouvelle. Et deux mois après, elle recevait une lettre de ma tante, où celle-ci racontait qu'un soir, au moment de se coucher, elle avait entendu des pas autour de son lit ; elle se retourne, mais ne voit rien ; tout à coup son rideau s'ouvre brusquement, et elle sent comme une main se poser sur son lit. Elle était seule dans sa chambre, et avait de la lumière. Sa première pensée fut que quelqu'un de ses parents était mort, et elle se mit à prier pour son âme. Elle inscrivit la date et l'heure : or c'est précisément *le jour de la mort* de ma grand'mère qu'elle avait eu cette impression.

M. ODEON,
institutrice à Saint-Genix-sur-Guiers (Savoie). [*Lettre* 68.]

XL. — Mon père occupait autrefois un individu du nom de Fautrac, originaire d'Agneaux, près de Saint-Lô, excellente nature, jovial, aimant à faire des farces aux gars du village ; certains se rappellent encore les tours pendables qu'il leur a joués.

Malgré cela, tout le monde le recherchait, précisément à cause de sa belle humeur, et l'aimait. Le malheureux, qui avait fait sept ans dans l'infanterie de marine au Sénégal, avait contracté les fièvres, et ne s'en était jamais remis. Anémié, il devint phtisique. Mon père, qui l'aimait beaucoup, le soigna pendant plusieurs mois chez nous. Le mal faisant des progrès, Fautrac fut obligé de s'aliter complètement, et mon père obtint son admission à l'hôpital de Granville. Là, il resta encore trois mois en traitement avant de mourir.

Régulièrement, mon père allait le voir tous les dimanches pour le consoler et lui porter quelques douceurs.

Un lundi, lendemain d'une visite à son malade qu'il avait trouvé beaucoup mieux, mon père fut brusquement réveillé, ainsi que ma mère, par un violent coup frappé au chevet du lit.

« Qu'est-ce qu'il y a donc? s'écria ma mère en proie à la plus grande frayeur. As-tu entendu le coup qui vient d'être frappé sur le lit? » Mon père, ne voulant pas paraître avoir peur, et qui avait été tiré de son sommeil par le même bruit, ne répondit rien, se leva, alluma la lampe et consulta la pendule. « Tiens, dit-il, j'ai un pressentiment; je gage que le pauvre Fautrac est mort. Il me disait toujours qu'il m'avertirait. » Mon père, dès la pointe du jour, partit pour Granville. Aussitôt arrivé à l'hôpital, il demande à voir, malgré l'heure matinale, le nommé Fautrac. On lui répond qu'il est décédé dans la nuit à 2 heures du matin, exactement l'heure où mon père a été si brusquement réveillé.

J'ai raconté cette histoire bien des fois, je n'ai trouvé que des incrédules, que des gens disposés à me traiter de superstitieux. J'ai dit, du reste, moi-même à mes parents : « Mais c'est une coïncidence, un cauchemar, que sais-je? » Toujours mon père m'a répondu : « Non, je ne rêvais pas, et ta mère non plus. »

Le fait n'est pas contestable. Ah! si vous pouviez, par votre enquête, jeter un peu de clarté sur ces passionnants problèmes!

P. BOUCHARD,
commis des postes à Granville (Manche). [*Lettre* 71.]

XLI. — Mon père, alors âgé de 20 ans, se trouvait seul dans une maison quand, après minuit, il se fit un terrible fracas, puis la porte d'entrée s'ouvrit avec beaucoup de bruit. Mon père qui dormait au premier étage se réveilla en sursaut, et en même temps son père, au rez-de-chaussée, l'appela pour lui demander s'il était dans sa chambre ou s'il était allé dans la cour, et pourquoi il avait fait tant de vacarme. Mon père s'empressa de descendre en manifestant son étonnement sur cette étrange aventure. N'y comprenant rien, le père et le fils refermèrent la porte en poussant les verrous, et chacun regagna son lit. Mais, au bout de très peu de temps, la même scène se reproduisit, et papa et grand-père se rencontrèrent de nouveau, tout effrayés, devant la porte ouverte. On la referme de nouveau avec soin et l'on regagne son lit, quand, pour la troisième fois, la porte se rouvrit avec fracas. On la lia alors avec une grosse corde. Le reste de la nuit se passa tranquillement.

Quelque temps après, une lettre arriva, annonçant la mort du frère de grand-père, établi en Amérique; *la date de sa mort coïncidait avec celle des événements* relatés plus haut. Seulement, ce frère était mort vers 1 heure de l'après-midi. Ensuite on apprit que ce frère avait eu un grand désir de voir encore une fois son frère en Alsace, et un moment, on le croyait déjà mort, quand tout à coup il rouvrit les yeux en disant : « Je viens de faire un grand voyage : j'étais chez mon frère à Brumath » Puis il mourut.

CAROLINE BAESCHLY,
à Saverne. [Lettre 72.]

XLII. — Personnellement, je n'ai aucun phénomène de télépathie à vous faire connaître. Mais, avant-hier, on parlait chez moi de vos savantes recherches. Une personne absolument digne de foi raconta qu'assistant sa mère à ses derniers instants elle avait, presque au moment de la mort de celle-ci, répandu une grande quantité d'eau de Cologne autour de la mourante. A la même heure, la sœur du narrateur, à plus de trente lieues de là, eut comme la certitude de la mort de sa mère, et elle perçut très distinctement une odeur d'eau de Cologne, alors cependant qu'aucun flacon de cette eau n'était à sa portée. Cette dame savait que sa mère était très malade.

OCTAVE MARAIS,
ancien bâtonnier, à Rouen. [Lettre 80.]

XLIII. — Il m'est arrivé le 19 décembre 1898 une audition bien curieuse. Voici le fait, qui peut être confirmé par tout mon entourage, car il m'a causé une impression profonde.

Mon mari étant parti le 19 pour un petit voyage, je pris dans ma chambre l'aîné de mes trois enfants âgé de 7 ans. Les verrous de toutes les portes étaient tirés : je suis peureuse, et notre maison est un peu isolée. A 3 heures du matin, m'étant réveillée, mon garçon de même, nous entendîmes des pas légers, mais distincts, se dirigeant vers la porte des enfants, puis vers la mienne ; en même temps la poignée de la porte des enfants fut soulevée, mais elle était fermée à clef. Je sautai à bas du lit et, sans ouvrir la porte, demandai : « Anna (le nom de la bonne), est-ce vous? » Point de réponse. Je me recouchai, persuadée qu'Anna s'était levée. Grande fut ma frayeur en apprenant au déjeuner qu'elle n'avait pas quitté sa mansarde.

Deux jours plus tard, j'appris la mort d'une parente d'anciens locataires de notre maison. Elle était morte le 19 à 11 heures du soir.

JEANNE BANAUD D'ÉBERLÉ,
Briqueterie de Bussigny. [Lettre 88.]

XLIV. — Voici ce que j'ai entendu raconter à Mme la marquise de..., il y a environ cinq ans, alors que j'étais précepteur de son fils.

La marquise dînait un soir chez un de ses amis, à Paris. Les convives étaient nombreux et fort gais. Aussi l'émotion fut-elle grande lorsqu'une jeune fille de l'assistance, poussant un grand cri, se renversa sur sa chaise, en proie à une crise de larmes. Tout le monde de se précipiter à son secours. « *Là! là!* disait-elle en indiquant la porte vitrée par où on entrait dans la salle à manger ; *ma mère m'est apparue, ma mère vient de mourir.* » On chercha vainement à calmer la jeune fille, à chasser cette sinistre idée de son esprit.

Une sorte de malaise s'empara bientôt des assistants

eux-mêmes. Vingt minutes après, quelqu'un sonnait et demandait à emmener immédiatement Mlle X..., laissant entendre qu'un grand malheur venait d'arriver. La mère de la jeune fille était morte subitement.

E. LEMOISSON,
professeur au collège de Vire. [Lettre 94.]

XLV. — Une personne de mes relations, étant allée à la campagne pour affaires, constata, la première nuit qu'elle coucha dans sa chambre, que son lit s'agitait, se soulevait, comme remué par une cause inconnue. Il était 11 heures du soir. Elle alluma sa bougie et vit au milieu de la chambre un très gros chien[1], les yeux fixés sur elle. Après quelques instants, il disparut par un des carreaux de la fenêtre, sans laisser trace de son passage. Elle partit précipitamment le lendemain matin, pressentant un malheur arrivé chez elle, et là elle apprit que M. X... officier de l'armée, atteint d'une maladie incurable, s'était suicidé la veille à 11 heures du soir. Ce monsieur lui avait demandé de le prendre chez elle pour y être soigné, et sur son refus il avait fait cette réflexion : « Alors il ne me reste plus qu'à en finir avec la vie. »

Cette personne voit une relation directe entre cette bizarre manifestation et la mort survenue le même jour et à la même heure.

CIEUCIAU,
16, rue de la Paix, à Cherbourg. [Lettre 98.]

XLVI. — Mon père, né en 1805 à Saint-Lô-d'Ourville, près Port-Bail (Manche), était en pension au séminaire de Saint-Sauveur-le-Vicomte, à 12 kilomètres de là. C'était le préféré de son père qui, du reste, lui légua un quart en plus de l'héritage, heureusement, car le deuxième fils eut vite fait de manger le bien de ses parents.

Il n'est donc pas extraordinaire que ce père, en mou-

---

1. Rappelons que, pour nous, ce sont là des impressions cérébrales, — à part des exceptions que nous discuterons.

rant presque subitement (comme on meurt dans notre famille), ait pensé à ce fils bon sujet, qu'il aimait tendrement et qui n'était pas là pour recevoir son dernier soupir.

Or, cette pensée du mourant dut parcourir la nuit l'espace de 12 kilomètres qui le séparait de son fils, car celui-ci, à 2 heures de la nuit, vit son père qui l'appelait pour mourir. Il courut réveiller le supérieur du séminaire et le supplia de le laisser partir.

Le supérieur refusa, disant à ce jeune homme de quinze ans que le pays, plein de forêts à traverser, n'était pas sûr pour y voyager la nuit, mais qu'il le laisserait partir au petit jour.

Hélas! c'était trop tard; le pauvre garçon arriva quand son père était mort, à *l'heure juste* de la nuit où il l'avait appelé.

ANGÉLINE DESSOLLE,
à La Tronche (Isère). [*Lettre* 102.]

XLVII. — Dans la nuit du 19 au 20 mai, un peu avant 11 heures, je ne dormais pas encore; ma femme, à mon côté, dormait déjà, lorsque j'entendis très distinctement comme un corps lourd tomber sur le plancher de l'étage supérieur. Ma femme se dressa alors et me dit : « Qu'y a-t-il? — Ce doit être un pain qui est tombé, répondis-je. » Cette chambre supérieure contenait les pains de la fournée.

Tandis que je parlais, un autre bruit semblable au premier, puis un troisième, plus fort, retentirent. Je me levai alors, j'allumai et, montant l'escalier de bois qui conduisait à ce grenier, je pus constater que tout y était bien en ordre, les pains à leur place. Un funeste pressentiment touchant mon frère Jean, malade, me prit alors, mais je n'en laissai rien paraître, et lorsque ma femme me demanda ce qui avait causé ces bruits insolites, je répondis, pour ne pas l'effrayer, car je la savais fort peureuse : « Ce sont des pains qui ont glissé. » Le lendemain, quelle ne fut pas ma stupéfaction en voyant arriver ma sœur, qui habitait alors Nîmes, les traits tout bouleversés, m'assurant avoir entendu vers 11 heures un bruit dans sa table et, à peine éveillée, un branle-bas formidable dans la grande armoire. Je l'entraînai alors dans la cuisine : « Jean est mort! — Oui, répondit-elle, c'était lui. »

Un mois après, nous apprîmes que notre cher Jean était décédé à l'hôpital de Birkaden (Algérie), dans la nuit du 19 au 20 mai [1].

MARIUS MARIOGE,
à Rémoulin (Gard). [*Lettre* 104.]

XLVIII. — Ma mère avait deux oncles prêtres : l'un était missionnaire en Chine, et l'autre curé en Bretagne; ils avaient une sœur, déjà âgée, qui habitait les Vosges.

Un jour, cette personne était occupée dans sa cuisine à préparer le repas de la famille, quand la porte s'ouvrit, et elle vit sur le seuil son frère le missionnaire dont elle était séparée depuis de longues années : « C'est le frère François! » s'écria-t-elle, et elle courut à lui pour l'embrasser ; mais, au moment où elle arrivait vers lui, elle ne le vit plus, ce qui lui causa une grande frayeur.

Le même jour, à la même heure, le second frère, qui était curé en Bretagne, lisait son bréviaire, quand il entendit la voix du frère François qui lui disait : « Mon frère, je vais mourir. » Puis au bout d'un moment : « Mon frère, je meurs. » Et enfin, quelques minutes après : « Mon frère, je suis mort. »

Quelques mois plus tard, ils reçurent la nouvelle de la mort du missionnaire, arrivée *le jour même* où ils en avaient reçu de si étranges avertissements [2].

Si je me permets de vous adresser ce récit, c'est que cet événement me semble présenter toutes garanties d'authenticité. Il m'a été raconté par ma mère et une de mes tantes séparément : elles le tenaient des personnages en cause, leur oncle, un prêtre respectable, et leur tante, une brave et digne femme, qui n'auraient pas inventé ce

1. Deux témoins éloignés impressionnés séparément.
2. Même cas remarquable.

conte pour le plaisir d'étonner le public. Quant à croire à une hallucination, il serait invraisemblable qu'ils en eussent eu tous deux en même temps à plusieurs centaines de lieues de distance.

Je puis vous affirmer également, sur l'honneur, ma parfaite sincérité; du reste, quel avantage aurais-je à vous tromper?

MARIE LARDET,
à Champ-le-Duc (Vosges). [Lettre 108.]

XLIX. — « La valeur des faits croît en raison de leur nombre », dites-vous, dans un article sur les manifestations télépathiques : c'est ce qui m'enhardit à vous soumettre un de ces faits étranges. Il ne date pas d'hier, et ne m'est pas personnel; néanmoins je puis en garantir l'authenticité, vu le caractère véridique, le bon sens, l'esprit net et positif de la personne à laquelle il est arrivé.

Vers 1822 ou 1823, le fils aîné de mes grands-parents faisait ses études à Strasbourg. Les dernières nouvelles reçues de lui étaient bonnes, et rien ne pouvait prêter à une inquiétude à son sujet. Il est vrai qu'à cette époque où 50 kilomètres constituaient un voyage au long cours, les communications avec Strasbourg n'étaient pas très fréquentes, les nouvelles non plus, par conséquent.

Un jour que ma grand'mère regardait un portrait à l'huile de son fils absent, elle crut voir la toile s'avancer vers elle, en même temps qu'elle entendait distinctement la voix de ce fils dire : « Maman, maman! »

La vision fut si nette qu'elle tendit les bras et cria avec angoisse : « Édouard! »

Mon grand-père eut beau lui représenter qu'Édouard allait bien, que s'il était malade, ses parents seraient prévenus, qu'elle avait eu une hallucination, avait rêvé tout éveillée, etc., ma grand'mère resta sous l'impression d'un malheur.

Le lendemain, un messager arrivait de Strasbourg, pour annoncer la mort du jeune garçon.

Quel mal l'avait enlevé en quelques heures? Je ne me

le rappelle plus. Je sais seulement qu'il était mort à l'heure où sa mère regardait le portrait, et qu'en mourant il avait appelé deux fois : « Maman, maman! »

Je suis, je vous l'avoue, fort incrédule; mais ici je m'incline. Toutefois, je ne signe que pour vous, pour que *vous* sachiez que ce n'est pas un conte.

S. S.,
Vosges annexées. [*Lettre* 121.]

L. — Un fait absolument authentique s'est passé dans ma famille. Je n'ai pu savoir l'année où il s'est produit, mais enfin le voici tel que ma grand'mère et ma mère me l'ont raconté.

Ma grand'mère, étant jeune fille, habitait le port d'Envaux (petite ville aux environs de Saintes) et avait un frère, Léopold Drouillard, marin.

Un autre de ses frères, qui habitait aussi le port d'Envaux, va dans un grenier au fond d'une cour chercher du foin pour du bétail. Presque aussitôt il revient en courant, tremblant de peur, et dit à sa mère : « Maman, je viens de voir mon frère Léopold dans le grenier. » On s'est moqué de lui sur le moment, et on ne pensait plus à cela, lorsque, au mois de décembre de la même année, on apprit la mort à la Havane, au mois de juin, de Léopold Drouillard. C'était bien au mois de juin que son frère avait eu la vision.

Voilà le fait tel qu'il m'a été raconté par ma mère et ma grand'mère. Cette dernière a un de ses frères qui vit encore, ainsi qu'une de ses sœurs. Ils peuvent en témoigner.

FERNAND ORTICE,
à Tonnay-Charente (Charente-Inférieure). [*Lettre* 128.]

LI. — A. En 1880, mon beau-frère, J.-B. Thuillot, se trouvait à Alger où il était appelé pour ses affaires. Une nuit, il se réveilla en sursaut, sans cause apparente; ayant ouvert les yeux, il vit, à la clarté de la veilleuse qui éclairait la chambre, un de ses amis, nommé Morillon, habitant la ville de Creil (Oise), qui se tenait très distinctement au pied de son lit et qui le regardait très tristement.... L'apparition dura quelques instants. Aussitôt, il eut l'intuition très précise que son intime ami, pourtant en bonne santé avant leur récente séparation, venait de mourir. Il écrivit chez lui et ne tarda pas à apprendre que son ami Morillon était mort cette nuit-là même, à *l'heure exacte* de cette apparition.

B. J'ai eu l'occasion de me rencontrer, en mai 1896, chez un ami commun, avec un M. Contamine, pharmacien à Commentry (Allier), qui a raconté devant moi le fait suivant, dont il garantissait l'absolue authenticité, et qu'il ne pouvait raconter sans une visible émotion. Se trouvant un jour assis dans sa chambre devant son armoire à glace, occupé à mettre des bottines, il aperçut très nettement dans cette glace, la porte derrière lui s'ouvrir, et vit un de ses intimes amis entrer dans la chambre; il était en costume de soirée, très soigné. M. Contamine se retourna pour tendre les mains à son ami. A sa grande stupéfaction, il ne vit personne dans la chambre. Il s'élance aussitôt au dehors et interpelle le domestique, qui était précisément dans l'escalier : « Vous venez de rencontrer M. X..., qui sort de chez moi; où est-il? — Je n'ai vu absolument personne, je vous l'affirme. — Allons donc! il sort de chez moi à l'instant. — Je suis absolument certain que personne n'est ni entré, ni sorti. » M. Contamine, très intrigué et très impressionné, eut, lui aussi, le pressentiment d'un malheur. Il s'informa aussitôt et apprit que son ami, ayant commis un homicide par imprudence, et voulant se dérober aux suites judiciaires de cet accident, *s'était suicidé à l'heure exacte* où avait eu lieu l'apparition et *dans le costume même* où il avait été vu par réflexion dans la glace.

BOULNOIS,
instituteur à Pont-Sainte-Maxence. [*Lettre* 134.]

LIII. — Le 23 octobre 1870, à 5 heures du matin, je dormais tranquillement, sans rêver, quand brusquement je sentis sur ma joue gauche un baiser tendrement appuyé. Je m'écriai : « Maman! »

Le soir du même jour, nous recevions une dépêche apprenant la mort, à 5 heures du matin, de ma mère bien-aimée.

J'en ai gardé une telle impression que jamais le souvenir ne s'en perdra.

Si la grande véracité de ce fait peut vous être d'une utilité quelconque, je serai trop heureuse d'avoir contribué dans une modeste part à des recherches dont j'apprécie la haute valeur.

P. S. — Ma mère mourait à Gien et j'étais à Rochefort.

Mlle MARIE DURAND,
à Rochefort-sur-Mer (Charente-Inférieure). [*Lettre* 140.]

LIV. — A. Il y a cinquante ans, ma tante, sœur de charité, alors âgée de 20 ans, et se trouvant dans le dortoir commun où je l'ai vue encore cette année, fut frappée par un grand bruit de futaille qui roule dans la cour. Elle ouvrit vivement la fenêtre et ne vit rien. L'ayant refermée pour aller se coucher, le bruit continua si fort qu'elle la rouvrit encore, au grand étonnement de ses compagnes, qui n'entendaient rien. Huit jours après, elle apprenait la mort de sa mère et c'était bien à 8 heures du soir qu'elle avait expiré, en appelant ses deux filles absentes. Fait curieux, l'autre fille se trouvant là n'avait rien entendu.

B. Cette même tante fut réveillée longtemps après par des coups ressemblant à ceux d'un petit marteau sur une table près de son lit. La peur l'empêcha d'abord de parler, mais les huit sœurs qui partageaient son dortoir furent toutes éveillées par ce bruit. Elles se levèrent et constatèrent à trois reprises dans la nuit que c'était toujours dans la table de ma tante que ce bruit se produisait. Trois sœurs, anciennes compagnes de ma tante, m'ont affirmé avoir été témoins du phénomène.

Pas de coïncidence de mort.

C. Courtès,
à Marmande. [*Lettre* 141.]

LVI. — A. Mon oncle Joseph, frère de mon père, se promenant dans son jardin, vers 10 heures du matin, vit, par-dessus une haie d'épines, son beau-frère à cheval, arrivant par la route.

Joseph rentre chez lui, annonce à sa femme l'arrivée du mari de sa sœur et va au-devant. C'est en vain qu'il fit des recherches, mais dans la soirée un express apportait une lettre annonçant la mort subite de cet homme, frappé d'apoplexie le matin même, à 45 kilomètres environ, et tombé de cheval.

B. — Il y a quarante ans, alors âgé de trente ans, receveur des contributions dans le Morbihan, prenant le café avec deux amis après le dîner, vers 7 heures, nous entendîmes tous les trois un bruit de pièces de 5 francs dansant dans un tiroir. M'élançant dans mon bureau, séparé par une simple cloison de notre appartement, je ne pus trouver la cause de ce bruit.

Dans la soirée, un de mes frères mourait à Paris.

Du Quilliou,
maire de Lanhelin (Ille-et-Vilaine). [*Lettre* 142.]

LVIII. — Mon père, compositeur de musique, habitait alors Lyon, sa ville natale, avec sa jeune femme et sa petite fille; mes grands-parents paternels habitaient aussi Lyon, à une demi-heure de distance, environ, de leur fils.

C'était le 28 août, à 8 heures du matin. Mon père faisait sa toilette (il se rasait devant une fenêtre), lorsqu'il s'entendit appeler[1] fortement par deux fois : « André, André! » Il se retourne, ne voit personne, va dans la chambre à côté, dont la porte était ouverte et trouve ma mère tranquillement assise.

1. *Appels* entendus : cas XVI, XXII, XXV, XXVII, XXXIII.

Mon père lui dit : « Est-ce toi qui m'as appelé? — Non, répond ma mère ; mais pourquoi as-tu l'air si ému? » Mon père lui raconte comment il s'est entendu appeler fortement et comment cet appel réitéré l'a bouleversé.

Il achève sa toilette, et quelques instants après on vient lui apprendre que son père vient de mourir presque subitement, sans qu'on ait eu le temps de l'envoyer chercher pour recevoir son dernier soupir. Il l'avait demandé avant de mourir, mais on ne le croyait pas en danger, et l'on n'avait pas cru devoir prévenir son fils.

Il était mort à 8 heures du matin, *exactement au moment* où mon père s'était entendu appeler d'une manière si pressante.

Notez bien que mon père n'avait aucun souci de la santé de son père, puisque la veille au soir il se portait encore bien.

Ma mère qui a été le témoin du trouble, mais qui, elle, n'a pas entendu cet appel, vient encore de m'en faire le récit pour la centième fois, et c'est sous sa dictée que je vous écris; mais je vous supplie de ne pas livrer nos noms au public.

M. B., née S.,
à R. (Isère).

LIX. — Mon ami Ferdinand S..., âgé d'environ 16 ans, faisait à Paris ses études musicales, sous la direction du compositeur Hippolyte Monpou.

Un jour, dans sa chambre d'étudiant, étant parfaitement éveillé, il lui arriva tout à coup d'avoir la claire vision de son père, absolument tel que s'il eût été là. Cette vision ne dura qu'un instant.

Mon ami était alors loin de s'attendre à la mort de son père. Cependant celui-ci, dont la profession était accordeur à Tours, avait été victime d'un terrible accident. En faisant monter un piano par un escalier, l'instrument lui était tombé sur le corps et la mort s'en était suivie.

Or, d'après la nouvelle qu'il en reçut, Ferdinand put

constater que le moment de l'apparition avait dû coïncider avec celui de la mort de son père.

E. LEP,
place de la Cathédrale, 9, à Tours. [*Lettre* 156.]

LX. — Il est arrivé non à moi, mais à mon père, de voir un être humain au milieu de sa chambre, entre 11 heures et minuit; c'était son fils, mon frère, qui venait de mourir à ce moment.

Mon père ne connaissait pas l'accident qui avait tué son enfant. De plus, officier de marine très brave, ce n'était pas un rêveur, doué d'une imagination à croire aux fantômes; il était plutôt un peu sanguin, et en parfaite santé.

MARIE ESMENARD,
propriétaire à Billom (Puy-de-Dôme). [*Lettre* 159.]

LXI. — Un de mes frères, alors élève de rhétorique dans un collège congréganiste, ne put fermer l'œil de la nuit et, sitôt le réveil, alla trouver le supérieur du collège et, tout en larmes, lui dit : « Je ne sais pas ce qu'il y a, mais je suis sûr qu'un malheur est arrivé chez nous. »

Le supérieur traita cela d'enfantillage, etc.... Deux heures après, notre cheval était à la porte du collège pour chercher mon frère : mon père était mort subitement cette même nuit. Or, un fait certain, c'est que mon frère, pensionnaire, ne savait et ne pouvait absolument rien savoir. Le collège où il se trouvait était distant d'une quinzaine de kilomètres de la maison paternelle[1].

GASTON SAVOYE,
à Bailleul (Nord). [*Lettre* 164.]

LXII. — Une de mes tantes était institutrice dans une commune d'Alsace et voyait très fréquemment la sœur de M. le curé.

Or, un soir, comme ma tante se disposait à aller se coucher, elle entend un ou deux coups de sonnette. Ma

---

1. A rapprocher du n° XLVI.

tante descend, demande qui est là. Pas de réponse. Elle ouvre la porte, personne. Ce ne pouvait être un passant, car pour tirer le cordon de la sonnette, il fallait entrer dans un corridor et monter plusieurs marches d'escalier.

Le lendemain matin, elle apprenait que la sœur de M. le curé était morte presque subitement, *à peu près au moment* où elle avait entendu le coup de sonnette.

E. Daul,
à Neuves-Maisons. [*Lettre* 169.]

LXIII. — Un de mes amis me racontait, il y a deux ans, la frayeur qu'il avait eue certaine nuit qu'il lisait au lit avant de s'endormir.

Tout à coup les rideaux sont violemment fouettés, il entend en même temps une longue plainte et des pas marchant sur le plancher. Sa femme, qui était éveillée, me confirma avoir entendu le même bruit. Le lendemain, ils apprenaient la mort d'un de leurs amis habitant à 4 kilomètres de là.

A. Morisot,
41, rue du Château, à Lyon. [*Lettre* 171.]

LXIV. — Notre famille était alliée à celle du général Bertrand, le compagnon d'exil de Napoléon. Ma mère était liée depuis l'enfance avec sa fille, Hortense Bertrand, qui avait épousé M. Amédée Thayer, lequel mourut sénateur du second empire, en 1866, je crois.

En 1844, Mme Thayer, étant malade, avait été envoyée à Madère. Son père, le général Bertrand, était à Châteauroux; il vint à Paris au mois de janvier 1844, pour quelques jours. Il en repartit à la fin du mois, par la malle-poste; il faisait très froid. En arrivant à Châteauroux, il fut pris d'une congestion pulmonaire et mourut le 29 janvier.

Ce même jour 29 janvier, sa fille, Mme Thayer, entourée de son mari et des personnes qui l'avaient accompagnée à

Madère causait paisiblement, n'éprouvant aucune inquiétude sur ceux qu'elle aimait et qui étaient restés en France. Tout à coup elle pâlit, jette un cri, fond en larmes, en disant : « Mon père est mort ! » On cherche à la calmer, on lui représente que les dernières lettres étaient toutes récentes et ne contenaient que de bonnes nouvelles, que rien ne pouvait faire prévoir un malheur ; elle persiste dans son affirmation et fait remarquer l'heure et le jour. A cette époque il n'y avait pas de télégraphes, et peu de chemins de fer ; il fallait près d'un mois pour que les lettres de France parvinssent à Madère. Le premier courrier qui arriva apporta la nouvelle de la mort du général Bertrand, mort le 29 janvier, *à l'heure même* où sa fille en avait eu la révélation.

Tous les témoins de cette scène, et Mme Thayer elle-même, sont morts aujourd'hui, mais le fait a été connu dans toute notre famille, dans toute celle de M. et Mme Thayer, je l'ai entendu souvent raconter par un des cousins, ami très intime ; peut-être même pourriez-vous en vérifier l'exactitude auprès du père Ludovic, capucin à Paris, qui était le confesseur de Mme Thayer depuis des années, et qui a dû connaître ce fait. Je désire que mon nom ne soit pas publié.

M. B. G.,
à Paris. [*Lettre* 172.]

LXV. — Il y a deux ans, mon frère, en qualité de dessinateur, était parti en voyage d'exploration en Afrique, avec la mission de M. de Bonchamps. Je n'avais pas de nouvelles de lui depuis longtemps, lorsqu'une nuit, réveillée en sursaut, je vis distinctement mon frère *tué par la lance d'un sauvage.*

Ce fait m'a si vivement impressionnée que je suis restée éveillée jusqu'au matin et ai été encore poursuivie plusieurs semaines par cette vision.

Quelques semaines plus tard, je recevais la nouvelle de la mort de mon frère en Abyssinie, le 14 novembre, tué par la lance d'un sauvage. Le fait a dû coïncider avec la vision ; malheureusement, j'ai omis à ce moment d'en inscrire la date exacte. Toutefois je puis assurer que ceci m'est arrivé en novembre.

A. Nyffeley-Potter,
à Kinchberg. [Lettre 175.]

LXVI. — Je puis vous certifier le fait suivant qui s'est passé dans une petite ville du département du Var.

Ma mère était assise dans la salle basse de sa maison et occupée à un travail de couture ou de tricot, lorsque, tout à coup, elle vit devant elle son frère aîné qui habitait un village de l'arrondissement de Toulon, situé à une cinquantaine de kilomètres de distance. Son frère, qu'elle reconnut parfaitement, lui dit : « *Adieu...* » et disparut. Ma mère toute bouleversée alla trouver mon père et lui dit : « Mon frère vient de mourir. » Elle savait qu'il était malade.

Le lendemain ou le surlendemain, on reçut à la maison l'avis du décès de mon oncle, survenu précisément dans l'après-midi, *vers l'heure de l'apparition*. Le télégraphe n'existant pas à cette époque, la nouvelle avait été envoyée par lettre à Aix.

Utte,
à Aix. [Lettre 186.]

LXVII. — Voici un fait dont je puis garantir l'exactitude absolue.

Le 21 décembre 1891, je reçus une lettre me disant que mon père était très malade et désirait me voir. Comme la lettre ne me paraissait pas trop alarmante, je ne fus pas autrement bouleversé, et je me rendis à la gare de Redon pour le train de 4 h. 44 du soir. J'étais un peu en avance et je me promenais dans la salle d'attente sans trop penser à rien, lorsque, tout à coup, je fus pris d'un malaise, d'une sorte d'étourdissement : je n'y voyais plus du tout et j'avais des bourdonnements d'oreilles des plus violents; le malaise avait été si subit que j'étais resté debout immobile au milieu de la salle ; cela ne dut durer qu'une ou deux minutes au plus, car les personnes présentes commençaient seulement à s'en apercevoir lorsque je revins à moi. Et c'est là qu'est l'extraordinaire. Juste à l'instant où j'ai recouvré la vue et en quelque sorte la raison, avant de voir personne dans la salle, la figure de mon père m'est apparue et s'est, du reste, aussitôt évanouie ; et en même temps une seule pensée m'est venue, s'est imposée à moi, et je n'ai pu m'empêcher de la formuler ainsi : « Mon père va mourir. »

J'ai eu cette idée fixe toute la nuit et c'est en vain que j'ai essayé de me faire une autre conviction. Je suis arrivé dans ma famille, qui habite le département de la Charente, vers 6 heures du matin. J'ai alors appris que mon père était mort la veille à 6 heures du soir. Une heure environ avant de mourir, il m'avait demandé à plusieurs reprises, et mon absence l'avait fait pleurer.

Cet instant-là *coïncidait juste* avec celui de mon apparition en gare de Redon. J'en fus frappé et ne l'ai jamais oublié.

P. Busserolle,
instituteur à La Dominelais,
par Fougeray (Ille-et-Vilaine). [*Lettre* 235.]

LXVIII. — Il m'est arrivé *deux fois* d'éprouver l'impression nette d'entendre auprès de moi une personne absente, et de marquer l'heure exacte de cette hallucination. Et, *les deux fois*, l'impression reçue s'est trouvée coïncider, à cinq minutes près, avec la mort de la personne que je savais malade, mais que je ne pensais pas être si près de sa fin.

Ces deux cas, très frappants, de télépathie, ont été consignés à l'époque dans le *Journal de la Société psychique de Londres*, dont j'ai l'honneur d'être membre associé.

Aug. Glardon,
homme de lettres, à Tour-de-Peitz, Vaud (Suisse). [*Lettre* 237.]

LXIX. — Le 29 octobre 1869, nous étions réunis dans la salle à manger, après le souper (ce fait se passait au château de Vieux, près Caen, chez mes parents). Sur les 9 heures du soir, nous entendîmes un bruit dans une pièce voisine, et ce bruit ressemblait absolument à celui que ferait un cadre en tombant (ce fut la première impression). Nous visitâmes tous les cadres de tous les appartements; rien n'avait bougé. Ma mère fit immédiatement noter l'heure.

Quelques jours après, nous recevions l'extrait de décès du frère de ma mère, décédé à l'hôpital militaire de Calais, par suite de fièvre typhoïde, le 29 octobre 1869, à 9 heures du soir.

Anatole de Jackson,
percepteur des Contributions directes, à Cheux (Calvados). [<i>Lettre</i> 243.]</div>

LXX. — Une dame de mes relations, bien équilibrée, sérieuse et sensée, m'a, sous la foi du serment, affirmé la véracité du fait suivant.

Orpheline, elle s'était fiancée à un étranger, M. S... qu'elle aima beaucoup. Lui ne put obtenir le consentement de sa famille à ce mariage. Ils attendirent longtemps, puis, soit prudence, soit dépit, elle épousa un homme âgé qui avait également sollicité sa main. (J'omets des explications inutiles.)

Elle fut loyale, ne revit plus son fiancé qui retourna dans son pays. Cependant, elle pensait sans cesse à lui.

A quelques années de là, un jour, en entrant dans sa chambre, elle crut le voir étendu à terre comme mort, et tout ensanglanté. Elle poussa un cri d'épouvante, tout en s'approchant, et en constatant qu'elle n'était pas le jouet d'une illusion.

Au bout d'un instant tout disparut, et son mari qui accourait à son cri ne vit rien.

Elle supposa que M. S... devait être victime d'un accident, mais ne put s'informer, ne connaissant pas sa résidence.

Quelques jours après, elle se trouva en présence d'un correspondant de M. S..., lequel lui apprit que son ami las de la vie *s'était suicidé*.

En rapprochant la date de l'apparition de celle de la mort, elle eut la certitude de la coïncidence.

M. Gauthier,
à Lyon. [Lettre 244.]

LXXI. — Une dame était à un grand dîner de cérémonie, donné pour un personnage. Au milieu du dîner, la dame en question jette un grand cri, et les yeux fixés sur le mur en face d'elle, les bras tendus en avant, crie : « Mon fils, mon fils! » et tombe en syncope. On l'emporte dans une autre pièce, et en revenant à elle, sanglotant, elle raconte que tout à coup la salle à manger, avec ses lumières et ses convives, avait disparu pour lui montrer la mer en fureur et *son fils dans les flots*, qui lui tendait les bras. Plus tard, elle reçut la nouvelle de la mort de son fils, officier de marine, naviguant dans la mer des Indes, qui avait été emporté par une lame le jour même de ladite vision.

Je puis, si vous le jugez à propos, donner les noms, les lieux et les dates.

J. Hervoches du Quilliou,
à Lanhélin, par Combourg (Ille-et-Vilaine). [Lettre 24.]

LXXII. — Une de mes amies, femme d'un capitaine, a éprouvé deux fois l'impression nette de voir un être humain. Une fois, c'est son cousin, qu'elle a appelé par son nom sur une promenade, étant très étonnée de le rencontrer; un autre jour, son domestique, qu'elle avait laissé bien portant à Toulouse pendant qu'elle voyageait, a ouvert la porte de sa chambre, et elle lui a demandé, très étonnée, ce qu'il venait faire.

Les deux apparitions n'ont pas duré longtemps et ont coïncidé toutes deux *avec l'heure de la mort* de ces jeunes gens.

J. Debat-Ponsan,
à Toulouse. [Lettre 252.]

LXXIII. — Une dame de mes amies, digne de foi, m'a raconté que se trouvant en voyage dans le Valais, il y a quelques années, et venant de se mettre au lit, elle entendit frapper trois forts coups contre son lit. Elle était absolument seule dans sa chambre. Sa compagne de voyage, qui couchait dans la chambre attenante, entendit aussi les coups et vint voir si cette dame se trouvait mal et l'avait appelée. Deux jours plus tard, mon amie reçut la nouvelle de la mort, presque subite, d'une de ses bonnes connaissances, morte à Fribourg. L'heure et le jour coïncidaient exactement avec ceux où elle entendit les coups.

F. Mosard,
2, rue de Lausanne, à Fribourg. [*Lettre* 272.

LXXIV. — Un soir, je venais de me mettre au lit, quand j'entendis un grand bruit partant de la cheminée, comme si on en agitait violemment le tablier ; je fus tellement effrayée que je sonnai ma domestique. Rien ne put nous expliquer ce bruit et j'eus grand'peine à me calmer, tellement il m'avait frappée. Le lendemain, dans la matinée, je reçus un mot m'annonçant la mort d'une amie intime, morte la veille dans la soirée (je n'eus pas l'idée de demander l'heure).

Instantanément, ce bruit de la veille me vint à la pensée et s'associa avec cette mort en un rapprochement très net ; voilà pourquoi je me fais un devoir de vous soumettre ce cas. Ce qui ajouta à cette idée de rapprochement entre ce bruit mystérieux et cette mort, c'est qu'il existait entre cette amie et moi un secret se rattachant à la maladie cause de sa mort.

M. Clément-Hamelin,
à Tours. [*Lettre* 274.]

LXXV. — Il y a environ douze ans, j'habitais Auch ; une certaine nuit, ma femme qui couchait dans une chambre contiguë à la mienne et séparée par une simple cloison, me réveilla en me disant : « Vous m'appelez ? — Non, lui répondis-je. — Eh bien, je vous affirme que j'ai entendu, très distinctement, l'appel deux fois répété, de mon nom : Marie, Marie. — C'est, sans doute, en rêvant, lui dis-je, que vous avez cru entendre quelqu'un vous appeler ; quant à moi, je dormais très profondément. »

Un instant après, ma femme m'appela, de nouveau, en me disant : « Levez-vous vite, allumez la bougie, on m'a encore appelée, venez, j'ai peur. » Mais, voici où le phénomène devient vraiment extraordinaire. Ma femme, très impressionnée, passa le reste de la nuit dans ma chambre et voulut conserver, jusqu'au jour, la bougie allumée. « Souvenez-vous, me dit-elle, que nous allons apprendre la mort de M. Gautier, de Marseille ; je crois avoir reconnu, dans les appels successifs, *le timbre de sa voix*[1]. »

Le lendemain, je me trouvais, par hasard, devant ma porte, au passage du facteur qui me remit une lettre à enveloppe bordée de noir. Je fus stupéfait en voyant sur le timbre de la poste que cette lettre venait de Marseille, mais ma stupéfaction fut à son comble, lorsque, en lisant la lettre, je vis que Mme Gautier annonçait à ma femme que son mari était mort pendant la nuit et *à la même heure* où elle avait été appelée à deux reprises différentes.

J'ai souvent raconté ce phénomène extraordinaire, et aujourd'hui, je suis heureux de vous en faire le récit afin que vous puissiez, dans vos travaux de recherches, y trouver une indication quelconque.

A. Deupès,
5, rue Cassini, à Nice. [*Lettre* 275.]

LXXVI. — A. Lorsque mon père avait une vingtaine d'années, il se trouvait en Corse, à la maison paternelle, avec trois de ses frères, ayant de 19 à 30 ans et aucunement nerveux.

Une nuit, ils entendirent à l'étage supérieur, leur appartenant mais inhabité, comme les pas de quelqu'un qui se promène. Lorsqu'on disait : « Entendez-vous ? » il

---

1. Voy. la note p. 122.

semblait qu'on frappât du talon d'une façon répétée. On monta au-dessus, on chercha partout : rien, et lorsqu'on descendait, la promenade recommençait. Cela dura une heure.

A quelque temps de là, on apprit qu'une tante d'Amérique était morte la même nuit et à l'heure exacte à laquelle on avait entendu ces bruits insolites.

B. En juillet 1877, mon père mourut à Constantine. Un de ses frères, qu'il affectionnait particulièrement, se trouvait alors en Corse et se balançait dans un hamac. Il était seul en ce moment à la maison paternelle; ni gens ni bêtes. Tout à coup, pendant un moment, il entendit des bonds désordonnés à l'étage supérieur. Mon oncle se demandait quelle pouvait en être la cause lorsque (se rappelant soudain ce qui était déjà arrivé pendant sa jeunesse), il dit : « Je comprends, je comprends, il est mort. » *Il*, c'était mon père.

Quelques heures plus tard, on apprenait par dépêche que mon père était mort à l'heure à laquelle mon oncle avait entendu ces bonds.

E. RAFFAELLI DE GALLÉAN,
à Nice. [*Lettre* 284.]

LXXVII. — Mon père est un homme très instruit, d'esprit positif, et ne s'est jamais occupé de spiritisme ni d'autres exercices de ce genre. Or, en 1860, mon père et ma mère, endormis tous les deux, furent éveillés en même temps par un bruit de pas d'homme portant de fortes chaussures. Les pas s'avancèrent vers le lit et jusque sur le tapis. A ce moment, mon père alluma la bougie, mais il ne vit rien et le silence resta complet. Or, quelques jours après, une lettre du ministère de la Marine annonça la mort d'un de mes oncles, qui faisait son service dans la marine à Toulon. Il aimait beaucoup ma mère. Il mourut le jour même où les bruits de pas furent entendus dans la chambre, mais mon père n'a jamais pu savoir l'heure exacte de la mort. Ni mon père, ni ma mère n'avaient d'abord songé à attribuer la moindre importance aux bruits entendus; le phénomène est donc incomplet, mais j'ai pensé qu'il ne faut rien négliger dans une étude de ce genre.

Dr LAMACQ-DORMOY,
médecin des hôpitaux, 1, rue Ravez, Bordeaux. [*Lettre* 288.]

LXXVIII. — Je n'ai pas à vous signaler une apparition, mais deux effets produits le jour même de la mort d'un officier tué au Tonkin.

Ces effets se sont produits : 1° dans l'après-midi par trois coups bien distincts frappés à la porte de la cuisine et entendus par ma cuisinière et son fils. Celui-ci dit à sa mère : « Voilà madame qui frappe », et la cuisinière répondit : « Madame est sortie, mais faisons le tour de l'appartement. » Il n'y avait absolument personne.

La nuit qui suivit ce premier effet, j'ai entendu marcher, faire du bruit dans la chambre voisine de la mienne, comme si on marchait. Le lendemain, je raconte à la bonne ma frayeur de la nuit, de son côté elle me fait part de ce qu'elle avait entendu la veille.

Douze jours après, j'apprenais la mort de mon cher enfant adoptif, *tué ce même jour*.

Ceci s'est passé le 1er août 1895.

Pour ma tante, Mme Violet.

G. CLARTÉ,
12 *bis*, faubourg Stanislas, à Nancy. [*Lettre* 287.]

LXXIX. — J'avais quitté Paris depuis plusieurs mois et en y revenant je pensais aux personnes que j'allais revoir, et dont je n'avais eu aucune nouvelle depuis mon départ; elles passaient toutes devant mes yeux avec leur physionomie habituelle, excepté un monsieur d'une cinquantaine d'années *qui était pâle et défiguré*. Je me dis : « Probablement, je ne le reverrai pas, il doit être mort ou mourant. » Je n'avais aucune sympathie pour ce monsieur et ce n'est pas par affection que ma pensée allait vers lui.

Le lendemain, me trouvant avec des amis : « A propos,

comment va monsieur un tel? — Mais, me fut-il répondu, on l'enterre demain, il est mort hier à 3 heures. » C'était précisément l'heure à laquelle je l'avais vu, ses traits décomposés.

Ce que je vous rapporte là n'a sans doute aucune importance, mais j'ai voulu répondre à votre appel.
L. Hervieux,
Montivilliers (Seine-Inférieure). [*Lettre* 290.]

LXXX. — Quand le célèbre tribun Barbès était à la prison centrale de Nîmes, il était toujours entouré par ses gardiens, et on avait pour lui tous les égards que l'on puisse accorder à un prisonnier politique. Un jour, dans une cour, étant avec plusieurs personnes, il leur dit tout à coup : « Il arrive malheur à mon frère. » Le lendemain, on sut que le frère de Barbès était mort à Paris d'une chute de cheval, au moment même de l'impression ressentie par son frère.
Marguerit,
allée du Busca, 14, à Toulouse. [*Lettre* 295.]

LXXXI. — Ma mère, habitant en Bourgogne, à Bligny-sur-Ouche (Côte-d'Or), — c'était en 1871 ou 1872, la date lui échappe, mais pourrait être précisée, — a entendu un mardi matin, entre 9 et 10 heures, s'ouvrir et se refermer violemment, en tapant, la porte de la chambre à coucher où elle se trouvait. En même temps, elle s'est entendu appeler à deux reprises : « Lucie! Lucie! »

Le jeudi suivant, elle a appris qu'un sien oncle, Clémentin, qui l'avait toujours eue en grande affection, était mort le mardi, *précisément entre 9 et 10 heures du matin*. Cet oncle habitait Uzerche (Corrèze).

Au moment de ce bruit et de cet appel, mon père était absent de la maison. A son retour, vers midi, le mardi bien entendu, ma mère lui raconta le fait, mais sans penser à son oncle.

En définitive, porte ouverte et fermée brusquement, et deux appels : « Lucie! Lucie! »

Ma mère et mon père sont vivants, habitent avec moi, à Bourges, et depuis bien longtemps ce fait m'a été raconté. Je vous en garantis la parfaite authenticité.

Si le fait vous paraissait assez intéressant pour être dévoilé, je vous serais obligé de ne donner que les initiales, car ici on n'est guère indépendant, on est plutôt « bourgeois ».

P. D.,
à Bourges. [*Lettre* 303.]

LXXXII. — En 1856, j'avais 9 ans, mon frère 6; nous habitions chez nos parents, à Besançon. Ceux-ci étaient originaires du Wurtemberg, et nos deux grand'mères habitaient, l'une à Ulm, l'autre à Stuttgard. Jamais nous n'avions vu ces personnes; très vaguement, moi l'aînée, je me rendais compte de ce qu'était une grand'mère, à plus forte raison mon jeune frère. Tout ce que nous savions d'elles, c'est que tous les ans à Noël, l'une et l'autre écrivaient à nos parents qui, à leur tour, en nous embrassant, nous disaient que notre grand'mère priait pour que ses petits-enfants devinssent sages et grands, et qu'elle nous envoyait sa bénédiction.

C'était peu pour des enfants, et je crois que la moindre poupée, le plus petit polichinelle à cette époque aurait bien mieux fait notre affaire. Cependant, voici ce qui arriva. Un *jeudi* du mois de février 1856, notre mère me dit de descendre au jardin pour jouer au bon soleil, je pris mon frère par la main et descendis avec lui au jardin; mais là, au lieu de jouer avec moi, comme je l'y invitais, il s'assit tristement dans un coin, puis tout à coup, sans que rien ne lui fût arrivé, il éclata en sanglots, et courant vers la maison, il criait : « Je veux voir ma grand'mère, ma pauvre grand'mère, que je n'ai jamais vue, je veux la voir! » Notre mère, croyant à quelque accident, accourut aussitôt vers son Benjamin, mais à toutes ses questions, à toutes ses caresses, il répliquait toujours qu'il voulait aller voir sa grand'mère.

A grand'peine on le consola, en lui promettant s'il était sage qu'on irait près de grand'mère.

Le dimanche suivant, mon père entra chez nous en tenant à la main une lettre avec un grand cachet noir. « Ma pauvre femme, dit-il à maman en pleurant et en la prenant dans ses bras, notre petit Edmond n'avait pas tort de demander sa grand'mère, car elle mourait le jour et à l'heure même où il demandait avec tant de larmes à la voir. »

ÉMILIE SEITZ,
à Paris. [*Lettre* 314.]

LXXXIII. — A l'âge de 22 ou 23 ans, j'avais une petite parente, âgée de 7 ans, que j'affectionnais beaucoup. Son plaisir était, en venant à la maison, de frapper à la porte et de rire quand nous avions répondu : « Entrez. » La même année elle tomba malade, et je ne l'avais guère quittée pendant les deux jours qu'elle était à l'agonie. Cependant ma mère, craignant pour moi un excès de fatigue, voulut m'emmener; il était 11 heures du soir. L'oncle de cette enfant, arrivé le même jour de Paris, nous dit de l'attendre un instant, qu'il allait chercher son chapeau pour nous reconduire; nous nous trouvions alors dans la cuisine, tout près de la porte d'entrée, quand nous entendons frapper à cette porte comme le faisait cette enfant, très distinctement, à la nôtre. Ma mère répond : « Entrez »; je lui dis tout en allant ouvrir : « Personne ne peut venir à cette heure. — Peut-être les religieuses », répond-elle. Mais non, personne au fond de cette cour n'était venu frapper.

Nous venions d'arriver à notre demeure après moins de dix minutes de parcours, lorsque la domestique des parents de l'enfant arriva à son tour nous apprendre que la petite Marie venait de mourir.

A. LAURENÇOT,
receveuse des postes à Fouvent-le-Haut (Haute-Saône). [*Lettre* 322.]

LXXXIV. — Je me permets de vous relater un fait

arrivé dans ma famille, ayant rapport aux apparitions de mourants.

Mon père, brouillé depuis dix-sept ans avec son fils, dont il ignorait la demeure, apparut à ce dernier deux heures avant de mourir. Mon frère sort le matin à 7 heures de sa chambre, voit mon père à deux pas de lui, et lui demande : « Que viens-tu faire chez moi? » Mon père lui répond : « Te chercher », et disparaît aussitôt.

La femme de mon frère, de la chambre attenant au corridor où cela s'est passé, a entendu les voix, car elle s'est immédiatement informée à qui son mari venait de parler. C'était le 3 décembre 1889, j'étais pendant ce temps auprès du lit de mon père qui sommeillait : à 9 heures, il s'est éteint sans reprendre connaissance.

Emma Lutz,
8, place Kléber, à Strasbourg. [Lettre 325.]

LXXXV. — Mme Carvalho, directrice d'un pensionnat de jeunes filles, à Lisbonne, avait, il y a cinq ou six ans, parmi ses élèves, une petite fille de dix ans, dont la mère était une actrice en tournée au Brésil. Une nuit, l'enfant se réveille en pleurant et criant : « Maman, maman! je suis très affligée à cause de maman. »

L'enfant *n'a pas dit* si elle avait vu sa mère; mais la mère *était morte cette nuit-là*, de la fièvre jaune, à Rio de Janeiro.

Madame J. Leipold,
Lisbonne, 21, C. da Gloria. [Lettre 331.]

LXXXVI. — Voici ce qui est arrivé à mon père, capitaine marin en retraite. Il était sur mer et venait de prendre son quart de minuit. Comme il se promenait sur la passerelle, il vit tout à coup passer devant ses yeux *un jeune enfant vêtu* de blanc qui avait l'air de s'envoler.

« N'as-tu rien vu? dit-il aussitôt au matelot qui faisait le quart avec lui. — Non », répondit l'autre. Alors, mon père lui fit le récit de ce qu'il venait de voir et ajouta : « Je suis sûr qu'il est arrivé un malheur à la maison. »

Il nota l'heure et le jour, et en arrivant chez lui il apprit qu'à cette date une de ses petites nièces était morte.

Mon père m'a souvent fait ce récit, et il me le répétait encore dernièrement en vous lisant.

M. CHEILLAN,
à Arzew. [*Lettre* 341.]

LXXXVII. — Je me permettrai de vous raconter un fait authentique, arrivé à ma tante (la sœur de ma mère), qui habite en Allemagne, et que je tiens d'*elle-même*.

Un matin, vers 8 heures, elle était occupée à coiffer sa fille, quand tout d'un coup, elle voit sur le mur un fantôme dont on distinguait parfaitement la tête, mais les traits paraissaient tellement défaits par une maladie, que ma tante n'a pu reconnaître ce visage de mourante. Elle a été si impressionnée par cette vision, qu'elle s'est mise à crier. Son mari et sa fille accoururent, et elle leur montra en pleurant le fantôme qui n'avait pas encore disparu. Mais mon oncle et mes deux cousines, ne voyant rien, commencèrent à se moquer d'elle.

Deux jours plus tard, on lui annonçait la mort de ma mère, qui mourut du typhus à Athènes le 4/16 janvier 1896 vers 7 heures du matin. Ma tante, qui n'avait pas même eu le temps d'apprendre la maladie de sa sœur, avait pourtant bien retenu la date, car le jour de l'apparition du fantôme était l'anniversaire de sa fille.

Comtesse CAROLINE MÉTAXA,
château de Tharaudt, près Dresde. [*Lettre* 343.]

LXXXVIII. — Mon grand-oncle, mort aujourd'hui, était chef-foyer dans une des grandes forges de l'Ariège. Un soir qu'il se rendait à son travail, comme de coutume, en arrivant à la tombée de la nuit à quelque distance de la forge, il sentit tout à coup sa casquette se soulever et ses cheveux se dresser droits sur sa tête, — et cela à deux reprises différentes, et sans pouvoir deviner à quoi en attribuer la cause.

Arrivé à la forge, dont quelque distance à peine le séparait, ainsi que je l'ai dit, ses ouvriers, très inquiets, lui apprennent la disparition subite de l'un d'eux : on l'avait vainement cherché. Fait à noter, le disparu était un ami de mon oncle. On le retrouva quelques moments après, mort, dans une cave ou sous-sol où il avait dû tomber.

Voilà le fait. L'esprit très froid de mon oncle, son courage et sa loyauté, dont le souvenir est resté dans ma famille, ne me permettent pas de révoquer en doute un seul instant son récit.

R. Peyron,
étudiant en médecine à Toulouse. [*Lettre* 356.]

LXXXIX. — Mme A..., mère de la personne qui m'a rapporté ceci, avait eu pendant des années à son service une domestique à laquelle elle était très attachée. Cette femme se maria et alla habiter une ferme assez éloignée de la petite ville où vivait Mme A.... Une nuit elle se réveille en sursaut et dit à son mari : « Entends-tu, entends-tu? Madame m'appelle. » Mais tout était calme et silencieux, et son mari chercha à la tranquilliser. Au bout de quelques minutes, la pauvre femme de plus en plus agitée dit : « Il faut que j'aille chez Madame, elle m'appelle, je suis sûre que je dois y aller. » Son mari continuant à la croire sous l'empire d'un mauvais rêve se moqua d'elle, et au bout de quelque temps elle finit par se calmer.

Le lendemain matin, cet homme en allant à la ville apprit que Mme A..., prise la veille au soir d'une indisposition subite, était morte dans la nuit et n'avait cessé en mourant d'appeler son ancienne bonne, *au moment même* où celle-ci entendait la voix de sa maîtresse.

Suzanne H.,
à Paris. [*Lettre* 362.]

XC. — A. M. Passa, aujourd'hui décédé, mais qui pendant de longues années a été pasteur à Versailles, m'a raconté le fait suivant.

Un jour, étant parfaitement réveillé et conscient (il était alors, si mes souvenirs sont exacts sur ce point, étudiant à Strasbourg), il *vit* son frère, officier de turcos en Afrique, couché au fond d'un silo, la tête fendue. Bien que fort impressionné par cette vision, il n'eut pas un instant l'idée qu'elle pût représenter une réalité, et n'y repensa que plus tard, en recevant par le courrier d'Algérie la nouvelle que le jour même où il lui était apparu, son frère avait été assailli par un de ses hommes qui, après lui avoir fendu le crâne, l'avait jeté dans un silo.

B. Une jeune fille, très liée avec ma famille et dont le père habitait Constantinople (je tais son nom par discrétion, n'étant pas autorisé à le divulguer), se trouvait en séjour chez une tante à Genève. Un soir qu'elle était au bal, très gaie comme à son ordinaire, elle s'arrêta tout d'un coup, *au milieu d'une danse*, et fondant en larmes, s'écria : « Mon père est mort, je l'ai vu ! » — On la calma à grand'peine, et quelques jours après on apprenait que son père (qu'elle ne savait même pas malade) avait en effet succombé au moment même où se manifestait le phénomène de son apparition[1].

A.-E. Monod,
97, rue Dragon, à Marseille. [*Lettre* 363.]

XCII. — Étant en séjour à Zurich pour quelques mois, un jour, à 3 heures de l'après-midi, je vis passer dans la rue, devant ma fenêtre, une personne que je savais être en Italie. J'en subis une impression si forte, que j'en restai troublée le reste de la journée, et racontai le fait à une de mes cousines. (J'eus le tort de ne pas noter exactement le jour et l'heure.) Quelques jours après, j'appris que la personne que j'avais vue passer (un docteur qui m'avait soignée, et auquel je m'étais beaucoup attachée) venait de mourir subitement de la rupture d'un anévrisme, en Italie. Je crois pouvoir affirmer qu'il ne s'est pas passé plus de vingt-quatre heures entre l'heure de l'apparition

---

1. A rapprocher des n°s XLIV et LXXI.

et celle de la mort de ce docteur. Ce docteur est mort le 25 décembre 1897.

Lucie Niederhauser,
à Mulhouse. [Lettre 366.]

XCIII. — Il y a trois ans environ, le père et la mère de ma femme habitaient Marseille, place Sébastopol, 5, au deuxième étage ; leur fille aînée habitait Béziers, où elle se trouvait gravement malade. M. et Mme Jaume quittèrent leur appartement de Marseille pour se rendre auprès de leur fille, et laissèrent leur appartement aux bons soins des locataires du premier étage, leurs amis. Après un mois d'absence environ, nous eûmes la douleur de perdre ma belle-sœur, leur fille aînée. Or, la nuit même de sa mort et à la même heure (11 heures du soir), les locataires du premier étage à Marseille ne furent pas peu surpris d'entendre monter au deuxième étage, ouvrir les portes et parcourir l'appartement dans tous les sens. Ils ne doutèrent pas un instant que ce ne fût la famille Jaume qui était revenue de Béziers. Étant déjà couchés, ils ne jugèrent pas à propos de se lever pour aller souhaiter la bienvenue à leurs amis ; mais le lendemain, dès la première heure, ils montèrent faire leur visite. Quel ne fut pas leur étonnement de trouver intact l'appartement ! Aucune porte n'avait été ouverte, aucune trace d'aucune sorte du passage de qui que ce fût.

Ch. Soulairol,
pharmacien de 1re classe à Cazouls-les-Béziers (Hérault). [Lettre 367.]

XCIV. — Je viens, en réponse à votre requête relative à des faits d'ordre psychique, vous signaler le cas suivant, dont mon père, M. Fleurant, instituteur en retraite, et ma mère, institutrice, domiciliés à Thenay (Indre), vous garantiront tout à l'heure l'authenticité.

C'était en 1887, au mois de février. Ma mère avait alors à Évreux son frère unique, auquel elle vouait une grande affection, et qui de son côté la chérissait.

Malheureusement, mon oncle était atteint d'un mal qui devait le conduire au tombeau, en dépit de la science et des bons soins de sa famille.

Vers la fin de l'année précédente, ma mère étant allée voir son frère avait pu constater par elle-même le degré du mal et avait eu par le docteur la certitude d'une fin plus ou moins prochaine.

Le 11 du mois sus-indiqué, *vers 6 heures du soir*, ma mère étant à la cave de son école, en revint frappée d'une émotion indescriptible : elle avait entendu, dans l'intervalle de quelques secondes, trois cris déchirants s'adressant à elle ; ils avaient semblé venir par le soupirail de cette cave, *établi au nord*.

« Mon frère, dit-elle à mon père, est à l'agonie ; je viens d'entendre ses appels. »

Le surlendemain, elle recevait une lettre datée du 12 où la mort de mon oncle, Ernest Barthélemy, était annoncée. Mlle Blanche de Louvigny, auteur de cette lettre, et qui avait assisté le malade jusqu'à son dernier moment y disait qu'il n'avait cessé d'appeler ma mère.

Ma mère a répété souvent ces détails, et elle reste convaincue encore, sans qu'elle puisse s'expliquer ce phénomène, qu'elle a bien été quelques instants en relation de pensée avec son frère.

Je vous les transmets moi-même, en souhaitant qu'ils puissent vous être utiles dans la recherche des causes qui produisent de tels effets.

A. Fleurant,
institutrice à Reuilly, actuellement chez ses parents
à Thenay (Indre).

Les soussignés certifient que les renseignements donnés par leur fille dans la présente lettre sont de la plus rigoureuse exactitude.

G. Fleurant,   S. Fleurant,
instituteur en retraite.   institutrice à Thenay (Indre). [*Lettre* 390.]

XCV. — Il y a deux ans environ, le jeune ménage que j'ai actuellement à mon service rentrait, entre 9 et 10 heures du soir, chez ses parents habitant un domaine à 3 kilomètres de la ville.

Le mari conduisait le cheval de ferme, qui n'allait pas très vite. A un endroit de la route assez éloigné encore de la propriété, il est facile d'apercevoir les bâtiments. Soudain le conducteur vit, à quelques minutes d'intervalle, trois flammes surgissant au-dessus des toits, comme trois gros feux follets. Il pensa à un incendie, et pressa son cheval. La jeune femme n'avait rien vu, mais en entrant dans la cour, elle entendit distinctement, ainsi que son mari, des coups précipités donnés sur une porte du jardin, comme un roulement de tambour.

En entrant dans la maison, ils trouvèrent la mère tout en émoi. A trois fois différentes, correspondant à la vue des flammes par son fils, elle avait entendu un bruit de chaises remuées dans la salle. Trois fois elle était descendue et n'avait rien vu. On fit lever les domestiques pour visiter les écuries, ils ne virent et n'entendirent rien d'anormal.

Les fermiers seuls furent impressionnés, et même lorsque tout le monde un peu plus rassuré eut gagné son logis respectif, le vacarme des chaises bousculées recommença. On se rassembla de nouveau, et comme dans nos campagnes les saines traditions de piété ne sont pas complètement perdues, la mère et les enfants unirent leurs prières pour la pauvre âme en détresse qui était venue les visiter, sans savoir de quelle personne de connaissance il pourrait s'agir. Or, le lendemain, on apprenait qu'une jeune cousine qui affectionnait cette famille avait été enterrée *précisément ce jour-là*. Par un hasard inexplicable, personne du domaine n'avait été prévenu ni de la mort, ni de la cérémonie.

Cinq personnes ont donc ressenti plus ou moins ces sensations : le père, d'une nature assez incrédule, la mère, le fils, la bru et la jeune fille. Les domestiques logent dans un autre corps de bâtiment; on ne peut donc leur attribuer en aucune façon une part dans ces bruits insolites. Ils dormaient profondément lorsque les coups furent donnés dans la porte du jardin, et la visite des écuries prouva que tout était parfaitement calme.

M. Pasquel,
2, rue de la Fontaine, à Cosne (Nièvre). [Lettre 399.]

XCVI. — Ma mère était au chevet de sa mère, indisposée, et très inquiète de ne pouvoir visiter sa voisine et amie qui se mourait (ce qu'on lui cachait du reste). Tout à coup, portes et fenêtres fermées, on voit, non pas les rideaux, mais les deux volants, posés ensemble autour de la galerie du ciel de lit, s'agiter en sens inverse, c'est-à-dire se séparant et se rejoignant comme en une forte étreinte. Et ma grand'mère de dire aussitôt : « Vois, ma fille, Joséphine me dit adieu. »

Ma mère descendit à l'instant. La voisine venait d'expirer.

Marie Ollivier,
à Garcoult (Var). [Lettre 402.]

XCVII. — Ma mère était occupée un jour dans sa maison, lorsqu'elle entendit très distinctement la voix de son frère, habitant à 800 kilomètres environ, l'appeler par son prénom, à deux reprises différentes. Elle vint auprès de mon père, et lui dit : « C'est curieux, je viens d'entendre mon frère m'appeler, j'ai été émotionnée, je ne sais ce qui arrive. »

Deux jours après, elle reçut une lettre lui annonçant que son frère était décédé ledit jour où elle avait entendu sa voix.

Peltier,
à Marseille. [Lettre 405.]

XCVIII. — Voici un fait que je puis garantir comme véritable. Étant soldat, en permission chez moi, à Annot (Basses-Alpes), le 30 décembre 1890 au matin, ma mère, en se levant me dit : « Je crois qu'une mort est arrivée dans notre famille. Cette nuit, à 2 heures, j'ai été réveillée par des coups redoublés frappés au mur, à la tête de mon lit. J'étais bien réveillée et j'ai eu immédiatement l'idée d'une mort arrivée à quelqu'un des nôtres. » Je n'ajoutais guère foi à ces appréhensions. Mais, voilà que vers 10 heures de la matinée, nous reçûmes un télégramme de Digne, annonçant la maladie grave de ma tante, sœur Sainte-Angèle, supérieure des orphelins de Saint-Martin de Digne. Ma mère dit : « Ce télégramme sera suivi d'un autre annonçant la mort. » En effet, un autre télégramme arriva le soir, annonçant le décès. Une lettre survint le 31 décembre, indiquant que ma tante, après une maladie de plusieurs jours, était décédée le 30 décembre à 2 heures du matin, *heure à laquelle ma mère avait entendu ces coups* frappés à son oreille. Ma mère ne savait pas que ma tante fût malade.

BARLATIER,
à Annot (Basses-Alpes). [*Lettre* 409.]

XCIX. — Le fait s'est produit à Contes (Alpes-Maritimes), en 1881. C'était un dimanche, je me trouvais à l'église avec tous mes camarades de classe, que l'instituteur, à l'époque, était chargé de conduire à la grand'messe du dimanche. A un certain moment, alors que nous étions debout, par conséquent bien éveillés, j'eus parfaitement la sensation d'une voix me disant : « Ta sœur est morte. » En effet, en rentrant à la maison, je trouvai ma sœur, malade depuis quelque temps, mais n'ayant jamais gardé le lit, qui était à l'agonie, et mourait trois ou quatre heures après. Ce fait est et sera toujours présent à ma mémoire, comme au jour où il se produisit.

PENCENAT,
à Nice. [*Lettre* 414.]

C. — Ma mère, Mme Molitor, à Arlon, me charge de vous transmettre sa réponse.

En novembre 1891, un matin, vers 5 heures, ma mère

était au lit, éveillée. Par la porte ouverte de sa chambre elle vit entrer son frère, lieutenant à la boucherie militaire de Mons (Hainaut). Il était en veston de petite tenue, et tel qu'elle l'avait vu plusieurs années auparavant, lors d'un congé qu'il passait chez elle. Il la regarda, lui sourit, puis sortit en faisant de la main un geste amical.

A 11 heures du matin, le même jour, le télégramme annonçant la mort de ce frère arrivait à la maison.

C. MOLITOR,
employé du cadastre à Arlon (Belgique). [*Lettre* 430.]

CI. — A. Il y a une quarantaine d'années, une de mes proches parentes, alors jeune fille, se promenait dans la campagne avec sa mère lorsqu'elle se sentit frôlée par un souffle. Elle s'écria : « X... vient de mourir. »

C'était vrai.

X... était un jeune homme qui l'aimait, et qui se mourait de la poitrine. Elle le savait très malade.

B. Voici un fait que je me suis fait raconter de nouveau hier soir, afin de vous l'envoyer avec tous ses détails, par notre bonne, brave fille très intelligente, qui est à notre service depuis sept ans.

En 1884, elle était placée chez une vieille demoiselle qui, au moment du choléra, l'emmena à la campagne, non loin de Toulon. Une nuit, elle est réveillée par de petits coups frappés à la fenêtre ; elle écoute, n'entendant plus rien, elle croit qu'elle a rêvé, et essaie de se rendormir.

Nouveaux coups à la fenêtre. Très émue, elle se dresse.

On frappe une troisième fois, puis elle voit passer à deux reprises en dehors comme un fantôme blanc.

Sa chambre était au premier étage et donnait sur un toit. Mais la maison était isolée ; et si quelqu'un s'était promené sur le toit, elle l'aurait certainement entendu, ayant l'ouïe très fine.

Le lendemain matin, elle raconta son apparition à sa maîtresse qui se moqua d'elle, et lui dit qu'elle avait rêvé.

Deux mois après, elle apprit la mort, depuis deux mois, d'une sienne cousine qu'elle aimait comme une sœur. Sachant l'affection qu'elle avait pour elle, sa famille lui avait caché son décès subit; le choléra l'avait emportée en quelques heures.

L. FJERRINGER,
capitaine de vaisseau en retraite, à Toulon. [Lettre 432.]

CIII. — Il y a quelques années, M. et Mme H. W... rendaient visite à un vieillard malade nommé Saint-Aubin, qui, paraît-il, était très instruit et assez original. Dans le cours de la conversation, le vieillard, croyant à sa mort prochaine, fit la promesse à M. W... qu'au moment de sa mort il l'avertirait. M. W... en avait promis autant.

L'été s'était passé sans rendre visite au malade. Un soir d'hiver, à l'heure du souper, M. W... lisait son journal, quand tout à coup il releva involontairement la tête et dit à sa femme : « Saint-Aubin est mort. » Mme W... ne pouvait y croire et demandait de qui il tenait la nouvelle. « Personne ne m'a jamais parlé de Saint-Aubin, répondit-il, mais j'ai reçu sur le front un petit coup qui, en même temps, m'a fait penser à la mort de Saint-Aubin. » Le lendemain matin, Mme W... entendait proclamer à l'église le décès de Saint-Aubin qui avait rendu le dernier soupir la veille au soir. M. W... (mon oncle), de qui je tiens ce récit, me dit qu'il lui est impossible de déterminer la nature du coup reçu; il n'a plus jamais rien ressenti de pareil. Il n'est ni crédule, ni superstitieux, au contraire.

GUSSIE VAN DER HAEGE,
à Roulers. [Lettre 433.]

CIV. — A. Mme Mercader, ma belle-mère, mariée à Vernet-les-Bains (Pyrénées-Orientales), mais dont la famille habitait Elne (Pyrénées-Orientales), envoya un soir sa belle-fille, Mlle Ursule Mercader, alors âgée de 16 ans, fermer la porte de la rue, qui était ouverte. La jeune fille revint très effrayée en affirmant qu'elle avait vu un corbillard devant la maison. On ne voulut pas la croire et on se moqua d'elle. Or, le lendemain matin, arrivait un exprès d'Elne (le télégraphe n'existant pas encore à cette époque), disant que le père de ma belle-mère était mort la veille au soir, *justement à l'heure* où Mlle Mercader était allée fermer la porte et avait vu le corbillard.

B. Ma femme n'avait alors que 15 ans, mais elle se souvient parfaitement. Ses parents dirigeaient un établissement thermal à Vernet-les-Bains, et tous les domestiques avaient leurs chambres dans le même corps de logis, sur le même couloir. Or, un cuisinier nommé Guiraud tomba gravement malade, et une nuit il mourut. Tous les domestiques arrivèrent en même temps dans la chambre mortuaire, immédiatement après le décès, sans que personne fût allé les prévenir; ils dirent *qu'ils avaient été éveillés chacun par un grand coup* frappé au pied de leur lit.

Je crois répondre à votre désir en vous signalant ces faits, qui sont authentiques.

Dr H. MASSINA,
à Vernet-les-Bains. [*Lettre* 437.]

CVI. — Mme S..., fort instruite, intelligente, poète, exaltée, sans fortune d'ailleurs, inventrice incorrigible, se rendit en 1851 à l'exposition de Londres, où elle eut un prix de 100 000 francs pour des cordages ou voiles de navires perfectionnés. Sa mauvaise étoile lui fit rencontrer là un Arabe, grand seigneur dans son genre, beau comme un dieu, et qui l'enthousiasma si fort qu'elle lui donna en mariage sa fille et en dot les 100 000 francs, ne se réservant rien que les profits futurs de son invention, laquelle enrichit à millions un bon Anglais et la laissa sans un sol. Cette jeune fille, belle, douce, bonne, parfaitement élevée et instruite, produit parisien dans toute sa saveur et son raffiné, fut immédiatement emmenée en Afrique par son mari, vrai barbare civilisé seulement pour l'occasion, et une horrible et misérable existence commença pour elle. Vie nomade, sous la tente, pêle-mêle avec trois ou quatre autres épouses aussi brutes et aussi sauvages que leur seigneur.

Quatre ou cinq ans plus tard, Mme S..., à Paris, un soir, au coin de son feu, entendit : *Maman, maman*, crié tout près d'elle par la voix de sa fille. Elle crut se tromper d'abord. Peu après, même appel, mais beaucoup plus fort, et comme dit avec angoisse. Elle se leva, parcourut son logement, regarda dans la rue. Le tout inutilement. Elle ne savait que penser ni que faire, lorsque, une troisième fois, la voix reprit : « Maman, viens, viens, je t'en prie, viens vite ! »

Alors elle n'hésita plus. Dès la pointe du jour, elle était en route pour Marseille. Combien de temps dura le voyage? Les chemins de fer étaient-ils alors construits? La voix avait-elle dit : « Viens à Marseille »? De tout cela, je ne sais plus rien.

Toujours est-il qu'à Marseille elle trouva à toute extrémité sa malheureuse enfant, qui sembla ne l'avoir attendue que pour mourir dans ses bras.

S. Babinet Rencogne,
à Toulouse. [*Lettre* 440.]

CVII. — A. Mon grand-père maternel, homme grave, calme et rigide s'il en fut, se promenait un jour dans le quartier le plus populeux de Londres, absorbé dans ses réflexions. Tout d'un coup, il vit se frayer un passage au milieu de la foule et se diriger de son côté un de ses plus chers amis d'enfance, colonel aux Indes, et qui devait être, d'après les informations des journaux, occupé en ce moment précis à soumettre les Cipayes révoltés. Mon grand-père, au comble de la surprise, tendit la main à son ami et allait lui poser une question, quand brusquement, comme il était venu, il disparut. Rentré chez lui, mon grand-père s'informa si le colonel lui avait rendu visite, et sur la réponse négative du personnel de service, quelque peu tourmenté, il alla à son club. Là encore, personne n'avait vu le colonel. Et les semaines passèrent : à cette époque, les communications étaient lentes. Un jour, en parcourant les colonnes d'un journal hebdomadaire paraissant aux Indes, il eut la douleur de voir figurer dans la liste des morts par trahison des Cipayes le nom de son propre ami, et en comparant les dates, tout lui fit présumer que la mort coïncidait avec l'apparition dans les rues populeuses de Londres, où les deux amis aimaient tout particulièrement à aller étudier les physionomies caractéristiques du peuple londonien.

B. Un jeune pasteur m'a rapporté le fait suivant :

Mon père était mort dans ma petite enfance; mon frère et moi, nous fûmes entièrement élevés par la meilleure, la plus douce et la plus ferme des mères, dans l'austère ville de Bologne. Sans montrer une préférence marquée pour aucun de ses fils, elle entourait cependant de soins tout particuliers le plus jeune de ses enfants, garçon délicat, très tendre, et qui avait hérité du tempérament anglais de sa mère : ferme et doux.

A l'âge de 20 ans, je faisais mes études à Bologne, tandis que mon frère entrait à l'École militaire de Modène. Il serait difficile de dire ce qu'il souffrit loin de la maison maternelle....

Un soir, avant d'aller se coucher, ma mère se plaignit d'une légère indisposition et se montra quelque peu inquiète au sujet du fils absent. Mais bonne, douce et résignée avant tout, elle se retira paisiblement chez elle, après m'avoir embrassé tendrement comme d'habitude. Nos chambres à coucher étaient contiguës. Je passai une partie de la nuit à un travail difficile, et vers le matin, seulement, je parvins à m'assoupir.

Tout d'un coup, je fus réveillé par un bruit de voix et, ouvrant les yeux, je fus saisi de voir dans ma chambre mon propre frère, pâle, le visage défait. « Maman, murmura-t-il, maman, comment va-t-elle? A minuit et dix minutes, je l'ai distinctement vue au chevet de mon lit à Modène; elle me souriait, d'une main me montrait le ciel, de l'autre, elle me bénissait. Puis elle a disparu. Mais je te dis que maman est morte! »

J'accourus dans la chambre vénérée de notre mère : elle était morte, en effet, le sourire aux lèvres.... Plus tard, le médecin nous affirma qu'elle avait dû cesser de vivre environ vers minuit.

E. ASINELLI,
à Genève. [Lettre 443.]

CIX. — J'avais à ce moment-là 12 ans environ. Il y avait un an que j'avais fait ma première communion; et j'étais encore un peu dévot. Interne dans un lycée, je faisais ma prière presque tous les soirs dans mon dodo. Or, un soir, je priai avec ferveur; pourquoi? je ne le sais. Je demandai avec instance dans ma prière de me conserver ma grand'mère, que j'aimais tendrement; je fis un tas de prières uniquement dans ce but. Puis je fermai les yeux. Presque immédiatement, je vis distinctement la tête de ma grand'mère se pencher vers moi. Surpris, j'ouvris les yeux, mais tout avait disparu. Je n'attachai aucune importance à cette impression, et je m'endormis vite. A cet âge, on n'a pas de soucis. Le lendemain à 9 heures, on vint me chercher en classe; et le proviseur me dit de prendre le train de 10 heures et d'aller chez ma grand'mère qui demandait pour moi deux jours de congé. Jugez ma joie d'entendre ces paroles! Vite je m'habille et je pars, heureux comme un roi. Lorsque j'arrivai à la gare, chez moi, mon père m'attendait : il était en pleurs et me dit que ma grand'mère était malade. Mais quand je fus entré à la maison, on me fit comprendre qu'elle était morte. Quelques jours plus tard, je demandai à quelle heure ma grand'mère était morte. On me dit qu'elle était décédée le vendredi soir, à 9 heures moins 10 minutes.

Je ferai remarquer que ma grand'maman était tombée malade seulement le jeudi, la veille de sa mort, et que l'on ne me l'avait pas appris.

Depuis ce moment, comme je m'étais adressé à Dieu pour me conserver ma grand'mère longtemps, et qu'il ne m'a pas exaucé, j'ai cessé avec raison de croire en lui. On dit qu'il exauce les prières de tous ceux qui ont recours à lui. En voilà une preuve, et aussi de la blague qu'est la religion catholique. Elle ressemble aux autres, tout simplement [1].

A. Frinciante,
à Torigny. [Lettre 448.]

CX. — Ma tante m'a raconté qu'un soir, étant couchée, mais parfaitement éveillée, un bruit insolite se produisit dans l'écurie aux chevaux. Pendant que son père allait voir ce qui se passait et calmer les animaux, ma tante *aperçut distinctement son grand-père* debout devant la cheminée. Ayant appelé sa mère pour qu'elle le vît aussi, la vision disparut. Le lendemain, on apprenait la mort du grand-père, mort produite, autant que je peux me rappeler, d'un accident de cheval.

Je soutenais que tout ceci n'était que l'effet d'un rêve; mais ma tante m'a affirmé qu'elle n'avait pas dormi un seul instant avant l'apparition.

Henri Pérès,
166, rue de la Chapelle, à Paris. [Lettre 452.]

CXI. — M. le docteur Blanc, d'Aix-les-Bains, m'a raconté qu'étant jeune, il a été témoin d'un fait curieux. Une de ses tantes était malade et le fils de cette tante, un petit garçon de 6 ans, avait été envoyé chez le docteur Blanc, à Sallanches, je crois, père du docteur actuel, et jouait avec mon cousin. Soudain l'enfant s'arrête au milieu de ses jeux, l'air effrayé, et crie : « Maman ! j'ai vu maman ! » Le fait fut rapporté au docteur, et celui-ci crut d'abord l'enfant malade, mais un peu plus tard on apprit que la mère était morte, à *l'instant où l'enfant avait crié*.

Louis Nicole,
61, Tierney R. Streatham, S. W. Londres. [Lettre 453.]

CXII. — J'avais à Malamour un parent de ma mère,

---

[1]. Nous laissons à chacun ses opinions et son langage. On a vu exprimés des sentiments tout contraires, aux cas XXXVIII, XCV, etc.

qui habitait Varennes, distant de 15 kilomètres, et qu'elle aimait beaucoup, à cause de divers services qu'il lui avait rendus dans des moments difficiles.

Ce parent, qui n'existe plus, savait ma mère malade.

Il m'a assuré qu'ayant entendu, dans la nuit de son décès, un grand bruit dans son grenier, comme si on remuait violemment des sacs remplis de grain, il se mit à dire : « La cousine Labbé est morte. »

Ce qui lui a été confirmé quand je lui eus fait part du décès. Ma mère, en effet, est morte dans la nuit indiquée par ce parent.

Pour moi, si les manifestations télépathiques ne sont pas plus fréquentes, c'est qu'elles n'ont lieu que de personnes amies à personnes amies, *mais véritablement amies*; combien y en a-t-il ?

Rien de plus commun que le nom.
Rien de plus rare que la chose.

LABBÉ,
notaire à Esnes (Meuse). [*Lettre* 455.

CXIII. — J'ai souvent entendu raconter dans ma famille le fait suivant, arrivé à mon oncle, membre de l'Institut, professeur à l'École des chartes, mort il y a dix-huit ans. Je ne puis malheureusement vous en garantir que les grandes lignes, et vous prie, par suite, si vous le citez, de ne pas nommer mon oncle.

Celui-ci, très catholique, avait été élevé par une de ses tantes, dont il se souvint toujours avec reconnaissance et émotion. Or, vers l'époque de sa première communion (la veille, je crois), éloigné de cette tante de plusieurs centaines de lieues, il l'aperçut devant lui, et eut la certitude qu'elle était morte, qu'elle venait de lui donner sa dernière bénédiction.

Peu de jours après, on apprit, en effet, qu'elle était morte *à l'heure où cet enfant l'avait aperçue*.

PAUL KITTEL,
professeur agrégé de l'Université au petit lycée Corneille, à Elbeuf (Seine-Inférieure). [*Lettre* 457.]

CXIV. — Un soir, vers 3 heures de l'après-midi, en été, je me promenais en lisant une page d'Alphonse Daudet quand, brusquement, il me sembla qu'un mien camarade, actuellement pilotin dans la marine, tombait en pleurant, avec le geste classique des soldats blessés à mort, main sur le cœur et chute à la renverse. Cela m'intrigua beaucoup, si bien que le soir j'en parlai à ma famille.

Quatre ou cinq jours après, je reçus une lettre de notre ex-professeur commun me disant : « Votre ami Louis est au désespoir. Il y a quelques jours, étant à la chasse, d'un coup de feu maladroit, il a blessé son frère Charles. Celui-ci venait d'être reçu bachelier. »

Au reçu de cette lettre, je pensai à ma vision. Elle avait menti. Louis n'était pas blessé. Ma vision avait eu lieu à 3 heures et l'accident vers 4 heures et demie.

Cependant, j'appris plus tard que Louis s'était évanoui en disant : « Si Charles meurt, je me tue. »

Voilà tout le récit. J'insiste sur la certitude d'un malheur connu une heure avant l'accident. Je vous livre les noms en entier, mais je ne voudrais pas que vous les publiiez intégralement, et vous serais reconnaissant de ne donner que les prénoms.

J. P.
à Saint-Paul-les-Romans (Drôme). [*Lettre* 458.]

CXV. — En 1865, le choléra sévissait à La Seyne ; pour fuir le fléau, ma famille s'était réfugiée dans un hameau voisin. Dans ce hameau habitait un ouvrier qui, bravant l'épidémie, se rendait chaque jour à La Seyne et rentrait le soir.

Un matin, se sentant fatigué, il ne partit pas, et son fils, âgé de 15 ans, ne croyant pas son père gravement indisposé, le quitta pour aller se distraire en pêchant sur les rochers de la côte, à environ 8 kilomètres, espérant que celui-ci l'y rejoindrait dans la matinée.

À 11 heures du matin, le père mourait dans son lit, emporté par le choléra ; à la même heure, le fils était certain de l'avoir vu sur un rocher voisin, lui faisant signe d'approcher.

La côte étant un peu escarpée en cet endroit, il avait fait un détour pour gagner ledit rocher; mais à son arrivée la vision avait disparu.

Le jeune homme affolé rejoignit précipitamment son domicile, demandant aussitôt si son père était rentré : on lui montra son cadavre.... C'est alors qu'il nous fit le récit de son hallucination.

N'ayant pas assisté moi-même aux derniers moments du père, je ne puis dire s'il a demandé à voir son fils en mourant, et je me borne à ne vous rapporter que ce qu'il y a de précis dans mes souvenirs.

BALOSSY,
contrôleur principal des tabacs,
à Pont-de-Beauvoisin (Isère). [*Lettre* 459.]

CXVI. — C'était vers 1850, deux sœurs étaient au lit, quand l'une d'elles s'écrie tout à coup: « Ah! mon Dieu, mon père! »

La mère croit à une hallucination ou à un rêve et cherche à dissuader sa fille, qui lui répond : « Je suis sûre d'avoir vu papa, il m'a même touché de sa main. »

Il faut dire que le père était à Tours depuis quelque temps et construisait des maisons de bois pour l'aménagement des foires de Tours.

Le lendemain, la famille reçut une lettre annonçant qu'il était mort à la suite d'une chute faite dans la soirée. C'est *juste au moment de sa mort* que l'apparition a eu lieu.

L. DELANOUE,
rentier, rue du Château, 28, à Loches. [*Lettre* 462.]

CXVII. — En 1857 et 1858, à Paimbœuf, j'habitais, avec ma femme et mon enfant, une maison occupée avant nous par Mme Leblanc, qui était allée demeurer à Nantes. Une nuit du printemps de 1858 (je ne puis préciser davantage, il faudrait consulter les registres de l'état civil), ma femme et moi fûmes réveillés en sursaut par un grand bruit; il nous semblait, à tous deux, qu'une grosse barre de fer venait d'être jetée violemment sur le plancher de la chambre et que notre lit avait été fortement secoué. Levés à la hâte, nous allumons la bougie, courons au berceau de l'enfant et explorons la chambre. Rien n'y était dérangé.

Le jour suivant ou le second jour, on vint nous dire que Mme Leblanc était morte précisément dans la nuit où nous fûmes réveillés brusquement, sans raison apparente, et à peu près à la même heure. Nous n'avions pas de relations suivies avec cette dame et ignorions qu'elle fût malade.

Ma belle-mère et ma belle-sœur, qui occupaient deux chambres à la suite de la nôtre, s'étaient levées et nous avaient rejoints. Je crois me rappeler qu'elles avaient été réveillées par le bruit et les exclamations que nous faisions, ma femme et moi, et non par une autre cause. Lorsque nous apprîmes que la mort de Mme Leblanc coïncidait avec l'événement qui nous avait tant surpris, ma belle-sœur, très pieuse, dit : « Les âmes des morts, en se séparant du corps, viennent visiter la maison où elles ont séjourné. »

E. ORIEUX,

à Nantes, agent voyer en chef honoraire du département. [*Lettre* 468.]

CXVIII. — Il y a quelques années, à Mouzon (Ardennes), une femme, très malade, envoya sa petite-fille passer quelques jours chez des parents à Sedan. Une nuit, l'enfant se réveille, pleure, appelle sa mère, demande à la voir, supplie qu'on la conduise tout de suite près d'elle.

Le lendemain, on vient annoncer la mort de la mère, survenue la nuit, à l'*heure exacte* où son enfant l'appelait et voulait absolument qu'on la conduisît près d'elle.

Je ne me rappelle ni les noms de ces personnes, ni la date précise de l'événement, n'y ayant pas à cette époque prêté grande attention, mais je puis vous garantir cette corrélation comme parfaitement authentique.

G. GILLET,
28, rue Bournizet, à Vouziers (Ardennes). [*Lettre* 472.]

CXIX. — Mon frère, surveillant militaire à Cayenne, en congé à Bollène, m'a raconté le fait suivant. Il était très lié avec un autre surveillant, M. Renucci. Ce dernier avait une fillette qui affectionnait beaucoup mon frère et ma belle-sœur. La fillette tomba malade. Une nuit, mon frère s'éveilla. Au fond de la chambre, il aperçut la petite Lydia qui le regardait fixement. Puis elle s'envola. Troublé, mon frère éveilla ma belle-sœur et lui dit : « Didi (Lydia) est morte, je viens de la voir réellement. » Ils ne purent se rendormir.

Le lendemain, mon frère se rendit en toute hâte chez M. Renucci. La fillette, en effet, était morte pendant la nuit ; l'heure de l'apparition avait coïncidé avec la mort.

RÉGINA JULLIAN,
Institutrice à Mornas (Vaucluse). [*Lettre* 473.]

CXX. — Ce que j'ai éprouvé me semble se rattacher aux faits dont vous publiez une étude si intéressante.

Mon père était malade et soigné loin de nous. Tout en le sachant gravement malade, nous avions bon espoir dans sa guérison. Nous étions allées le voir et l'avions trouvé mieux portant, lorsqu'une nuit je fus réveillée en sursaut, et le portrait de mon père qui était placé juste en face de mon lit *me sembla* faire un grand mouvement. Je dis *me sembla*, car je crois inadmissible qu'il ait bougé. En tous cas, mon premier regard, en me réveillant en sursaut, fut pour ce portrait que je crus voir remuer. En même temps, j'éprouvai une impression de frayeur telle que je ne pus me rendormir. Je regardai l'heure : il était 1 heure précise du matin.

Le lendemain, dans la matinée, nous reçûmes une lettre nous disant de nous rendre près de mon père, dont l'état s'était aggravé subitement. Nous arrivâmes trop tard. Mon pauvre père était mort dans la nuit, à 1 *heure du matin*, donc au moment précis où j'avais été réveillée.

Ce fait, auquel je songe souvent, est naturellement resté absolument incompréhensible pour moi.

JULIETTE THÉVENET,
à Monte-Carlo. [*Lettre* 475.]

CXXI. — Il y avait huit ans que j'avais quitté la maison paternelle, lorsque le soir du 18 au 19 janvier 1890, je m'entendis appeler trois fois par mon nom : « Lucine, Lucine, Lucine ! », ce dont je n'avais pas l'habitude, car étant gouvernante à Breslau, on m'appelait mademoiselle. Cet appel fut suivi d'un grincement de porte qui se ferme sur des gonds rouillés : je reconnus ce grincement que je n'avais pas entendu depuis huit ans; c'était celui d'une porte très vieille de la maison de mes parents à Épauvillers (Suisse). J'avais aussi reconnu dans cet appel la voix de ma sœur. Je fus agitée toute la nuit par un triste pressentiment, et le lendemain je reçus la nouvelle de la mort de ma sœur, morte dans la soirée du 18 au 19.

L. ROY,
à Mistek, en Moravie (Autriche). [*Lettre* 478.]

CXXII. — Voici un fait qui m'est tout à fait personnel, que je tiens à livrer à votre étude de savant, mais pour lequel je demande votre discrétion absolue, car c'est une *confession* qui renferme assez d'indications pour qu'elle soit reconnue ou devinée par quelques personnes de ma localité, voire par la famille du défunt, dont je vais vous parler[1].

Le jour de notre première entrevue, j'avais 20 ans; lui, en avait 32 : nos relations durèrent pendant sept ans. Nous nous aimions tendrement.

---

1. J'ai, par conséquent, supprimé les noms, les villes, et certains détails intimes.

Un jour, mon ami m'annonça, non sans chagrin, que sa situation, sa pauvreté, etc., etc., le forçaient au mariage, et, dans ses explications embarrassées, je sentais un vague désir que nos relations n'en fussent pas trop interrompues.

Je coupai court à ce pénible entretien et, malgré mon immense chagrin, je ne revis plus mon ami, ne voulant pas, dans mon amour unique et absolu, partager avec une autre et de bonne grâce cet homme que j'aimais tant.

J'appris plus tard, indirectement, qu'il était marié et père d'un enfant.

Quelques années après ce mariage, une nuit d'avril 1893, *je vis entrer dans ma chambre une forme humaine*, dont je cherchai en vain à deviner le sexe : cette forme, de haute taille, était enveloppée d'un drap blanc qui lui recouvrait la figure. Je la vis avec terreur s'avancer, se pencher sur moi, puis je sentis des lèvres se coller aux miennes, mais quelles lèvres! je n'oublierai jamais l'impression qu'elles me produisirent; je ne sentis ni pression, ni mouvement, ni chaleur, rien que du froid, le froid d'une bouche morte!

Cependant, j'éprouvai une détente, un grand bien-être pendant ce long baiser, mais à aucun moment de ce rêve, ni le nom, ni l'image de l'ami perdu ne se présentèrent à mon esprit. Au réveil, je ne pensai plus ou peu à ce rêve jusqu'au moment où, vers midi, parcourant le journal de..., je lus ce qui suit :

« On nous écrit de X... que hier ont eu lieu les obsèques de M. Y... » (ici les qualités du défunt), puis l'article se terminait en attribuant cette mort à une fièvre typhoïde causée par le surmenage de fonctions remplies avec conscience. « Cher ami, pensai-je, débarrassé des conventions mondaines, tu es venu me dire que c'est moi que tu aimais et que tu aimes encore par delà la mort : je te remercie et t'aime toujours. »

Le retrouverai-je? Mon âme serait heureuse de s'évader de sa prison pour voler à sa recherche.

Mlle Z.
[Lettre 494.]

CXXIII. — En l'année 1866, M. Paul L..., professeur d'allemand à Saint-Pétersbourg, se trouvait avec son frère chez leur mère en Prusse, à quelque distance du village où habitait leur sœur, alors légèrement souffrante.

Un matin, le 17 septembre, les deux frères se promenaient en rase campagne. Tout d'un coup, Paul entendit une voix, qui, à deux reprises, l'appela par son nom. A la troisième fois, le frère de M. L... entendit, lui aussi, la voix prononcer, très distinctement, le nom de Paul. Émus d'un sombre pressentiment, car la campagne était déserte, les deux frères se hâtèrent de revenir à la maison, où ils trouvèrent un télégramme leur annonçant que l'état de leur sœur avait subitement empiré, qu'elle était à l'agonie.

Paul L... et sa mère partirent en poste. Sur la route, vers 4 heures de l'après-midi, M. L... vit soudain passer devant lui la forme de sa sœur qui le frôla en traversant la voiture.

Il eut alors la ferme conviction que sa sœur était morte, en fit part à sa mère, et nota exactement l'heure. A leur arrivée, ils apprirent que la sœur était morte à l'heure où sa forme était apparue, et que le matin elle l'avait plusieurs fois appelé dans son agonie.

Autres détails à noter : lorsqu'ils retournèrent chez eux, ils trouvèrent la pendule arrêtée à l'heure exacte de la mort, et le portrait de leur sœur était tombé au même moment. (Ce portrait était solidement accroché, et cependant tomba sans arracher le clou.)

M. L..., dont je tiens l'adresse à votre disposition, peut certifier exacts tous ces faits.

V. Mouravieff,
Saint-Pétersbourg, 18/30 mars 1899. [Lettre 498.]

CXXIV. — A. Nous sommes en décembre 1875. Mon père venait de se mettre au lit pour mourir le lendemain. Il était malade depuis longtemps, mais il allait et venait et croyait ainsi conjurer la mort tant qu'il ne s'aliterait pas. J'étais assis près de son lit et je voyais avec douleur s'annoncer les premières manifestations de l'agonie.

Personne de la famille n'était encore prévenu.

Tout à coup, un de mes oncles entra en habit de travail. D'une voix entrecoupée, il me dit :

« Mon frère est bien malade?

— Vous voyez.....

— Figure-toi que tout à l'heure, rentrant de la charrue à la nuit, il me sembla voir ton père se traînant comme d'habitude, et portant comme toujours sa main à son cœur, à l'endroit de son mal. Il se tourna vers moi, et me dit : « Christophe, c'est fini, va chez nous.... »

« Effrayé, je criai à Jules : « Ton oncle, tu ne vois pas « ton oncle?... — Mais tu rêves, papa, il n'y a personne!
« — En ce cas, repris-je, préviens ta mère, je ne rentre « pas, je vais à D..., chez mon frère. »

Il était 6 heures du soir; le lendemain à 5 heures, mon père était mort.

B. Le deuxième fait se passe en août 1889. Un soir, ma femme et moi, nous soupions tristement : je venais de perdre ma mère.

Tout à coup un homme entra et dit à ma femme que sa mère était bien malade et qu'il fallait partir tout de suite; il avait une voiture.

Le lendemain, je recevais la nouvelle que ma belle-mère allait plus mal et qu'il me fallait venir.

J'allais partir, lorsque je fus pris soudain d'un affreux accès de neurasthénie; tout mouvement m'était impossible, et je fus pris d'une sorte de somnolence.

Je ne voyais rien, mais je me sentais là-bas, au milieu de la famille en larmes, près du lit de la mourante, et j'entendais une voix qui disait :

« Il ne vient donc pas, Émile? »

Et puis une autre voix, celle de la mourante :

« Il ne peut pas, le pauvre garçon, il est malade. Et puis, d'ailleurs, à quoi bon ? »

Une heure après, je recevais la fatale dépêche : « Maman vient de mourir. »

Dr E. CLÉMENT,
à Montreux. [Lettre 502.]

CXXVI. — Mon beau-frère, Jung, se trouvait un jour avec son père, son beau-frère, Ganzhirt, et un ami de ce dernier, nommé Sohnlein, dans une gloriette de leur jardin. Jung avait environ 12 ans, Ganzhirt et Sohnlein 22 à 24. Tous se portaient bien. Sohnlein leur dit : « Lorsque je mourrai, je vous apparaîtrai *ici-même*. »

Quelques mois plus tard, mon beau-frère Jung, faisant ses devoirs d'école dans cette gloriette, entendit un bruit comme celui d'un arbre fortement secoué, et vit des fruits d'un prunier tomber à côté de lui. Ne voyant personne, il est saisi de crainte, ferme ses livres et cahiers et rentre à la maison. Peu après, on les prévenait que Sohnlein était mort.

V. SCHAEFFER BLANCK,
à Huningue. [Lettre 504.]

CXXVII. — Je n'ai personnellement éprouvé aucune impression du genre de celles qui font l'objet de votre questionnaire. Mais une personne de ma famille a été impressionnée dans les conditions et de la façon suivante :

Son père habitait Bayonne. Elle était à Concordia, dans l'Amérique du Sud. Le 5 mars 1889, à 7 heures du matin, était couchée, mais éveillée, elle a cru voir son père accoudé au pied de son lit et la regardant avec tristesse. A cet instant même, ce père était atteint de paralysie cérébrale. Il est mort vingt-six jours après, le 31.

BONNOME,
commis principal des Contributions directes, à Mostaganem. [Lettre 505.]

CXXVIII. — Permettez-moi de vous signaler un fait qui me semble assez curieux. D'abord il a décidé de ma vie ; ensuite les circonstances n'en sont vraiment pas ordinaires.

En 1867 (j'avais alors 25 ans), le 17 décembre, je venais de me coucher. Il était près de 11 heures, et tout en faisant ma toilette de nuit, je réfléchissais. Je pensais à une jeune fille que j'avais connue, aux vacances dernières, aux bains de mer de Trouville. Ma famille connaissait la sienne, assez intimement, et nous nous prîmes, Marthe et moi, d'une vive affection. Notre mariage allait bientôt se décider, quand, par suite d'affaires, nos deux familles se brouillèrent, et il fallut se séparer. Marthe partit pour Toulouse et moi je revins à Grenoble. Mais nous nous aimions toujours, à tel point que la jeune fille refusait tous les partis.

Ce soir là donc, 17 décembre 1867, je pensais à tout ceci, et je venais de me coucher, lorsque je vis s'ouvrir la porte de ma chambre, doucement, presque sans bruit, et *Marthe entra*. Elle était vêtue de blanc, les cheveux épars sur ses épaules. Alors sonna 11 heures. Ceci, je puis l'affirmer ; je ne dormais pas. La vision s'approcha de mon lit, se pencha légèrement sur moi, et je voulus saisir la main de la jeune fille. Elle était froide. Je poussai un cri, le fantôme disparut, et je me trouvai ayant un verre d'eau à la main, ce qui m'avait procuré cette sensation froide[1]. Mais, notez-le, je ne dormais pas, et le verre d'eau était sur ma table de nuit, à côté de moi. Je ne pus dormir. *Le lendemain soir, j'appris la mort de Marthe*, à 11 heures du soir, la veille, à Toulouse. Son dernier mot avait été : « Jacques ! »

Voilà mon histoire, je puis vous ajouter que je ne me mariai pas. Je suis vieux garçon, mais pense toujours à ma vision. Elle hante mon sommeil.

JACQUES C...,
à Grenoble. [*Lettre* 510.]

---

1. Un examen superficiel pourrait montrer là une hallucination hypnagogique. Mais une action télépathique est infiniment plus probable. Rapprocher ce cas du n° CXXII.

CXXIX. — J'avais une amie d'enfance, Hélène, que j'aimais tendrement. Son père, fonctionnaire, fut nommé à Paris. Il fallut nous séparer, ce qui nous causa à toutes deux un grand chagrin. Avant son départ, Hélène vint m'apporter sa photographie, la plaça elle-même dans un cadre vide, sur une petite table de ma chambre, et nous nous promîmes de nous écrire souvent, ce que nous fîmes en effet.

L'air de la capitale fut néfaste à ma pauvre Hélène déjà si délicate. Elle s'affaiblit de plus en plus, et bientôt, j'appris qu'elle était phtisique. Dès ce moment, et sans qu'elle s'en rendît bien compte, je suivais les progrès de son mal. Un jour, je reçus d'elle une lettre assez gaie : elle allait bien mieux, elle espérait venir passer la belle saison avec moi. Ce mieux si subit m'effraya un peu, puis je me dis qu'il était bien possible après tout qu'Hélène guérît.

Le lendemain, qui se trouvait le 15 avril 1896, j'eus l'esprit inquiet tout le jour. Je n'avais pas encore à ce moment fini mes études. Le soir, après dîner, retirée dans ma chambre, j'étais penchée sur un problème de géométrie, parvenant à peine à fixer mon attention. La photographie de mon amie était près de moi, toujours à sa même place et mes yeux étaient invinciblement attirés par cette image.

Tout à coup, je vis la photographie remuer les paupières, la bouche s'ouvrit comme si elle voulait parler. Un bruit me fit tressaillir, c'était ma pendule qui sonnait 8 heures. Pensant avoir rêvé, je me frottai les yeux et je regardai de nouveau. Cette fois, je vis distinctement le portrait remuer les lèvres, ouvrir démesurément les yeux, puis les refermer ensuite lentement en poussant un soupir [1]. Je n'osai plus regarder la photographie, je pris vivement ma lampe, je me couchai à la hâte, bien qu'il fût encore trop tôt, et j'essayai, mais en vain, de m'endormir.

---

[1]. Rappelons, une fois de plus, que tout cela est fictif, impression produite sur le cerveau par le mourant. V. aussi les cas XLIX et CXX.

Vers 10 heures, j'entendis sonner bruyamment à la porte de la rue. J'appelai en hâte mes parents, qui étaient couchés. C'était une dépêche contenant ces mots : « Hélène décédée ce soir à 8 heures. »

Le premier train du lendemain m'emporta vers Paris avec mon père. Je tenais à assister aux funérailles de mon amie, et aussi à avoir des détails sur ses derniers moments. J'appris que, le jour de sa mort, elle n'avait cessé de parler de moi, elle avait même dit : « Peut-être Valentine regarde-t-elle ma photographie maintenant. Elle me croit guérie et je sens que je vais mourir. » Quelques instants avant l'heure suprême, elle avait recommandé qu'on me prévînt aussitôt et qu'on me transmît ses adieux. Sa dernière parole avait été mon nom.

Qu'on explique ce fait comme on voudra, mais moi je suis sûre de n'avoir pas eu d'illusion. Je n'ai jamais eu l'esprit porté aux apparitions. De plus j'étais absolument dans mon état normal.

VALENTINE C...,
à Roanne. [*Lettre* 512.]

CXXX. — Une de mes amies d'étude (je suis doctoresse) était allée aux Indes comme médecin missionnaire. Nous nous étions perdues de vue comme cela arrive parfois, mais nous nous aimions toujours.

Un matin, dans la nuit du 28 au 29 octobre (j'étais alors à Lausanne), je fus réveillée avant 6 heures par des petits coups frappés à ma porte. Ma chambre à coucher donnait sur un corridor, lequel aboutissait à l'escalier de l'étage. Je laissais ma porte entr'ouverte pour permettre à un gros chat blanc que j'avais alors d'aller à la chasse pendant la nuit (la maison fourmillait de souris). Les coups se répétèrent. La sonnette de nuit n'avait pas sonné, et je n'avais non plus entendu monter l'escalier.

Par hasard, mes yeux tombèrent sur le chat qui occupait sa place ordinaire au pied de mon lit : il était assis, le poil hérissé, tremblant et grognant. La porte s'agita comme poussée par un léger coup de vent, et je vis paraître une forme enveloppée d'une espèce d'étoffe vaporeuse blanche, comme un voile sur un dessous noir. Je ne pus pas bien distinguer le visage. Elle s'approcha de moi : je sentis un souffle glacial passer sur moi, j'entendis le chat gronder furieusement. Instinctivement, je fermai les yeux, et quand je les rouvris tout avait disparu. Le chat tremblait de tous ses membres et était baigné de sueur[1] !

J'avoue que je ne pensai pas à l'amie aux Indes, mais bien à une autre personne. Environ quinze jours plus tard, j'appris la mort de mon amie, dans la nuit du 29 au 30 octobre 1890, à Srinaghar, en Kashmir. J'appris plus tard qu'elle avait succombé à une péritonite.

MARIE DE THILO,
docteur médecin, à Saint-Junien (Suisse). [*Lettre* 514.]

CXXXI. — J'étais un matin dans ma salle à manger, seule avec une domestique. Nous vaquions l'une et l'autre aux soins du ménage. La domestique époussetait une console et me tournait le dos. Moi, je rangeais des objets sur une table qui nous séparait. Tout le monde dormait encore, car l'heure était assez matinale; c'est dire que le plus parfait silence régnait autour de nous. Tout à coup, nous entendons un bruit qui nous fait l'illusion de la chute d'un gros oiseau s'abattant lourdement, après avoir battu plusieurs fois des ailes. Ceci avait paru se passer entre nous, dans le milieu de la pièce. Nous éprouvâmes, l'une et l'autre, une commotion. La domestique se retourna brusquement, laissant échapper le plumeau qu'elle tenait dans ses mains, et me regarda d'un air effaré. Moi, j'étais immobile, stupéfaite, et sans parole. Au bout de quelques secondes, revenue de mon étonnement, je m'élançai d'un bond à la fenêtre, j'explorai au dehors : c'était une cour dans laquelle je ne vis rien qui eût pu causer ce bruit. Voulant absolument en trouver l'explication, j'ouvris deux

---

1. Cette observation faite sur les animaux n'est pas unique (voy. les cas XXIX et CLXXVII); elle est digne d'attention.

portes : l'une donnait sur un vestibule, l'autre dans une chambre à coucher inhabitée. Je fouillai partout. Rien, toujours rien. Alors, sans faire aucun commentaire, l'idée me vint d'envoyer prendre des nouvelles d'une personne malade à laquelle je m'intéressais, et que j'avais laissée, la veille, agonisante. C'était à une faible distance de la maison. Lorsque la domestique revint, elle me dit : « Elle est morte ce matin à 6 heures et demie. » Il était alors 7 heures.

Ce bruit étrange s'était produit exactement à l'heure de cette mort.

Mme B...,
à Nevers. [*Lettre* 519.]

CXXXII. — A. Dans l'hiver de 1870-1871, je me suis trouvée un soir seule avec ma mère et ma grand'mère, qui avait quitté Saint-Étienne depuis quelques jours pour venir passer un mois auprès de sa fille et de sa petite-fille; elle avait laissé son fils Pierre, alors âgé de 35 ans, *légèrement indisposé*, à la suite d'un refroidissement. Elle n'était aucunement inquiète à son sujet, et son voyage étant décidé depuis longtemps, elle était venue nous rejoindre à Marseille.

Donc, un soir, nous venions à peine de nous coucher, moi dans la même chambre que ma grand'mère et maman dans une autre pièce, lorsqu'un violent coup de sonnette nous fit sursauter chacune dans notre lit; il était 11 heures du soir. Je me lève et je rencontre ma mère, qui vient de son côté savoir qui a sonné; nous nous trouvons toutes deux dans le vestibule et nous demandons à plusieurs reprises : « Qui est là ? » Sans obtenir de réponse (et sans ouvrir la porte), nous retournons chacune dans notre chambre où nous nous recouchons. Ma grand'mère était restée dans son lit, et je la retrouve assise, un peu effarée de voir que nous n'avions pas obtenu de réponse.

A peine étions-nous remises de ce petit événement, qu'un nouveau coup de sonnette, plus impératif que le premier, nous arrache de nouveau à notre quiétude.

Cette fois, par exemple, je bondis avec la vivacité d'une enfant de 14 ans que j'étais à cette époque et j'arrive à la porte bien avant ma mère. Je demande qui est là. Personne ne répond ; nous ouvrons, nous regardons dans l'escalier, aux étages supérieur et inférieur : toujours personne. Nous revenons dans nos chambres, inquiètes, pressentant un événement imprévu, le cœur serré, et, après une nuit à peu près sans sommeil (sauf pour moi qui étais à l'âge où l'on dort tout de même), nous recevons dans la matinée qui suit cette soirée si impressionnante le télégramme que voici : « *Pierre mort hier soir 11 heures*, prévenez maman, préparez-la à cette triste nouvelle. »

B. En 1884, année du choléra à Marseille, je pars pour Bagnères-de-Bigorre et Barèges, avec mon mari et mes deux enfants. J'y étais depuis huit jours à peine, à l'hôtel de l'Europe. Une nuit, je suis réveillée brusquement sans cause directe ; ma chambre, où je couche seule, est complètement obscure ; je vois debout, sur ma descente de lit, une personne entourée d'une auréole *lumineuse* ; je regarde, un peu émue comme vous le pensez, et je reconnais le beau-frère de mon mari, un docteur, qui me dit : « Prévenez Adolphe, *dites-lui que je suis mort.* » J'appelle aussitôt mon mari, couché dans la chambre voisine, et lui dis : « Je viens de voir ton beau-frère, il m'annonce sa mort. »

Le lendemain, un télégramme nous confirme la nouvelle : une attaque de choléra (en soignant des malades pauvres) l'avait emporté en quelques heures.

Il n'y avait pas au monde de nature plus dévouée pour ses malades et plus sympathique.

H. Poncer,
rue Paradis 415, à Marseille. [*Lettre* 522.]

CXXXIV. — M. Rigagnon, curé de la paroisse Saint-Martial de Bordeaux, étant dans sa chambre à écrire, vit devant lui son frère qui habitait les colonies, qui lui dit : « *Adieu, je meurs.* » Tout ému, M. Rigagnon appela ses vicaires et leur raconta ce qu'il venait de voir. Ces messieurs inscrivirent la date et l'heure de l'apparition, et quelque temps après, la nouvelle de la mort arriva : celle-ci concordait avec le moment où M. Rigagnon avait vu son frère devant lui. Ce fait m'a été raconté par l'un des vicaires, qui avait consigné le fait au moment où il s'était produit.

E. Bégouin,
à Réaux, par Jonzac (Charente-Inférieure). [*Lettre* 524.]

CXXXV. — Mon grand-père vivait dans un château absolument isolé au milieu des bois; mais ce château, de construction assez moderne, n'avait rien de mystérieux en lui, ni légendes, ni même le « fantôme » indispensable à la renommée d'un bon vieux castel. La sœur de mon grand-père avait épousé un médecin d'un village voisin.

Au moment où le fait dont je vous parle eut lieu, mon grand-père était absent. Son beau-frère, le médecin, étant sérieusement malade, il était parti le soir, en priant ma grand'mère, ma mère, trois de mes tantes et mes deux oncles de ne pas l'attendre, leur disant qu'à moins de trouver son beau-frère dans un état plus satisfaisant, il ne rentrerait pas.

Malgré cette recommandation, et parce que l'un de mes oncles se trouvait de retour (de Cochinchine, je crois, où il avait fait campagne), toute la famille présente resta dans la salle à manger à causer. La nuit s'écoulait assez rapidement, sans fatigue pour personne, lorsque, à deux heures, *tout le monde présent dans la salle à manger*, (c'est-à-dire aussi bien mes oncles, deux soldats sceptiques et courageux) *entendirent distinctement* la porte du salon (l'appartement voisin) se fermer avec une violence qui les fit tous bondir sur leurs chaises. (Je parle de la porte qui séparait le salon du couloir qui se trouvait du côté opposé à la salle à manger.) Il n'y avait pas d'erreur, la porte qui se fermait ainsi, ou du moins que ma famille entendait se fermer, était une porte voisine. C'était bien le bruit d'une porte, et d'une porte intérieure. Ma mère me dit souvent : « Nous entendîmes la porte se fermer comme si une énorme bouffée de vent était entrée dans la maison et avait violemment frappé la porte. » Cette bouffée de vent, absolument *irréelle* comme vous allez le voir, avait cependant ceci de *réel* que mes parents la sentirent plus ou moins sur leur visage et qu'elle leur laissa en passant une sorte de sueur glacée comme on en sent dans un cauchemar. La conversation s'arrêta. Ce bruit violent de porte leur semblait étrange, et leur causa à tous une sorte de malaise absolument indéfinissable. Bientôt mon oncle se prit à rire en voyant les figures piteuses de sa mère et de ses sœurs. Vite une chasse amusante est organisée. Mon oncle, en homme courageux, prend la tête, et c'est un défilé comique de la salle à manger dans le salon; on regarde la porte du salon, *celle qui dans l'esprit de tout le monde s'était certainement fermée*. Cette porte était *fermée à clef et verrouillée*. Ma famille, en file indienne, continue cette promenade dans toute la maison. Toutes les portes étaient fermées, les portes extérieures étaient barricadées, toutes les fenêtres étaient fermées, nul courant d'air dans la maison à aucun étage : il était impossible d'expliquer le bruit à la fois si voisin et si retentissant d'une porte qui se ferme, poussée par un grand vent.

Mon grand-père revient le lendemain matin et annonce la mort de son beau-frère. « A quelle heure est-il mort? — *A deux heures du matin.* — A deux heures? — *A deux heures précises.* » Le bruit de porte avait été entendu par sept personnes à *deux heures précises* du matin.

René Gautier,
étudiant ès lettres à Buckingham,
St John's Royal School. [*Lettre* 525.]

CXXXVI. — Un de mes amis, M. Dubreuil, auquel je puis croire absolument, m'a raconté le fait suivant.

Son beau-père, M. Corbeau, conducteur des ponts et chaussées, attaché au ministère de la Marine, avait été envoyé il y a quelque temps au Tonkin pour y surveiller des travaux. Sa femme l'avait accompagné dans son voyage.

Un jour, dans l'après-midi, la femme de mon ami vit très distinctement passer entre elle et le berceau de son fils, reposant en ce moment, l'ombre de sa mère, et l'enfant réveillé en sursaut appela sa grand'mère comme s'il la voyait en face de son lit.

Mme Dubreuil eut alors le pressentiment de la mort de sa mère, qui effectivement *avait eu lieu ce jour-là* à bord du paquebot qui la ramenait en France. Elle fut enterrée à Singapour.

Je puis, si vous le désirez, demander la date exacte du décès et le nom du bâtiment sur lequel il eut lieu.

M. HANNAIS,
10, avenue Lagache, à Villemomble (Seine). [*Lettre* 527.]

CXXXVII. — En juillet 1887, âgé de 19 ans, je me trouvais à Toulon, accomplissant mon volontariat d'un an au 61ᵉ de ligne, caserne du Jeu-de-Paume. J'avais un frère tendrement aimé, Gabriel, de dix ans plus âgé que moi, dessinateur au ministère de la Guerre, gravement malade à Vauvert où il se trouvait en congé chez mes parents ; j'étais allé le voir dans les derniers jours de juin, et quoique son état fût grave, je ne le croyais pas désespéré. Dans la nuit du 3 au 4 juillet, *vers 1 heure du matin*, je me réveillai en sursaut, mon traversin trempé de larmes, ayant la *conviction absolue* que mon pauvre frère était mort. Et cette conviction ne provenait pas d'un rêve, car je me serais rappelé ce rêve tôt ou tard, ce qui ne m'est jamais arrivé.

Je vis encore ce douloureux moment en écrivant ces lignes. Réveillé, j'allumai ma bougie que je tenais à mon chevet sur une caisse à balayures, ayant l'habitude d'étudier ma théorie au lit. J'étais alors caporal, ce qui me donnait le privilège envié d'avoir cette rustique et mal odorante table de nuit. Pardonnez-moi ces détails, ils ne sont là que pour donner à ce que je vous expose l'exactitude la plus grande, et pour en prouver la véracité. Je constatai alors qu'il était 1 heure du matin.

Je ne pus me rendormir, et à 5 h. 1/2 du matin, en allant à l'exercice, je demandai au chef de poste, sans réfléchir qu'à Vauvert le bureau du télégraphe n'était pas ouvert à cette heure matinale, s'il n'y avait pas de dépêche pour moi. Même question et réponse négative en revenant de l'exercice ; et, au moment où rentré à la chambrée, je débouclais mon ceinturon, un homme de garde m'apporta la dépêche suivante, envoyée par mon père : « Gabriel mort, viens tout de suite, courage. » Grâce à l'amabilité de mon capitaine, je pus prendre le train à 2 h. 18, et, en arrivant à Vauvert, j'appris que mon frère était mort dans la nuit, à *1 heure du matin*.

Le chagrin m'occasionna, quelques jours plus tard, un transport au cerveau, et depuis douze ans je suis chaque année gravement malade à la même époque.

CAMILLE ORENGO,
expert près les tribunaux, à Nîmes. [*Lettre* 536.]

CXXXVIII. — J'ai entendu relater le fait suivant par une personne avec laquelle j'étais embarqué sur la *Melpomène*, et dont le récit m'inspire toute confiance (M. Jochond du Plessix, lieutenant de vaisseau).

Il y a environ six ou sept ans, étant enseigne de vaisseau et désigné pour le Sénégal, cet officier se rendit en permission de quelques jours chez ses parents, domiciliés dans une villa aux environs de Nantes. En montant l'allée principale du jardin qui conduisait à la villa, il eut la vision très nette d'un cercueil descendant cette allée. Le soir même, sa mère mourait subitement dans cette villa, sans que rien eût pu faire prévoir cette fin.

NORÈS,
sous-commissaire de la marine,
à bord de la frégate la *Melpomène*, à Brest. [*Lettre* 537.]

CXXXIX. — A. Une nuit, vers 1 heure du matin, nous avons été réveillés, Marthe et moi, par un bruit extraordinaire se passant dans notre chambre même, bruit de ferraille comme si l'on eût traîné des chaînes sur le parquet. Je me suis levé et n'ai rien constaté d'insolite dans l'appartement.

Au jour, mes parents et une autre personne, qui couchaient au rez-de-chaussée, m'ont demandé l'explication du vacarme qui s'était passé au premier.

Donc, ce bruit a été entendu par cinq personnes.

Dans la matinée du même jour, on est venu nous annoncer qu'une cousine tombée subitement malade était morte dans la nuit.

B. Il y a deux ans, nous étions encore couchés, vers 5 heures du matin, lorsque nous fûmes réveillés par trois petits coups frappés discrètement dans une planche adossée au mur et longeant le lit.

Réveillés, ces trois coups ont été répétés très distinctement.

Nous avions une tante affectée d'une maladie de langueur, et notre première pensée fut que cette tante était morte. Peut-être un quart d'heure après cette manifestation, on sonnait à la porte pour nous prévenir que cette tante était mourante. Avant notre arrivée à son domicile, elle avait cessé de vivre.

Après ces communications de mourants, j'ajoute un fait télépathique d'un autre ordre, mais aussi certain.

C. Camille était au lycée de Chaumont. Vers 5 heures du matin, sa mère se réveille en me disant : « J'entends Camille pleurer, il m'appelle. » Sur quoi je réponds : « Tu rêves ! » Mais le lendemain nous recevions une lettre annonçant que l'enfant avait passé la nuit à pleurer du mal de dents.

Votre cousin affectionné,

HABERT-BOLLÉE,
à Nogent (Haute-Marne). [*Lettre* 538.]

CXLII. — A. Étant dans sa cuisine, à préparer le repas du soir, ma mère vit passer à différentes reprises devant elle sa mère, ma grand'mère, par conséquent, qu'elle n'avait pas vue depuis plusieurs années. Le lendemain, une lettre lui annonçait, non pas la mort, mais l'agonie de sa mère. Elle arriva juste à temps pour lui fermer les yeux.

B. Ma mère me donnant le sein, la nuit, vers 2 heures du matin, aperçut mon grand-père paternel dans un angle de la chambre, en même temps qu'elle entendit un bruit semblable à celui que fait *un corps tombant à l'eau.* Troublée, elle réveilla mon père qui, n'attachant aucune importance à cette vision, se rendormit aussitôt. Quelques heures plus tard, un télégramme annonçait que mon grand-père *s'était noyé* en voulant monter ou plutôt descendre dans sa barque. Il était parti de chez lui un peu avant 2 heures du matin.

Simon,
40, rue Muller, Paris. [<i>Lettre</i> 542.]</div>

CXLIV. — En 1835, mes grands-parents habitaient une campagne à Saint-Maurice, près de la Rochelle.

Mon père, l'aîné de sa famille, était sous-lieutenant en Algérie où il passa dix ans au milieu des fatigues et des dangers des premiers temps de la conquête.

L'enthousiasme du danger, la verve des récits contenus dans ses lettres, donnèrent à son frère Camille le désir de le rejoindre. Il débarqua à Alger comme sous-officier, en avril 1835, ne tarda pas à rejoindre mon père à Oran et prit part à une expédition contre Abd el-Kader à la fin de juin.

Les Français furent obligés de battre en retraite sur Arzew, et perdirent beaucoup de monde en traversant les marais de la Macta. Mon oncle y fut blessé de trois coups de feu sans gravité. Mais, au bivac, un soldat français, en nettoyant son arme, fit partir le coup, et mon oncle fut frappé à la cuisse. Il dut subir l'opération. Quand elle fut terminée, une crise spasmodique l'emporta.

Les communications n'étaient pas rapides dans ce temps, et ma grand'mère ignora tous ces faits.

Selon un usage assez répandu à cette époque, ma

grand'mère avait dans sa chambre d'amis, au premier, un service à café en porcelaine disposé en garniture de cheminée.

Tout à coup, en plein jour, un fracas épouvantable se produisit dans cette chambre.

Ma grand'mère monta précipitamment, suivie de sa bonne. Quelle ne fut pas leur stupéfaction à la vue du spectacle qui les attendait! Toutes les pièces du service à café gisaient en morceaux sur le parquet à côté de la cheminée, comme si elles eussent été balayées vers le même point. Ma grand'mère fut terrifiée, et reçut l'impression qu'un malheur la frappait.

L'inspection de la chambre fut passée minutieusement, mais aucune des hypothèses présentées à ma grand'mère pour calmer son émotion ne lui parut acceptable : un violent courant d'air, le passage de rats, ou d'un chat enfermé par mégarde, etc.... L'appartement, en effet, était absolument fermé; donc pas de courant d'air. Des rats pas plus qu'un chat n'auraient pu briser et réunir en un même endroit toutes les pièces de porcelaine disposées dans la longueur de la cheminée.

Il n'y avait à la maison absolument personne que mon grand-père, ma grand'mère et leur bonne.

Le premier courrier d'Afrique apporta à mes grands-parents la nouvelle de la mort de leur fils, arrivée exactement le jour où se brisait le service [1].

J. MEYER,
à Niort. [*Lettre* 549.]

CXLV. — Voici un fait extraordinaire et authentique que je tiens d'une source absolument certaine. Mes parents avaient été un jour appelés au chevet d'un voisin à l'agonie. Ils s'y rendirent et prirent place au milieu d'un cercle de voisins et d'amis réunis, qui attendaient

---

1. Tout n'est pas subjectif, impression cérébrale, dans ces faits. Exemples aussi les cas XXIX, XXXVI, XCV, CXXIII, CXXVI, CXXX, CXXXII, CLIV, CLV, CLXVI, CLXX, CLXXII, CLXXVII et CLXXX.

en silence le triste dénouement. Soudain, dans une horloge suspendue au mur, et qui n'avait plus marché depuis des années, il se fit entendre un vacarme inouï, un bruit assourdissant, semblable à des coups de marteau frappés sur une enclume. Les assistants se levèrent effrayés, en se demandant ce que signifiait ce tapage : « Vous le voyez bien », répondit quelqu'un, en désignant le moribond. Peu après, celui-ci rendit le dernier soupir.

H. FABER,
ingénieur agronome à Bissen (Luxembourg). [*Lettre* 555.]

CXLVI. — Un monsieur que je connais ici me racontait, il y a quelque temps, les circonstances ayant rapport à la mort de sa mère. C'était un dimanche, à l'heure du service religieux. Elle le quitte pour se rendre à l'église, paraissant aussi bien portante qu'à l'ordinaire ; lui, une heure après, sort pour aller voir un de ses amis demeurant dans la même rue. Il arrivait près de la maison, lorsqu'il vit au ciel comme une grande croix d'or et se sentit en même temps pénétré d'une telle angoisse qu'il n'entra pas chez son ami, et rebroussa chemin. Il avait fait une centaine de pas, lorsqu'il fut arrêté par une dame de sa connaissance qui lui dit : « Avez-vous vu votre mère ? Ce ne sera, je l'espère, qu'une défaillance, mais on a dû l'emporter de l'église. »

Il retourna chez lui en hâte : sa mère était morte.

O. LENGLET,
à Mitau (Courlande). [*Lettre* 566.]

CXLVII. — Mon père, mort au mois de juin dernier, m'a maintes fois cité le fait suivant qui a fait, entre lui et moi, l'objet de maintes discussions.

Étant jeune et habitant Champsecret, dans l'Orne, il était employé dans une tuilerie où la nuit il y avait toujours deux hommes de garde.

Une nuit qu'il remplaçait un employé malade, étant tranquillement à causer avec son camarade de garde, il entendit distinctement des pas qui, descendant directement de la route, semblaient suivre le chemin qui reliait la route à la tuilerie.

Lui et son camarade se regardèrent effarés sans oser parler tout d'abord. Ils eurent l'impression qu'un homme était venu les frôler, puis les pas se firent de nouveau entendre, mais en s'éloignant cette fois, et leur idée fut que leur camarade, dont ils avaient reconnu les pas, devait être mort.

Le lendemain, ils apprirent la mort de leur camarade dans la nuit, à une heure correspondant avec le bruit de pas entendu.

Ma mère pourrait certainement me dire les noms du mort et du camarade de mon père, si cela vous intéressait.

EUG. BONHOMME,
99, avenue Parmentier, Paris. [*Lettre* 590.]

CXLVIII. — Étant âgé d'environ 6 ans, j'habitais une maison du Jura suisse; je dormais déjà depuis plusieurs heures lorsque je fus réveillé, ainsi que mon père, ma mère, et mes quatre sœurs, par une voix très forte appelant mon père Florian, une seconde fois moins forte, et une troisième fois encore plus faible. Mon père dit : « C'est la voix de Renaud (son ami demeurant à Paris) », et se levant il alla ouvrir la porte, mais personne ! La neige tombée ne portait aucune empreinte. A peu de temps de là, mon père reçut une lettre lui apprenant que son ami Renaud avait été écrasé par un omnibus et qu'avant de mourir, il avait prononcé plusieurs fois son nom.

JH. JUNOD,
Comptoir Smales Ecles et C°, Odessa (Russie). [*Lettre* 592.]

CXLIX. — Mon grand-père maternel, François M..., né à Saint-O..., décédé aux A..., en 1882, à l'âge de 80 ans, étant dans sa jeunesse à Paris, où il travaillait en qualité d'ouvrier tailleur, dans la rue du Faubourg-Saint-Honoré, autant que je puis me le rappeler, fut réveillé un soir à 11 heures par trois coups frappés très distinctement à la porte de sa chambre. Étonné, il se lève, allume une lampe, ouvre la porte, mais n'aperçoit personne. Croyant qu'un mauvais plaisant était l'auteur de ce dérangement, il se recouche en maugréant, mais trois autres coups sont encore frappés à la porte. Il se lève brusquement, comptant faire payer chèrement à l'importun sa mauvaise plaisanterie, mais malgré toutes les recherches auxquelles il se livre, soit dans le vestibule, soit dans l'escalier, il lui est impossible de se rendre compte de quel côté a disparu le mystificateur. Une troisième fois, étant de nouveau dans son lit, trois coups furent derechef frappés à la porte. Cette fois un pressentiment porta mon grand-père à supposer que ce bruit pouvait être dû à l'âme de sa mère, quoique rien dans les nouvelles antérieures reçues de sa famille ne l'incitât à faire semblable supposition. Cinq à six jours après cette manifestation, une lettre lui parvint, venant de son pays, lui annonçant la mort de sa mère survenue à l'heure précise où il avait entendu le bruit. Au moment de sa mort, sa mère, qui avait une affection spéciale pour lui, avait insisté pour qu'on apportât sur son lit une robe que son « garçon de Paris » lui avait envoyée en cadeau quelque temps auparavant.

E. DESCHAUX,
aux Abrets (Isère). [*Lettre* 595.]

CL. — Le père de ma belle-mère occupait au nombre de ses ouvriers un mauvais sujet qu'il avait dû congédier en lui disant : « Tu finiras par la potence. »

Un an ou deux (l'époque exacte n'a pas pu être fixée) après son départ, le grand-père de ma femme se trouvait avec sa famille un matin à la table du déjeuner lorsqu'il se retourna brusquement demandant : « Qui est là, que me veut-on ? »

La famille surprise de la question, et ne sachant ce qu'il voulait dire, lui demanda une explication. Il répondit : « On vient pourtant de me dire à haute voix : *Adieu,* « *patron.* » Mais aucune des autres personnes présentes n'avait entendu quoi que ce fût.

Cinq ou six heures plus tard, le grand-père de ma femme

apprit que son ouvrier congédié avait été trouvé pendu à un arbre de la forêt proche de la ville.

Voilà le fait tel qu'il m'est raconté. Ma belle-mère s'en souvient encore très bien : je puis vous en garantir l'authenticité.

Je suppose qu'au moment de se passer au cou le nœud coulant, l'ouvrier se sera rappelé la prédiction de son ancien patron, et lui aura envoyé en quittant la vie un « adieu patron » qui a été entendu par celui auquel était adressé cet adieu.

Le fait s'est passé à Mulhouse, dans ma ville natale, en 1854 ou 1855.

EMILE STEFFAN,
à Ensheim (Palatinat). [*Lettre* 609.]

CLI. — J'avais alors 10 ou 11 ans (j'ai aujourd'hui 34 ans et 4 mois), je vivais avec mon père et ma mère chez mon frère aîné, curé d'un petit village près de Pont-Saint-Esprit (Gard). J'avais à cette époque une vraie passion pour les oiseaux.

Or, un soir, après le dîner, allant me coucher, je dis à ma mère qui me tenait par la main :

« Maman, écoutez, j'entends un gros oiseau dans la cave, descendons pour l'attraper (pour aller aux chambres, il fallait passer devant la porte de l'escalier conduisant à la cave).

— Tu te trompes, répondit ma mère.

— Non, je ne me trompe pas, c'est bien un gros oiseau. »

Mais je n'insistai pas.

Le lendemain soir à la même heure, en allant me coucher, même cri d'oiseau, perçu par mes oreilles d'enfant, même dénégation de la part de ma mère.

Cette fois, poussé par mon amour des oiseaux, j'insistai, je trépignai et tirai ma mère par la main. Elle finit, à *contre cœur*, par céder à ma volonté mutine.

Nous descendîmes, ma mère et moi (elle, subissant mon caprice), dans la cave ou plutôt les caves qui s'étendaient sous le presbytère. Nous les visitâmes l'une après l'autre. Le cri d'un gros oiseau était toujours distinct mais changeait d'endroit. Tantôt il paraissait sortir de dessous les fagots, tantôt de derrière les tonneaux, etc.

Je lâchai la main de ma mère et me mis à la poursuite ... de ce cri; car je ne voyais point d'oiseau et je n'entendais ni le frôlement de ses ailes, ni le bruit de sa course. Ma mère, sous l'impression de la peur (elle était très superstitieuse), me ressaisit la main et me fit remonter l'escalier.

Dans le courrier du lendemain, mon frère recevait une lettre lui annonçant la mort d'un de nos oncles.

Et ma mère de s'écrier aussitôt :

« Le gros oiseau que Louis entendait hier et avant-hier devait être l'âme de ton oncle qui réclamait sa messe » (mon frère ayant l'habitude de dire une messe pour chacun de nos parents dès qu'on lui annonçait la mort).

Mon frère et moi nous nous mîmes à rire de l'explication de ma pauvre mère. Et depuis lors, il ne fut plus question du gros oiseau.

Louis Tailhaud,
curé de Colombiers par Bagnols-sur-Cèze (Gard). [*Lettre* 610.]

CLII. — Un de mes cousins était gravement malade d'une fièvre typhoïde; son père et sa mère ne quittaient pas son chevet, le veillant jour et nuit. Mais un soir, à bout de forces tous les deux, la garde-malade les obligea à prendre un peu de repos, leur promettant de venir les chercher à la moindre alerte. Ils dormaient profondément depuis un moment quand, tout à coup, ils sont réveillés, en sursaut, par la porte de la chambre qui s'ouvrait, mais doucement. Mon oncle demande : « Qui est-là? » Ma tante, convaincue qu'on venait les chercher, se lève précipitamment, mais à peine assise sur son lit, elle sent quelqu'un qui l'embrasse fortement en disant : « *C'est moi, maman, je m'en vais, mais ne pleure pas. Adieu.* » Et la porte se referme tout doucement. Remise à peine de son émotion, ma tante court dans la chambre de son enfant, où son mari l'avait devancée. Là, elle apprend que mon cousin venait de rendre le dernier soupir, à l'instant même.

M. ACKERET,
à Alger. [Lettre 639.]

CLIII. — Je crois de mon devoir de vous signaler le cas dont j'ai été témoin en 1886. J'étais lieutenant à Saint-Louis du Sénégal. Un soir, après quelques heures passées en compagnie de quelques braves et gais camarades, je me couchai à 11 heures environ. Je m'assoupis au bout de quelques instants. Tout à coup, je sens comme une forte pression sur la poitrine et je me sens brusquement secoué; je me lève sur un coude, me frottant les yeux, car j'ai là, devant moi, ma grand'mère. L'excellente femme me regarde avec des prunelles presque éteintes et j'entends, oui, j'entends sa voix faible me dire : « *Je viens te dire adieu, mon cher petit, tu ne me verras plus....* » J'étais stupéfait, et pour être bien sûr que je ne rêvais pas, je fis à haute voix la réflexion : « Voyons ! ce n'est pas un rêve », et je me levai. L'apparition avait duré quelques secondes.

Par un des courriers suivants, j'appris de ma famille à qui j'avais écrit ce phénomène de télépathie que ma grand'mère, âgée de 76 ans, était morte à Rochefort. Ses dernières paroles avaient été pour moi : « Je ne le verrai plus », répétait-elle sans cesse. La mort était arrivée à 11 heures 1/2, la nuit où je l'avais vue, et si on tient compte de la différence de longitude, c'est *au moment précis* où ma grand'mère m'est apparue.

Je savais ma grand'mère affaiblie par l'âge et malade, mais je n'avais pas d'inquiétude très grande sur son état. Tel est le cas, que je vous certifie rigoureusement exact.

JULIEN LAGARRUE,
capitaine d'infanterie de marine, à Hanoï. [Lettre 669.

CLIV. — En avril 1892, j'étais employé comme chef des travaux à la manufacture des glaces de Saint-Gobain.

J'étais peu porté à croire au merveilleux, et si parfois j'entendais quelque récit qui en fût empreint, j'attribuais à une hallucination l'impression qui en était la cause. Il a donc fallu que plusieurs personnes, interrogées séparément, aient été témoins du fait suivant, pour que j'aie pu y attacher de l'importance.

Ma femme était assise sur le seuil A d'une porte qui mettait mon logement en communication avec une petite terrasse, située au rez-de-chaussée, où travaillait pour mon compte une cardeuse de matelas[1]. Vers 3 heures, toutes deux entendirent trois coups bien distincts frappés à la porte B d'un cabinet, située à un mètre environ du seuil A. Très surprises de ce bruit que rien ne semblait justifier, puisque personne n'était dans l'appartement, elles firent un échange d'observations sur des faits semblables, dont elles avaient entendu parler. La cardeuse dit à ma femme qu'un de nos parents était bien malade, et que son esprit nous demandait du secours. Le lendemain, à la même heure, elles étaient au même endroit; et la bonne lavait le linge sur la terrasse. L'incident de la veille était oublié. Tout à coup, ces trois personnes entendirent exactement le bruit de la veille : trois coups frappés à la porte B du cabinet. Leur surprise devint de la stupéfaction; pendant longtemps la bonne ne voulut plus rester seule dans la maison.

Une lettre nous apprit le lendemain qu'une de mes vieilles tantes, très dévote, Angélique Bertrand, était morte à Pertuis (Vaucluse), depuis deux jours, le 5 avril 1892.

ARLAND,
78, rue Bleue, Marseille. [*Lettre* 705.]

CLV. — Je pouvais avoir une douzaine d'années. Mon pauvre père, un des héros de Sidi-Brahim, avait passé la nuit et une partie de la journée au chevet de sa mère

---

1. Un plan était annexé à cette relation; il est superflu de le reproduire, car elle est parfaitement explicite.

dangereusement malade. Il était revenu. Vers les 4 heures du soir, un de mes oncles vint le chercher, en lui disant qu'elle était plus mal et qu'elle manifestait le désir de voir les deux petits. Mon père voulut nous mener. Mon frère plus jeune y alla très volontiers, mais moi je résistai tellement, que rien ne put ébranler ma résolution, tout cela parce que j'avais une peur très grande des morts.

Je restai donc seul à la maison avec ma pauvre mère, qui après le souper me fit coucher, ce que je ne voulais faire, la peur me tenant toujours. C'est alors qu'elle se décida à me faire coucher dans son lit, me promettant de venir bientôt me tenir compagnie.

Vers les 7 heures 1/2, je reçus *une gifle d'une violence extraordinaire*. Je me mis à crier ; ma mère vint immédiatement à mes cris, me demandant ce que j'avais. Je lui répondis que j'avais été battu, la joue me faisant mal ; du reste, ma mère constata que j'avais la joue rouge et enflée. Inquiète de ce qui venait de se passer, ma mère languissait après le retour de mon père et de mon frère. Ce ne fut que vers les 9 heures que mon père entra ; tout de suite ma mère lui fit part de ce qui m'était arrivé, et quand elle lui dit l'heure, mon père répondit : « C'est précisément à cette heure que sa grand'mère a rendu le dernier soupir. »

J'ai conservé sur la joue droite pendant plus de six mois l'empreinte d'une main droite qui était très apparente, surtout après avoir joué, quand la figure est plus rouge, constatation qui fut faite par des centaines de personnes, la trace de la main étant blanche.

A. MICHEL,
teinturier à l'usine de Valabre,
par Entraigues (Vaucluse). [*Lettre* 714.]

CLVI. — Le 31 mai 1895, mon fils aîné, engagé volontaire depuis moins de six mois au 1er hussards, à Valence, participait à des manœuvres d'exercice en campagne qu'effectuait son régiment. Étant en pointe d'avant-garde, il marchait au pas de son cheval, observant le pays occupé par l'ennemi supposé, lorsque tout à coup, d'une embuscade établie sur le bord de l'étroit chemin parcouru, un coup de feu partit qui atteignit mon malheureux fils en pleine poitrine. La mort fut presque foudroyante.

L'auteur involontaire de ce fatal accident, voyant son camarade abandonner les rênes et chanceler sur l'encolure de son cheval, s'empressa vers lui pour le soutenir, et il put recueillir les dernières paroles que le mourant exhala dans un dernier soupir : « Tu m'as fait bien mal..., mais je te pardonne.... Pour Dieu et la Patrie, toujours... présent!!!! » Puis il expira.

Or, ce même jour, 31 mai 1895, vers 9 heures 1/2 du matin, tandis que ma femme vaquait dans la maison à des soins d'intérieur, notre fillette alors âgée de 2 ans 1/2, s'approchant de sa mère lui dit dans son langage enfantin :

« Maman, regarde parrain (mon fils aîné était le parrain de sa sœur), vois maman, vois parrain, je m'amuse avec lui.

— Oui, ma chérie, amuse-toi », lui répondit sa mère, qui à ce moment n'attacha pas d'importance aux paroles de l'enfant.

Mais la fillette, devant l'indifférence de sa mère, redoubla d'insistance et ajouta : « Mais maman, viens voir parrain.... *Regarde-le, il est là.* Oh! comme il est bien habillé!!!! »

Ma femme remarqua qu'en lui parlant ainsi l'enfant était comme transfigurée. Elle s'en émut tout d'abord, mais oublia bientôt cet incident qui n'avait duré que quelques minutes, et ce ne fut que deux ou trois jours après qu'elle s'en rappela tous les détails.

Un peu avant midi, nous reçûmes un télégramme nous avisant de l'affreux accident arrivé à notre fils bien-aimé, et je sus plus tard que la mort était survenue vers 8 heures.

Rougé,
villa des Tilleuls, à Salon (Bouches-du-Rhône). [*Lettre* 715.]

CLVII. — C'était un soir, vers 9 heures; tout le monde était encore levé dans la maison. Ma sœur, âgée de 17 ans, passant par un corridor, vit, sous un bec de gaz allumé, une belle et grande fille, qu'elle ne connaissait pas, habillée à la paysanne. L'apparition l'effraya, et elle se mit à jeter des cris.

Le lendemain matin, la cuisinière, fille de 25 ans, raconta à ma mère que la veille, vers 9 heures, venant de se mettre au lit, elle avait vu devant elle une de ses amies, jeune paysanne, dont le signalement correspondait avec celui de l'apparition.

On apprit ensuite que *cette paysanne était morte précisément ce jour-là.*

Comtesse Amélie Carandini,
à Parella (Italie). [*Lettre* 751.]

CLVIII. — Étudiant à l'Université de Kieff, déjà marié, j'étais allé passer l'été à la campagne chez ma sœur, habitant une terre non loin de Pskow. En revenant, par Moscou, ma femme adorée tomba subitement malade de l'influenza, et, malgré son extrême jeunesse, fût rapidement brisée. Une paralysie du cœur l'emporta subitement, comme un coup de foudre.

Je n'essayerai pas de vous dépeindre ma douleur et mon désespoir. Mais voici ce que je crois devoir signaler à votre savoir, le problème dont je désire ardemment recevoir la solution.

Mon père habitait Poulkovo. Il ignorait la maladie de sa charmante belle-fille, et la savait avec moi à Moscou. Quelle ne fut pas sa surprise de la voir *à côté de lui,* comme il sortait de sa maison, *l'accompagnant* pendant un instant! Elle disparut aussitôt. Saisi d'effroi et d'angoisse, il nous adressa à l'heure même un télégramme pour s'informer de la santé de ma chère compagne. C'était le jour même de sa mort....

Je vous serais reconnaissant pour toute ma vie de m'expliquer ce fait extraordinaire.

Wenecian Bililowsky,
studiosus medicinæ, Nikolskaja, 21, à Kieff. [*Lettre* 787.]

Voilà des récits assurément très nombreux et qui semblent parfois se répéter, quoiqu'en réalité ils soient très variés. Nous en ajouterons ici quelques autres encore, dont la lecture n'en sera pas moins intéressante et instructive pour notre recherche. Il nous semble qu'en les lisant, l'instruction de chacun doit se faire *graduellement* et sûrement sur cette nouvelle branche d'études.

Mme Adam écrivait récemment, le 29 novembre 1898, à M. Gaston Méry, en réponse à une enquête qu'il avait entreprise sur le « merveilleux » :

CLIX. — J'avais été élevée par ma grand'mère. Je l'adorais. Quoiqu'elle fût dangereusement malade, on me cachait sa maladie, parce que je nourrissais ma fille et qu'on craignait pour moi un chagrin trop violent.
Un soir, à 10 heures, une veilleuse seule éclairait ma chambre. Déjà endormie, mais réveillée par les pleurs de ma fille, je vis ma grand'mère au pied de mon lit. Je m'écriai :
« Quelle joie, grand'mère, de te voir ! »
Elle ne me répondit pas et leva la main vers l'orbite de ses yeux.
Je vis deux grands trous vides !
Je me jetai à bas de mon lit, et courus vers ma grand'mère : au moment où j'allais la saisir dans mes bras, ce fantôme disparut.
Ma grand'mère était morte, *ce jour-là même*, à 8 heures du soir.

M. Jules Claretie écrivait à son tour, en réponse à la même enquête (1er décembre 1898) :

CLX. A. — Nous avions à Radevant, en Périgord, chez

mon grand-père, un vieux fermier du nom de Montpezat, qui vint une nuit réveiller mon aïeul en lui disant : « Mme Pélissier est morte! Elle vient de mourir! *Je l'ai vue.* »

Mme Pélissier était la sœur de mon grand-père, mariée à Paris, et, en ce temps-là (au temps des diligences), il fallait quatre jours, je crois, pour qu'une lettre arrivât au fond du Périgord. Pas de télégraphes, naturellement. Or, on apprit à Radevant que *la nuit même et à l'heure* où Montpezat se levait effaré après avoir vu Mme Pélissier lui apparaître, ma grand'mère mourait à Paris, rue Monsieur-le-Prince.

B. Autre tradition du côté de ma grand'mère maternelle.

Un de mes grands-oncles était soldat, capitaine de la garde. Sa mère et ses frères habitaient Nantes. Lorsqu'il venait les voir, il avait l'habitude de frapper à la vitre du rez-de-chaussée, comme pour dire : « Me voici ».

Un soir, toute la famille réunie, on frappe au carreau. Ma bisaïeule se lève joyeuse : « C'est lui! il revient de l'armée! »

On court à la porte : personne. Or, à *cette heure, mon grand-oncle était tué* par un chasseur tyrolien à Wagram, par un des derniers coups de feu de la journée. J'ai là sa croix d'honneur, toute petite, détachée pour lui de la poitrine de l'Empereur qui la lui donna sur le champ de bataille, et la lettre de son colonel qui accompagna cet envoi.

A l'heure où par je ne sais quelle hallucination de l'ouïe partagée par la mère et ses enfants, on entendait à Nantes une main invisible frapper les vitres, l'absent tombait et mourait à Wagram.

Le récit suivant a été fait à M. Henriquet, architecte, en présence de M. Eymar La Peyre, rédacteur en chef du journal *l'Indépendant*, de Bergerac, par M. Montégoût, sous-directeur de la colonie pénitentiaire de Saint-Maurice-du-Maroni (Guyane française), originaire de Saint-Alvère (Dordogne) et camarade d'enfance du député La Mothe-Pradelle :

CLXII. — Le 4 février 1888, M. Montégoût se leva matin pour sa tournée d'inspection dans la colonie. Lorsqu'il rentra, à l'heure du déjeuner, sa femme lui dit : « La Mothe-Pradelle est mort ».
Surpris d'abord par cette brusque nouvelle, il fut vite rassuré quand Mme Montégoût lui raconta ce qui suit. Dans la nuit, elle s'était réveillée, et, en ouvrant les yeux, elle avait vu devant elle La Mothe-Pradelle, qui lui avait serré la main et lui avait dit : « *Je viens de mourir, adieu!* »
A ce récit, M. Montégoût plaisanta fort sa femme et lui dit qu'elle avait rêvé tout cela. Elle, de son côté, certifiait qu'elle n'était point endormie lors de l'apparition.
Un ou deux jours après, dîner chez M. Montégoût. Ce dernier raconta le fait à ses convives, qui plaisantèrent Mme Montégoût. Mais le directeur de la colonie déclara croire à la réalité de l'apparition et, par conséquent, à la mort du député.
La discussion fut vive et aboutit au pari d'un dîner. Six ou huit semaines plus tard, arriva à la colonie le numéro de *l'Indépendant*, de Bergerac, qui annonçait que M. de La Mothe-Pradelle, député de la Dordogne, était mort dans la nuit du 3 au 4 février 1888.

Tel est le récit fait à M. Henriquet par M. Montégoût, récit confirmé d'autre part par Mme Montégoût elle-même.

Ce cas, non moins précis et non moins sûr que les précédents, est extrait des *Annales des Sciences psychiques* (1894, p. 65). En voici un autre, tiré de la même publication (1895, p. 200), adressé de Montélimar au docteur Dariex, par M. Riondel, avoué dans cette ville :

CLXIII. — J'avais un frère beaucoup plus jeune que moi (il est mort dans la quarantième année de son âge, le 2 avril dernier) qui était employé des lignes télégraphiques à Marseille, et agent des Messageries maritimes.

Anémié par un assez long séjour dans les colonies, mon pauvre frère était atteint des fièvres paludéennes auxquelles il a, d'ailleurs, succombé, sans que rien fît prévoir un dénouement aussi rapide et foudroyant.

Le dimanche 1er avril dernier, je recevais une lettre de lui, m'informant que sa santé était excellente.

Dans la nuit de ce jour, c'est-à-dire du dimanche au lundi, je fus éveillé soudain par un bruit insolite et violent, semblable au jet d'un pavé roulant sur le parquet de ma chambre que j'occupe seul et qui est fermée à clé.

Il était, ou plutôt je constatai qu'à ma montre et à mon réveille-matin il était 2 *heures moins un quart*. Inutile d'ajouter qu'à mon lever je cherchai l'objet qui m'avait réveillé, avec un sentiment de terreur dont je ne pus me défendre.

A 8 heures du matin, je recevais d'un intime ami de mon frère, qui habitait un appartement contigu au sien, 2e étage du n° 93, rue de la République, à Marseille, un télégramme m'informant que mon frère était gravement malade et d'avoir à me rendre auprès de lui par le premier express.

Quand j'arrivai chez mon frère, j'appris qu'il était décédé dans la nuit, sans agonie, sans souffrances, sans proférer un seul mot.

Je m'enquis de l'heure exacte de sa mort, auprès de l'ami dans les bras duquel il avait expiré. C'était bien à 2 *heures moins un quart*, montre en main, que mon jeune frère avait rendu l'âme.

Autre cas, non moins remarquable.

M. Ch. Beaugrand écrivait récemment au docteur Dariex[1] :

CLXIV. — M. G..., officier de la marine marchande, a un frère avec lequel il est en assez mauvais termes. Ils ont même cessé toutes relations.

M. G..., qui navigue en qualité de second, revient de Haïti au Havre. Au cours du voyage, une nuit, comme il s'était endormi aussitôt son quart terminé, il sent tout à coup son hamac secoué violemment et s'entend, par deux fois, appeler par son prénom : « Emmanuel ! Emmanuel ! » Il se réveille en sursaut et croit, tout d'abord, à une plaisanterie. Puis, se ravisant, il se rappelle que, seul à bord, le capitaine connaît son prénom. Il se lève donc, va trouver ce dernier qui lui dit ne pas l'avoir appelé et lui fait même remarquer qu'il ne le désigne jamais par son prénom. L'officier retourne dans son hamac, s'endort de nouveau et, au bout de quelques instants, la même audition se produit une seconde fois, et il croit reconnaître la voix de son frère. Alors, il se dresse sur son séant, décidé à ne pas se rendormir. *Une troisième fois*, la même voix l'appelle.

Aussitôt, il se lève, et, pour chasser cette obsession, s'installe à sa table de travail, où il note exactement le jour et l'heure de ce phénomène.

Quelques jours après, le navire arrive au Havre. Un des amis de l'officier, la figure consternée, monte à bord ; du plus loin qu'il l'aperçoit, celui-ci lui crie :

« Ne me dites rien ! Je sais ce que vous venez m'annoncer. Mon frère est mort, tel jour et à telle heure ! »

C'était rigoureusement exact. Le frère de M. G... était mort en l'appelant et en exprimant son chagrin de ne plus le revoir.

M. G... est mort depuis bien des années. Ce fait m'a été rapporté dernièrement, *séparément*, — ce qui est une

1. *Annales des Sciences psychiques*, 1897, p. 328.

garantie de la véracité du récit, — par ses deux fils. L'un est un des plus brillants avocats du barreau du Havre; l'autre, lieutenant de vaisseau en retraite. Ce qu'ils m'ont raconté, ils le tenaient de la bouche même de leur père, et leur témoignage ne saurait être mis en doute.

Ces phénomènes d'apparitions à distance, au moment de la mort, ont été, il y a quelques années, en Angleterre, l'objet d'une *enquête* indépendante faite par des savants estimant que la négation n'a jamais rien prouvé.

L'esprit scientifique de notre siècle cherche avec raison à dégager tous ces faits des brouillards trompeurs du surnaturalisme, attendu qu'il n'y a rien de surnaturel et que la nature, dont le royaume est infini, embrasse tout. Une société scientifique spéciale s'est organisée pour l'étude de ces phénomènes : la *Society for psychical Research*; elle a à sa tête quelques-uns d'entre les plus illustres savants d'Outre-Manche et a déjà fourni des publications importantes. Des enquêtes rigoureuses ont été faites pour en contrôler les témoignages. La variété en est considérable. Nous allons feuilleter un instant l'ensemble de ces recueils et ajouter encore, aux documents qui précèdent, d'autres non moins certains et dont quelques-uns sont peut-être plus remarquables encore. Nous nous occuperons ensuite d'une recherche d'explication.

Voici quelques cas extraordinairement curieux empruntés à l'ouvrage *Phantasms of the Living*, de MM. Gurney, Myers et Podmore, traduit en français par M. Marillier, sous le titre de *Hallucinations télépathiques*.

Le général Fytche, de l'armée anglaise, écrivait, le 22 décembre 1883, la lettre suivante au professeur Sidgwick, directeur de la Commission psychique :

CLXV. — Un incident extraordinaire, qui fit sur mon imagination une profonde impression, m'arriva à Maulmain. J'ai vu un fantôme, je l'ai vu de mes propres yeux, dans la pleine lumière du jour. Je puis le déclarer sous serment.
J'avais vécu dans la plus étroite intimité avec un vieux camarade d'école, qui avait été ensuite mon ami à l'Université ; cependant, des années s'étaient écoulées sans que nous nous fussions revus. Un matin, je venais de me lever et je m'habillais, lorsque, tout à coup, mon vieil ami entra dans ma chambre. Je l'accueillis chaleureusement et je lui dis de demander une tasse de thé sous la véranda, lui promettant de le rejoindre immédiatement. Je m'habillai, en hâte, et j'allai sous la véranda, mais je n'y trouvai personne. Je ne pouvais en croire mes yeux. J'appelai la sentinelle postée en face de la maison, mais elle n'avait vu aucun étranger ce matin-là. Les domestiques déclarèrent aussi que personne n'était entré dans la maison. J'étais certain d'avoir vu mon ami. Je ne pensais pas à lui à ce moment et, pourtant, je ne fus pas très surpris parce qu'il arrivait souvent des vapeurs et d'autres vaisseaux à Maulmain.
Quinze jours après, j'appris qu'il était mort à six cents milles de là, au moment même, ou peu s'en fallait, où je l'avais vu à Maulmain.

CLXVI. — A Odessa, le 17 janvier 1861, à 11 heures du soir, Mme Obalechef était au lit, bien portante, ne dormant pas encore ; à côté d'elle, à terre, dormait sa domestique, ci-devant serve ; dans la chambre brûlait une lampe devant les saintes images. Ayant entendu son petit enfant pleurer, elle demanda à sa domestique de le lui donner.

« Levant par hasard, dit-elle, les yeux sur la porte que j'avais devant moi, je vis entrer lentement mon beau-frère, en pantoufles et en robe de chambre à carreaux que je ne lui avais jamais vue. S'approchant du fauteuil, sur lequel il s'appuya, il *enjamba les pieds de la domestique*, qui se trouvait là, et s'assit dans le fauteuil doucement. En ce moment, la pendule sonna 11 heures. Bien sûre de voir distinctement mon beau-frère, je m'adressai à la domestique avec la question suivante : « Tu vois, « Claudine ? »

« Mais je ne nommai pas mon beau-frère. Là-dessus, la domestique, tremblant de frayeur, me répondit immédiatement :

« Je vois Nicolas Nilovitch ! » (le nom de mon beau-frère).

« A ces paroles, mon beau-frère se leva, enjamba de nouveau les pieds étendus de Claudine et, se tournant, disparut derrière la porte qui conduisait au salon. »

Mme Obalechef réveilla son mari, qui prit une bougie et examina tout l'appartement très attentivement sans rien trouver d'anormal. Elle eut alors la conviction que son beau-frère, habitant à cette époque à Tver, venait de mourir. En effet, l'événement était arrivé justement le 17 janvier 1861, à 11 heures du soir.

Comme confirmation du récit, on a le témoignage écrit de la veuve de M. Nilovitch, qui certifie que les choses se sont bien passées de la sorte, et que, de plus, la robe de chambre décrite par sa sœur était identique à celle que M. Nilovitch s'était fait faire quelques jours avant son décès, et dans laquelle il est mort.

CLXVII. — Au mois de septembre de l'année 1857, le capitaine Wheatcroft, du 6ᵉ régiment anglais des dragons de la garde, partit pour les Indes, afin de rejoindre son corps. Sa femme resta en Angleterre, à Cambridge. Dans la nuit du 14 au 15 novembre, vers le matin, elle rêva qu'elle voyait son mari anxieux et souffrant, puis elle se réveilla immédiatement, l'esprit très agité. Il faisait un magnifique clair de lune, et, en ouvrant les yeux, elle vit de nouveau son mari debout à côté de son lit. Il lui apparut en uniforme, les mains pressées contre la poitrine; ses cheveux étaient en désordre et sa figure pâle. Ses grands yeux noirs la regardaient fixement et sa bouche était contractée. Elle le vit, et avec toutes les particularités de ses vêtements, *aussi distinctement qu'elle l'avait jamais vu durant toute sa vie*, et elle se rappelle avoir remarqué, entre ses deux mains, le blanc de sa chemise, qui, cependant, n'était pas tachée de sang. Son corps semblait se pencher en avant avec un air de souffrance, et il faisait un effort pour parler; mais on n'entendait aucun son. L'apparition dura une minute environ, puis s'évanouit. La première idée de Mme Wheatcroft fut de constater qu'elle était bien éveillée. Elle se frotta les yeux avec son drap. Son petit-neveu était dans son lit avec elle : elle se pencha sur l'enfant endormi et écouta sa respiration. Inutile d'ajouter qu'elle ne dormit plus cette nuit-là.

Le lendemain matin, elle raconta tout cela à sa mère et exprima la conviction que son mari était tué ou dangereusement blessé, bien qu'elle n'eût pas vu de taches de sang sur ses vêtements. Elle fut tellement impressionnée par cette apparition qu'elle refusa, à partir de ce moment, toutes les invitations. Une jeune amie la pressa, quelque temps après, d'aller avec elle assister à un concert, lui rappelant qu'elle avait reçu de Malte, envoyé par son mari, une fort belle toilette qu'elle n'avait pas encore portée. Elle refusa d'une façon absolue, déclarant que, ne sachant pas si elle n'était point déjà veuve, elle ne fréquenterait aucun lieu d'amusements jusqu'à ce qu'elle eût reçu des lettres de son mari d'une date postérieure au 14 novembre.

Au mois de décembre suivant, le télégramme annonçant la mort du capitaine fut publié à Londres. Il disait que le capitaine avait été tué devant Luknow le 15 novembre.

Cette nouvelle, donnée par un journal de Londres, attira l'attention d'un *solicitor*, M. Wilkinson, qui était chargé des affaires du capitaine. Mme Wheatcroft lui ayant affirmé que l'apparition avait eu lieu le 14 et non le 15, il fit des recherches au ministère de la Guerre, qui confirmèrent la date du 15. Mais, au mois de mars suivant, un des collègues du capitaine, revenu à Londres, expliqua les faits plus complètement, prouva que le capitaine avait été tué à côté de lui, non pas le 15, mais le 14, dans l'après-midi, et que la croix plantée sur sa tombe portait bien la date du 14.

Ainsi, *cette apparition avait donné la date de la mort avec une précision plus grande que celle des documents officiels*, lesquels ont été ensuite rectifiés.

CLXVIII. — Le soir du dimanche de Pâques 1874, je commençais à souper, me sentant très fatigué du travail de la journée, lorsque je vis la porte s'ouvrir derrière moi. Je tournais le dos à la porte, mais je pouvais la voir par-dessus mon épaule. Je puis aussi avoir entendu le bruit qu'elle a fait en s'ouvrant, mais je ne saurais préciser ce point. Je me retournai à moitié, juste à temps pour voir la forme d'un homme de haute taille s'élancer dans la chambre comme pour m'attaquer. Je me levai aussitôt, me retournant, et *je jetai mon verre*, que je tenais à la main, *dans la direction où j'avais vu la figure*; mais celle-ci avait disparu pendant que je me levais, et si rapidement que je n'avais pas eu le temps d'arrêter le mouvement commencé. Je compris alors que j'avais vu une apparition, et je pensai que c'était un de mes oncles, que je savais sérieusement malade, d'autant plus que la taille du personnage rappelait celle de mon oncle.

Un ami, M. Adcock, entra et me trouva tout énervé par l'incident; je lui racontai le fait. Le lendemain, vint une dépêche qui m'annonçait que mon oncle était mort ce dimanche-là. Mon père fut mandé au lit de mort, le dimanche soir, comme il était à souper, et la mort doit avoir coïncidé avec l'apparition.

Rév. R. Markham Hill,
à Lincoln.

Ce récit a été confirmé dans l'enquête par le témoignage suivant :

Je rendis visite, le soir de Pâques, à mon ami, le Révérend Markham Hill, et le trouvai tout épuisé, assis dans un fauteuil. Il me dit, avant que j'aie pu l'interroger, qu'il avait vu la figure de son oncle, debout, en face de lui, contre le mur, derrière un piano ; qu'il avait pris un verre sur la table et l'avait lancé contre cette figure, lorsqu'elle disparut. Ce ne fut que le lendemain ou le surlendemain qu'il me montra une lettre reçue le matin, qui l'informait que son oncle était mort *le jour même* de l'apparition.

Rév. H. Adcock,
à Lincoln.

CLXIX. — Vers le mois de mars 1875, l'aventure dont je donne les détails ci-après m'arriva à Gibraltar. J'étais étendue dans mon salon, une claire après-midi ensoleillée, je lisais un chapitre des *Mélanges* de Kingsley, lorsque j'eus, tout d'un coup, la sensation que quelqu'un attendait pour me parler. Je levai les yeux de mon livre, et je vis un homme qui se tenait debout à côté d'un fauteuil, à une distance d'à peu près six pieds de moi. Il me regardait très attentivement. L'expression de ses yeux était extraordinairement grave, mais, lorsque je m'avançai pour lui parler, il disparut.

La pièce avait environ dix-huit pieds de longueur, et, à son autre bout, je voyais notre domestique Pearson qui tenait la porte ouverte, comme s'il avait introduit une visite. Je lui demandai si quelqu'un était venu. Il me répondit : « Personne, madame », et s'en alla.

Je me mis alors à réfléchir sur cette vision. Je connaissais très bien la figure, mais je ne pouvais dire qui c'était.

Son costume m'avait intriguée : il était exactement pareil à un vêtement que mon mari avait donné, l'année précédente, à un domestique du nom de Ramsay. Cet homme était un ancien soldat que j'avais trouvé mourant à Inverness, et qui était entré à notre service, après avoir quitté l'infirmerie. Il tourna mal, et j'avais été forcée de le renvoyer avant notre départ pour Gibraltar (février 1875). Comme il avait trouvé une place de sommelier à Inverness Club, je n'avais pas de raison pour m'inquiéter de lui ; je pensais qu'il se portait bien, qu'il se conduisait bien et que, profitant de l'expérience, il saurait garder sa nouvelle situation.

Lorsque mon mari rentra, je lui racontai ce que j'avais vu ; je le racontai aussi à la femme de son colonel (à présent lady Laffan) ; mais je n'ai pas noté la date. Mais dans le temps le plus court qu'il faut, je crois, à une lettre pour venir d'Inverness, mon mari reçut de son ancien sergent la nouvelle que Ramsay était mort. La lettre ne contenait aucun détail. Mon mari répondit qu'il avait appris avec peine la nouvelle qu'on lui donnait et qu'il aimerait avoir quelques détails sur la maladie et la mort. Voici ce qui lui fut répondu : « Ramsay est mort à l'hôpital dans le délire et appelant sans cesse Mme Bolland. »

Je dois ajouter que ma santé avait été mauvaise pendant quelques années, mais, au moment de l'apparition, j'étais plus forte que je ne l'avais été, le climat chaud me convenait si bien que je sentais en moi une force qui m'enchantait, et que le seul plaisir de vivre me faisait de la vie une joie.

KATE E. BOLLAND,
à Southampton.

La relation suivante est extraite de *Church Quaterly Review* (avril 1877) :

CLXX. — Dans la maison où ces pages ont été écrites, une large fenêtre, qui donne au nord, éclaire vivement l'escalier et l'entrée de la pièce principale, située au bout d'un passage qui traverse la longueur de la maison. Une après-midi, au milieu de l'hiver, celui qui écrit ces lignes quitta son cabinet qui donne sur le passage pour aller déjeuner.

La journée était brumeuse, mais, bien qu'il n'y eût pas de vapeurs très denses, la porte du bout du passage sembla couverte par un brouillard. Au fur et à mesure qu'il s'avançait, ce brouillard — pour l'appeler ainsi — se concentra en un seul endroit, s'épaissit et présenta le contour d'une figure humaine dont la tête et les épaules devinrent de plus en plus distinctement visibles, tandis que le reste du corps semblait enveloppé d'un large vêtement de gaze pareil à un manteau, avec beaucoup de plis, qui touchait le sol de manière à cacher les pieds. Le manteau reposait sur les dalles et l'ensemble de la figure affectait une forme pyramidale. La pleine lumière de la fenêtre tombait sur l'objet qui était si peu consistant que la lumière, reflétée sur les panneaux d'une porte vernie, était visible à travers le bas du vêtement. L'apparition n'avait pas de couleur, elle semblait *une statue taillée dans du brouillard*. L'auteur de ce récit fut tellement saisi qu'il ne sait s'il s'est avancé ou s'il est resté immobile. Il était plutôt étonné que terrifié; cependant, sa première idée fut qu'il assistait à un effet de lumière et d'ombre inconnu. Il ne pensait à rien de surnaturel, mais il s'aperçut, en regardant, que la tête se tournait vers lui, et il reconnut alors les traits d'un ami très cher : la figure avait une expression de paix, de repos et de sainteté; l'air de douceur et de bonté, qu'il avait dans la vie de chaque jour, avait grandi encore et s'était concentré comme en un dernier regard de profonde tendresse. (Et ce sentiment, celui qui écrit ces lignes l'a toujours éprouvé depuis, lorsque la vision revint à son souvenir.) Puis, en un instant, tout disparut. On ne peut comparer la manière dont tout s'évanouit qu'à celle dont un jet de vapeur se dissipe au contact de l'air froid.

Le courrier du surlendemain lui apporta la nouvelle

que son ami avait tranquillement quitté ce monde, *au moment même où il l'avait vu*. Il faut ajouter que c'était une mort subite, que le témoin n'avait pas entendu parler de son ami depuis plusieurs semaines, et que rien ne l'avait fait penser à lui le jour de sa mort.

Mme Allom, 18, Batoum Gardens, West Kensington Park, à Londres, écrit :

CLXXI. — Je ne vois aucune raison pour ne pas raconter comment ma mère m'est apparue au moment de sa mort, bien que ce soit un sujet dont j'aie rarement parlé, parce que c'est un événement que je tiens pour sacré, et parce que je ne voudrais pas qu'on mît mon histoire en doute ou qu'on se moquât.

J'entrai dans une école, en Alsace, au mois d'octobre 1852; j'avais alors 17 ans. Ma mère resta en Angleterre; sa santé était délicate. Vers Noël 1853, quatorze mois après mon départ de la maison, j'appris que l'état de ma mère avait empiré, mais je ne soupçonnais pas que sa vie fût en danger. Le dernier dimanche de février 1854, entre 1 et 2 heures de l'après-midi, j'étais assise dans une grande étude, à l'école. Je lisais, lorsque, subitement, la figure de ma mère m'apparut au bout le plus éloigné de la chambre. Elle était penchée en arrière, comme couchée dans son lit, et elle avait une chemise de nuit. Sa figure, doucement souriante, était tournée vers moi, et l'une de ses mains levée vers le ciel.

L'apparition passa lentement à travers la pièce; elle s'éleva, en marchant, jusqu'au moment où elle disparut. Le corps et le visage semblaient ravagés par la maladie, et jamais je n'avais vu ainsi ma mère pendant sa vie; ses traits étaient couverts d'une pâleur mortelle.

Depuis le moment où je vis l'apparition, je fus convaincue que ma mère était morte. J'étais tellement impressionnée qu'il m'était impossible de prêter attention à mes études, et c'était pour moi un véritable chagrin de voir ma sœur cadette jouer et s'amuser avec ses compagnes.

Deux ou trois jours plus tard, après les prières, ma maîtresse m'appela dans sa chambre. Aussitôt que nous y fûmes entrées, je lui dis : « Vous n'avez pas besoin de me le dire : je sais que ma mère est morte. »

Elle me demanda comment je pouvais le savoir. Je ne lui donnai pas d'explication, mais je lui affirmai que je le savais depuis trois jours. J'appris, plus tard, que ma mère était morte le dimanche, à *l'heure même où je l'avais vue*, et qu'elle était restée sans connaissance pendant un jour ou deux.

Je ne suis pas une femme d'imagination, je ne suis pas impressionnable, et ni avant, ni après, il ne m'est rien arrivé de pareil.

ISABELLE ALLOM[1].

Le capitaine G.-F. Russell Colt, Gartsherrie, Coatbridge, adresse la relation suivante :

CLXXII. — J'avais un frère, qui m'était bien cher, mon frère aîné Olivier, lieutenant au 7ᵉ royal fusiliers. Il se trouvait, à cette époque, devant Sébastopol. J'entretenais une correspondance suivie avec lui. Un jour, il m'écrivit dans un moment d'abattement, étant indisposé ; je lui répondis de reprendre courage, mais que, si quelque chose lui arrivait, il devait me le faire savoir en m'apparaissant dans ma chambre où, jeunes garçons, nous nous étions si souvent assis, le soir, fumant et bavardant en cachette. Mon frère reçut cette lettre (je l'appris plus tard) comme il sortait pour aller recevoir la sainte cène : le clergyman qui la lui a donnée me l'a raconté. Après avoir communié, il alla aux retranchements. Il ne revint pas. Quelques heures plus tard, commença l'assaut du Redan. Lorsque le capitaine de sa compagnie fut tombé, mon frère prit sa place, et il conduisit bravement ses hommes. Bien qu'il eût déjà reçu plusieurs blessures, il

---

1. La mère de Mme Allom était Mme Carrik, femme de M. Thomas Carrik, le peintre miniaturiste bien connu.

faisait franchir les remparts à ses soldats, lorsqu'il fut frappé d'une balle à la tempe droite. Il tomba parmi des monceaux d'autres soldats; il fut trouvé dans une sorte de posture agenouillée (il était soutenu par d'autres cadavres) trente-six heures plus tard.

Sa mort eut lieu, ou plutôt il tomba, peut-être sans mourir immédiatement, le 8 septembre 1855.

Cette même nuit, je me réveillai tout d'un coup. J'aperçus en face de la fenêtre, près de mon lit, mon frère à genoux, entouré d'un léger brouillard phosphorescent. Je tâchai de parler, mais je ne pus y parvenir. J'enfonçai ma tête dans les couvertures. Pourtant, je n'étais pas effrayé (nous avons tous été élevés à ne pas croire aux esprits ni aux apparitions), mais je voulais simplement rassembler mes idées, parce que je n'avais pas pensé à lui, ni rêvé de lui, et j'avais oublié ce que je lui avais écrit une quinzaine avant cette nuit-là. Je me dis que ce ne pouvait être qu'une illusion, un reflet de lune sur une serviette ou sur quelque autre objet. Quelques instants après, je regardai de nouveau, il était encore là, fixant sur moi des yeux pénétrés d'une profonde tristesse. Je m'efforçai encore de parler, mais ma langue était comme liée; je ne pus prononcer un son.

Je sautai du lit, je regardai par la fenêtre et je m'aperçus qu'il n'y avait pas de clair de lune : la nuit était noire, et il pleuvait à grosses gouttes, à en juger par le bruit qu'on entendait contre les carreaux. Le pauvre Olivier était toujours là. Alors, je m'approchai, *je marchai à travers l'apparition*, et j'arrivai à la porte de la chambre. En tournant le bouton avant de sortir, je regardai encore une fois en arrière. L'apparition tourna lentement la tête vers moi et me jeta encore un regard plein d'angoisse et d'amour. Pour la première fois, je remarquai alors à la tempe droite une blessure d'où coulait un filet rouge. Le visage avait un teint pâle comme de la cire, mais transparent.

Je quittai la chambre et j'allai dans celle d'un ami où je m'étendis sur le sofa pour le reste de la nuit; je lui dis pourquoi j'étais venu chez lui. Je racontai aussi l'apparition à d'autres personnes dans la maison, mais, lorsque j'en parlai à mon père, celui-ci m'ordonna de ne pas répéter un tel non-sens, et surtout de n'en rien dire à ma mère.

Le lundi suivant, il reçut une note de sir Alexandre Milne, annonçant que le Redan avait été pris d'assaut, mais sans lui donner de détails. Je dis à mon ami de m'avertir s'il voyait avant moi le nom de mon frère parmi les tués ou les blessés. Environ une quinzaine plus tard, il vint me raconter l'histoire.

Le colonel du régiment et un officier ou deux, qui avaient vu le cadavre, m'apprirent que *l'aspect du corps était bien ce que j'avais décrit*. La blessure était exactement là où je l'avais vue. Mais personne ne put dire s'il était réellement mort tout de suite. Son apparition, dans ce cas, devait avoir eu lieu quelques heures après sa mort, car je l'avais vue un peu après 2 heures du matin. Quelques mois plus tard, on me renvoya un petit livre de prières *et la lettre que je lui avais écrite*. Les deux objets avaient été trouvés dans la poche intérieure de la tunique qu'il portait au moment de sa mort; je les ai encore.

CLXXIII. — Dans la soirée du 14 novembre 1867, j'assistais avec mon mari à un concert à Birmingham, Town Hall, lorsque je ressentis un frisson glacé. Presque immédiatement, je vis très distinctement, entre l'orchestre et moi, mon oncle, couché dans son lit : il semblait m'appeler. Je n'avais pas entendu parler de lui depuis plusieurs mois et n'avais aucune raison de penser qu'il fût malade. L'apparition n'était ni transparente ni vaporeuse, mais il semblait qu'on eût affaire à un corps véritable; *néanmoins, je pouvais voir l'orchestre, non pas à travers ce corps, mais derrière lui*. Je n'essayai pas de tourner les yeux pour voir si la forme se déplaçait avec eux, mais je la regardai, comme fascinée par elle, si bien que mon mari me demanda ce que j'avais. Je lui répondis de ne pas me parler durant une minute ou deux. La vision disparut peu à peu, et, après le concert, je dis à mon mari ce que j'avais vu.

Une lettre nous parvint peu de temps après, qui nous annonçait la mort de mon oncle. Il était mort exactement à l'heure de la vision.

E.-T. Taunton[1].

Le Rév. F. Barker, ancien recteur de Cottentham, à Cambridge, a signé la relation suivante :

CLXXIV. — Le 6 décembre 1873, vers 11 heures du soir, je venais de me coucher et je n'étais pas encore endormi, ni même assoupi, quand je vis tressaillir ma femme parce que j'avais poussé un profond gémissement. Elle m'en demanda la raison, je lui dis : « Je viens de voir ma tante ; elle est venue, s'est tenue auprès de moi, et m'a souri, de son bon et familier sourire, puis elle a disparu. »

Une tante que j'aimais tendrement, la sœur de ma mère, était, à cette époque, à Madère pour sa santé ; sa nièce, ma cousine, était avec elle. Je n'avais aucune raison de supposer qu'elle fût sérieusement malade à ce moment-là, mais l'impression faite sur moi avait été si profonde, que, le lendemain, je dis à sa famille (y compris ma mère) ce que j'avais vu. Une semaine après nous apprîmes qu'elle était morte *cette même nuit*, et en tenant compte de la longitude, *presque au moment* où la vision m'était apparue. Quand ma cousine, qui était restée auprès d'elle jusqu'à la fin, entendit parler de ce que j'avais vu, elle dit : « Je n'en suis pas surprise, car elle vous appelait continuellement pendant son agonie. »

C'est la seule fois que j'ai éprouvé quelque chose de pareil.

Frédérick Barker.

---

1. La signature du mari de Mme Taunton est ajoutée à celle de sa femme.

La date de la mort est confirmée par la nécrologie du *Times*.

Mme Barker a confirmé, d'autre part, ce récit dans les termes suivants :

Je me rappelle bien les faits à propos desquels mon mari vous a écrit. Il devait être près de 11 heures. Mon mari n'était pas encore endormi (il venait de me parler), qu'il se mit à gémir profondément. Je lui demandai ce qu'il avait ; il me dit alors que sa tante, qui était à Madère, venait de lui apparaître, lui souriant avec son bon sourire, puis avait disparu. Il me dit aussi qu'elle avait quelque chose de noir sur la tête, qui pouvait être de la dentelle. Le lendemain, il répéta son récit à plusieurs de nos parents et il se trouva que sa tante *était morte cette même nuit*. Sa nièce, Mlle Garnett, me dit qu'elle n'était pas étonnée d'apprendre que mon mari avait vu sa tante, car elle l'avait appelé plusieurs fois durant son agonie. Il avait été pour elle presque un fils.

P.-S. BARKER.

Mlle Garnett, qui était auprès de sa tante au moment de sa mort, a certifié les deux récits précédents.

CLXXV. — Voici le récit de la mort de notre chère petite fille, qui a eu lieu le 17 mai 1879. Je dois dire, tout d'abord, que l'événement est aussi présent à mon esprit que s'il était arrivé il y a quelques jours seulement. La matinée était très gaie et je crois que le soleil avait plus d'éclat que je ne lui en avais jamais vu. L'enfant avait quatre ans et cinq mois et c'était une très belle petite fille. Quelques minutes après 11 heures, elle entra en courant dans la cuisine et me dit : « Mère, puis-je aller jouer ? »

Je répondis : *Oui*.

Elle sortit alors. Peu après lui avoir parlé, j'allai prendre un seau d'eau dans la chambre à coucher.

Tandis que je traversais la cour, l'enfant passa devant moi comme une ombre lumineuse. Je m'arrêtai net pour la regarder, je tournai la tête à droite et la vis disparaître. Un instant après, le frère de mon mari, qui vivait chez nous, m'appela en s'écriant :

« Fanny vient d'être écrasée! »

Je traversai la maison comme une flèche, puis la route, où je la trouvai. Elle avait été renversée par les sabots d'un cheval, et la roue d'une voiture de boulanger lui avait écrasé le crâne près de la nuque. Elle expira, au bout de quelques minutes, dans mes bras.

C'est exactement ainsi que ce triste accident est arrivé.

ANNE-E. WRIGHT[1].

CLXXVI. — Ma femme avait un oncle, capitaine dans la marine marchande, qui l'aimait beaucoup, lorsqu'elle était enfant, et souvent, lorsqu'il était chez lui, à Londres, il la prenait sur ses genoux et lui caressait les cheveux. Elle partit avec ses parents pour Sydney, et son oncle continua son métier dans d'autres parties du monde. Environ trois ou quatre ans plus tard, elle était montée s'habiller pour dîner; elle avait défait ses cheveux; tout à coup, elle sentit une main se poser sur le sommet de sa tête et caresser rapidement ses cheveux jusqu'à ses épaules. Effrayée, elle se retourna et s'écria : « Oh! mère! pourquoi me faire peur ainsi? »

Car elle croyait que sa mère avait voulu lui faire une niche.

Il n'y avait personne dans la chambre.

Lorsqu'elle raconta l'incident à table, un ami superstitieux leur conseilla de prendre note du jour et de la date. On le fit. Un peu plus tard, arriva la nouvelle que son

---

1. Mme Wright est la femme d'un inspecteur du « Great Northern Railway ». Elle habite 4, Taylor's Cottage, London Road, Nottingham.

oncle William *était mort ce jour-là*; si l'on tient compte de la différence de longitude, c'était à peu près *à l'heure* à laquelle elle avait senti la main se poser sur sa tête.

J. CHANTREY HARRIS,
Propriétaire du *New Zealand* et du *New Zealand Mail*,
à Wellington, (Nouvelle-Zélande.)

Voici le récit de Mme Harris elle-même :

C'était en 1860, au mois d'avril. J'étais alors jeune fille. Debout devant la table de toilette, dans ma chambre à coucher, j'arrangeais quelque détail de ma toilette.

Il était à peu près 6 heures du soir, et, à cette époque de l'année, c'était déjà le crépuscule, lorsque, tout à coup, je sentis une main se poser sur ma tête, descendre le long de mes cheveux et s'appuyer lourdement sur mon épaule gauche. Effrayée par cette caresse inattendue, je me retournai vivement pour reprocher à ma mère d'entrer sans bruit, quand, à ma grande surprise, je ne vis personne. Aussitôt, je pensai à l'Angleterre où mon père était parti au mois de janvier précédent et je me dis que quelque chose était arrivé, bien qu'il me fût impossible de rien définir.

Je descendis et je racontai ma peur à ma famille. Dans la soirée, Mme et Mlle W... vinrent, et comme elles s'informaient des causes de ma pâleur, on les mit au courant de l'affaire. Mme W... me dit immédiatement :

« Notez la date et nous verrons ce qui aura lieu. »

On le fit, et l'incident cessa de nous troubler, bien que toute la famille attendît avec quelque inquiétude la première lettre de mon père. A son arrivée en Angleterre, il avait trouvé son frère mourant. Dans son enfance, j'étais sa préférée, et, à sa mort, mon nom fut le dernier mot qu'il prononça.

CLXXVII. — Un jeudi soir, vers le milieu d'août, en 1849, j'allai, comme je le faisais souvent, passer la soirée avec le Rév. Harrisson et sa famille avec laquelle j'avais les rapports les plus intimes. Comme le temps était très beau, nous partîmes tous nous promener au jardin zoologique. Je note ceci tout particulièrement parce que cela prouve que Harrisson et sa famille étaient incontestablement en bonne santé ce jour-là, et que personne ne se doutait de ce qui allait arriver. Le lendemain, j'allai rendre visite à des parents dans Hartfordshire. Ils habitaient dans une maison appelée Flamstead Lodge, à vingt-six milles de Londres, sur la grand'route. Nous dînions d'habitude à 2 heures, et le lundi, dans l'après-midi suivant, lorsqu'on eut dîné, je laissai les dames au salon et descendis à travers l'enclos jusqu'à la grand'route. Remarquez bien que nous étions au milieu d'une journée du mois d'août, avec un beau soleil, sur une grande route fort large où il passait beaucoup de monde, à cent mètres d'une auberge. J'étais moi-même parfaitement gai, plein de jeunesse et de vie, et il n'y avait rien, autour de moi, qui pût faire divaguer mon imagination. Quelques paysans étaient à une faible distance.

Tout à coup, un « fantôme » se dressa devant moi, si près que, si c'eût été un être humain, il m'eût touché, m'empêchant, pour un instant, de voir le paysage et les objets qui étaient autour de moi. Je ne distinguai pas complètement les contours de ce fantôme, mais *je vis ses lèvres remuer* et murmurer quelque chose ; ses yeux me fixaient et plongeaient dans mon regard avec une expression si intense, si sévère, que je reculai et marchai à reculons. Je me dis, instinctivement et probablement à haute voix : « Dieu juste, c'est Harrisson ! » quoique je n'eusse pas pensé à lui le moins du monde à ce moment-là. Après plusieurs secondes, qui me semblèrent une éternité, le spectre disparut : je restai cloué sur place pendant quelques instants, et l'étrange sensation que j'éprouvai fait que je ne puis douter de la réalité de la vision. Je sentais mon sang se glacer dans mes veines ; mes nerfs étaient calmes, mais j'éprouvais une sensation de froid mortel, qui dura pendant une heure et qui me quitta peu à peu, à mesure que la circulation se rétablit.

Je n'ai jamais ressenti pareille sensation, ni avant ni après. Je n'en parlai pas aux dames à mon retour pour ne pas les effrayer, et l'impression désagréable perdit de sa force graduellement.

J'ai dit que la maison était près de la grand'route : elle était située au milieu de la propriété, le long d'un chemin qui mène au village, à 200 ou 300 mètres de toute autre maison ; il y avait une grille de fer de sept pieds de haut devant la façade pour protéger la maison des vagabonds ; les portes sont toujours fermées à la nuit tombante ; une allée longue de trente pieds, toute en gravier ou pavée, menait de la porte d'entrée au sentier. Ce jour-là, la soirée était belle, très pure et très tranquille. Personne n'eût pu approcher de la maison, dans le profond silence d'une soirée d'été, sans avoir été entendu de loin. En outre, il y avait un gros chien gardant la porte d'entrée, à l'intérieur de la maison, un petit terrier qui aboyait contre tout le monde et à chaque bruit. Nous allions nous retirer dans nos chambres, nous étions assis dans le salon au rez-de-chaussée, et nous avions avec nous le petit terrier. Les domestiques étaient allés se coucher dans une chambre de derrière, à soixante pieds plus loin.

Soudain, il se fit, à la porte d'entrée, un bruit si grand et si répété (la porte semblait remuer dans sa bâtisse et vibrer sous des coups formidables), que nous fûmes debout en un instant, remplis d'étonnement, et les domestiques arrivèrent, à moitié habillés, descendus à la hâte de leur chambre pour savoir ce qui se passait.

Nous courûmes à la porte, mais nous ne vîmes et n'entendîmes rien. Le terrier, contre son habitude, se cacha en tremblant sous le canapé[1] et ne voulut ni rester à la porte ni sortir dans l'obscurité. Il n'y avait pas de marteau à la porte, rien qui pût tomber, et il était impossible à qui que ce fût d'approcher ou de quitter la maison,

---

1. Il y aurait des études à faire sur les chiens. Pourquoi, par exemple, annoncent-ils la mort par leurs hurlements sinistres ?

dans ce grand silence, sans être entendu. Tout le monde était effrayé, et j'eus beaucoup de peine à faire recoucher nos hôtes et nos domestiques.

J'étais si peu impressionnable que je ne rattachai pas alors ce fait à l'apparition du « fantôme » que j'avais vu l'après-midi, et j'allai également me coucher, méditant sur tout cela et en cherchant l'explication.

Je restai à la campagne jusqu'au mercredi matin, ne me doutant pas de ce qui était arrivé pendant mon absence. Ce matin-là, je rentrai en ville et je me rendis à mes bureaux, 11, King's Road, Gray's Inn. Mon employé vint à ma rencontre et me dit :

« Monsieur, un monsieur est déjà venu deux ou trois fois; il désire vous voir tout de suite. »

Ce visiteur était un M. Chadwick, ami intime de la famille Harrisson. Il me dit alors, à ma grande surprise :

« Il y a eu une terrible épidémie de choléra dans Wandsworth Road; chez M. Harrisson, *tous sont partis*. Mme Rosco est tombée malade le vendredi et est morte. Sa bonne est tombée malade le même soir et est morte; Mme Harrisson a été atteinte le samedi matin et est morte. La femme de chambre a été prise le dimanche et est morte. La cuisinière est aussi tombée malade; elle a été emmenée hors de la maison et il s'en est fallu de très peu qu'elle ne mourût aussi. Le pauvre Révérend a été atteint le dimanche soir, il a été très malade lundi et hier; on l'a emmené du lazaret de Wandsworth Road à Jack Straw's Castle, à Hampstead, pour le changer d'atmosphère; il a supplié en grâce son entourage, lundi et hier, de vous envoyer chercher, mais on ne savait où vous étiez. Prenons vite un cab et venez avec moi, ou vous ne le retrouverez pas vivant. »

Je partis avec Chadwick à l'instant; mais Harrisson était mort avant que nous fussions arrivés.

H.-B. GARLING,
12, Westbourne Gardens, à Folkestone.

Ce cas est assurément l'un des plus remarquables,

des plus dramatiques et des plus extraordinaires, notamment en ce qui concerne l'impression produite sur plusieurs personnes et même sur des animaux. Nous en reparlerons à la discussion générale des causes. En voici trois autres, non moins curieux, de *sensations collectives*.

CLXXVIII. — Dans la nuit du 21 août 1869, entre 8 et 9 heures, j'étais assise dans ma chambre à coucher, dans la maison de ma mère, à Devonport. Mon neveu, un garçon de sept ans, était couché dans la pièce voisine; je fus surprise de le voir entrer tout à coup en courant dans ma chambre; il criait d'un ton effrayé :

« Oh! tante, je viens de voir mon père tourner autour de mon lit! »

Je répondis : « Quelle bêtise! tu as dû rêver. »

Il répliqua qu'il n'avait pas rêvé du tout, et refusa de retourner dans sa chambre. Voyant que je ne pouvais lui persuader d'y rentrer, je le mis dans mon lit. Entre 10 et 11 heures je me couchai. Une heure après environ, je vis distinctement, du côté de l'âtre, la forme de mon frère assise sur une chaise, et ce qui me frappa particulièrement ce fut la pâleur mortelle de sa figure. Mon neveu, à ce moment, était tout à fait endormi. Je fus si effrayée (mon frère était à Hong-Kong) que je me cachai la tête sous les couvertures. Peu après, j'entendis nettement sa voix m'appeler par mon nom; mon nom fut répété trois fois. Je me décidai alors à regarder, mais il avait disparu.

Le lendemain matin, je racontai à ma mère et à ma sœur ce qui était arrivé et j'en pris note.

Le courrier suivant de Chine nous apporta la triste nouvelle de la mort de mon frère; elle avait eu lieu le 21 août 1869, dans la rade de Hong-Kong, subitement, par suite d'insolation.

Minnie Cox,
Summer Hill, Queenstown (Irlande.)

CLXXIX. — Un mien ami, officier dans les Highlanders, avait été grièvement blessé au genou, à la bataille de Tel-el-Kébir. Sa mère était une de mes grandes amies, et lorsque le vaisseau-hôpital le *Carthage* le ramena à Malte, elle m'envoya à bord pour le voir et prendre les dispositions pour l'amener à terre. Lorsque j'arrivai à bord, on me dit qu'il était un des malades les plus gravement atteints, et si grièvement blessé que l'on considérait comme dangereux de le transporter à l'hôpital militaire. Après bien des instances, nous obtînmes, sa mère et moi, la permission d'aller le visiter et le soigner. Le pauvre ami était si mal que les médecins pensaient qu'il mourrait si l'on tentait une opération et ils ne voulaient pas lui amputer la jambe, opération qui était sa seule chance de salut. Sa jambe se gangrenait, certaines parties s'éliminaient, et comme il traînait en longueur, tantôt mieux, tantôt plus mal, les médecins commençaient à penser que peut-être il recouvrerait un certain degré de santé, bien qu'il dût rester boiteux toute sa vie et probablement mourir de consomption.

La nuit du 4 janvier 1886, aucun changement brusque dans son état n'étant prévu, sa mère m'emmena chez elle pour que je prenne une nuit de repos, car j'étais très souffrante, et n'avais pas assez de santé pour supporter d'aussi longues fatigues. Il était tombé pendant quelques heures dans une sorte de léthargie, et le médecin avait dit que, se trouvant sous l'influence de la morphine, il dormirait probablement jusqu'au lendemain matin. Je consentis à m'en aller, me proposant d'y retourner au point du jour, afin qu'il pût me trouver près de lui à son réveil.

Vers 3 heures du matin, mon fils aîné qui couchait dans ma chambre m'appela en criant : « Maman, maman, voilà M. B.... » Je me levai précipitamment : c'était absolument vrai, la forme de M. B... flottait dans la chambre à peu près à un demi-pied du plancher ($0^m,15$), et il disparut à travers la fenêtre, en me souriant. Il était en toilette de nuit; mais, chose étrange, le pied malade, dont les orteils étaient tombés par la gangrène, était, dans cette apparition, exactement comme l'autre pied. Nous l'avons remarqué en même temps, mon fils et moi.

Une demi-heure après environ, un homme vint me dire que M. B.,. était mort à 3 heures. J'allai alors vers sa mère qui m'en informa. Elle me dit qu'il avait repris une demi-conscience au moment de sa mort, qu'il sentait ma main dans la sienne et qu'il la serrait en même temps que celle de l'ordonnance resté près de lui jusqu'au dernier moment. Je ne me suis jamais pardonné d'être rentrée chez moi cette nuit-là.

Eugénie Wickham.

M. Wickham fils, âgé de neuf ans au moment de l'événement, a signé comme il suit :

Je me souviens bien que les choses se sont passées comme il est dit ci-dessus.

Edmond Wickham.

Le mari de Mme Wickham, lieutenant-colonel d'artillerie, écrit qu'il certifie l'exactitude de ce récit.

Nous terminerons ces observations télépathiques par la suivante, qui a également eu deux témoins[1].

CLXXX. — Pendant l'hiver 1850-1851, moi, Charles Matthews, âgé alors de vingt-cinq ans, j'étais maître d'hôtel chez le général Morse, à Troston Hall, près Bury Saint-Edmunds. Ma mère, Mary-Anne Matthews, était dans

---

1. Nos exemples *d'impressions collectives* sont nombreux : I, II, XV, XXXV, XL, XLVII, XLVIII, LV, LVII, LXIX, LXXVI, LXXVIII, LXXXIII, XCIII, XCV, CXXIII, CXXXI, CXXXII, CXXXV, CXXXIX, CXLIV, CXLV, CLII, CLIV, CLVII, CLXI, CLXVI, CLXXVII et ces trois derniers.

la même maison comme cuisinière et femme de charge ; c'était une femme très droite et très consciencieuse, aimée de tous les domestiques, sauf de la femme de chambre, nommée Suzanne. Cette Suzanne se rendait désagréable à tous par ses cancans et ses méchancetés, mais elle craignait beaucoup ma mère, dont le caractère ferme lui en imposait.

Suzanne eut la jaunisse ; on la soigna d'abord pendant quelques mois à Troston Hall, mais finalement elle fut transportée à l'hôpital de Bury Saint-Edmunds, aux frais du général Morse, et placée dans le dortoir réservé aux domestiques. Elle y mourut une semaine après son admission. Le général envoyait une femme du village à l'hôpital, éloigné de sept milles, pour prendre les nouvelles toutes les fois que la voiture n'allait pas à Bury Saint-Edmunds. Un certain samedi, la femme y alla et elle ne revint que le dimanche soir ; elle dit alors qu'elle avait trouvé Suzanne sans connaissance, et que, comme sa fin approchait, on lui avait permis de rester dans le dortoir jusqu'à la fin.

Pendant cette nuit du samedi, les faits mystérieux que je vais raconter se sont produits. Ils m'ont toujours intrigué.

J'étais endormi. Tout à coup, je fus éveillé avec ou par un sentiment soudain de terreur. Je regardai dans l'obscurité, mais ne vis rien ; je me sentis en proie à une terreur anormale et me cachai sous mes couvertures. La porte de ma chambre donnait sur un couloir étroit, qui conduisait à la chambre de ma mère, et tous les gens qui passaient touchaient presque ma porte. Je ne dormis plus de toute la nuit. Au matin, je rencontrai ma mère, et je vis qu'elle paraissait malade, pâle et singulièrement bouleversée. Je lui demandai :

« Qu'y-a-t-il donc ? »

Elle répondit :

« Rien ; ne me le demandez pas. »

Une heure ou deux heures s'écoulèrent, et je voyais bien qu'il y avait quelque chose. Je me décidai à savoir ce que c'était. Ma mère, de son côté, ne voulait pas parler. Enfin je demandai :

« Est-ce que cela a trait à Suzanne ? »

Elle éclata en pleurs et me répliqua :

« Pourquoi cette question ? »

Alors, je lui fis part de ma frayeur nocturne, et à son tour elle me raconta l'horrible histoire qui suit :

« J'ai été éveillée en entendant ouvrir ma porte et je vis, à ma vive terreur, Suzanne entrer en costume de nuit. *Elle vint droit à mon lit, releva les couvertures et se coucha auprès de moi.* Je sentis un frisson glacial courir le long de mon côté, là où elle semblait me toucher. Vraiment épouvantée, je dus m'évanouir, car je ne me souviens plus de rien de ce qui se passa. Lorsque je recouvrai mes sens, *elle* n'était plus là. Mais je suis sûre d'une chose : c'est que *ce n'était pas un rêve.* »

Nous apprîmes par la paysanne, à son retour, le dimanche soir, que Suzanne était morte au milieu de la nuit et que, dans son agonie, elle ne parlait que de retourner à Troston Hall. Nous ne songions nullement à sa mort. Nous pensions qu'elle était allée à l'hôpital, non parce qu'elle était en danger, mais pour subir un traitement spécial.

Voilà les faits aussi bien que je puis les rapporter. Je n'étais ni superstitieux ni crédule, mais je n'ai pas encore pu satisfaire mon esprit au sujet du comment et du pourquoi de cet étrange incident.

CHARLES MATTHEWS,
9, Blandford Place, Clarence Gate, Regent's Park, Londres.

IV

ADMISSION DES FAITS

> There are more things in heaven and earth, Horatio,
> Than are dreamt of in your philosophy.
> SHAKESPEARE, *Hamlet*, act. I, sc. v.

Voilà 180 observations de manifestations de mourants (j'en ai encore autant d'inédites). Est-il possible, après les avoir lues consciencieusement et sans parti pris, de ne voir là que des inventions, des contes arrangés, ou des hallucinations avec coïncidences fortuites?

Une négation pure et simple n'est pas acceptable ici. Sans doute, nous sommes dans l'extraordinaire, dans l'inconnu, dans l'inexpliqué. Mais une négation n'est pas une solution. Il nous paraît plus sage, plus scientifique, de chercher à nous rendre compte de ces phénomènes que de les nier sans examen.

Les expliquer est plus difficile. Comme nous le disions en commençant, nos sens sont imparfaits et trompeurs, et peut-être ne nous révéleront-ils jamais la vraie réalité, ici encore moins qu'ailleurs.

Ces récits ont été choisis parmi un nombre beaucoup plus considérable encore. Les lecteurs soucieux de se rendre compte de la nature et de la diversité de ces manifestations les auront lus avec intérêt et auront compris que si nous en avons publié une si grande quantité, c'est précisément pour établir qu'ils ne sont pas aussi rares, aussi exceptionnels qu'on l'imagine et parce que leur valeur s'accroît précisément en proportion de ce nombre.

On remarquera que, dans toutes ces relations, les détails sont aussi circonstanciés que possible, et qu'il ne s'agit pas d'hallucinations subjectives incertaines, douteuses et surtout anonymes. J'ai une horreur indisciplinée pour tout ce qui est anonyme, et je n'ai jamais pu comprendre, je ne comprendrai jamais qu'on n'ait pas le courage de son opinion, et que, possesseur d'une observation intéressante qui puisse faire avancer, si peu que ce soit même, nos connaissances, on n'ose pas en signer la relation, par peur de se compromettre et de déplaire aux amis influents, par crainte d'un ridicule, par intérêt, par préjugé superstitieux, par n'importe quelle raison.

Je remercie de nouveau toutes les personnes qui m'ont fait part de leurs observations, ayant d'ailleurs pris soin moi-même de suivre aussi discrètement que possible leurs indications. Nous avons dit plus haut qu'il y a, en moyenne, une personne sur vingt qui a éprouvé par elle-même ou connu par quelqu'un de ses proches des manifestations de cet ordre. Ce n'est pas du tout là une quantité négligeable. En général, on ne raconte pas ces sortes d'histoires à moins d'y être invité, et encore!

La question qui se pose maintenant est celle-ci : Quelle est la valeur réelle de ces récits? Car la quantité ne suffit pas, évidemment : la qualité est un coefficient. L'analyse doit être ici qualitative aussi bien que quantitative. Qu'ils aient été inventés de toutes pièces pour mystifier les parents et amis auxquels ils ont été racontés, c'est une hypothèse qui a été sérieusement mise en avant, mais que nous commencerons par éliminer. Dans certains cas, il y a plusieurs témoins. En d'autres cas, l'observateur a été tellement impressionné qu'il en a fait une maladie. Les premiers récits consignés ci-dessus m'ont été rapportés par des personnes en la sincérité desquelles j'ai autant de confiance qu'en moi-même. Les lettres qui viennent ensuite paraissent d'une absolue bonne foi. J'en ai fait vérifier environ un dixième, de diverses façons, et ce contrôle a toujours abouti à confirmer la vérité des récits, sauf quelques variantes insignifiantes.

Ces récits, d'ailleurs, ne diffèrent pas de ceux qui m'ont été faits par des personnes connues de moi depuis longtemps. Si les premiers sont véridiques, il n'y a pas de raison pour que ceux-ci ne le soient pas. La classe des farceurs et des « fumistes » est assez rare dans les relations de morts d'un parent, d'un père, d'une mère, d'un époux, d'un enfant. Ce sont là des deuils dont, en général, on ne rit pas à gorge déployée. On ne joue pas beaucoup avec ces sortes de sujets. Et puis, la sincérité a ses accents : « Le style, c'est l'homme », a dit Buffon.

Je suis avec ces correspondants dans le même cas qu'avec tous ceux qui m'envoient constamment, de tous les points du globe, leurs observations diverses en astronomie et en météorologie.

Lorsqu'une personne m'écrit qu'elle a observé une éclipse, une occultation, un bolide, des étoiles filantes, une comète, une variation sur Jupiter ou Mars, une aurore boréale, un tremblement de terre, un orage, un cas de foudre curieux, un arc-en-ciel lunaire, etc., je la crois d'abord de bonne foi et sincère, ce qui ne m'empêche pas d'examiner sa communication et de la juger. On peut répondre que la situation n'est pas identiquement la même, car une observation astronomique ou météorologique peut avoir été faite en même temps par d'autres personnes, ce qui apporte une sorte de contrôle. Sans doute. Mais quant à l'opinion que je puis avoir de la sincérité de l'observateur, elle est absolument la même : je l'admets, sous bénéfice d'inventaire et avec tous les droits du libre examen. Dans les cas de télépathie et autres, ce sont les mêmes humains qui sont en jeu, qui jouissent de toutes leurs facultés intellectuelles, qui sont dans l'état d'esprit le plus normal, et qui le prouvent par leurs réflexions elles-mêmes. Je n'ai, *a priori*, pas plus de raison de me défier d'un savant, d'un professeur, d'un magistrat, d'un prêtre, d'un pasteur, d'un industriel, d'un agriculteur lorsqu'il m'expose un fait psychique que lorsqu'il m'expose une observation physique. Cependant, comme ces faits sont plus rares et moins croyables, notre faculté d'admission est plus sévère, et, pour ma part, j'ai commencé par en contrôler un grand nombre, par prendre des informations, par faire des enquêtes, qui ont presque toujours abouti à confirmer purement et simplement les relations reçues. C'est ce qu'a fait aussi, de son côté, la Société psychique de Londres. Malgré certaines variations dans les récits, certaines obnubilations de mémoire, on constate presque toujours que le fait primitif est réel et non pas inventé.

Mais si les imposteurs sont rares, les illusionnés sont nombreux. Ils sont légion dans cet ordre de choses. Nous avons apprécié au chapitre II l'étendue de la crédulité humaine. Toutefois, le style des crédules et des fanatiques est aussi très caractéristique.

Une seconde appréciation, plus soutenable, est de penser qu'en général le fond est vrai, mais que les faits observés ont été amplifiés et arrangés, de la meilleure foi du monde, pour cadrer avec les événements. Ce seraient des hallucinations, que l'on n'a mises en relief que dans les cas où il y a eu coïncidence de mort, cette coïncidence ayant même pu n'être qu'approchée, et resserrée ensuite après coup.

J'ai examiné et discuté cette hypothèse également avec la plus grande attention, et j'ai conclu qu'elle n'est pas suffisante non plus. 1° Dans les cas où j'ai pu contrôler les faits, j'ai constaté qu'ils se sont passés à peu près tels que les récits les avaient rapportés; 2° les personnes qui les décrivent prennent, en général, le soin de faire remarquer qu'elles sont d'un état de santé normal, qu'elles ne sont pas sujettes aux hallucinations, qu'elles ont observé, constaté les faits avec le plus grand sang-froid et qu'elles en sont certaines; 3° j'ai écarté de ces récits tout ce qui a été ressenti en rêve et n'ai laissé que les cas d'observateurs parfaitement éveillés; 4° j'ai éliminé tous ceux qui paraissent devoir être attribués à l'imagination, à l'auto-suggestion ou aux diverses espèces d'hallucinations.

Ces faits sont variés; ils ont été constatés par des personnes de tout rang intellectuel et moral, par des hommes comme par des femmes, de tout âge; ils se présentent dans toutes les classes de l'humanité, dans toutes les croyances, aux indifférents et aux sceptiques aussi bien qu'aux crédules et aux idéologues, au nord comme au midi, dans la race anglo-saxonne comme dans la race latine, dans tous les pays et dans tous les temps. La critique la plus sévère ne peut pas les considérer comme nuls et non avenus, et elle doit en tenir compte.

Les attribuer à des hallucinations est impossible. On connaît aujourd'hui les hallucinations : elles ont leurs causes. (Nous les discuterons plus loin.) Les sujets qui les éprouvent y sont plus ou moins prédisposés et en ont éprouvé plusieurs — quelquefois beaucoup — dans le cours de leur vie. Ici, les témoins ne sont pas des êtres de cette nature, ils ont vu un fait psychique, comme ils auraient vu un fait physique, et ils le racontent.

Si ces sortes de faits étaient des hallucinations, des illusions, des jeux d'imagination, *il y en aurait un nombre considérablement plus grand sans coïncidences de morts qu'avec coïncidences.*

Or, c'est le contraire qui se présente. Mon enquête le prouve avec évidence : j'ai demandé que l'on ait l'obligeance de m'envoyer tous les cas, qu'il y ait eu coïncidence ou non. Il n'y a pas plus de sept à huit cas sur cent d'apparitions sans coïncidence. C'est absolument le contraire qui devrait se présenter s'il s'agissait d'hallucinations.

Il faudrait aussi admettre des hallucinations de plusieurs personnes à la fois, séparées par des centaines de kilomètres.

On peut répliquer que, tout de même, ce sont là des hallucinations, parce qu'on ne remarque que celles qui ont été accompagnées de coïncidences.

L'objection n'est pas soutenable, car si vous voyez apparaître devant vous votre mère, votre père, votre femme, votre mari, votre enfant, il est impossible que le fait ne vous frappe pas, lors même qu'il n'y aurait aucune coïncidence de mort, et que vous ne vous en souveniez pas.

Tous les cas qui viennent d'être rapportés ont été éprouvés par des personnes éveillées, *dans leur état normal*, comme vous et moi en ce moment. J'ai pris soin de n'y citer aucun exemple de manifestations ou d'apparitions observées en rêve, et j'ai tenu, dès le principe, à établir une classification méthodique claire et précise des phénomènes que nous voulons étudier ici. Notre étude est *essentiellement scientifique*, comme si nous faisions de l'astronomie, de la physique ou de la chimie. Les rêves, pendant le sommeil, les visions, en somnambulisme ou en hypnose, les pressentiments ou prévisions, les phénomènes de dédoublement, les évocations par médiums seront l'objet d'autres chapitres. Nous avons voulu commencer par les faits les plus sûrement constatés, les plus faciles à contrôler et à discuter en toute liberté d'esprit.

Il ne s'agit ici que de manifestations de mourants, par conséquent de *vivants*. Nous nous occuperons plus tard des apparitions de *morts*, dont l'explication n'est pas la même.

Les derniers exemples rapportés sont extraits du grand ouvrage *Phantasms of the Living* « Fantômes des vivants »[1], publié à Londres, en 1886, par MM. Gurney, Myers et Podmore, ouvrage en deux énormes volumes de 573 et 733 pages, contenant les procès-verbaux des enquêtes rigoureuses faites par ces trois savants au nom de la *Society for psychical Research*, dont nous avons déjà parlé. Il est impos-

---

1. Cet ouvrage est paru en une excellente traduction française abrégée, publiée, en 1891, par M. L. Marillier, maître des conférences à l'École des Hautes-Études, sous le titre inexact et dénaturé d'*Hallucinations télépathiques*, qui ne signifie absolument rien. Il nous semble que l'érudit et soigneux traducteur a été bien mal inspiré dans ce changement de titre. Une hallucination est essentiellement une perception *fausse*, une illusion.

sible d'étudier ce recueil sans en garder l'impression que celui qui persiste, aujourd'hui, à nier ces faits ressemble fort à un aveugle niant le soleil. Il y a, dans cette enquête, les relations de 600 cas de l'ordre dont nous parlons. Et quant à moi, j'en ai reçu plus de 1100 dont l'authenticité paraît également irrécusable.

Toutes ces relations, tous ces récits, ne sont pas d'égale valeur, sans aucun doute. Il faudrait pouvoir toujours en contrôler l'absolue précision. L'accord qui nous frappe entre les visions, les auditions, les émotions reçues et les événements peut avoir été complété après coup par l'imagination même des narrateurs, arrangé plus ou moins pour les besoins de la cause. Il faudrait pouvoir faire une enquête minutieuse sur chaque observation, prendre, en un mot, toutes les précautions que nous avons l'habitude de prendre dans nos observations astronomiques ou nos expériences de physique et de chimie, et plus encore, car il s'ajoute ici un coefficient « humain » qui est loin d'être négligeable.

Ces précautions n'ont pas toujours été prises, et n'ont pas pu l'être, souvent à cause de la nature même de ces phénomènes, associés à des morts, à des douleurs et à des souvenirs que l'on ne peut traiter avec la même désinvolture qu'une expérience de laboratoire. Mais de ce que certaines relations restent soumises à diverses incertitudes de détail, serait-ce une raison suffisante pour ne leur attribuer aucune valeur et pour n'en tenir aucun compte? Nous ne le pensons pas.

Ces observations sont trop nombreuses pour ne pas représenter quelque chose de réel. Et puis, la tradition séculaire qui associe ces phénomènes aux morts ne doit pas être sans fondement. Sans doute, si chaque fait devait être controuvé, l'ensemble n'aurait pas grande valeur. Mais, en les réduisant même à leur plus simple expression, il reste un substratum. A la limite, je les comparerais volontiers au caractère cosmique de la voie lactée. Chacune des étoiles qui composent la voie lactée est inférieure à la sixième grandeur et invisible à l'œil nu : elle n'impressionne pas la rétine humaine. Cependant, l'ensemble est parfaitement visible à l'œil nu et constitue l'une des admirables beautés du ciel étoilé. C'est le nombre de ces faits qui nous force à ne pas pouvoir honnêtement les dédaigner.

Le grand philosophe Emmanuel Kant écrivait :

La philosophie, qui ne craint pas de se compromettre dans l'examen de toutes sortes de questions futiles, est souvent fort embarrassée quand elle rencontre dans son chemin certains faits desquels elle ne saurait *douter* impunément, et auxquels elle ne saurait *croire* sans se rendre ridicule. C'est le cas des contes de revenants. En effet, il n'y a pas de reproche auquel la philosophie soit plus sensible que celui de crédulité et d'attachement aux superstitions vulgaires. Ceux qui se donnent à bon marché le nom et le relief de savants se moquent de tout ce qui, inexplicable pour le savant aussi bien que pour l'ignorant, les place tous deux au même niveau. C'est ce qui fait que les histoires de revenants sont toujours écoutées et bien accueillies dans l'intimité, mais impitoyablement désavouées devant le public. On peut être sûr que jamais une académie des sciences ne choisira un pareil sujet pour le mettre au concours ; non pas que chacun de ses membres soit persuadé de la futilité et du mensonge de toutes ces narrations, mais bien parce que la loi de la prudence met de sages bornes à l'examen de ces questions. Les histoires de revenants rencontreront toujours des croyants *secrets* et seront toujours l'objet, *en public*, d'une incrédulité de bon ton.

Quant à moi, l'ignorance où je suis de la manière dont l'esprit humain entre dans ce monde et de celle dont il en sort m'interdit de nier la vérité des divers récits qui ont cours. Par une réserve qui paraîtra singulière, je me permets de révoquer en doute chaque cas en particulier, et pourtant de les croire vrais dans leur ensemble.

Il y a trois partis à prendre vis-à-vis des faits exposés : soit la croyance absolue à tout ce qui est dit, rapporté; soit la défiance absolue qui récuse tout; soit, en troisième lieu, l'acceptation des faits eux-mêmes dans leur ensemble, sans affirmer l'exactitude rigoureuse de tous les détails. C'est à cette conclusion que nous croyons devoir nous arrêter.

Nier tout serait une absurdité de premier ordre. A moins de se refuser à tout témoignage humain, il ne paraît pas possible de douter des récits qui précèdent. Il n'y a pas beaucoup de faits, historiques ou scientifiques, qui soient affirmés par un aussi grand nombre de témoins.

Supposer que toutes ces personnes « aient eu la berlue », aient été « hallucinées », aient été « dupes de leur imagination » est une hypothèse absolument insoutenable, étant données surtout les coïncidences de morts.

Et ce qui établit, d'autre part, leur réalité, ce sont

les détails circonstanciés qui les caractérisent souvent, en dehors même des apparitions complètes correspondant exactement : une blessure, un coup de fusil, un coup de lance, une tête fendue, un cadavre au fond d'un ravin, un corps étendu sur le rivage, un noyé, un pendu, un son de voix reconnue, une coiffure, un vêtement spécial, une attitude, une date de mort différente de la date annoncée, etc. Je sais bien aussi que, d'autre part, on peut presque toujours douter du témoignage humain, que, à quelques jours d'intervalle, les événements les plus clairs se trouvent racontés de façons différentes, que l'histoire des nations et des hommes est une grande menteuse. Mais, enfin, il faut prendre l'humanité comme elle est, et, sans prétendre à l'absolu, admettre le probable et le relatif. Il est difficile de douter que Louis XIV ait révoqué l'édit de Nantes et que Napoléon repose sous le dôme des Invalides.

Pour nous, les faits dont nous nous occupons ici sont irrécusables, au moins dans leur ensemble. Tout esprit affranchi de préjugés ne peut se refuser à les admettre.

La principale objection, la seule même qui puisse rester en discussion, est celle qui les attribue au hasard, à des coïncidences fortuites. On se dit : « Eh! bien oui, on a vu ou entendu telle ou telle chose; eh bien! oui, un parent, un proche est mort au même moment; mais *c'est un hasard.* »

En nous bornant à une coïncidence de 12 heures avant ou après la manifestation (en général, elles sont beaucoup plus précises), nous remarquerons que la moyenne de la mortalité annuelle est de 22 pour 1000 personnes. Pour une période de 24 heures, elle est 365 fois plus faible, c'est-à-dire de 22 pour 365000 ou de 1 pour 16591. Il y a donc 16591 chances contre une pour que la coïncidence d'un même jour ne se produise pas. Encore ne s'agit-il que d'un chiffre général, unique. Pour des personnes jeunes et dans la force de l'âge, la proportion s'élève à 18000, 19000, 20000.

Or, les apparitions sans coïncidence n'étant pas vingt mille fois, ni dix mille fois, ni cinq mille fois, ni mille fois, ni cent fois, ni même dix fois plus nombreuses que les apparitions avec coïncidence, n'étant même pas égales, n'étant même pas de moitié, ni du quart, ni peut-être même du dixième des manifestations véridiques, nous en concluons qu'il y a là une relation de cause à effet.

Nous ne nions pas le hasard, les coïncidences fortuites. Ce qu'on appelle le hasard, c'est-à-dire l'inconnu des forces en action, amène, parfois, des coïncidences véritablement extraordinaires. J'en signalerai même ici quelques-unes de fort remarquables.

Dans le temps où j'écrivais mon grand ouvrage sur *l'Atmosphère*, j'étais occupé à rédiger le chapitre sur la force du vent, et j'en comparais des exemples curieux, lorsque arriva le fait suivant :

Mon cabinet de travail, à Paris, est éclairé par trois fenêtres : l'une à l'est, sur l'avenue de l'Obser-

vnioir la seconde au sud-est, sur l'Observatoire, la
troisième, au sud, sur la rue Cassini. C'était en plein
été. La première fenêtre était ouverte, devant la
forêt des marronniers de l'avenue. Le ciel se couvre,
le vent s'élève, et, tout d'un coup, la troisième
fenêtre, mal fermée assurément, est violemment
ouverte par une rafale du sud-ouest qui bouleverse
tous mes papiers et, enlevant les feuilles volantes
que je venais d'écrire, les emporte en tourbillon
aérien par-dessus les arbres. Un instant après, la
pluie arrive, forte pluie d'orage.

Descendre chercher ces feuilles me parut peine
perdue, et j'en fis mon deuil.

Quelle ne fut pas ma surprise de recevoir, quelques
jours après, de l'imprimerie Lahure, rue de Fleurus,
située à plus d'un kilomètre, ce chapitre, imprimé,
sans qu'il en manquât une feuille!

Remarquez bien qu'il s'agissait précisément d'un
chapitre sur les curiosités du vent!

Que s'était-il passé?

Une chose très simple.

Le porteur de l'imprimerie, qui demeurait dans le
quartier de l'Observatoire, et qui m'apportait mes
épreuves en allant déjeuner, repassait là, après son
dejeuner, lorsqu'il remarqua, à terre, maculées par
la pluie, des feuilles de mon manuscrit. Il crut les
avoir égarées lui-même, se hâta de les recueillir
avec le plus grand soin, et les donna à l'imprimeur
sans se vanter de l'affaire.

Pour un rien, on aurait pu croire que c'était le

vent lui-même qui les avait apportées à l'imprimerie!

Voici un autre exemple non moins singulier :

J'avais promis au prêtre qui avait béni mon mariage (en retour d'une dispense dont il m'avait gratifié contrairement à un usage assez sévère, paraît-il) de l'emmener en ballon. Il faut dire qu'au lieu de prendre le train pour un voyage de noce, nous avions décidé de choisir la voie des airs. Une dizaine de jours après la cérémonie, nous partons, avec Jules Godard pour aéronaute, après avoir prévenu l'abbé, lequel, par un fâcheux concours de circonstances, avait quitté Paris pour passer quelques jours en un petit ermitage au bord de la Marne et n'avait pas reçu mon billet, resté chez lui, à Paris. Ne voyant pas l'abbé arriver à l'usine à gaz à l'heure du départ, j'espérais que le voyage, étant tout à fait incognito, passerait inaperçu, et que je pourrais tenir ma promesse une autre fois. Je désirais surtout ne lui causer aucune peine. Il y a *une infinité de directions* pour sortir de Paris en ballon. Or, notre esquif aérien se dirigea justement du côté de la Marne, et *précisément sur la propriété de l'abbé*, qui était alors à table, dans son jardin, et qui, voyant le ballon arriver lentement au-dessus de sa tête, s'imagina que je venais le chercher, m'appela à grands cris en me suppliant de descendre, et ressentit le plus violent désappointement en nous voyant continuer notre chemin. Un démon nous aurait conduits, qu'il n'aurait pas mieux réussi! Il n'y avait pourtant là que la coïncidence fortuite de la direction du vent.

Émile Deschamps, poète distingué, un peu oublié aujourd'hui, l'un des auteurs du dramatique livret des *Huguenots*, raconte la curieuse série que voici de coïncidences fortuites :

Dans son enfance, étant en pension à Orléans, il se trouva par hasard, un certain jour, à table avec un M. de Fontgibu, émigré récemment revenu d'Angleterre, qui lui fit goûter d'un plum-pudding, plat presque inconnu en France, à cette époque.

Le souvenir de ce régal s'était peu à peu effacé de sa mémoire, lorsque, dix ans plus tard, passant devant un restaurant du boulevard Poissonnière, il aperçut, à l'intérieur, un plum-pudding d'excellente apparence.

Il entre, demande qu'on lui en serve un morceau et apprend que le gâteau est retenu par un client.

« Monsieur de Fontgibu, s'écrie la dame du comptoir, en voyant son air contrarié, auriez-vous la complaisance de partager votre plum-pudding avec monsieur ? »

Deschamps eut quelque peine à reconnaître M. de Fontgibu dans un homme d'un âge respectable, poudré à blanc, portant l'uniforme de colonel, qui prenait son repas à une table voisine.

L'officier se fit un plaisir de lui offrir une part de son gâteau.

De longues années s'écoulèrent sans qu'il fût question ni du pudding, ni de M. de Fontgibu.

Un jour, Deschamps fut invité à un dîner où l'on devait manger un vrai plum-pudding anglais. Il accepta, mais il prévint, en riant, la maîtresse de la maison que M. de Fontgibu serait infailliblement de la partie, et il amusa fort la société en lui en faisant connaître la raison.

Au jour dit, il arrive. Dix invités occupent les dix places préparées autour de la table où les attendait un magnifique plum-pudding.

On commençait à le plaisanter sur son M. de Fontgibu, lorsque la porte s'ouvre et un domestique annonce :
« M. de Fontgibu ».

Entre un vieillard, marchant péniblement, soutenu par un domestique.

Il fait lentement le tour de la table, paraissant chercher quelqu'un et d'un air tout désorienté. Était-ce une vision? Était-ce une plaisanterie?

On était en plein carnaval. Deschamps crut d'abord à une plaisanterie. Mais le vieillard s'étant approché, il fut obligé de reconnaître M. de Fontgibu en personne!

« Mes cheveux se hérissaient, écrit-il. Don Juan, dans le chef-d'œuvre de Mozart, n'était pas plus terrifié devant son convive de pierre. »

Tout s'expliqua : M. de Fontgibu, invité à dîner chez une personne habitant la maison, s'était trompé de porte.

Il y a vraiment, dans cette histoire, une série de coïncidences qui vous confondent, et l'on comprend ce cri de l'auteur à ce souvenir ahurissant : « Trois fois du plum-pudding dans ma vie et trois fois M. de Fontgibu! Pourquoi cela? Une quatrième fois, et je suis capable de tout... ou je ne suis capable de rien. »

Autre combinaison du hasard : à une table de jeu de Monte-Carlo, un même numéro de la roulette est sorti cinq fois de suite[1].

On a vu aussi, à ce même jeu de la roulette, la rouge sortir vingt et une fois de suite. Il y a pourtant deux millions de chances contre une!

1. Cette sortie du numéro ponté donne au premier tour 35 louis pour un louis, soit 700 francs, et, à la seconde sortie du numéro sur lequel on a laissé cette somme, 24 500 francs. En laissant toujours le gain, une troisième sortie du numéro donnerait 857 500 francs. Mais les règlements de la banque s'y opposent et fixent le maximum de mise à 9 louis. Elle tolère toutefois le gain jusqu'à 120 000 francs.

Il ne se passe guère d'années, à Paris, sans qu'un pot de fleurs, tombant d'un cinquième étage, ne tue net une personne suivant tranquillement le trottoir dans la verticale de cette chute.

On ne peut donc nier qu'il y ait des coïncidences très surprenantes.

Oui, *le dieu Hasard produit*, parfois, *des résultats extraordinaires*; je suis le premier à le reconnaître, mais reconnaissons aussi qu'il n'explique pas tout.

Je me rangerai tout à fait aux raisonnements suivants du professeur Ch. Richet, en ce qui concerne le hasard, analysé au point de vue de la certitude mathématique et de la certitude morale[1].

Le hasard peut s'exprimer par un chiffre qui est, comme on dit, la probabilité. Ainsi, si, tirant au hasard une carte d'un jeu de cartes complet, j'amène un 6 de cœur, c'est le hasard qui m'a donné ce 6 de cœur, et c'est le hasard seul; car j'ignorerai toujours, si les cartes sont identiques et si le jeu a été bien mêlé, pourquoi j'ai amené le 6 de cœur plutôt que toute autre carte.

Donc, c'est le hasard qui m'a donné le 6 de cœur; mais ce hasard peut se chiffrer. J'avais, pour tirer le 6 de cœur, dans un jeu de cinquante-deux cartes, une chance sur cinquante-deux; pour amener un 6, une chance sur treize; pour amener un cœur, une chance sur quatre, et pour amener une carte rouge,

---

1. *Relations de diverses expériences sur la transmission mentale,* etc. *Proceedings of the Society for psychical Research,* juin 1888.

une chance sur deux. Enfin j'avais cinquante et une chances sur cinquante-deux pour ne pas amener une carte quelconque désignée d'avance.

Ainsi, mathématiquement, je puis assigner à tel ou tel événement une probabilité qui est chiffrable. Mais la difficulté n'est pas dans le calcul des diverses probabilités mathématiques, quoique ce soit déjà, si on le pousse un peu loin, un calcul très difficile, qui peut embarrasser les plus grands mathématiciens; la difficulté véritable est dans l'application de ces lois mathématiques aux événements réels.

On démontre, en mathématique, que le calcul des probabilités n'est applicable que s'il y a un nombre infini de coups, et c'est alors seulement qu'il est vrai.

Ainsi, j'ai un jeu de cartes devant moi; je n'ai qu'une chance sur cinquante-deux pour amener le 6 de cœur, et, pourtant, il se peut que j'amène cette carte. Rien ne s'y oppose, et c'est même un tirage tout aussi probable que tel ou tel tirage donné. Cette petite probabilité est loin d'être négligeable. Je serais donc déraisonnable de conclure quoi que ce soit d'une expérience où, désignant d'avance le 6 de cœur, j'amène précisément cette carte.

Si, prenant un autre jeu de cartes, après l'avoir bien mêlé, je tire de nouveau un 6 de cœur, la probabilité devient très petite : $\left(52 \times 52 = \frac{1}{2.704}\right)$. Mais nulle impossibilité. Cela peut se voir; cela s'est vu, et la combinaison d'un 6 de cœur suivi d'un 6 de cœur est tout aussi probable que n'importe quelle autre combinaison de deux cartes consécutives.

Si je prends un troisième jeu de cartes, puis un quatrième, puis un cinquième, j'aurai, pour tirer toujours un 6 de cœur, des probabilités de moins en moins grandes; car le nombre des combinaisons devient fantastique. Mais, dans aucun cas, nous n'arriverons à l'impossibilité. Il sera toujours possible que le hasard amène telle combinaison donnée, et elle aura autant de chances que telle autre combinaison donnée.

Il faut arriver à l'infini pour obtenir l'impossibilité. Autrement dit, la certitude de ne pas toujours amener un 6 de cœur ne survient que si je fais un nombre infini de tirages. Jamais je n'arriverai à la certitude mathématique, ou, plutôt, je n'y arriverai que si l'on me donne la ressource d'un nombre infini de tirages.

Si donc, pour conclure, on avait besoin de la certitude mathématique, on ne conclurait jamais; car on n'arrivera jamais à un nombre infini de coups.

Heureusement, on peut conclure; car la certitude mathématique et la certitude morale ont des exigences différentes.

Je suppose qu'il s'agisse de jouer mon honneur, mon existence, l'honneur et l'existence des miens, et tout ce qui m'est le plus cher. Certes, je n'aurai pas la certitude mathématique que, sur cent tirages, le 6 de cœur ne sortira pas cent fois de suite. Mathématiquement et même réellement, cette combinaison est possible ; mais, pourtant, je consentirais volontiers à jouer ma vie, mon honneur, ma fortune, ma patrie, et tout ce que j'aime contre la probabilité que le 6 de cœur sorte cent fois de suite.

Il n'est même pas besoin de pousser jusqu'à cent le nombre des tirages. Si je tire dix fois de suite le 6 de cœur, au lieu de dire : « C'est un hasard extraordinaire », je supposerai autre chose ; car le hasard ne donne pas ces étonnantes successions. Je supposerai qu'il y a une cause quelconque que je ne connais pas, qui m'a fait amener, dix fois de suite, la même carte. J'en serai même tellement convaincu que j'irai chercher cette cause, regardant si toutes les cartes sont bien semblables ; si ce n'est pas une plaisanterie que m'a faite un prestidigitateur ; si, dans le jeu, il y a bien cinquante-deux cartes différentes ou si chaque jeu n'est pas composé uniquement de 6 de cœur.

Prenons même une probabilité moindre. Par exemple, la probabilité d'avoir deux fois de suite une même carte : c'est encore une probabilité très petite, de 1 sur 2704. Si les paris étaient proportionnés mathématiquement, on pourrait parier 1 franc contre 2704 francs qu'il n'y aura pas, sortant du jeu, et amenée en deux tirages successifs, deux fois la même carte.

En réalité, dans notre vie de chaque jour, ce qui dirige notre conduite, ce qui fait nos convictions, nos décisions, ce sont des probabilités beaucoup moins fortes que cette probabilité de $\frac{1}{2704}$. Un homme de trente-cinq ans, bien portant et qui n'est exposé à aucun danger particulier, a un risque sur cent de mourir avant la fin de l'année, et un risque sur trois mille de mourir dans la quinzaine. Quel est, cependant, celui qui ne considère pas comme à peu près certain de vivre encore dans deux semaines? En assimilant les chances de vie au tirage dans un jeu, on voit que la probabilité d'amener quatre fois de suite une même carte, c'est à peu près la probabilité de vivre encore une heure pour un homme de trente-cinq ans bien portant et ne courant aucun danger spécial. Mathématiquement, personne n'est sûr de vivre encore une heure, mais, moralement, on en a la certitude presque complète.

Prenons aussi l'exemple des jurés qui ont à condamner à mort un individu. A part de rares exceptions, ils n'ont pas la certitude que l'individu est coupable; si faible que soit la probabilité de l'innocence, elle est presque toujours plus grande que $\frac{1}{2704}$. Tant de circonstances accessoires ont faussé le résultat! Il s'est produit peut-être de faux témoignages. Les témoins ont-ils bien vu? L'aveu du coupable est-il sincère? Qui sait s'il n'y a pas quelque machination? Il y a quantité de données inconnues, qui enlèvent toute certitude mathématique et qui ne laissent que la certitude morale.

Ainsi, nous ne sommes jamais guidés par la certitude mathématique. C'est toujours, même dans les cas les plus certains, la certitude morale qui nous guide. Elle nous suffit, et nous ne demandons pas plus pour agir. Même le savant qui fait des expériences matérielles d'apparence irréprochable doit se rendre compte qu'il n'y a pas, pour lui, de certitude mathématique; car des inconnues innombrables viennent ôter ce caractère d'absolue certitude que peuvent seules donner les mathématiques.

Il s'agit, maintenant, de savoir si nous avons raison, lorsque nous nous contentons de ces probabilités fortes, mais bien éloignées de la certitude. Sommes-nous des imprudents et pouvons-nous conclure, comme nous le faisons sans cesse, que nous vivrons plus d'une heure, que le chemin de fer ne va pas nous écraser, que le prévenu chargé par tous les témoins les plus véridiques est coupable, que la détermination de trois mesures chimiques ou physiques est suffisante pour avoir un résultat exact?

Cela paraît évident. Il n'y aurait pas moyen de vivre, si l'on devait ne se conduire que d'après des certitudes. Nulle part il n'y a de certitude; partout, ce sont des *à peu près*, et nous avons raison d'agir ainsi, car l'expérience justifie presque toujours nos présomptions.

« Pour ma part, ajoute, à ce propos, M. Richet, je regarde comme impossible cette immense illusion, se prolongeant sans quelque parcelle de vérité. On n'a pas le droit d'exiger, pour les phénomènes psychiques, une probabilité plus forte que pour les autres sciences, et, avec des probabilités supérieures à un millième, on aura une démonstration suffisamment rigoureuse.

« On trouve une telle quantité de faits impossibles à expliquer autrement que par la télépathie, qu'il faut admettre une action à distance. Peu importe la théorie ! le fait me semble prouvé, et *absolument prouvé*. »

Nous estimons que, d'après l'ensemble des observations télépathiques, la probabilité s'élève, pour ces cas de manifestations de mourants, à *plusieurs millions*, lorsque la coïncidence est approchée à moins d'une heure et lorsque l'on n'a aucune raison de supposer la personne en danger de mort[1]. C'est une proportion bien supérieure à celle qui dirige

1. L'enquête de la Société psychique de Londres a conduit au résultat suivant (DARIEX, *Ann. des sciences psych.*, 1891, p. 300) :

On n'a relevé qu'une hallucination visuelle pour 248 personnes. En cherchant la probabilité de coïncidence fortuite de la mort de l'agent A avec l'hallucination du percipient B, on arrive au résultat suivant :

$$\frac{1}{248} \times \frac{22}{1.000} \times \frac{1}{365} = \frac{1}{4.114.545}$$

qui montre que l'hypothèse d'une action télépathique réelle est 4 114 545 fois plus probable que l'hypothèse de la coïncidence fortuite. *Quatre millions cent quatorze mille cinq cent quarante-cinq fois plus probable!* Voilà un nombre qui commence à ne pas manquer d'éloquence.

On arrive donc déjà à une probabilité fantastique en supposant que, dans tous les cas, la coïncidence de l'hallucination et de l'événement s'est produite douze heures avant ou douze heures après, c'est-à-dire pendant un laps de temps de vingt-quatre heures ; mais combien deviendrait plus fantastique encore cette probabilité si l'on tenait compte des coïncidences plus rapprochées, comme c'est la règle, et surtout si l'on calculait le chiffre de probabilité d'un cas où la coïncidence a été immédiate.

tous nos raisonnements et tous les actes de notre vie. C'est ce qu'on appelle la *Certitude morale*.

Prenons par exemple, pour montrer la valeur de cet argument, le cas suivant consigné dans *Phantasms of the Living* :

Nicolas S... et Frédéric S... étaient employés dans le même bureau, très amis depuis huit ans. Ils s'estimaient beaucoup l'un et l'autre. Le lundi 19 mars 1883, lorsque Frédéric S... vint au bureau, il se plaignit d'avoir souffert d'une indigestion. Il alla consulter un pharmacien, qui diagnostiqua un mauvais état du foie et lui donna un médicament. Le jeudi, il ne sembla pas aller beaucoup mieux. Le samedi, il ne vint pas, et Nicolas S... apprit que son ami s'était fait examiner par un médecin qui lui avait conseillé de se reposer deux ou trois jours, mais qui ne pensait pas qu'il eût rien de sérieux.

Ce même samedi 24 mars, vers le soir, étant assis dans sa chambre, il aperçut son ami qui se tenait devant lui, habillé comme d'habitude. Il remarqua des détails de sa toilette : chapeau entouré d'un ruban noir, pardessus déboutonné, une canne à la main, etc.

Le spectre fixa son regard sur son ami, puis disparut. Celui-ci se rappela aussitôt les paroles de Job : « Et un esprit passa devant moi, et le poil de ma chair se hérissa ». A ce moment, un froid glacial le traversa, et ses cheveux se dressèrent. Alors, il se tourna vers sa femme en lui demandant l'heure.

« 9 heures moins 12 minutes », répondit-elle.

Sur quoi il ajouta :

« La raison pour laquelle je vous le demandais est que Frédéric est mort. Je viens de le voir. »

Elle tâcha de lui persuader que c'était là un effet de son imagination, mais il lui affirma que la vision l'avait si nettement frappé qu'aucun argument ne pourrait changer son opinion.

Le lendemain, dimanche, vers 3 heures de l'après-midi, le frère de Frédéric vint annoncer la mort, arrivée la veille vers 9 heures.

La femme du narrateur a confirmé son récit par le témoignage suivant :

« Le 24 mars dernier, au soir, j'étais assise à une table et je lisais ; mon mari était assis sur une chaise longue placée contre le mur de la chambre. Il me demanda l'heure, et, sur ma réponse qu'il était 9 heures moins 12 minutes, il ajouta :

« La raison pour laquelle je vous demande cela est que Frédéric
« est mort. Je viens de le voir. »

Je lui répondis : « Quel non-sens ! Vous ne savez même pas
« s'il est malade ; j'affirme que vous le verrez tout à fait bien
« portant lorsque vous irez en ville mardi prochain. »

« Cependant, mon mari persista à déclarer qu'il l'avait vu et qu'il

ADMISSION DES FAITS

Conclusion : la théorie du hasard et de la coïncidence fortuite n'explique pas les faits observés et

était sûr de sa mort. Je remarquai alors qu'il avait l'air très inquiet et qu'il était fort pâle.   « MARIA S... »

Le frère du mort a également confirmé le fait dans une lettre spéciale s'accordant identiquement avec les deux premières relations. Il y déclare de plus qu'il a été d'autant plus frappé du fait qu'il est absolument réfractaire à ces sortes d'idées.

Dans ce cas remarquable, il n'est pas douteux que la mort soit arrivée pendant les vingt-cinq minutes qui se sont écoulées entre 9 heures moins 25 et 9 heures; d'autre part, l'ami a eu sa vision à 9 heures moins 12 minutes. Si la coïncidence des deux événements n'a pas été absolue, il n'est, dans tous les cas, pas possible de supposer, même en mettant les choses au pire, qu'il y ait eu un intervalle de plus de douze minutes.

Nous avons vu que la probabilité de mort, pendant une période déterminée de vingt-quatre heures, est de $\frac{1.000}{22} \times \frac{1}{365}$, pour un adulte d'âge indéterminé; mais, pour un homme de 48 ans (c'était l'âge de Frédéric), elle est de $\frac{13,5}{1.000}$, chiffre officiel donné par les tables de mortalité. Nous avons donc, par la probabilité de mortalité journalière, $\frac{13,5}{1.000} \times \frac{1}{365} = \frac{1}{27.037}$. Pendant une période de temps de douze minutes, contenue 120 fois dans vingt-quatre heures, elle sera 120 fois plus faible, c'est-à-dire de $\frac{13,5}{1.000} \times \frac{1}{365} \times \frac{1}{120}$ et au lieu de l'équation

$$x = \frac{1}{248} \times \frac{22}{1.000} \times \frac{1}{365} = \frac{1}{4.114.545}$$

nous aurons l'équation

$$x = \frac{1}{248} \times \frac{13,5}{1.000} \times \frac{1}{365} \times \frac{1}{120} = \frac{1}{804.622.222}.$$

Dans le cas présent, la probabilité d'une *action télépathique*, comparée à la probabilité d'une *coïncidence fortuite, est dans la proportion de* HUIT CENT QUATRE MILLIONS SIX CENT VINGT-DEUX MILLE DEUX CENT VINGT-DEUX contre UN.

Le fait cité ici est particulièrement précis. Ajoutons-le logiquement aux précédents, sous le n° CLXXXI.

Je crois que l'on doit se contenter d'une probabilité de *plusieurs millions*, comme je viens de le dire, parce qu'il faut tenir compte des cas où l'on savait le mourant malade et où l'on pouvait penser à sa mort.

doit être éliminée. Nous sommes obligé d'admettre, entre le mourant et l'observateur, un rapport de cause à effet. C'est là le premier point qu'il convenait d'établir dans notre examen scientifique.

Oui, le hasard, la coïncidence fortuite existe ; mais cette explication n'est pas applicable ici. Il y a *une relation de cause à effet entre les mourants et les impressions ressenties.*

A propos d'un cas cité dans les *Phantams of the Living* dont nous parlerons plus tard, M. Raphaël Chandos écrivait (*Revue des Deux Mondes*, 1887, p. 211) :

« On ne peut suspecter ni la bonne foi des narrateurs, ni, dans une certaine mesure, la précision de leurs observations. Mais est-ce tout ? M. Bard a vu, près du cimetière, le fantôme de Mme de Fréville errer devant lui précisément au moment où Mme de Fréville, qu'il ne savait pas malade, venait de mourir. Pourquoi, dit-on, le hasard, qui fait tant de rencontres extraordinaires, n'aurait-il pas amené cette image hallucinatoire ?

« A dire vrai, cet argument me paraît détestable et bien plus facile à combattre que l'argument d'une observation incomplète et insuffisante. Mais il se trouve cependant que cette objection futile est la plus communément alléguée. On dit :

« Voilà une hallucination ! Soit. Mais, si cette hallucination a coïncidé avec tel fait réel, c'est par une coïncidence fortuite, et non parce qu'il y a entre le fait et l'hallucination une relation de cause à effet.

« Le hasard est un dieu très commode, et qu'on peut invoquer dans les cas embarrassants. Pourtant, dans l'espèce, il n'a rien à voir. Je suppose que M. Bard, par exemple, a eu, dans les soixante ans de sa vie, une hallucination et une seule, cela fait bien par jour 1/22 000e de chance pour avoir une hallucination. En admettant que la coïncidence entre l'heure de la mort de Mme de Fréville et l'heure de son hallucination soit exacte, cela fait, à raison de quarante-huit demi-heures par jour, une probabilité de près d'un millionième.

« Mais ce n'est pas assez : M. Bard eût pu, en effet, avoir d'autres hallucinations, car il connaît cent personnes autres que Mme de Fréville. La probabilité de voir au jour dit, à l'heure dite, Mme de Fréville plutôt qu'une autre, est donc approximativement de 1/100 000 000e.

« Si je prends quatre cas analogues, et si je les réunis tous les quatre, la probabilité d'avoir ces quatre coïncidences n'est plus d'un cent millionième, mais une fraction dont le numérateur sera 1 et dont le dénominateur aura 36 zéros, nombre absurde, que nulle intelligence humaine ne peut comprendre, et qui équivaut à la certitude absolue.

« Laissons donc de côté l'hypothèse du hasard. Il n'y a pas de hasard dans ces conditions. Si l'on insistait, nous reprendrions la vieille comparaison des lettres de l'alphabet jetées en l'air. Personne ne va supposer que les lettres en retombant puissent former l'*Iliade* tout entière.

« Donc, ni la bonne foi des observateurs, ni le hasard des coïncidences fortuites extraordinaires ne peuvent être invoqués : il faut admettre qu'il s'agit de faits réels. Si invraisemblable que la chose paraisse, ces hallucinations véridiques existent; elles ont pris pied dans la science, quoi qu'on fasse, et elles y resteront. »

Les lecteurs qui se seront donné la peine de lire toutes les lettres publiées plus haut en auront conclu, tout d'abord, *qu'il y a beaucoup de choses que nous ne connaissons pas*. Le domaine de la télépathie ouvre devant nous tout un nouveau monde à explorer.

Les faits sont indéniables dans leur ensemble.

Lors de la discussion générale qui s'est élevée, dans les principaux journaux du monde entier, au mois de juillet dernier, à propos de mon prétendu renoncement aux études psychiques, j'ai vu à plusieurs reprises l'objection suivante présentée contre les faits télépathiques. « Pour que ces faits puissent être admis scientifiquement, il faudrait pouvoir les reproduire à volonté, car c'est là le propre des faits scientifiques. »

Il y a là une erreur de raisonnement. Ces faits ne sont pas du domaine de l'*expérience*, mais de celui de l'*observation*.

Un pareil raisonnement équivaut à celui-ci : « Je ne croirai aux effets de la foudre que si on les reproduit; je n'admettrai une aurore boréale que si l'on en fabrique une devant moi; qu'on me crée une comète avec sa queue, qu'on me fasse une éclipse demain, autrement je n'y crois pas. »

Cette confusion entre l'observation et l'expérience est assez fréquente.

Ces faits, disons-nous, appartiennent à l'*observation* et non pas à l'expérience. On les constate, on ne les produit pas. Leur étude est du même ordre que celle de l'astronomie et de la météorologie, et non de la physique ou de la chimie. On *observe* une éclipse, une comète, un aérolithe, un éclair en boule, une aurore boréale; on *expérimente* une combinaison chimique, un phénomène d'optique ou d'acoustique ; les deux méthodes sont différentes, tout en étant scientifiques toutes les deux et en méritant le titre général d'expérimentales, puisque c'est l'expérience humaine qui juge et non des théories antérieures, des idées, des croyances, des principes ou des autorités invoquées et commentées. Nous n'admettons plus le *magister dixit*.

On entend souvent des personnes s'étonner que certains faits, plus ou moins burlesques, inexplicables, incohérents, se produisent, tandis que d'autres, qui paraissent plus naturels et plus simples à leur éducation enfantine, ne se produisent pas. Pourquoi une porte lourde bien fermée s'ouvre-t-elle? Pourquoi un vacarme se produit-il? Pourquoi une lumière, pourquoi un bruit? Pourquoi une vision? La science, l'observation des phénomènes de la nature ou de l'industrie, nous invitent pourtant à tempérer notre étonnement et à agrandir le champ de nos conceptions. Voici, par exemple, un tonneau de dynamite, mille fois plus terrible que la poudre dans sa puissance destructive. Cette substance est d'une extrême sensibilité, et chacun a présent dans la mémoire les catastrophes causées par les moindres imprudences. Avec ce tonneau, vous pouvez détruire une ville. Eh bien ! essayez d'allumer cette substance explosive, vous n'obtiendrez aucun effet. Il faut que l'amorce *détone* pour que l'explosif fasse sentir ses effets foudroyants. Vous pouvez allumer impunément une cartouche de dynamite, non munie de son amorce, sans qu'aucune détonation se produise : la dynamite brûle jusqu'à extinction de la matière. Mais un simple coup de marteau amènera une détonation formidable.

A côté de cela, posez une allumette enflammée sur un baril de poudre, allumez une toute petite mèche, asseyez-vous sur le baril, et on verra ce qui arrivera.

Ne nous étonnons donc pas de la singularité des phénomènes psychiques.

On est naturellement disposé à nier ce qui paraît invraisemblable, ce que l'on ne connaît pas, ce que l'on ne comprend pas. Si nous lisions dans Hérodote ou dans Pline qu'une femme avait une mamelle à la cuisse gauche avec laquelle elle allaitait son enfant, nous ririons d'assez bon cœur. Cependant ce fait a été établi à l'Académie des sciences de Paris, séance du 25 juin 1827. Si l'on nous parle d'un homme qui portait, d'après son autopsie, un enfant dans l'intérieur de son corps, si l'on nous dit que cet enfant était un frère jumeau enfermé dans son organisme, que cet enfant avait vieilli et acquis de la barbe, nous considérerons l'histoire comme une fable. Cependant, nous avons vu nous-même, il n'y a pas fort longtemps, un mort-né de 56 ans. Un traducteur d'Hérodote, Larcher, dit tranquillement : « Que Roxane ait accouché d'un enfant sans tête, c'est une absurdité capable à elle seule de décréditer Ctésias. » Or, tous les dictionnaires de médecine parlent aujourd'hui des enfants acéphales. Ces exemples et bien d'autres nous invitent à la sagesse et à la prudence. Les ignorants seuls peuvent tout nier imperturbablement.

Nous pourrions facilement développer ces exemples, ce qui serait certainement inutile pour nos lecteurs.

Bornons-nous à conclure que les faits rapportés peuvent et doivent être admis par la méthode expérimentale elle-même. Arrêtons-nous un instant maintenant sur les « hallucinations », dont nous ne nions pas du tout l'existence, mais qui ne résolvent pas notre problème, posé et affirmé par les coïncidences précises et incontestables.

V

DES HALLUCINATIONS PROPREMENT DITES

On serait dans l'erreur la plus complète si l'on supposait, d'après les chapitres précédents, que nous n'admettons pas les hallucinations et que nous ne leur faisons pas la part qui leur appartient. Mais nous pensons qu'il y a des distinctions et des définitions urgentes à établir.

Il y a des hallucinations réelles, c'est-à-dire des illusions, des erreurs, des sensations fausses. Les unes peuvent être éprouvées par des êtres névrosés, fatigués, malades, fous; les autres par des êtres parfaitement sains de corps et d'esprit. Autrefois, les médecins n'admettaient que les premières, ce qui était une grosse faute d'ignorance.

Les hallucinations sont *des illusions* du cerveau et de la pensée, et il importe de ne pas leur donner un autre sens et de ne pas supposer, par exemple, comme pourrait le faire penser le titre souvent employé d'*Hallucinations véridiques*, qu'il puisse exister des hallucinations vraies. Du moment que l'impression ressentie est considérée comme réelle, comme le résultat d'une cause extérieure, agissant sur le cerveau ou sur l'esprit, elle perd son caractère hallucinatoire et entre dans le cadre des faits. Ce n'est plus une « hallucination ». Cette distinction est ici d'une importance capitale. La difficulté pour nous est précisément de faire la part de ce qui est illusion, erreur, et de ce qui est réalité, dans le détail assez confus de ces phénomènes.

Le Dictionnaire de l'Académie définit l'hallucination « erreur, illusion d'une personne dont les perceptions ne sont pas conformes à la réalité ». C'est vague et embrouillé, et cela s'applique à d'autres choses qu'à des hallucinations. On ne peut pas admettre une définition pareille. Littré dit : « Perception de sensations sans aucun objet extérieur qui les fasse naître ». C'est un peu plus clair et plus précis. Dans un mémoire sur l'hallucination visuelle, le docteur Max Simon écrit : « L'hallucination consiste en une perception sensorielle sans objet extérieur qui la fasse naître ». Cette définition est bien, comme celle de Littré, celle qui correspond à l'idée générale, et nous l'adopterons. L'essentiel est d'être d'accord sur ce point, que l'hallucination est une sensation essentiellement *subjective* et erronée, une perception fausse.

Brierre de Boismont a écrit sur les hallucinations[1]

---

1. *Les Hallucinations, ou histoire raisonnée des apparitions; des visions, des songes, de l'extase, du magnétisme et du somnambulisme*, Paris, 1852.

un ouvrage des plus intéressants et devenu classique, dans lequel le médecin aliéniste joue encore le plus grand rôle, mais où il prend déjà soin, toutefois, de constater que toutes les hallucinations ne sont pas voisines de la folie, en faisant remarquer que, d'une part, l'histoire du christianisme est remplie de ces cas, surtout dans ses premiers temps, et que, d'autre part, plus d'une hallucination correspond à un état parfaitement sain du cerveau. Ce livre peut être considéré comme l'un des premiers efforts de la pensée scientifique indépendante contre la théorie pathologique classique, et pour établir que, dans certains cas, l'hallucination peut être considérée comme un phénomène purement physiologique. D'ailleurs, partisan déclaré du principe de la dualité humaine, l'auteur rejette l'opinion qui ne veut voir dans la folie qu'une névrose et dans la raison que le produit d'un acte physiologique matériel. « Les idées sont d'un autre ordre que les sensations. Les faits psychologiques ne peuvent être mis sur la même ligne que les faits sensibles. Le cerveau a beau être le siège des opérations intellectuelles, il n'en est pas le créateur. » Brierre de Boismont peut être considéré comme le précurseur des recherches actuelles sur les problèmes psychiques, quoique le mot d'hallucination ait conservé, depuis ce grand traité, son aspect pathologique et médical.

Il importe de donner ici quelques exemples des diverses espèces d'hallucinations.

L'hallucination est un rêve éveillé. Les rêves aussi

produisent des hallucinations qui offrent parfois tous les caractères de la vie réelle.

Les hallucinations de la folie, les excentricités de l'aliénation mentale, sont si nombreuses, si variées et si connues qu'il serait superflu de les rapporter. Les ouvrages de médecine sur les maladies mentales en sont pleins, et chacun peut facilement les connaître. Et puis, elles n'ont rien de commun avec les faits qui nous occupent. Choisissons plutôt des cas bien observés et bien décrits par les sujets eux-mêmes. Nous emprunterons le suivant à l'ouvrage du docteur Ferriar, de Manchester, qui le tenait de l'auteur Nicolaï, de Berlin[1]. Il est assez ancien, mais il est bien typique.

Pendant les derniers dix mois de l'année 1790, raconte cet académicien, j'avais eu des chagrins qui m'avaient profondément affecté. Le docteur Delle, qui avait coutume de me tirer deux fois du sang par année, avait jugé convenable de ne pratiquer cette fois qu'une seule émission sanguine. Le 24 février 1791, à la suite d'une vive altercation, j'aperçus tout à coup, à la distance de dix pas, une figure de mort; je demandai à ma femme si elle ne la voyait pas; ma question l'alarma beaucoup, et elle s'empressa d'envoyer chercher un médecin : l'apparition dura huit minutes. A quatre heures de l'après-midi, la même vision se reproduisit, j'étais seul alors; tourmenté de cet accident, je me rendis à l'appartement de ma femme, la vision m'y suivit. A dix heures, je distinguai plusieurs figures qui n'avaient point de rapport avec la première.

1. Voy. WALTER SCOTT, *La Démonologie*, lettre I. BRIERRE DE BOISMONT, *Des hallucinations*.

Lorsque la première émotion fut passée, je contemplai les fantômes, les prenant pour ce qu'ils étaient réellement : les conséquences d'une indisposition. Pénétré de cette idée, je les observai avec le plus grand soin, cherchant par quelle association d'idées ces formes se présentaient à mon imagination ; je ne pus cependant leur trouver de liaison avec mes occupations, mes pensées, mes travaux. Le lendemain, la figure de mort disparut, mais elle fut remplacée par un grand nombre d'autres figures représentant quelquefois des amis, le plus ordinairement des étrangers. Les personnes de ma société ne faisaient point partie de ces apparitions, qui étaient presque exclusivement composées d'individus habitant des lieux plus ou moins éloignés. J'essayai de reproduire à volonté les personnes de ma connaissance par une objectivité intense de leur image, mais quoique je visse distinctement dans mon esprit deux ou trois d'entre elles, je ne pus réussir à rendre extérieure l'image intérieure, quoique auparavant je les eusse vues involontairement de cette manière. Ma disposition d'esprit me permettait de ne pas confondre ces fausses perceptions avec la réalité.

Ces visions étaient aussi claires et aussi distinctes dans la solitude qu'en compagnie, le jour que la nuit, dans la rue que dans ma maison. Quand je fermais les yeux, elles disparaissaient quelquefois, quoiqu'il y eût des cas où elles fussent visibles ; mais dès que je les ouvrais, elles reparaissaient aussitôt. En général, ces figures, qui appartenaient aux deux sexes, semblaient faire fort peu d'attention les unes aux autres et marchaient d'un air affairé comme dans un marché ; par moments, cependant, on aurait dit qu'elles faisaient des affaires ensemble. A différentes reprises, je vis des gens à cheval, des chiens, des oiseaux. Il n'y avait rien de particulier dans leurs regards, leurs tailles, leurs habillements ; ces figures paraissaient seulement un peu plus pâles que dans l'état naturel.

Environ quatre semaines après, le nombre de ces apparitions augmenta; je commençai à les entendre parler. Quelquefois elles m'adressaient la parole; leurs discours étaient courts et généralement agréables. A différentes époques, je les pris pour des amis tendres et sensibles qui cherchaient à adoucir mes chagrins.

Quoique mon esprit et mon corps fussent, à cette époque, en assez bon état, et que ces spectres me fussent devenus si familiers qu'ils ne me causaient plus la moindre inquiétude, je cherchais cependant à m'en débarrasser par des remèdes convenables. Il fut décidé qu'une application de sangsues me serait faite, ce qui eut effectivement lieu le 20 avril 1791, à onze heures du matin. Le chirurgien était seul avec moi; durant l'opération, ma chambre se remplissait de figures humaines de toute espèce. Cette hallucination continua sans interruption jusqu'à quatre heures et demie, heure à laquelle ma digestion commençait. Je m'aperçus que les mouvements de ces fantômes devenaient plus lents. Bientôt après ils commencèrent à pâlir, et à sept heures ils avaient pris une teinte blanche; leurs mouvements étaient très peu rapides, quoique leurs formes fussent aussi distinctes qu'auparavant. Peu à peu ils devinrent plus vaporeux et parurent se confondre avec l'air. A huit heures, la chambre fut entièrement débarrassée de ces visiteurs fantastiques.

Depuis cette époque, j'ai cru deux ou trois fois que ces visions allaient se montrer, mais rien de semblable n'eut lieu.

Voilà un cas d'hallucination réelle et incontestable.

L'auteur a parfaitement analysé ses sensations et a eu soin de faire remarquer que cet étonnant désordre de l'esprit s'expliquait par l'influence des chagrins et par le trouble de la circulation cérébrale qui en fut la suite.

Walter Scott raconte, dans sa *Démonologie*, qu'un malade de l'éminent docteur Gregory, ayant fait appeler ce médecin, lui raconta dans les termes suivants ses singulières souffrances :

J'ai l'habitude, dit-il, de dîner à cinq heures, et lorsque six heures précises arrivent, je suis sujet à une visite fantastique. La porte de la chambre, même lorsque j'ai eu la faiblesse de la verrouiller, s'ouvre tout à coup; une vieille sorcière, semblable à une de celles qui hantaient les bruyères de Fores, entre d'un air menaçant et irrité, s'approche de moi avec les démonstrations de dépit et d'indignation propres à caractériser les sorcières qui visitaient Abdula dans les contes orientaux. Elle se jette sur moi si brusquement que je ne puis l'éviter, et alors me donne un violent coup de sa béquille; je tombe de ma chaise sans connaissance, et je reste ainsi plus ou moins longtemps. Je suis tous les jours sous la puissance de cette apparition. Tel est mon surprenant sujet de plainte.

Le docteur lui demanda sur-le-champ s'il avait invité quelqu'un à dîner avec lui pour être témoin d'une semblable visite. Il répondit que non. La nature de ce dont il se plaignait était si particulière, on devait si naturellement l'imputer à un dérangement mental, qu'il lui avait toujours répugné d'en parler à qui que ce fût. « Alors, dit le docteur, si vous le permettez, je dînerai aujourd'hui avec vous en *tête à tête*, et nous verrons si la méchante femme viendra troubler notre société. » Le malade, qui s'était attendu à se voir rire au nez, au lieu d'exciter la compassion, accepta avec joie et gratitude. Ils dînèrent, et le docteur Gregory, qui soupçonnait là quelque maladie nerveuse, employa le charme de sa conversation, des plus variées et des plus brillantes, à captiver l'attention de son hôte, et à l'empêcher de penser à l'approche de l'heure fatale. Il réussit au delà de ses espérances.

Six heures arrivèrent sans qu'on y fît attention. Mais, à peine quelques minutes étaient-elles écoulées, que le monomane s'écria d'une voix troublée : « Voici la sorcière! » Et, se renversant sur sa chaise, il perdit connaissance.

Ce fantôme à béquille ressemble un peu à ce que l'on ressent dans le cauchemar; une oppression, une suffocation, amènent parfois ces images dans le cerveau. Tout bruit subit entendu par le dormeur sans en être éveillé immédiatement, toute sensation analogue du toucher est assimilée au rêve, et adaptée de manière à s'y rattacher et à entrer dans le courant de la pensée du songe, quelle qu'elle soit, et rien n'est plus remarquable que cette rapidité avec laquelle l'imagination pourvoit à l'explication complète de cette interruption, suivant la marche des idées exprimées dans le songe, même lorsque à peine un moment lui est accordé pour cette opération. Si, par exemple, on rêve d'un duel, les sons qui arrivent sont en un clin d'œil la détonation des pistolets; s'il s'agit dans le songe d'un orateur prononçant sa harangue, les sons se changent en applaudissements de l'auditoire; le dormeur parcourt-il des ruines, le bruit devient celui de la chute d'une portion de la masse : en un mot, un système explicatif est adopté pendant le sommeil avec une telle rapidité, qu'en supposant que le bruit imprévu et brusque qui a éveillé à demi le dormeur ait été un appel à haute voix, l'explication de ce bruit a lieu pour le dormeur et est parfaite à son intelligence avant qu'un second effort de la personne qui l'éveillait l'ait rappelé au monde et à ses réalités. La succession de nos idées dans le sommeil est si rapide et si intuitive, qu'elle nous explique la vision de Mahomet, qui eut le temps de monter jusqu'au septième ciel avant que la jarre d'eau tombée au commencement de l'extase se fût vidée entièrement lorsqu'il reprit ses sens.

Mais ne nous occupons pas ici du sommeil et des rêves, qui feront l'objet d'un prochain chapitre spécial, rendons-nous compte simplement des hallucinations.

Il est un phénomène éprouvé par un grand nombre de personnes, et auquel Alfred Maury, avec lequel je m'en suis entretenu plusieurs fois, était lui-même fort sujet, qui jette un grand jour sur le mode de production des rêves : ce sont les hallucinations dont est précédé le sommeil ou accompagné le réveil. Ces images, ces sensations fantastiques se produisent au moment où le sommeil nous gagne, ou quand nous ne sommes encore qu'imparfaitement réveillés. Elles constituent un genre à part d'hallucinations auxquelles convient l'épithète d'*hypnagogiques*, dérivée des deux mots grecs ὕπνος, *sommeil*, ἀγωγεύς, *qui amène, conducteur,* dont la réunion indique le moment où l'hallucination se manifeste d'ordinaire.

Les personnes qui éprouvent le plus fréquemment ces hallucinations hypnagogiques sont d'une constitution facilement excitable et généralement prédisposées à l'hypertrophie du cœur, à la péricardite et aux affections cérébrales. C'est ce qu'Alfred Maury a pu confirmer par sa propre expérience[1].

Mes hallucinations, écrit-il, sont plus nombreuses, et surtout plus vives, quand j'ai, ce qui est fréquent chez moi, une disposition à la congestion cérébrale. Dès que je souffre de céphalalgie, dès que j'éprouve des douleurs nerveuses dans les yeux, les oreilles, le nez, dès que je ressens des tiraillements dans le cerveau, les hallucinations m'assiègent, à peine la paupière close. Aussi je m'explique pourquoi j'ai toujours été sujet à ces hallucinations en diligence, après y avoir passé la nuit, le défaut de sommeil, le sommeil imparfait, amenant constamment chez moi le mal de tête. Un de mes cousins, Gustave L..., qui éprouvait les mêmes hallucinations, a eu l'occasion de faire en ce qui le touche, des remarques analogues. « Lorsque dans la soirée, dit-il, je me suis livré à un travail opiniâtre, les hallucinations ne manquent jamais. Il y a quelques années, ayant passé deux jours consécutifs à traduire un long passage grec assez difficile, je vis, à peine au lit, des images si multipliées, et qui se succédaient avec tant de promptitude, que, en proie à une véritable frayeur, je me levai sur mon séant pour les dissiper. Au contraire, à la campagne, quand j'ai l'esprit calme, je ne constate que rarement le phénomène. »

Le café noir, le vin de Champagne qui, même pris en assez petite quantité, provoquent chez moi des insomnies et de la céphalalgie, me disposent fortement aux visions hypnagogiques. Mais, dans ce cas, elles n'apparaissent qu'après un temps fort long, quand le sommeil appelé vainement durant plusieurs heures va finir par me gagner.

A l'appui des observations qui tendent à faire regarder la congestion cérébrale comme l'une des causes marquées d'hallucinations, je dirai que tous ceux qui les

1. *Le Sommeil et les Rêves*, p. 57.

éprouvent comme moi, et que j'ai rencontrés, m'ont assuré être également fort sujets aux maux de tête, tandis que plusieurs personnes, entre lesquelles je citerai ma mère, et auxquelles la céphalalgie est à peu près inconnue, m'ont déclaré n'avoir jamais vu ces images fantastiques.

Cette observation nous montre que le phénomène doit se lier à une surexcitation du système nerveux et à une tendance congestive du cerveau.

L'hallucination hypnagogique est un indice que, durant le sommeil qui se prépare, l'activité sensorielle et cérébrale sera notablement affaiblie. En effet, quand ces hallucinations débutent, l'esprit a cessé d'être attentif; il ne poursuit plus l'ordre logique et volontaire de ses pensées, de ses réflexions; il abandonne à elle-même son imagination, et devient le témoin passif des créations que celle-ci fait naître et disparaître incessamment. Cette condition de non-attention, de non-tension intellectuelle, est, dans le principe, nécessaire pour la production du phénomène; et elle explique comment celui-ci est un prodrome du sommeil. Car, pour que nous puissions nous y livrer, il faut que l'intelligence se retire en quelque sorte, qu'elle détende ses ressorts et se place dans un demi-état de torpeur. Or, le commencement de cet état est précisément celui qui est nécessaire pour l'apparition de ces sortes d'hallucinations. Le retrait de l'attention peut être l'effet soit de la fatigue des organes de la pensée, de leur défaut d'habitude d'agir et de fonctionner longtemps, soit de la fatigue des sens qui s'émoussent momentanément, n'apportent plus les sensations au cerveau et dès lors ne fournissent plus à l'esprit d'éléments, de sujets d'activité. C'est de la première de ces causes que résulte le sommeil auquel nous a conduit la rêvasserie qui l'a précédé. L'esprit, en cessant d'être attentif, a graduellement amené le sommeil. Telle est la raison pour laquelle certaines personnes, peu habituées à la méditation ou à l'attention purement mentale, s'endorment sitôt qu'elles veulent méditer ou seulement lire. Voilà pourquoi un discours, un livre ennuyeux provoquent à dormir : l'attention n'étant plus suffisamment excitée par l'orateur ou l'intérêt du livre, elle se retire, et le sommeil ne tarde pas à s'emparer de nous.

Dans cet état de non-attention, les sens ne sont point encore assoupis : l'oreille entend, les membres sentent ce qui est en contact avec eux, l'odorat perçoit les odeurs; mais cependant leur aptitude à transmettre la sensation n'est plus aussi vive, aussi nette que dans l'état de veille. Quant à l'esprit, il cesse d'avoir une conscience claire du moi, il est en quelque sorte passif, il est tout entier dans les objets qui le frappent; il perçoit, voit, entend, mais sans savoir qu'il perçoit, voit, entend. Il y a là un machinisme mental d'une nature fort particulière et en tout semblable à celui de la rêvasserie.

Mais dès que l'esprit a lui, dès que l'attention se rétablit, la conscience reprend ses droits. On peut donc dire avec raison que, dans l'état intermédiaire entre la veille et le sommeil, l'esprit est le jouet des images évoquées par l'imagination, que celles-ci le remplissent tout entier, le mènent où elles vont, le ravissent comme au dehors de lui, sans lui permettre dans le moment de réfléchir sur ce qu'il fait, quoique ensuite, rappelé à soi, il puisse parfaitement se souvenir de ce qu'il a éprouvé.

Une fois, sous l'empire d'une faim due à une diète qu'il s'était imposée pour raison de santé, M. Maury vit, dans l'état intermédiaire entre la veille et le sommeil, une assiette et un mets qu'y prenait une main armée d'une fourchette. Endormi, quelques minutes après, il se trouva à une table bien servie, et entendit, dans ce rêve, le bruit des fourchettes des convives.

Il n'y a pas que des images plus ou moins étranges, des sons, des sensations de goût, d'odeur, de toucher qui nous assaillent au moment où le sommeil nous gagne; quelquefois des mots, des phrases surgissent tout à coup dans la tête, quand on s'assoupit, et cela sans être aucunement provoqués. Ce sont de véritables hallucinations de la pensée, car les mots sonnent à l'oreille interne comme si une voix étrangère les articulait.

Le phénomène se produit donc de même, qu'il s'agisse d'un son ou d'une idée. Le cerveau a été fortement impressionné par une sensation, par une pensée; cette impression se reproduit plus tard spontanément, par retentissement de l'action cérébrale, lequel donne naissance soit à une hallucination hypnagogique, soit à un rêve. Ces répercussions des pensées, cette réapparition d'images antérieurement perçues par l'esprit, sont souvent indépendantes des dernières préoccupations de celui-ci. Elles résultent alors de mouvements intérieurs du cerveau corrélatifs de ceux du reste de l'organisme, où elles se produisent par voie d'enchaînement avec d'autres images qui ont surexcité l'esprit, de la même façon que cela se produit pour nos idées, sitôt que nous nous abandonnons à la rêverie, que nous laissons vaguer notre imagination.

Des apparitions vues en rêve peuvent n'être également que des hallucinations causées par la réminiscence d'un souvenir effacé, latent dans la mémoire. Exemple l'observation suivante d'Alfred Maury[1].

J'ai passé mes premières années à Meaux, et je me rendais souvent dans un village voisin, nommé Trilport, situé sur la Marne, où mon père construisait un pont. Une nuit, je me trouve en rêve transporté aux jours de mon enfance, et jouant dans ce village de Trilport; j'aperçois, vêtu d'une sorte d'uniforme, un homme auquel j'adresse la parole, en lui demandant son nom. Il m'apprend qu'il s'appelle C..., qu'il est le garde du port, puis disparaît pour laisser la place à d'autres personnages. Je me réveille en sursaut avec le nom de C... dans la tête. Était-ce là une pure imagination, ou y avait-il eu à Trilport un garde du port du nom de C...? Je l'ignorais, n'ayant aucun souvenir d'un pareil nom. J'interroge, quelque temps après, une vieille domestique jadis au service de mon père, et qui me conduisait souvent à Trilport. Je lui demande si elle se rappelle un individu du nom de C..., et elle me répond aussitôt que c'était un garde

---

1. *Le Sommeil et les Rêves*, p. 92.

du port de la Marne quand mon père construisait son pont. Très certainement je l'avais vu comme elle, mais le souvenir s'en était effacé. Le rêve, en l'évoquant, m'avait comme révélé ce que j'ignorais.

C'est encore là un type parfait d'hallucination proprement dite. Il faut nous défier des images latentes, des souvenirs effacés et de l'inconscient. Il y a plus d'une impression de ce genre dans les relations qui m'ont été adressées[1]. Les publier ici serait inutile.

Cependant il ne sera pas sans intérêt de mentionner les quatre récits suivants :

Il y a un an environ, me trouvant dans cet état intermédiaire qui suit immédiatement le réveil et dans lequel on n'a pas encore complètement repris ses sens, j'ai vu très nettement, et cela dans l'obscurité presque complète (il était cinq heures du matin), une forme humaine se tenant immobile à un mètre devant moi.

Le phénomène a duré quelques secondes, puis l'image s'est évanouie, pour reparaître un moment après avec les mêmes traits que la première fois. Je n'ai reconnu personne en elle, et c'est peut-être là la raison pour laquelle je n'ai pas constaté de coïncidence avec une mort.

Il y a quelques mois, dans les mêmes circonstances, une nouvelle figure m'est apparue, figure également inconnue de moi.

Je dois ajouter qu'antérieurement à ces manifestations, j'ai eu l'occasion de m'assurer qu'étant subitement réveillé au milieu d'un songe, on peut continuer à voir, à l'état de veille, pendant un instant très court, les objets que l'on vient de voir pendant le sommeil.

---

1. Voy. sur ce sujet, outre les auteurs précédents, J. Liégeois, *De la suggestion et du somnambulisme* (1889), p. 312.

Mais, dans les deux cas qui précèdent, la vision a commencé à se produire postérieurement au réveil et n'a pas été, comme dans ce dernier cas, la continuation d'une impression éprouvée pendant le rêve.

Il y a donc probablement là une distinction à établir entre ces deux genres de phénomènes.

Ch. Tousche,

Vice-secrétaire de la Société scientifique Flammarion de Marseille, Membre de la Société astronomique de France et de la Société des Hautes-Études psychiques de Marseille. [*Lettre* 388.]

C'est très probablement là une hallucination hypnagogique.

J'avais douze ans. Un matin vers sept heures (je ne me souviens pas de l'époque de l'année, mais il faisait jour), j'étais au lit et seul dans la maison ; un oncle, qui couchait dans le même appartement, s'était levé une heure, au moins, auparavant pour travailler (il était maréchal-ferrant). Une table ronde se trouvait près du lit et touchait l'alcôve ; sur la table quelques objets, notamment mes effets.

Au moment où, m'éveillant, j'ai ouvert les yeux, j'ai vu, près de la table et me faisant face, un homme paraissant faire le nœud de sa cravate.

J'ai immédiatement refermé les yeux, retenant mon souffle ; puis, quelques instants après, — une demi-minute peut-être, — la curiosité étant plus forte que la frayeur, j'ai rouvert les yeux et j'ai vu ce même homme qui contournait la table pour *passer entre l'alcôve et cette table*. J'ai de nouveau fermé les yeux et, lorsque je les ai rouverts, je n'ai plus rien vu.

Cet homme passait entre la table et l'alcôve et, cependant, la table touchait l'alcôve. Je n'ai du reste entendu aucun bruit (ni bruit de pas, ni autre, même léger). Il ne paraissait pas faire attention à moi.

Je ne me souviens pas des traits de son visage qui m'étaient inconnus. Cette apparition n'a pas coïncidé avec la mort d'une personne, de moi connue. G. LAMY,

80, rue Richelandière, à Saint-Étienne (Loire). [*Lettre* 327.

Même cas, sans doute.

Il y a environ deux mois, un soir, étant couché depuis quelques instants et non encore endormi, j'éprouvai tout à coup la sensation d'un corps lourd se posant sur mes jambes.

Je sortis la tête de sous les couvertures et je distinguai très distinctement un enfant emmailloté qui me regardait en souriant. Effrayé par cette apparition, je tire vivement mon bras et je lance brutalement un coup de poing dans sa direction. L'enfant saute par le bas du lit et disparaît. J'étais parfaitement éveillé. La lune éclairant suffisamment ma chambre pour en distinguer les objets, j'ai parfaitement aperçu la vision.

De plus, mon appartement étant bien fermé, aucun animal n'a pu pénétrer pour sauter sur mon lit. Et ensuite je me suis assuré, le lendemain matin, que tout était en ordre. J'ajoute, comme complément, que mon esprit s'était porté instinctivement vers mon petit neveu, alors âgé de trois mois, et qui, grâce à Dieu, se porte à merveille. J. M.,

à Marasque. [*Lettre* 393.]

Ce sont encore là des aspects hallucinatoires.

Il n'y a pas plus de quinze jours, j'ai eu, la nuit, étant dans mon lit mais parfaitement éveillé et les yeux grands ouverts, l'impression de voir un être humain.

Cette impression a duré plus d'une minute; elle m'a fait l'effet d'un médaillon représentant un buste de femme aussi grand que nature se déplaçant comme le ferait une projection lumineuse, se dégradant, changeant de forme.

Pendant cette minute, j'ai eu le temps de rappeler mes souvenirs en songeant à être utile à vos recherches.

Cette figure n'a éveillé en moi aucun souvenir et m'a paru totalement inconnue, je ne puis donc savoir si cette apparition coïncide avec une mort; en tout cas, ce ne serait pas quelqu'un de mes proches.

Je n'ai pas cru à une apparition, mais plutôt à une aberration du sens de la vue.

Je dois dire que l'obscurité était complète dans ma chambre et que j'ai très bien distingué les traits.

HENRIOT,
vétérinaire, à Chavanges (Aube). [Lettre 473.]

Il y a eu sans doute là également une sorte de demi-rêve hallucinatoire.

Les exemples qui précèdent peuvent être expliqués par la théorie des hallucinations. Plusieurs ne laissent aucun doute. On est tenté de mettre sur le même rang tous les faits dont nous nous occupons ici, et c'est, en général, ce que l'on croit. Mais un grand nombre d'objections s'y opposent, si l'on ne se contente pas d'un aperçu superficiel, si l'on se donne la peine d'analyser à fond les faits observés.

Quelques exemples paraîtraient pouvoir être classés dans la catégorie précédente. Ainsi, M. V. de Kerkhove (p. 72) étant au Texas, fumant tranquillement sa pipe après son dîner, vers le coucher du soleil, et voyant son grand-père, resté en Belgique, lui apparaître dans l'embrasure d'une porte. L'auteur sommeillait doucement après un bon dîner, et se trouvait dans les conditions d'une hallucination hypnagogique. On pourrait admettre là ce genre d'hallucination si son grand-père n'était pas mort justement à cette heure-là. Pourquoi une hallucination à ce moment précis? On répliquera que c'est précisément cette coïncidence qui l'a fait remarquer. Mais non. L'auteur n'en a jamais eu d'autre, et il en est de même, en général, dans tous les récits. Il est très rare qu'une même personne ait vu plusieurs apparitions : généralement on n'en a vu qu'une, coïncidant avec une mort. Le cas n'est pas du tout le même que pour des pressentiments plus ou moins vagues dont l'un, se réalisant par hasard, est plus remarqué que les autres.

Et M. de Kerkhove n'était pas préoccupé de la santé de son grand-père, pas plus que Mme Block lorsqu'elle a vu, à Rome, son neveu de 14 ans qui mourait à Paris, et qu'elle avait laissé bien portant (p. 70), pas plus que Mme Berget entendant, à Schlestadt, chanter son amie, religieuse, au moment où elle mourait dans un couvent de Strasbourg (p. 78), pas plus que la jeune fille qui pendant un dîner fort gai voit apparaître sa mère (p. 114), pas plus que M. Garling rencontrant en plein jour sur une route le double de son ami Harrisson mourant du choléra (p. 208). Nos 181 cas sont tout à fait en dehors de ces explications physiologiques. Il n'y a là aucune des conditions et associations d'idées communes aux rêves hypnagogiques.

Autre objection : Les dates précises de mort connues par les apparitions et en contradiction parfois avec les documents, par exemple le cas de Mme Wheatcroft voyant son mari, le capitaine, tué le 14 novembre, tandis que plus tard les papiers du ministère de la guerre portèrent par erreur le 15, date qui fut ultérieurement rectifiée (p. 195). L'explication par l'hallucination est d'une insuffisance notoire. Quoique, sur les nombreux cas signalés, il puisse exister *quelques* coïncidences fortuites, l'ensemble ne s'explique pas par cette hypothèse. Sans contredit, il y a des hallucinations réelles et aussi des coïncidences purement fortuites; mais ni les unes ni les autres n'empêchent qu'il y ait aussi des manifestations télépathiques de mourants. Les trois cas sont représentés dans la série de mes documents.

Nous constaterons bientôt, d'ailleurs, que l'action psychique d'un esprit sur un autre, à distance, est un fait irrécusable.

Brierre de Boismont cite l'histoire suivante, que Ferriar, Hibbert et Abercrombie ont envisagée sous des rapports différents.

Un officier de l'armée anglaise, lié avec ma famille, dit Ferriar, fut envoyé en garnison, vers le milieu du siècle dernier, dans le voisinage d'un gentilhomme écossais, qu'on disait doué de la seconde vue. Un jour que l'officier, qui avait fait sa connaissance, lisait une comédie aux dames, le maître de la maison, qui se promenait dans l'appartement, s'arrêta court et prit le regard d'un inspiré. Il tira la sonnette et ordonna à un valet de seller un cheval pour aller immédiatement à un château voisin savoir des nouvelles de la santé de la dame, et si la réponse était favorable de se rendre à un autre château pour s'informer d'une autre lady qu'il nomma.

L'officier ferma le livre et pria son hôte de vouloir bien lui donner l'explication de ces ordres instantanés. Celui-ci hésita, mais finit par avouer que la porte lui avait paru s'ouvrir et qu'il avait vu entrer une petite femme ayant de la ressemblance avec les deux dames désignées ; cette apparition, ajouta-t-il, était l'indice de la mort subite de quelque personne de sa connaissance.

Plusieurs heures après, le domestique revint avec la nouvelle qu'une de ces dames était morte d'apoplexie au moment où l'apparition avait eu lieu.

Dans une autre circonstance, il arriva que, ce seigneur ayant été obligé de garder le lit, l'officier lui fit la lecture par une nuit d'orage. Le bateau de pêche se trouvait alors à la mer. Le vieux gentleman, après avoir témoigné à diverses reprises beaucoup d'inquiétude sur ses gens, s'écria tout à coup : « *Le bateau est perdu.* — Comment le savez-vous ? lui demanda le colonel. — Je vois, répondit le malade, deux bateliers, qui en portent un troisième noyé ; ils ruissellent d'eau et le placent près de votre chaise. » Dans la nuit, les pêcheurs revinrent avec le corps d'un des mariniers.

Ferriar, ajoute B. de Boismont, attribue avec raison cette vision aux hallucinations. Suivant Abercrombie, elle serait la réminiscence d'un rêve oublié. Nous pensons qu'elle doit surtout être rapportée aux hallucinations qui se manifestent pendant l'extase.

Il eût été plus simple d'avouer que la chose est inexplicable.

On n'est pas autorisé à mettre sur le compte des hallucinations tous les faits inexpliqués, celui-ci, entre autres, sur mille :

Cardan raconte que pendant son séjour à Pavie, regardant par hasard ses mains, il fut très alarmé d'apercevoir sur son index droit un point rouge. Dans la soirée, il reçut une lettre de son gendre qui lui apprenait l'emprisonnement de son fils, et le désir ardent qu'il avait de le voir à Milan, où il était *condamné à mort*. La marque continua à s'étendre pendant cinquante-trois jours, jusqu'à ce qu'elle atteignît l'extrémité du doigt : elle était alors rouge comme du sang. Son fils ayant été exécuté, la tache diminua aussitôt; le lendemain de sa mort elle avait presque entièrement disparu, et deux jours après, il n'en restait plus de trace[1].

Ce fait bizarre est également classé par Brierre de Boismont au nombre des hallucinations (obs. 44). Pour quelle raison? Une illusion de la vue qui dure 53 jours! Et la coïncidence? Ici encore, est-elle négligeable? Le fils condamné à mort n'a-t-il pas agi physiquement, sur son père, par une influence qui n'a cessé qu'à la mort?

Dans son excellent ouvrage sur le cerveau[2], Gratiolet met — à tort aussi, suivant nous — les trois observations suivantes au rang des hallucinations :

M. Chevreul, l'éminent chimiste, méditait un jour, assis et courbé près de son foyer. C'était en 1814, quelques jours avant l'occupation de Paris par les alliés. Une inquiétude universelle régnait. Un moment, il se lève, se

1. Cardan, *De vita propria*.
2. Tome II de l'*Anatomie comparée du système nerveux considéré dans ses rapports avec l'intelligence*, par LEURET et GRATIOLET (1839-1857). Mon attention a été appelée sur cet ouvrage par mon savant ami M. Edmond Perrier, professeur au Muséum, membre de l'Institut, et je lui en suis particulièrement reconnaissant.

retourne et voit, entre les deux croisées de son cabinet, une forme pâle et blanche, semblable à un cône fort allongé que surmonterait une sphère. Cette forme, assez mal définie d'ailleurs, était immobile, et pendant que M. Chevreul la considérait, il était dans un état tout particulier d'angoisse. Il n'éprouvait aucune frayeur morale, et cependant il se sentait frissonner ; un instant il détourna les yeux et cessa alors de voir le fantôme, puis, les reportant vers le même lieu, il l'y retrouva dans la même attitude. Cette épreuve fut répétée avec le même résultat ; fatigué de cette vision persistante, le savant se décida à se retirer dans sa chambre à coucher. Pendant ce mouvement, qui l'obligeait à passer devant le fantôme, celui-ci s'évanouit.

Trois mois après environ, M. Chevreul apprit, assez tardivement, la mort d'un vieil ami qui, en signe de souvenir, lui léguait sa bibliothèque ; cette triste nouvelle avait été singulièrement retardée par la difficulté de communications dans cette malheureuse époque, et, en rapprochant les dates, il constata entre la vision et l'heure de la mort de son ami une sorte de coïncidence. Si j'avais été superstitieux, me disait M. Chevreul, j'aurais pu croire à une apparition réelle [1].

C'est précisément là la question. Y a-t-il eu apparition ou hallucination ?

Chevreul a signalé également à Gratiolet le cas suivant :

Un des anatomistes qui ont illustré la fin du dix-huitième siècle, X..., se faisait coiffer. Tout à coup il se retourne et dit à son perruquier : Pourquoi me serrez-vous le bras ? Celui-ci s'excuse et nie. Un moment après même observation, même réponse. Le coiffeur achève enfin son œuvre, renouvelle les dénégations les plus formelles et se retire.

1. *Anatomie comparée du système nerveux*, tome II, p. 534.

Le lendemain, X... apprit la mort d'un de ses amis. Au moment même où il s'était senti serrer le bras, ce malheureux s'était noyé. X... eut l'esprit frappé de cette coïncidence le reste de sa vie, et fut dès lors sujet à des terreurs d'enfant, si bien que le soir il se faisait accompagner dans sa chambre où l'on demeurait près de lui jusqu'à ce qu'il fût endormi [1].

L'hallucination n'est pas démontrée non plus dans ce cas-ci.

Le troisième fait dont parle Gratiolet lui a été également rapporté par Chevreul :

Il était encore enfant et jouait aux billes dans une chambre où, quelques mois auparavant, était morte une de ses tantes. Une de ses billes lui échappe et roule dans l'alcôve; l'enfant se précipite, mais, au moment où il se courbe pour la ramasser, il sent passer sur sa tête un souffle léger, et un baiser effleure sa joue; il entend en même temps murmurer à son oreille ce mot : Adieu [1]!

Gratiolet ajoute : « *Il est bien évident* que, dans ce cas, l'hallucination s'est développée sous l'influence du principe d'association des idées. »

Eh bien, non, ce n'est pas *évident*.

Voici encore un exemple fort remarquable, tiré des *Hallucinations* de B. de Boismont (obs. 87).

Mlle R..., douée d'un excellent jugement, religieuse sans bigoterie, habitait, avant d'être mariée, la maison de son oncle, médecin célèbre, membre de l'Institut. Elle était alors séparée de sa mère, atteinte, en province, d'une maladie assez grave. Une nuit, cette jeune personne rêva qu'elle l'apercevait devant elle, pâle, défigurée, prête à rendre le dernier soupir, et témoignant surtout un vif

---

1. *Idem*, page 525. — 2. *Idem*, p. 524.

chagrin de ne pas être entourée de ses enfants, dont l'un, curé d'une des paroisses de Paris, avait émigré en Espagne, et dont l'autre était à Paris. Bientôt elle l'entendit l'appeler plusieurs fois par son nom de baptême; elle vit, dans son rêve, les personnes qui entouraient sa mère, s'imaginant qu'elle demandait sa petite-fille, portant le même nom, aller la chercher dans la pièce voisine; un signe de la malade leur apprit que ce n'était point elle, mais sa fille qui habitait Paris, qu'elle désirait voir. La figure exprimait la douleur qu'elle éprouvait de son absence; tout à coup ses traits se décomposèrent, se couvrirent de la pâleur de la mort; elle retomba sans vie sur son lit.

Le lendemain, Mlle R... parut fort triste devant son oncle, qui lui demanda la cause de son chagrin; elle lui raconta dans tous les détails le songe qui l'avait si fortement tourmentée. Celui-ci la pressa contre son cœur en lui avouant que la nouvelle n'était que trop vraie, que sa mère venait de mourir; mais il n'entra point dans d'autres explications.

Quelques mois après, Mlle R..., profitant de l'absence de son oncle pour mettre en ordre ses papiers auxquels, comme beaucoup d'autres savants, il n'aimait pas qu'on touchât, trouva une lettre qui avait été jetée dans un coin. Quelle ne fut pas sa surprise en y lisant toutes les particularités de son rêve, que son oncle avait passées sous silence, ne voulant pas produire une émotion trop forte sur un esprit déjà si vivement impressionné.

Ces renseignements, ajoute l'auteur, nous ont été donnés par la personne elle-même, dans laquelle nous avons la plus grande confiance [1].

[1]. Ce fait mérite, ainsi que les deux cas de l'officier anglais rapportés par Ferriar et les deux premiers de Chevreul, d'être inscrit au nombre des faits de télépathie. Nous leur donnerons donc les n°ˢ CLXXXII, CLXXXIII, CLXXXIV, CLXXXV et CLXXXVI de notre série. Le troisième de Chevreul pourrait être reporté à l'examen critique des manifestations de *morts*. Nous n'y sommes pas encore.

A l'honneur de son jugement scientifique indépendant et éclairé, Brierre de Boismont fait lui-même ici les réflexions suivantes :

« Il convient, sans doute, de se tenir ici dans une réserve prudente, et l'explication donnée pour le songe du ministre dont parle Abercrombie pourrait à la rigueur être invoquée dans ce cas ; mais nous dirons franchement que ces explications sont loin de nous satisfaire et que ce sujet, dont nous nous sommes beaucoup occupé, touche aux plus profonds mystères de notre être ; si nous voulions citer tous les noms des personnages connus ayant une haute position dans la science, un jugement excellent, des connaissances très étendues, qui ont eu de ces avertissements, de ces pressentiments, il y aurait matière à plus d'une réflexion. »

Ainsi les physiologistes étaient déjà prêts, il y a un demi-siècle, à faire la part de l'*inconnu* dans la théorie des hallucinations. Le lecteur est édifié maintenant sur le cadre et les limites de cette théorie physiologique et pathologique. *L'hallucination n'explique pas les faits.* Notre devoir est maintenant de chercher cette explication.

VI

L'ACTION PSYCHIQUE D'UN ESPRIT SUR UN AUTRE

TRANSMISSIONS DE PENSÉES — SUGGESTION MENTALE
COMMUNICATIONS A DISTANCE ENTRE VIVANTS

> Celui qui, en dehors des mathématiques pures, prononce le mot *impossible*, manque de prudence. ARAGO.

Nous avons pris soin de ne commencer ces études que par l'examen de faits d'un même ordre : les manifestations de mourants, à distance, afin d'en trouver plus facilement l'explication. Nous arriverons bientôt aux manifestations de morts, réelles ou apparentes, et aux autres phénomènes, avançant graduellement, lentement, mais sûrement. Le but de ces recherches est de savoir si l'observation scientifique positive possède des bases suffisantes pour prouver l'existence de l'âme, comme entité réelle indépendante, et sa survivance à la destruction de l'organisme corporel. Les faits examinés dans les chapitres précédents ont déjà placé la première proposition sur un bon terrain. L'hypothèse du hasard et de la coïncidence fortuite étant éliminée pour la télépathie par le calcul des probabilités, nous sommes forcés d'admettre l'existence d'une *force psychique*[1] inconnue émanée de l'être humain et pouvant agir à de grandes distances.

Il paraît difficile, devant l'ensemble si éloquent et si démonstratif de ces témoignages, de nous refuser à cette première conclusion.

Ce ne sont pas les observateurs, ceux qui ont ressenti ces impressions, dont l'esprit s'est transporté vers le mourant. C'est celui-ci qui les a frappés. La plupart des exemples indiquent que la cause est là, et non dans une clairvoyance, une seconde vue des sujets impressionnés.

Il n'est pas non plus nécessaire de supposer que l'âme du mourant se déplace et se transporte vers le sujet impressionné. Il peut n'y avoir là qu'une radiation, un mode d'énergie encore inconnu, une vibration de l'éther, une onde allant frapper un cerveau et lui donnant l'illusion d'une réalité externe. Tous les objets que nous voyons, d'ailleurs, ne nous sont sensibles, n'arrivent à notre esprit que par des images cérébrales.

Cette hypothèse explicative me paraît nécessaire et suffisante, du moins *en ce qui concerne le plus grand nombre des faits qui viennent d'être exposés*.

---

[1]. Je crois être le premier à avoir employé cette expression de *force psychique*. On peut lire, dans mon opuscule : *Des forces naturelles inconnues*, publié en 1865 : « Il y a quelques années, j'ai qualifié ces forces du nom de *psychiques*. Cette expression peut être maintenue. » Depuis un tiers de siècle, elle a pris rang dans le langage habituel.

Ces faits, qui représentent, en réalité, un ordre de choses beaucoup plus répandu qu'on ne l'a pensé jusqu'à ce jour, n'ont rien de surnaturel. Le rôle de la science est : 1º de ne pas les rejeter aveuglément, et 2º de chercher à les expliquer. Or, de toutes les explications qui peuvent être imaginées, la plus simple, et, en même temps, celle qui semble s'imposer avec le plus de force, c'est d'admettre que l'esprit du mourant a agi à distance sur celui ou ceux des personnes qui ont été impressionnées. Les apparitions, les auditions, les spectres, les fantômes, les déplacements d'objets, les bruits, tout paraît fictif; rien, par exemple, ne pourrait être photographié. A part certains cas sur lesquels nous aurons à revenir, c'est dans le cerveau des personnes impressionnées que tout se passe. Mais ce n'est pas moins *réel* pour cela.

Nous poserons donc comme *conclusion des observations précédentes*, qu'un ESPRIT PEUT AGIR A DISTANCE SUR UN AUTRE, sans l'intermédiaire habituel de la parole, ni d'aucun autre signe sensible. Il nous paraît tout à fait impossible de se refuser à cette conclusion, si l'on accepte les faits.

Cette conclusion va être surabondamment démontrée.

Il n'y a rien d'antiscientifique, rien de romanesque à admettre qu'une pensée agisse à distance sur un cerveau.

Faites vibrer une corde de violon ou de piano : à une certaine distance, une autre corde de violon, de piano vibrera et émettra un son. L'ondulation de l'air se transmet invisiblement.

Mettez en mouvement une aiguille aimantée. A une certaine distance, et sans contact, par simple induction, une autre aiguille aimantée oscillera synchroniquement avec la première.

Parlez, à Paris, sur une lame de téléphone : la communication électrique ira faire vibrer l'autre lame sonore à Marseille. Le fil matériel n'est pas indispensable. Ce n'est pas une substance qui se transporte; c'est une onde qui se propage.

Voilà une étoile, à des millions de milliards de kilomètres, dans l'immensité des cieux, de la distance de laquelle la Terre n'est qu'un point *absolument invisible*. J'expose à cette étoile, au foyer d'une lentille, une plaque photographique : le rayon de lumière va travailler sur cette plaque, mordre, désagréger la couche sensible, et imprimer son image. Ce fait n'est-il pas beaucoup plus étonnant en lui-même que l'onde cérébrale qui va à quelques mètres, quelques kilomètres, quelques milliers de kilomètres, frapper un autre cerveau en rapport harmonique avec celui d'où elle est partie ?

A 149 millions de kilomètres de distance, à travers ce qu'on appelle « le vide », une commotion solaire produit sur la Terre une aurore boréale et une perturbation magnétique.

Tout être vivant est un foyer dynamique. La pensée elle-même est un acte dynamique. Il n'y a aucune pensée sans vibration corrélative du cerveau. Qu'y a-t-il d'extraordinaire à ce que ce mouvement se transmette à une certaine distance, comme dans le cas du téléphone, ou, mieux encore, du photophone (transport de la parole par la lumière) et de la télégraphie sans fils?

Vraiment, dans l'état actuel de nos connaissances physiques, cette hypothèse n'est même pas une hardiesse. Elle ne sort pas du cadre de nos opérations habituelles.

Toutes nos sensations, de plaisir, de douleur, ou indifférentes, toutes, sans exception, ont lieu dans notre cerveau. Pourtant, nous les localisons toujours ailleurs, jamais au cerveau. Je me brûle le pied, je me pique le doigt, je me heurte le coude, je respire un parfum agréable, je mange d'un mets savoureux, je bois une liqueur exquise : toutes ces sensations sont instinctivement placées au pied, au doigt, au coude, dans le nez, dans la bouche, etc. En réalité, pourtant, les nerfs les ont toutes, sans exception, transmises au cerveau, et c'est là seulement que nous les percevons. Nous pourrions nous brûler le pied jusqu'à l'os, nous n'éprouverions aucune sensation, si les nerfs qui vont du pied au cerveau étaient coupés en un point quelconque de leur parcours.

Le fait est démontré par l'anatomie et la physiologie. Ce qu'il y a peut-être de plus curieux encore, c'est qu'il n'est pas nécessaire qu'un membre existe pour qu'on le sente. Les amputés éprouvent les mêmes sensations que s'ils avaient encore le membre dont on les a privés. On a coutume de dire que l'illusion dure quelque temps, jusqu'à ce que, la plaie étant cicatrisée, le malade cesse de recevoir les soins de l'homme de l'art. Mais la vérité est que ces illusions persistent toujours, et qu'elles conservent la même intensité pendant toute la vie. Il reste une sensation de formication et de douleur ayant en apparence son siège dans les parties extérieures qui, cependant, n'existent plus. Ces sensations ne sont pas vagues, car l'amputé sent des douleurs ou du fourmillement dans tel ou tel orteil, à la plante ou sur le dos du pied, à la peau, etc. Un homme amputé de la cuisse éprouvait encore, au bout de douze années, les mêmes sensations que s'il eût possédé les orteils et la plante du pied. Un autre avait le bras amputé depuis treize ans et les sensations dans les doigts n'avaient jamais cessé chez lui; il croyait toujours sentir sa main dans une situation courbée. Un autre, qui avait eu le bras droit écrasé par un boulet de canon et ensuite amputé, éprouvait encore, vingt ans après, des douleurs rhumatismales dans ce membre toutes les fois que le temps changeait. Le bras qu'il avait perdu lui paraissait sensible au moindre courant d'air!

C'est surtout pendant la nuit que l'illusion des amputés est plus forte; ils sont parfois obligés de porter la main à l'endroit où devrait être leur membre pour se convaincre qu'ils ne l'ont plus. Quand les nerfs subsistants deviennent douloureux, ils ont plus de peine encore à redresser leur erreur; tel, au bout de huit mois, avait besoin, pour se détromper, de tâter pendant la nuit et de regarder pendant le jour la place laissée vide par l'amputation de son bras gauche. La sensation d'élancement, d'engourdissement, de fourmillement, de douleur n'est pas située dans le membre absent ; donc la même sensation n'y est pas située non plus lorsque le membre est présent ; ainsi dans les deux cas, à l'état normal et à l'état anormal, la sensation n'a pas l'emplacement que nous lui attribuons ; elle est ailleurs ; ce n'est pas elle, c'est un ébranlement nerveux, qui, à l'état normal, occupe l'endroit où elle semble être. Le nerf est un simple conducteur ; de quelque point que parte son ébranlement pour aller éveiller l'action des centres sensitifs, la même sensation se produit et amène le même résultat : l'attribution de la sensation à tel endroit qui n'est pas le centre sensitif.[1]

Lorsque, dans une opération de rhinoplastie, on retourne un lambeau de la peau du front, taillé à la racine du nez, pour l'accoler au moignon du nez, le nez factice conserve, tant que le front n'a pas été coupé, les mêmes sensations que l'on éprouve lorsque la peau du front est excitée par un stimulant quelconque, c'est-à-dire que l'individu sent au front les attouchements qu'on exerce sur son nez.

La conséquence est que, lorsqu'une sensation aura pour condition ordinaire la présence d'un objet plus ou moins éloigné de notre corps et que l'expérience

---

1. Cette explication nous paraît plus probable que celle du corps fluidique ou astral prolongeant indéfiniment les membres amputés.

nous aura fait connaître cette distance, c'est à cette distance que nous situerons notre sensation. Tel est le cas en effet pour les sensations de l'ouïe et de la vue. Le nerf acoustique a sa terminaison extérieure dans la chambre profonde de l'oreille. Le nerf optique a la sienne dans la logette la plus interne de l'œil. Et cependant, dans l'état actuel, ce n'est jamais là que nous situons nos sensations de son ou de couleur, mais hors de nous et souvent à une très grande distance. Les sons vibrants d'une grosse cloche nous semblent trembler bien loin et bien haut dans l'air; un coup de sifflet de locomotive nous semble percer l'air à cinquante pas, à gauche. L'emplacement, même lointain, est bien plus net encore pour les sensations visuelles. Cela va si loin que nos sensations de couleur nous semblent détachées de nous; nous ne remarquons plus qu'elles nous appartiennent, elles nous semblent faire partie des objets. Nous croyons que la couleur verte, qui nous semble étendue à trois pieds de nous sur ce fauteuil, est une de ses propriétés; nous oublions qu'elle n'existe que dans notre rétine ou plutôt dans les centres sensitifs qu'ébranle l'ébranlement de notre rétine. Si nous l'y cherchons, nous ne l'y trouvons pas; les physiologistes ont beau nous prouver que l'ébranlement nerveux qui aboutit à la sensation de couleur commence dans la rétine comme l'ébranlement nerveux qui aboutit à la sensation de contact commence dans les extrémités nerveuses de la main ou du pied; ils ont beau nous montrer que l'éther vibrant choque l'extrémité de notre nerf optique comme un diapason vibrant choque la superficie de notre main ; nous n'avons pas la moindre conscience de cet attouchement de notre rétine, même quand nous dirigeons de ce côté tout l'effort de notre attention. Toutes nos sensations de couleur sont ainsi projetées hors de notre corps et revêtent les objets plus ou moins distants, meubles, murs, maisons, arbres, ciel et le reste. C'est pourquoi, quand ensuite nous réfléchissons sur elles, nous cessons de nous les attribuer ; elles se sont aliénées, détachées de nous jusqu'à nous paraître étrangères à nous.

La couleur n'est point dans l'objet ni dans les rayons lumineux qui en jaillissent ; car, en beaucoup de cas, nous la voyons lorsque l'objet est absent et lorsque les rayons lumineux manquent. La présence de l'objet et des rayons lumineux ne contribue qu'indirectement à la faire naître ; sa condition directe, nécessaire, et suffisante est l'excitation de la rétine, mieux encore, des centres optiques de l'encéphale. Peu importe que cette excitation soit produite par un jet de rayons lumineux ou autrement. Peu importe qu'elle soit ou non spontanée. Quelle que soit sa cause, sitôt qu'elle naît, la couleur naît et, en même temps, ce que nous appelons la figure visible. Partout, la couleur et la figure visible ne sont que des événements intérieurs, en apparence extérieurs. Toute l'optique physiologique repose sur ce principe. Il résulte donc de notre organisation que la vision, l'audition, l'observation quelconque que nous faisons d'un objet ou d'un être, est due à une impression cérébrale et que, par conséquent, pour que nous croyions voir, entendre, toucher un être, il faut et il suffit que notre cerveau soit impressionné par un mouvement vibratoire qui lui donne une sensation adéquate au résultat obtenu[1].

Le cerveau, auquel aboutissent toute les sensations, possède plusieurs centaines, plusieurs milliers de nerfs afférents, de nerfs efférents, de cellules et de nerfs intercellulaires, dans lesquels le courant nerveux se propage par plusieurs centaines et plusieurs milliers de chemins distincts et indépendants. Ces communications si compliquées sont établies par des milliers et des myriades de cellules et de nerfs. C'est ce qui est constaté par le microscope, les vivisections et les observations pathologiques. L'axe de la moelle épinière, long cordon de substance grise, contient notamment soixante-deux groupes principaux de centres nerveux distribués en trente et un couples, qui peuvent même agir, sans la tête, par actions réflexes. Sur un homme décapité dont l'électricité avait ranimé la moelle épinière, le docteur Robin, ayant gratté avec un scapel la paroi droite de la poitrine, vit le bras du même côté se lever et diriger la main vers l'endroit irrité, comme pour exécuter un mouvement de défense. Le Dr Kuss, ayant amputé la tête d'un lapin avec des ciseaux mal effilés qui hachèrent les parties molles de façon à prévenir l'hémorragie, vit l'animal s'élancer sans sa tête et

---

1. H. Taine. *De l'intelligence*, t. II, p. 139.

parcourir toute la salle avec un mouvement de locomotion parfaitement régulier[1]. Les mécanismes vitaux sont reliés entre eux et subordonnés les uns aux autres ; leur ensemble ne représente pas une république d'égaux, mais une hiérarchie de fonctionnaires, et le système des centres nerveux dans la moelle et dans l'encéphale ressemble au système des pouvoirs administratifs dans un État. On peut le comparer au réseau télégraphique qui met en communication tous les départements avec Paris, tous les préfets avec les ministres, transmet les faits, reçoit les ordres. Une onde de changement moléculaire se propage le long d'un filet nerveux avec une vitesse qu'on évalue à 34 mètres par seconde pour les nerfs sensitifs, à 27 mètres pour les nerfs moteurs. Arrivée à la cellule cérébrale, cette onde y provoque un changement moléculaire encore plus grand ; nulle part il ne se produit un si grand dégagement de force. Nous pouvons comparer, avec Taine, la cellule à un petit magasin de poudre qui, à chaque excitation du nerf afférent, prend feu, fait explosion et transmet multiplié au nerf efférent l'impulsion qu'il a reçue du nerf afférent. Tel est l'ébranlement nerveux au point de vue mécanique. Au point de vue physique, il est une combustion de la subtance nerveuse qui en brûlant dégage de la chaleur. Au point de vue chimique, il est une décomposition de la substance nerveuse qui perd sa graisse phosphorée et sa neurine. Au

---

[1] Une grenouille dont on a enlevé le cœur nage et saute encore pendant quatre ou cinq heures (CLAUDE BERNARD).

point de vue physiologique, il est le jeu d'un organe qui, comme tous les organes, s'altère par son propre jeu et, pour fonctionner de nouveau, a besoin d'une réparation sanguine. Mais, par tous ces points de vue, nous n'atteignons dans l'événement que des caractères abstraits et des effets d'ensemble; nous ne le saisissons point en lui-même et dans ses détails, tel que nous le verrions si, avec des yeux ou des microscopes plus perçants, nous pouvions le suivre, du commencement à la fin, à travers tous ses éléments et d'un bout à l'autre de son histoire. A ce point de vue historique et graphique, l'ébranlement de la cellule est certainement un mouvement intérieur de ses molécules et ce mouvement peut être comparé très exactement à une *figure de danse* où les molécules très diverses et très nombreuses, après avoir décrit chacune avec une certaine vitesse une ligne d'une certaine longueur et d'une certaine forme, reviennent chacune à sa place primitive, sauf quelques danseurs fatigués qui défaillent, sont incapables de recommencer et cèdent leur place à d'autres recrues toutes fraîches pour que la figure puisse être exécutée de nouveau.

Voilà, autant qu'on peut le conjecturer, l'acte physiologique dont la sensation est le correspondant mental[1].

Tous les faits relatifs à la production et à l'association des idées peuvent s'expliquer par les vibrations du cerveau et celles du système nerveux qui

1. *De l'intelligence*, t. I, p. 306.

y prend son origine, comme David Hartley l'a démontré dès le siècle dernier[1]. L'acoustique nous a, depuis, éclairés à cet égard. Une expérience bien connue de Sauveur montre qu'une corde sonore ne vibre pas seulement dans toute sa longueur, mais que chacune de ses moitiés, chacun de ses tiers, chacun de ses quarts, de ses cinquièmes et de ses sixièmes, etc., vibre séparément[2]. Un phénomène d'un ordre analogue peut se produire dans les vibrations des fibres encéphaliques, et celles-ci seraient alors dans une relation analogue à celle des sons harmoniques. Une vibration déterminée par une idée[3] serait accompagnée des vibrations correspondantes aux idées connexes ; et la connexité résulterait, soit du voisinage des fibres qu'elles affectent, soit de courants du même genre que l'induction électro-dynamique.

Quoi qu'il en soit du mode de production et de répartition, toute pensée et toute association d'idées représentent un mouvement cérébral, une vibration d'ordre physique.

Les vibrations, l'action psychique à distance, quelle qu'elle soit, d'ailleurs, expliquent donc les faits de télépathie. Il n'y a pas là hallucination, mais impression physique réelle.

1. *Theory of the human mind.*
2. Voy. Pouillet. *Physique expérimentale*, t. II, p. 65.
3. « Les filets (les nerfs) disait déjà Malebranche en 1674 (*Recherche de la Vérité*, ch. x, liv. Ier) peuvent être remués en deux manières : ou bien par le bout qui est hors du cerveau, ou par le bout qui est dans le cerveau. »

Vous lancez dans l'air d'un salon une note déterminée, soit par la voix, soit par le violon, soit de toute autre façon, par exemple un *si* bémol. La corde d'un piano voisin donnant ce *si* bémol vibrera et résonnera, tandis que les 84 autres cordes resteront sourdes et muettes. Si elles pouvaient penser, en remarquant l'agitation du *si* bémol, les autres cordes prendraient évidemment celle-ci *pour une hallucinée*, une nerveuse, une imaginative, parce qu'elles ont été insensibles au mouvement transmis et qu'elles l'ignorent.

Chaque sensation, comme chaque idée, correspond à une vibration dans le cerveau, à un mouvement des molécules cérébrales. Réciproquement, toute vibration cérébrale donne naissance à une sensation, à une idée, dans l'état éveillé aussi bien qu'en rêve. Il est naturel d'admettre qu'une vibration transmise et reçue donne naissance à une sensation psychique.

Une idée, tout intérieure, une impression, une commotion mentale peut, à l'inverse, produire des effets physiologiques plus ou moins intenses, et même amener la mort. Il ne manque pas d'exemples de personnes mortes subitement à la suite d'une émotion. La preuve est donnée depuis longtemps des effets de la puissance de l'imagination sur la vie elle-même. Personne n'a oublié l'expérience faite à Copenhague en 1750 sur un condamné, livré à des médecins pour une étude de ce genre, et qui fut observé jusqu'à la mort inclusivement. Ce malheureux avait été solidement attaché à une table avec de fortes courroies; on lui avait bandé les yeux; puis on lui avait annoncé qu'il allait être saigné au cou et qu'on laisserait couler son sang jusqu'à épuisement complet; après quoi une piqûre insignifiante fut pratiquée à son épiderme avec la pointe d'une aiguille, et un siphon déposé près de sa tête, de manière à faire couler sur son cou un filet d'eau qui tombait sans interruption avec un bruit léger, dans un bassin placé à terre. Le supplicié convaincu qu'il avait dû perdre au moins sept à huit litres de sang, mourut de peur.

Un autre exemple est celui d'un portier de collège qui s'était attiré la haine des élèves soumis à sa surveillance. Quelques-uns de ces jeunes gens s'emparèrent de sa personne, l'enfermèrent dans une chambre obscure et procédèrent devant lui à un simulacre d'enquête et de jugement. On récapitula tous ses crimes et on conclut que la mort seule pouvant les expier, cette peine serait appliquée par décapitation. En conséquence, on alla chercher une hache et un billot qu'on déposa au milieu de la salle, on annonça au condamné qu'il avait trois minutes pour se repentir de ses fautes et faire sa paix avec le ciel; enfin, les trois minutes écoulées, on lui banda les yeux et on le força de s'agenouiller, le col découvert, devant le billot, après quoi les tortionnaires lui donnèrent sur la nuque un grand coup de serviette mouillée et lui dirent, en riant de se relever. A leur extrême surprise, l'homme ne bougea pas. On le secoua, on lui tâta le pouls : il était mort[1].

Enfin, plus récemment, un journal anglais, *La Lancette*, a raconté qu'une jeune femme, voulant en finir avec la vie, avait avalé une certaine quantité de poudre insecticide, après quoi elle s'était étendue sur son lit où on la trouva morte. Il y eut enquête et autopsie. L'analyse de la poudre trouvée dans l'estomac démontra que cette poudre était absolument inoffensive, au moins pour un être humain, et pourtant la jeune femme était bel et bien morte[1].

Mon savant ami, Ch. Richet, rapporte (*Revue des Deux-Mondes*, LXXVI, 1886, p. 79) que son père ayant eu un jour l'opération de la pierre à faire subir à un malade à l'Hôtel-Dieu, celui-ci mourut de peur au moment où le chirurgien venait simplement de tracer avec l'ongle sur la peau la ligne que l'incision devait suivre.

Tous ces faits psychiques et physiologiques nous aident à comprendre la télépathie.

Assurément, cette recherche d'explication de phénomènes aussi bizarres ne marche pas sans soulever devant elle de nombreuses objections. La première c'est que ces manifestations de mourants, non seulement n'ont pas toujours lieu, non seulement ne sont pas fréquentes, non seulement sont exceptionnelles, mais encore n'arrivent pas dans des circonstances où il semble qu'elles devraient justement se produire, lors d'une mort

---

1. Voy. A. DE ROCHAS, *Les forces non définies*.

tragique qui sépare brusquement deux cœurs tendrement unis, lors d'un drame qui brise tout d'un coup plusieurs existences, lors même que l'être qui meurt a absolument promis, espéré, désiré lui-même se manifester et donner à celui qui reste une preuve de son existence posthume. Sans doute, nous pouvons répondre que nous ignorons de quelle façon ces manifestations peuvent se produire, qu'il y a des lois inconnues, des difficultés, des impossibilités, qu'il est nécessaire que deux cerveaux soient en harmonie, en synchronisme, pour vibrer sous la même influence, que l'union intime de deux cœurs ne prouve pas l'égalité synchronique de deux cerveaux, etc., etc. Mais, puisque ces événements ont lieu quelquefois, et dans des cas assez ordinaires, l'objection n'en subsiste pas moins, très grave.

Oui : très grave. Pour ma part, je me suis trouvé plusieurs fois, pendant cette vie, l'âme déchirée par la séparation brusque d'un être aimé. Dans mon adolescence, un ami intime, un camarade de classe, est mort en me promettant de me prouver sa survivance, si c'était possible. Nous avions si souvent discuté la question ensemble ! Plus tard, l'un de mes plus chers collègues de la presse scientifique me proposa le même pacte, accepté mutuellement. Plus tard encore, une personne qui m'était particulièrement attachée disparut de la vie au moment même où ce problème de la survivance nous passionnait tous les deux, et en me donnant l'assurance convaincue que son seul et unique désir était de voir sa mort prématurée servir à la démonstration de cette vérité. Et jamais, jamais, malgré mes attentes, malgré mes désirs, malgré mes vœux, je n'ai eu aucune manifestation. Rien! rien! rien!

J'ai perdu mon père il y a quelques années. Il est vrai que j'étais à ses côtés et que je n'avais pas à être averti. Mais, depuis, rien non plus.

J'avais pour mon grand-père et ma grand'mère une adoration déraisonnée; ils m'adoraient eux-mêmes follement, et je les aimais tant qu'il m'a toujours été impossible, absolument impossible, d'aller à la tombe où ils reposent: longtemps avant d'arriver à ce petit cimetière de campagne, des sanglots m'étouffent, m'aveuglent et me cassent les jambes. Ils ne se sont jamais manifestés à moi d'aucune façon, ni au moment de leur mort, ni depuis leur départ de cette terre.

Mon cerveau n'est sans doute pas apte à percevoir ces sortes d'ondes éthérées, ni de sources vivantes, ni de sources posthumes. Rien, aucune sensation ne m'a prévenu de ces morts, et, depuis, aucune communication ne m'est parvenue.

Mais le rôle du chercheur, comme celui de l'historien, est de rester impersonnel, et nos propres impressions ne doivent pas nous influencer. Toutefois, la vérité, la loyauté, la franchise avant tout.

Une autre objection, c'est la bizarrerie de certaines manifestations, comme déjà nous l'avons remarqué. S'il y a action à distance d'un esprit sur un autre, pourquoi cette action donne-t-elle naissance à des illusions pareilles : ouvrir ou fermer une fenêtre, soulever un lit, frapper dans un meuble, rouler une boule sur le parquet, faire crier des gonds, etc.? Il semble que cette action devrait être intellectuelle, donner l'audition d'une voix aimée, montrer l'image de l'être qui nous quitte, rester dans l'ordre psychique et moral.

Cette objection est moins grave que la précédente. Un grand nombre de manifestations consistent, d'une part, en visions ou auditions. Pour les autres cas, nous pouvons supposer que la commotion qui se produit dans le cerveau du mourant se transmet à certaines cellules, à certaines fibres d'un autre cerveau, et *détermine*, dans cette zone cérébrale, une illusion, *une impression* quelconque. Une ondulation lumineuse, calorifique, électrique, magnétique, qui vient frapper, traverser un objet, soit, par exemple, une éponge, rencontre des résistances différentes, selon la nature de l'éponge, ses différences de densité, les substances minérales qu'elle peut tenir en suspension, etc., et chaque partie de l'éponge est différemment impressionnée. Les caprices apparents de la foudre nous offrent des bizarreries non moins étranges. Ici, la foudre brûle une personne qui flambe comme une botte de paille; là, elle réduit les mains en cendres en laissant les gants intacts; elle soude les anneaux d'une chaîne de fer comme dans le feu d'une forge, et, à côté, elle tue un chasseur sans faire partir le fusil qu'il tenait à la main; ou elle fond une boucle d'oreille sans brûler la peau; elle dévêtit entièrement une personne sans lui faire aucun mal, ou bien elle se contente de lui ôter ses chaussures ou son chapeau; elle photographie, sur la poitrine d'un enfant, le nid qu'il saisissait au sommet d'un arbre foudroyé; elle dore les pièces d'argent d'un porte-monnaie, en faisant de la galvanoplastie d'un compartiment à l'autre, sans que le porteur soit atteint; elle démolit instantanément un mur de six pieds d'épaisseur et renverse un château séculaire, ou frappe une poudrière sans la faire éclater. Il y a beaucoup plus de bizarreries inexpliquées dans les faits et gestes de la foudre que dans les manifestations télépathiques[1].

Dans la recherche de la vérité, notre devoir est de ne nous dissimuler aucune objection. Celles que je viens de présenter n'empêchent pas les faits d'exister, et la seule explication de ces faits me paraît être l'action, à distance, d'un esprit sur un autre.

Maintenant, allons un peu plus loin. Existe-t-il, en dehors de l'ordre de choses que nous venons d'examiner, des exemples conduisant à admettre la probabilité, la réalité de cette action? Avons-nous des preuves expérimentales, incontestables, de la *transmission de pensée* sans le concours des sens?

Oui. Nous allons les passer en revue, les constater, les démontrer, car, dans cet ordre de choses, pour être sûr, il faut être *dix fois sûr*.

---

1. Voy. mon ouvrage l'*Atmosphère*, p. 706 à 743.

Et, tout d'abord, dans les phénomènes du magnétisme humain.

Je ne parlerai pas d'un grand nombre d'expériences de suggestions hypnotiques auxquelles j'ai assisté, notamment chez le Dr Puel, chez le Dr Charcot, chez le Dr Baréty, chez le Dr Luys, chez le Dr Dumontpallier, etc., non pas que je doute de la réalité de la suggestion et de l'autosuggestion, mais parce qu'elles sont tellement connues qu'il est superflu de les rapporter ici.

Il y a aussi, dans cet ordre d'études, des expériences fort incertaines et même frauduleuses, les sujets eux-mêmes me l'ayant prouvé par leurs accusations réciproques et leurs aveux. La simulation est très fréquente dans ces genres d'expériences. Je ne citerai qu'un exemple. Le Dr Luys avait l'habitude de présenter au sujet soi-disant endormi des flacons qu'il posait sur sa nuque et qui contenaient des produits différents : eau pure, cognac, absinthe, huile de ricin, essence de thym, eau de laurier-cerise, ammoniaque, éther, essence de violette, etc. Le sujet devinait toujours de quoi il s'agissait et, souvent, en manifestait les symptômes. Malheureusement pour la valeur de l'expérience, le docteur présentait toujours les flacons dans le même ordre, du moins dans les séances auxquelles j'ai assisté. Un jour, je le priai d'intervertir l'ordre sans en rien dire. Il n'accepta pas, et me répondit que nous ne devions pas mettre en doute la bonne foi des sujets. Ce sujet était une jeune fille hystérique, actrice dans un théâtre de Paris. Je revins d'Ivry avec elle, et je ne tardai pas à être complètement édifié sur sa sincérité, ainsi que sur celle de ses compagnes d'expérimentation.

Pour être sûr de ces expériences, il est nécessaire qu'elles soient à l'abri de tout soupçon : que l'odeur ne puisse pas traverser la fermeture des flacons, surtout pour des odorats hyperestésiés ; que le sujet ne puisse rien deviner ; que l'expérimentateur même ne puisse pas le suggestionner, et ignore lui-même le contenu des flacons [1].

Il est indispensable de ne pas perdre notre temps à l'examen de cas douteux, car rien n'est plus absurde que le temps perdu. La vie est courte. Ne choisissons, n'admettons, n'examinons que des observations bien faites. Et puis, ne sortons pas de notre sujet : démontrer l'action *psychique*, *mentale* d'un esprit sur un autre.

C'est le somnambulisme qui nous fournira les premières. Voici, d'abord, un *procès-verbal* relatant trois faits de suggestion mentale, obtenus par MM. de Guaita et Liébault, au domicile de ce dernier (à Nancy, le 9 janvier 1886) [2] :

Nous soussignés, Liébault (Ambroise), docteur en mé-

---

[1]. Cette action des substances toxiques et médicamenteuses et des métaux extérieurement au corps, sur des sujets sensibles, est certaine. Voy. BOURRU et BUROT, *la Suggestion mentale et l'action à distance*, Paris, 1887. Il y a là le récit de nombreuses expériences conduites avec une parfaite sagacité scientifique.

[2]. Dr LIÉBAULT : *le Sommeil provoqué et les états analogues*, nouv. éd., 1889, p. 297.

...., et de Guaita (Stanislas), homme de lettres, tous deux demeurant actuellement à Nancy, attestons et certifions avoir obtenu les résultats suivants :

1° Mlle Louise L..., endormie du sommeil magnétique, fut informée qu'elle allait avoir à répondre à une question qui lui serait faite *mentalement*, sans l'intervention d'aucune parole ni d'aucun signe. Le Dr Liébault, la main appuyée au front du sujet, se recueillit un instant, concentrant sa propre attention sur la demande : « *Quand serez-vous guérie ?* » qu'il avait la volonté de faire.

Les lèvres de la somnambule remuèrent soudain :

« *Bientôt* », murmura-t-elle distinctement.

On l'invita alors à répéter, devant toutes les personnes présentes, la question qu'elle avait instinctivement perçue. Elle la redit dans les termes où elle avait été formulée dans l'esprit de l'expérimentateur.

2° M. de Guaita, s'étant mis en rapport avec la magnétisée, lui posa *mentalement* une autre question :

« Reviendrez-vous la semaine prochaine ?

— *Peut-être* », fut la réponse du sujet.

Invitée à communiquer aux personnes présentes la question mentale, la magnétisée répondit :

« *Vous m'avez demandé si vous reviendriez la semaine prochaine.* »

Cette confusion portant sur un mot de la phrase est très significative. On dirait que la jeune fille a *bronché* en lisant dans le cerveau du magnétiseur.

3° Le Dr Liébault, afin qu'aucune phrase indicative ne fût prononcée, même à voix basse, écrivit sur un billet :

« *Mademoiselle, en se réveillant, verra son chapeau noir tranformé en chapeau rouge.* »

Le billet fut passé, d'avance, à tous les témoins ; puis MM. Liébault et de Guaita posèrent en silence leurs mains sur le front du sujet, en formulant *mentalement* la phrase convenue. Alors, la jeune fille, instruite qu'elle verrait dans la pièce quelque chose d'insolite, fut réveillée. *Sans une hésitation*, elle fixa aussitôt son chapeau et, avec un grand éclat de rire, se récria. Ce n'était pas son chapeau; elle n'en voulait pas. Il avait bien la même forme; mais cette plaisanterie avait assez duré; il fallait lui rendre son bien.

« Mais, enfin, qu'y voyez-vous de changé ?

— Vous le savez; du reste, vous avez des yeux comme moi.

— Mais encore ?.... »

On dut insister très longtemps pour qu'elle consentît à dire en quoi son chapeau était changé; on voulait se moquer d'elle. Pressée de questions, elle dit enfin :

« *Vous voyez bien qu'il est tout rouge.* »

Comme elle refusait de le reprendre, force fut de mettre fin à son hallucination, en lui affirmant qu'il allait revenir à sa couleur première. Le Dr Liébault souffla sur le chapeau, et, redevenu le sien à ses yeux, elle consentit à le reprendre.

Tels sont les résultats que nous certifions avoir obtenus de concert. En foi de quoi, nous avons rédigé le présent procès-verbal.

STANISLAS DE GUAITA.   A.-A. LIÉBAULT.

La *suggestion mentale* a fait, depuis plusieurs années, l'objet d'études fort importantes, à la tête desquelles il convient de placer l'ouvrage spécial du Dr Ochorowicz. Nous extrairons de cet ouvrage quelques expériences caractéristiques :

M. de la Souchère, ancien élève de l'École polytechnique, savant chimiste résidant à Marseille, avait pour domestique une femme de la campagne, chez laquelle se produisaient, avec la plus grande facilité, le somnambulisme et plusieurs de ses phénomènes remarquables. En somnambulisme magnétique, dit-il, Lazarine entrait avec moi en parfaite communication de pensée, et *elle était* tellement *insensible* que je lui enfonçais des aiguilles dans la chair, dans les ongles, sans qu'elle éprouvât la moindre douleur et sans qu'il sortît une goutte de sang.

En présence de l'ingénieur Gabriel et de quelques amis, j'ai répété les expériences suivantes : je lui faisais boire de l'eau pure, et elle me disait qu'elle avait le goût que je me représentais : limonade, sirop, vin, etc. On m'indiqua de lui faire boire du sable. Elle ne put deviner. Alors, je mis du sable dans ma bouche, et, immédiatement, elle se mit à cracher, en disant que *je lui donnais du sable*. J'étais alors derrière elle, et il lui était impossible de me voir.

Une expérience analogue, mais encore plus avancée, est citée par le comte de Maricourt. Le sujet ayant bu, à l'*état de veille*, un verre d'eau, avec suggestion mentale d'un verre de kirsch, manifesta tous les signes de l'ivresse *pendant plusieurs jours*. Ce sont les phénomènes de ce genre qui ont fait croire aux magnétiseurs qu'ils peuvent, en magnétisant un verre d'eau ou un autre objet, imprégner leur fluide de différentes qualités physiques ou chimiques. La magnétisation est ici inutile, puisque *c'est la pensée qui agit sur le cerveau du sujet* et non sur l'objet.

Quelqu'un me remet un livre : *Robinson Crusoé*. Je l'ouvre et j'examine une gravure qui représentait Robinson dans un canot. Lazarine, interrogée sur ce que je fais, répond :

« Vous avez un livre, vous ne lisez pas ; vous regardez une image ; il y a un bateau et un homme dedans. »

Je lui dis de me décrire l'ameublement d'une chambre qu'elle ne connaissait pas, et elle indiqua les meubles au fur et à mesure *que je me les représentais*. Je n'ai pas vu, chez ma domestique, la transposition des sens. On lui avait appliqué sur l'épigastre divers objets : si je les connaissais, elle les indiquait ; si j'ignorais ce qu'ils étaient, elle ne pouvait les nommer. Ce n'était donc que la transmission de la pensée qui se produisait en elle. Il est possible que, dans certains cas, ce que l'on a attribué à la transposition des sens n'ait été qu'un effet de la transmission de la pensée.

Le Dr Texte a, plusieurs fois, constaté que la somnambule peut suivre la pensée du magnétiseur.

Mlle Diana, dit-il, suivait une conversation pendant laquelle je ne parlais que mentalement. Elle répondait aux questions que je lui adressais de cette manière.

Il cite encore une expérience remarquable dans laquelle la suggestion mentale se manifeste comme une *hallucination* :

J'imaginai, un jour, une barrière en bois autour de moi; *sans rien dire*, je mis en somnambulisme Mlle H..., jeune personne très nerveuse, et je la priai de m'apporter mes livres. Arrivée à l'endroit où j'avais imaginé la barrière, elle s'arrête, disant qu'elle ne peut plus avancer.

« Quelle singulière idée, dit-elle, d'avoir mis là une barrière! »

Si on la prend par la main pour la faire passer, ses pieds sont collés au parquet, le haut du corps se porte seul en avant, et elle dit qu'on lui presse l'estomac sur l'obstacle.

En général, si le somnambule croit *voir* quelque chose en dehors des conditions ordinaires, il faut se demander tout d'abord si ce n'est pas une simple suggestion involontaire de notre part.

Un étudiant en médecine demanda à une de mes somnambules quels malades le jury lui donnera à examiner pour une épreuve du doctorat. Elle décrivit très nettement trois malades à l'Hôtel-Dieu, qui avaient attiré plus spécialement l'attention de l'étudiant et que celui-ci aurait *désirés* comme sujets de son examen. Elle ajouta même (détail caractéristique) sur un de ces sujets :

« Oh! comme cette femme a l'œil brillant... et fixe!... Il me fait peur... cet œil!

— Voit-elle de cet œil brillant? demanda l'étudiant.

— Attendez... je ne sais pas... cet œil est dur.... Il n'est pas naturel.

— En quoi est-il, cet œil?

— En quelque chose... qui se casse... et qui brille.... Oh!... elle le sort... elle le met dans l'eau..., etc., etc. »

Cette malade avait un œil de verre : ce fait, ignoré absolument de moi, puisque je ne connaissais pas les malades en question, mais connu de l'étudiant qui posait des interrogations à la somnambule, a été parfaitement *décrit* par celle-ci. Où en puisait-elle l'image? Dans le psychisme de l'interrogateur, qui, par l'intermédiaire du mien, se reflétait en elle.

Il est juste d'ajouter que les prédictions de la somnambule ne se réalisèrent pas; qu'au jour de son épreuve l'étudiant eut à examiner d'autres malades, et qu'il n'y fut pas même question des malades décrits par la somnambule.

Ordinairement, dit le Dr Charpignon, la vision à distance est confondue avec le phénomène de la transmission de pensée. Ainsi, la plupart des expériences que l'on cite consistent à prier le somnambule d'aller chez vous ou dans un endroit que vous connaissez. Vous êtes en rapport avec lui, et il vous décrit le plus souvent les lieux, les objets, avec la précision la plus exacte. Eh bien, il n'y a pas là, le plus souvent, vision réelle; le somnambule voit, dans votre pensée, les images que vous y tracez[1].

Un prestidigitateur bien connu, Robert Houdin, s'intéressait à ces questions. Il imitait la double vue et la transmission de pensée à l'aide d'un truc ingénieux. Incrédule en fait de somnambulisme, habitué à produire des prodiges, il faisait très peu de cas du merveilleux et croyait en posséder le secret; il regardait, lui aussi, tous les hauts faits attribués à la lucidité comme des tours d'adresse, de même nature que ceux dont il amusait le public. Dans plusieurs villes où les somnambules avaient quelques succès, il se faisait un jeu de contrefaire leurs exercices, et même de les surpasser. M. de Mirville, le célèbre démonologue, qui, dans son système, a besoin de somnambulisme pour en faire honneur aux esprits infernaux, eut l'ambition de convertir un adversaire aussi redoutable; il pensait avec raison que, s'il parvenait à lui démontrer que la lucidité appartient à un ordre de choses entièrement étranger à ses études et à sa pratique, le témoignage d'un juge aussi expert serait d'un très grand poids pour servir la cause du somnambulisme. Il le conduisit chez le somnambule Alexis. M. de Mirville rend compte, dans son livre *des Esprits*, de la scène qui eut lieu.

Morin, auteur d'un livre spirituel, mais sceptique, sur le magnétisme, affirme que Robert Houdin lui

---

1. *Physiologie du magnétiseur*, p. 99.

confirma l'exactitude de la narration de M. de Mirville :

J'étais confondu, dit le magicien ; il n'y avait plus là ni adresse, ni escamotage. J'étais témoin de l'exercice d'une faculté supérieure, inconcevable, dont je n'avais pas la moindre idée, et à laquelle j'aurais refusé de croire si les faits ne se fussent pas passés sous mes yeux. J'étais tellement ému que la sueur me ruisselait sur le visage.

Le prestidigitateur cite, entre autres, l'expérience suivante :

Alexis, prenant les mains de ma femme, qui m'avait accompagné, lui parla d'événements passés et notamment de la perte bien douloureuse d'un de nos enfants; toutes les circonstances étaient parfaitement exactes.

Dans ce cas, le somnambule lisait dans la pensée de Mme Houdin ses souvenirs et ses sentiments plus ou moins réveillés dans sa conscience.

Un autre fait montre en même temps la vision et la clairvoyance, également par la transmission des souvenirs.

Un médecin fort incrédule, le Dr Chomel, voulant aussi s'éclairer par lui-même, présenta une petite boîte à Alexis. Celui-ci la palpa sans l'ouvrir, et dit :
« C'est une médaille; elle vous a été donnée dans des circonstances bien singulières. Vous étiez alors un pauvre étudiant. Vous demeuriez à Lyon, dans une mansarde. Un ouvrier, auquel vous aviez rendu des services, trouva cette médaille dans des décombres, pensa qu'elle pourrait vous être agréable, et grimpa vos six étages pour vous l'offrir. »

Tout cela était vrai. Certes, ce sont là de ces choses qu'on ne peut ni deviner ni rencontrer par hasard. Le docteur partagea notre admiration.

Il y a des faits de *vue à distance* indépendants de la transmission de pensée. Nous nous en occuperons plus tard. Il importe d'établir les distinctions nécessaires et d'éloigner des confusions très fréquentes. Ce que nous voulons ici, c'est démontrer la réalité scientifique de la TRANSMISSION DE PENSÉE et de la suggestion mentale. Nous n'avons pas non plus à parler des suggestions verbales, des ordres donnés par la voix et exécutés après tel ou tel délai fixé. Ne sortons pas de notre sujet spécial. Continuons notre étude.

Au mois de novembre 1885, M. Paul Janet, de l'Institut, a lu à la Société de psychologie une communication de son neveu, M. Pierre Janet, professeur de philosophie au lycée du Havre : « *Sur quelques phénomènes de somnambulisme* ». Ce titre, prudemment vague, cachait des révélations tout à fait extraordinaires. Il s'agissait d'une série d'essais faits par MM. Gibert et Janet, et qui paraissaient prouver non seulement la suggestion mentale en général, mais encore la suggestion mentale à une distance de plusieurs kilomètres et à l'insu du sujet.

Ce sujet, nommé Léonie B., était une brave femme de la campagne, une Bretonne, âgée d'une cinquantaine d'années, bien portante, honnête, fort timide, intelligente quoique sans aucune instruction (ne sachant même pas écrire et épelant à peine quelques lettres). Elle est d'une forte et robuste constitution; elle a été hystérique étant jeune, mais fut guérie par un magnétiseur inconnu. Depuis, ce n'est qu'en somnambulisme que se manifestent quelques traces d'hystérie, sous l'influence d'une contrariété. Elle a un mari et des enfants qui jouissent d'une bonne santé. Plusieurs médecins ont déjà, paraît-il, voulu faire sur elle des expériences, mais elle a toujours refusé leurs propositions. Ce n'est que sur la demande de M. Gibert qu'elle a consenti à venir passer quelque temps au Havre. On l'endort très facilement; il suffit pour cela de lui tenir la main en la serrant légèrement, pendant quelques instants, *avec l'intention de l'endormir*. Autrement, rien ne se produit. Après un temps plus ou moins long (2 à 5 minutes, *suivant la personne qui l'endort*) le regard devient vague, les paupières sont agitées de petits mouvements souvent très rapides, jusqu'à ce que le globe oculaire se cache sous la paupière. En même temps, la poitrine se soulève avec effort; un état de malaise évident semble envahir le sujet. Très souvent, le corps est agité de frissonnements fugaces; elle pousse un soupir et se renverse en arrière, plongée dans un sommeil profond.

Le Dr Ochorowicz fit le voyage du Havre pour se rendre compte de ces faits.

Le 24 août, dit-il, j'arrive au Havre et je trouve MM. Gibert et Janet tellement convaincus de la réalité de l'action à distance qu'ils se prêtent volontiers aux minutieuses précautions que je leur impose pour me permettre de vérifier le phénomène.

MM. F. Myers, le D' Myers, membres de la *Society for psychical Researches*, M. Marillier, de la Société de psychologie, et moi, nous formons une sorte de commission, et les détails de toutes les expériences sont réglés par nous d'un commun accord.

Voici les précautions qui nous ont guidés dans ces essais :

1° L'heure exacte de l'action à distance est tirée au sort.

2° Elle n'est communiquée à M. Gibert que quelques minutes avant le terme, et aussitôt les membres de la commission se rendent au pavillon où habite le sujet.

3° Ni le sujet, ni aucun habitant du pavillon situé à près d'un kilomètre de distance, n'a connaissance de l'heure exacte, ni même du genre de l'expérience qui doit avoir lieu.

Pour éviter la suggestion involontaire, ni nous, ni aucun de ces messieurs n'entrent dans le pavillon que pour vérifier le sommeil.

On décide de faire l'expérience de Cagliostro : *endormir le sujet de loin et le faire venir à travers la ville.*

Il était huit heures et demie du soir. M. Gibert consent. On tire l'heure exacte au sort. L'action mentale devait commencer à 9 heures moins 5 et durer jusqu'à 9 h. 10. En ce moment, il n'y avait personne au pavillon, sauf Mme B... et la cuisinière, qui ne s'attendaient à aucune tentative de notre part. Personne n'est allé au pavillon. Profitant de cette absence, les deux femmes étaient entrées dans le salon et s'amusaient à « jouer au piano. »

Nous arrivons dans les environs du pavillon à 9 heures passées. Silence.

La rue est déserte. Sans faire le moindre bruit, nous nous divisons en deux parties pour surveiller la maison à distance.

A 9 h. 25, je vois une ombre apparaître à la porte du jardin. C'était elle. Je m'enfonce dans un coin pour entendre sans être remarqué.

Mais je n'entends plus rien : la somnambule après être restée une minute à la porte s'était retirée dans le jardin. (A ce moment M. Gibert n'agissait plus ; à force de concentrer sa pensée, il a eu une sorte de syncope ou d'assoupissement qui dura jusqu'à 9 h. 35.)

A 9 h. 30, la somnambule reparaît de nouveau sur le seuil de la porte, et cette fois-ci elle se précipite sans hésiter dans la rue, avec l'empressement d'une personne qui est en retard et qui doit absolument atteindre son but. Ces messieurs qui se trouvaient sur sa route n'ont pas eu le temps de nous prévenir, M. le Dr Myers et moi. Mais ayant entendu des pas précipités, nous nous mîmes à suivre la somnambule qui ne voyait rien autour d'elle, ou au moins ne nous a pas reconnus.

Arrivée rue du Bard, elle commença à chanceler, s'arrêta un moment et faillit tomber.

Tout à coup, elle reprend vivement sa marche. Il était 9 h. 35. (En ce moment M. Gibert, revenu à lui, recommença l'action.) La somnambule marchait vite, sans s'inquiéter de l'entourage.

En dix minutes, nous étions tout près de la maison de M. Gibert, lorsque celui-ci, croyant l'expérience manquée et étonné de ne pas nous voir de retour, sort à notre rencontre et se croise avec la somnambule, qui garde toujours les yeux fermés.

Elle ne le reconnaît pas. Absorbée dans sa monomanie hypnotique, elle se précipite dans l'escalier, suivie par nous tous. M. Gibert voulut entrer dans son cabinet, mais je le prends par la main et je le mène dans une chambre opposée à la sienne.

La somnambule, très agitée, cherche partout, elle se heurte contre nous, ne sentant rien ; elle entre dans le cabinet, tâte les meubles en répétant d'un ton désolé : « Où est-il ? Où est-il, M. Gibert ? »

Pendant ce temps, le magnétiseur reste assis et courbé sans faire le moindre mouvement. Elle entre dans la chambre, elle le touche presque en passant, mais son excitation l'empêche de le reconnaître. Elle s'élance encore une fois dans d'autres chambres. C'est alors que M. Gibert a eu l'idée de l'attirer mentalement, et, à la suite de cette volonté ou par une simple coïncidence, elle revient sur ses pas et l'attrape par les mains.

À ce moment, une joie folle s'empare d'elle. Elle saute sur le canapé comme une enfant et frappe des mains en criant : « Vous voilà ! Vous voilà enfin ! Ah ! comme je suis contente ! »

« J'avais enfin, déclare le Dr Ochorowicz, constaté le phénomène extraordinaire de l'action à distance, qui bouleverse toutes les opinions actuellement admises. »

Citons aussi l'expérience suivante :

Le 10 octobre 1885, écrit M. Janet, nous convenons, M. Gibert et moi, de faire la suggestion suivante : « *Demain, à midi, fermer à clef les portes de la maison.* » J'inscrivis la suggestion sur un papier que je gardai sur moi et que je ne voulus communiquer à personne. M. Gibert fit la suggestion en rapprochant son front de celui de Mme B... pendant le sommeil léthargique, et pendant quelques instants concentra sa pensée sur l'ordre qu'il lui donnait mentalement. Le lendemain, quand j'arrivai à midi moins un quart, je trouvai la maison barricadée, et la porte fermée à clef. Renseignement pris, c'était Mme B... qui venait de la fermer ; quand je lui demandai pourquoi elle avait fait cet acte singulier, elle me répondit : « Je me sentais très fatiguée et je ne voulais pas que vous puissiez entrer pour m'endormir. » Mme B... était à ce moment très agitée ; elle continua à errer dans le jardin et je la vis cueillir une rose et aller visiter la boîte aux lettres placée près de la porte d'entrée. Ces actes sont sans importance, mais il est curieux de remarquer que *c'étaient précisément les actes que nous avions un moment songé à lui commander la veille*. Nous nous étions décidés à en ordonner un autre, celui de fermer les portes, mais la pensée des premiers avait sans doute occupé l'esprit de M. Gibert pendant qu'il commandait et elle avait eu aussi son influence. »

Le 13 octobre, M. Gibert lui ordonna, toujours par la pensée, *d'ouvrir un parapluie le lendemain à midi et de faire deux fois le tour du jardin.* Le lendemain elle fut très agitée à midi, fit deux fois le tour du jardin, mais n'ouvrit pas de parapluie. Je l'endormis peu de temps après pour calmer une agitation qui devenait de plus en plus grande. Ses premiers mots furent ceux-ci : « Pourquoi m'avez-vous fait marcher tout autour du jardin... j'avais l'air bête... encore s'il avait fait le temps d'hier, par exemple... mais aujourd'hui j'aurai été tout à fait ridicule. » Ce jour-là il faisait fort beau, et la veille il pleuvait beaucoup : elle n'avait pas voulu ouvrir un parapluie de peur de paraître ridicule.

Autre expérience encore.

Le D⁰ Dussart rapporte qu'il donnait chaque jour à sa magnétisée, avant de la quitter, l'ordre de dormir jusqu'au lendemain à une heure fixée.

Un jour, dit-il, j'oubliai cette précaution, et j'étais déjà à 700 mètres de distance, lorsque je m'en aperçus. Ne pouvant retourner sur mes pas, je me dis que peut-être mon ordre serait entendu malgré la distance, puisque à 1 ou 2 mètres un ordre mental était exécuté. En conséquence, je formule l'ordre de *dormir jusqu'au lendemain huit heures* et je poursuis mon chemin. Le lendemain, j'arrive à sept heures et demie, la malade dormait. « Comment se fait-il que vous dormiez encore? — Mais, monsieur, je vous obéis. — Vous vous trompez, je suis parti sans vous donner aucun ordre. — C'était vrai; mais, cinq minutes après, je vous ai *parfaitement entendu* me dire de dormir jusqu'à 8 heures. Cette dernière heure était celle que j'indiquais ordinairement. Il était possible que l'habitude fût la cause d'une illusion et qu'il n'y eût ici qu'une simple coïncidence. Pour en avoir le cœur net et ne laisser prise à aucun doute, je commandai à la malade de dormir jusqu'à ce qu'elle reçût l'ordre de s'éveiller. — Dans la journée, ayant trouvé un intervalle libre, je résolus de compléter l'expérience. Je pars de chez moi (7 kilomètres de distance), en donnant l'ordre du réveil. Je constate qu'il est 2 heures. J'arrive et trouve la malade éveillée, les parents sur ma recommandation avaient noté l'heure exacte du réveil. C'était rigoureusement celle à laquelle j'avais donné l'ordre. Cette expérience, plusieurs fois renouvelée à des heures différentes, eut toujours le même résultat.

Voici qui paraîtra plus extraordinaire encore :

Le 1ᵉʳ janvier, je suspendis mes visites et cessai toute relation avec la famille. Je n'en avais plus entendu parler, lorsque le 12, faisant des courses dans une direction opposée et me trouvant à *dix kilomètres* de la malade, je me demandai si, malgré la distance, la cessation de tous rapports et l'intervention d'une tierce personne (le père magnétisant désormais sa fille), il me serait encore possible de me faire obéir. *Je défends à la malade de se laisser endormir*, puis, une demi-heure après, réfléchissant que si par extraordinaire j'étais obéi, cela pourrait porter préjudice à cette malheureuse fille, je lève la défense et cesse d'y penser. Je fus fort surpris, lorsque, le lendemain, à six heures du matin, je vis arriver chez moi un exprès portant une lettre du père de Mlle J... Celui-ci me disait que la veille, 12, à 10 heures du matin, il n'était arrivé à endormir sa fille qu'après une lutte prolongée et très douloureuse. La malade, une fois endormie, avait déclaré que si elle avait résisté, c'était sur mon ordre, et qu'elle ne s'était endormie que quand je l'avais permis. Ces déclarations avaient été faites vis-à-vis des témoins auxquels le père avait fait signer les notes qui les contenaient.

Il devient donc probable qu'avec une connaissance exacte des conditions du phénomène, on pourra arriver à communiquer à distance des pensées entières, comme on le fait aujourd'hui par téléphone[1].

---

1. OCHOROWICZ. *De la suggestion mentale*, p. 419.

Le Dr Charles Richet rapporte qu'étant avec ses collègues à la salle de garde, à déjeuner, son confrère Landouzy, alors interne comme lui à l'hôpital Beaujon, étant présent, il affirma qu'il pouvait endormir une malade à distance, et la ferait venir à la salle de garde uniquement par un acte de sa volonté. Au bout de dix minutes, personne n'étant venu, l'expérience fut considérée comme échouée. — « En réalité, écrit l'expérimentateur, elle n'avait pas échoué, car, quelque temps après, on vint me prévenir que la malade se promenait dans les couloirs *endormie*, cherchant à me parler et ne me trouvant pas ; et, en effet, il en était ainsi sans que je puisse de sa part obtenir d'autre réponse pour expliquer son sommeil et cette promenade vagabonde, sinon qu'elle désirait me parler ».

Toutes ces expériences démontrent l'action psychique à distance.

Ces faits si curieux de l'action de la volonté dans les expériences de magnétisme ont été observés des centaines, des milliers de fois.

Voici, par exemple, un cas de sommeil somnambulique provoqué par M. E. Boirac, recteur de l'Académie de Grenoble.

En septembre 1892, écrit-il, j'étais installé avec tous les miens, pour y passer les vacances, dans la petite ville d'Amélie-les-Bains.

On parlait beaucoup des séances données par un jeune homme du pays qui se faisait appeler Dockman. J'eus la curiosité d'y assister. Ce jeune homme, âgé d'environ vingt ans, brun et sec, très nerveux, avait, trois ans aupaavant, été magnétisé par un médecin de marine, et avait senti s'éveiller en lui la vocation de liseur de pensées. Tout le monde connaît ce genre de spectacle où un assistant réussit plus ou moins heureusement à transmettre sa volonté sans paroles, sans gestes, et même sans contact, par un simple effort mental.

La pénétration du jeune montagnard me parut souvent mise en défaut, et lui-même m'avoua qu'il essayait de deviner à toutes sortes d'indices les intentions de son conducteur. « Vous auriez besoin, lui dis-je en riant, de vous faire endormir à nouveau pour recouvrer votre ancienne lucidité; si le cœur vous en dit, je suis tout prêt à vous rendre ce service. » Dockman parut surpris et quelque peu choqué de ma proposition : « C'est moi qui endors les gens, dit-il; on ne m'endort plus. »

Pourtant, quelques jours plus tard, probablement pour complaire au maire de la ville qui semblait avoir le désir d'assister à une séance d'hypnotisme, Dockman consentit à se laisser faire. Donc un soir, vers dix heures, devant un cercle de quatre à cinq personnes, je lui saisis les pouces et le regardai fixement dans les yeux : au bout de quelques minutes, le voilà endormi, si toutefois on peut appeler sommeil l'état comateux cataleptique où il paraît plongé. Tout son corps est raidi : ses mâchoires sont crochetées, et j'obtiens à grand'peine de brèves réponses à mes questions. Le réveil se produit avec une extrême lenteur, et un second sommeil présente les mêmes caractères. Bref, le sujet ne semble guère intéressant, et je ne vois pas grand'chose à en tirer.

Le lendemain, selon mon habitude, je me rendis au casino vers une heure de l'après-midi pour y prendre le café.

Je m'asseois sur la terrasse, et tout en dégustant le café qu'on vient de me servir, je laisse errer mes regards au-dessous de moi. Dockman est assis dans le jardin, avec un ami qui parcourt un journal : il me tourne presque le dos et s'occupe à rouler une cigarette. Comment l'idée me vint-elle d'essayer l'expérience dont on va lire le récit ? Je ne sais, mais enfin cette idée me vint, et de toutes les forces de ma volonté je la mis immédiatement à exécution. Concentré, isolé dans cette seule pensée, regardant fixement dans la direction de Dockman, je lui ordonnai de cesser tout mouvement et de s'endormir. A aucun moment il ne parut s'apercevoir de mon regard, mais, assez rapidement, je vis ses gestes se ralentir, ses yeux devenir fixes. La cigarette inachevée entre les mains, il abaissa tout à coup ses paupières et resta immobile, pareil à une statue. Son ami lève la tête, l'aperçoit en cet état, l'interpelle et n'obtient pas de réponse. Une chanteuse, assise à la table voisine, s'effraie, jette déjà des cris. Je me hâte de descendre, et, en quelques secondes, lui soufflant vivement sur les yeux, je réveille mon sujet improvisé qui ne semble même pas savoir ce qui vient de lui arriver.

J'avais tenté cette expérience à tout hasard, ne comptant nullement sur un succès, et j'étais moi-même stupéfait du résultat. Le lendemain, l'occasion s'offre à moi de la renouveler. J'arrive au Casino vers 1 heure et demie. Cette fois, Dockman était assis à la terrasse, seul, à une table où il écrivait une lettre, courbé en deux, le nez presque sur son buvard. Ma table était à 5 ou 6 mètres de la sienne ; entre lui et moi se trouvait un quadrille de joueurs de cartes. Je me concentrai de nouveau dans une tension nerveuse qui me faisait en quelque sorte vibrer de la tête aux pieds, et j'ordonnai de toutes mes forces à Dockman, tout en le couvant des yeux, de cesser d'écrire et de s'endormir. L'action fut moins rapide que la veille. On eût dit que le sujet luttait contre ma volonté. Après une ou deux minutes, il donna des signes visibles de crispation. La plume restait en suspens, comme s'il cherchait en vain les mots ; il faisait avec la main le geste de quelqu'un qui écarte une influence obsédante ; puis il déchira la lettre commencée et se mit à en écrire une autre ; mais bientôt sa plume resta clouée sur le papier et il s'endormit dans cette position. Je m'approchai de lui avec plusieurs des assistants qui avaient interrompu leur jeu : tout son corps était contracturé, dur comme un morceau de bois, on essaya inutilement de fléchir un de ses bras ; il ne perdit sa raideur que sous l'action de mes passes. Quand il eut repris l'usage de ses sens, Dockman me pria de ne plus renouveler ces expériences, il se plaignait d'avoir été très fatigué par celle de la veille. Il m'assura d'ailleurs s'être endormi les deux fois sans avoir eu le moindre soupçon que ce brusque sommeil lui fût envoyé par moi ni personne.

Cette expérience est très significative, et ne peut laisser aucun doute, non plus, sur l'action à distance.

Le docteur Dariex, directeur des *Annales des sciences psychiques*, a publié les expériences suivantes sur la transmission mentale, faites par un de ses amis, qui désire ne pas être nommé « en raison de la situation importante qu'il occupe », ce que nous regrettons.

Du 7 janvier 1887 au 11 novembre, Marie est endormie très souvent, afin d'être débarrassée, par suggestion, de maux de tête intolérables, et d'une sensation de boule qui occupe tout l'œsophage. Elle est affligée de malaises hystériformes, véritable Protée, qu'il faut chasser sans cesse par des suggestions appropriées. A part cela, la santé générale est excellente, puisque depuis dix-sept ans que j'ai cette jeune femme sous les yeux elle n'a jamais abandonné ses occupations un seul jour, pour cause de maladie.

Pendant les nombreuses séances de sommeil, j'avais essayé en vain la transmission mentale ; jusqu'au 11 novembre je n'obtins pas même trace d'exécution des ordres donnés : Marie avait la pensée sans cesse en éveil, rêvait, et n'obéissait qu'à des ordres verbaux.

Un soir, pendant que j'écrivais mes notes sur elle que j'avais laissée endormie derrière moi, elle eut une hallucination spontanée très pénible, et se mit à fondre en larmes : je la calmai avec peine, et, afin de couper court à ces rêves, lui défendis de penser à quoi que ce fût, quand je la laissais dormir. Puis, réfléchissant que tous mes insuccès, à propos de la transmission mentale, pouvaient bien tenir à cet état polyidéique du cerveau, j'insiste dans ma suggestion et la formule ainsi :

« Quand vous dormez et que je ne vous parle pas, vous ne pensez absolument à rien : votre cerveau reste vide de pensées, afin que rien ne s'oppose à l'entrée de la mienne. »

Je répète cette suggestion quatre fois, du 11 novembre au 6 décembre, jour où je pus constater pour la première fois la transmission de la pensée.

Marie est endormie, depuis un instant, en somnambulisme idéique profond; je lui tourne le dos, et, sans un geste ou bruit quelconque, lui donne l'ordre mental suivant :

« Quand vous vous éveillerez, vous irez chercher un verre, y mettrez quelques gouttes d'eau de Cologne, et me l'apporterez. »

Au réveil, elle est visiblement préoccupée, ne peut tenir en place, et vient enfin se placer devant moi et me dit :

« Ah çà ! à quoi pensez-vous ! et quelle idée avez-vous mise dans ma tête !

— Pourquoi me parlez-vous ainsi ?

— Parce que l'idée que j'ai ne peut venir que de vous, et je ne veux pas obéir !

— N'obéissez pas si vous voulez; mais j'exige que vous me disiez immédiatement ce que vous pensez.

— Eh bien ! il me faut aller chercher un verre, y mettre de l'eau, avec quelques gouttes d'eau de Cologne, et vous l'apporter : c'est réellement ridicule ! »

Mon ordre avait donc été parfaitement compris, pour la première fois. A partir de ce moment, 6 décembre 1887, jusqu'à aujourd'hui (1893), sauf dans de très rares journées, la transmission mentale, à l'état de veille ou de sommeil, est des plus nettes. Elle n'est troublée qu'à certaines époques, ou quand Marie a des soucis très vifs.

Le 10 décembre 1887, j'ai caché, à l'insu de Marie, une montre arrêtée, derrière des livres, dans ma bibliothèque. Quand elle arrive, je l'endors et lui donne l'ordre mental suivant :

« Allez me chercher la montre qui est cachée derrière des livres dans la bibliothèque. »

Je suis dans mon fauteuil, Marie derrière moi, et j'ai soin de ne pas regarder du côté où est l'objet caché.

Elle quitte brusquement son fauteuil, va droit à la bibliothèque, mais ne peut pas l'ouvrir, des mouvements réguliers énergiques se manifestant toutes les fois qu'elle touche la porte, et surtout la glace.

« C'est là! c'est là! j'en suis sûre : mais ce verre me brûle! »

Je me décide à aller ouvrir moi-même; elle se précipite sur mes livres, les sort, et saisit la montre qu'elle est toute joyeuse d'avoir trouvée.

Des essais analogues ont été faits, avec des ordres que me passait un de nos amis, écrits à l'avance et hors de la présence du sujet, et la réussite a été complète : mais si la personne qui me passe l'ordre lui est inconnue, elle refuse d'obéir, disant que ce n'est pas moi qui commande.

Un ami commun arrive un jour dans mon cabinet, pendant que Marie est endormie, et me passe le petit billet suivant :

« Donnez-lui l'ordre mental d'aller me chercher une cigarette dans l'antichambre, de l'allumer et de me la présenter. »

Elle est assise derrière moi; sans quitter mon fauteuil, lui tournant toujours le dos, j'envois l'ordre mental. Mon ami a pris un livre et fait semblant de lire, tout en la surveillant.

« Vous m'embêtez! comment voulez-vous que je me lève?

— (Ordre mental.) Vous pouvez très bien vous lever; décroisez les pieds. »

Après des efforts, elle parvient à décroiser les pieds (qu'elle croise toujours sous son siège), se lève et va, lentement et en tâtonnant, vers une boîte de cigares, les touche, puis se met à rire.

« Ah! non! je me trompe, ce n'est pas « mon vrai ».

Et elle va droit dans la pièce à côté, n'hésitant plus, prend une cigarette et la présente à notre ami.

« (Ordre mental.) Il y a autre chose à faire : allumez-la, tout de suite. »

Marie saisit une allumette, mais ne peut l'allumer facilement, je l'arrête et la renvoie dans son fauteuil.

Il y a là, également, preuve certaine de transmission de pensée.

J'ai eu l'occasion de faire quelques expériences personnelles de transmission de pensée ou suggestion mentale, au mois de janvier 1899, avec Ninof, « le liseur de pensées », chez M. Clovis Hugues, et j'ai constaté que : 1° pour qu'il devine quelque chose il faut que la personne qui l'interroge connaisse cette chose ; que 2° il faut que cette personne lui ordonne mentalement mais énergiquement; il obéit parfois, rigoureusement, dans les moindres détails, à l'ordre mental donné, si cet ordre est simple et précis; que 3° cette transmission de pensée s'opère de cerveau à cerveau, *sans aucun contact*, sans aucun signe, à un mètre ou deux de distance, par la seule concentration de la pensée de l'ordonnateur et *sans aucun compère*; que 4° des insuccès ne sont pas rares et paraissent dus à des manques de rapport parfait entre le cerveau de l'ordonnateur et celui de l'opérateur, à la fatigue de celui-ci, à des courants contraires.

Exemple : Je pense que Ninof doit aller prendre une photographie qui se trouve à côté de plusieurs autres, au bout du salon, et aller la porter à un monsieur que je ne connais pas, et que je choisis comme étant la sixième personne assise, à partir de là, sur une trentaine d'assistants. Cet ordre mental est exécuté ponctuellement et sans aucune hésitation.

M. Clovis Hugues pense qu'il doit aller chercher une petite gravure représentant Michelet, posée sur le piano, près de plusieurs autres objets, et aller la placer devant une statuette de Jeanne d'Arc à l'opposé du salon. L'ordre est exécuté sans hésitation.

C'est la première fois que Ninof venait dans cette maison, et il y est venu seul, sans compagnon.

Il a les yeux bandés par une serviette qu'on lui noue autour de la tête, pour s'isoler de toute distraction, dit-il.

Quatre cheveux pris par M. Ad. Brisson à quatre personnes différentes ont été trouvés où ils avaient été cachés, et portés par l'opérateur aux têtes sur lesquelles ils avaient été pris, et à l'endroit même.

Jusqu'à cette expérience, je n'avais guère vu que des compérages. Dans les lectures de pensées et recherches d'objets faites sérieusement, j'avais constaté que ce sont des mouvements inconscients de la main qui guident le devin. Ici, on ne le touche pas, et lors même qu'il pourrait voir par-dessous son bandeau cette supposition n'expliquerait rien, car on reste derrière lui.

Parmi les 1130 faits psychiques reçus et admis à la discussion lors de mon enquête dont j'ai parlé plus haut et dont j'ai déjà cité les principaux cas relatifs aux manifestations de mourants, je dois signaler plusieurs lettres fort intéressantes concernant le sujet spécial de ce chapitre : *communications psychiques, transmissions mentales entre vivants*. J'en détacherai quelques-unes de ce dossier qui est vraiment une mine très variée. Elles sont instructives.

I. — Voulez-vous permettre à l'un de vos lecteurs les plus assidus, et j'ajoute les plus sympathiques, de vous demander votre sentiment sur un fait dont vous avez certainement connaissance?

Vous êtes dans une rue.

Tout à coup vous apercevez, à distance, quelqu'un dont l'allure, la démarche, les traits mêmes vous sont familiers. Et vous dites : « Tiens, tiens, voilà M. X.... »

Vous vous approchez, mais ce n'est pas lui. Et pourtant?

Vous continuez à marcher; à quelques minutes de là, vous voyez, *vous rencontrez*, à ne pas vous y tromper cette fois, *le personnage que vous aviez cru voir au début*.

Ce fait là m'est arrivé, combien souvent! et sans doute à vous aussi? Quelle en est la cause?

Je l'ai longtemps cherchée, et j'ai fini par me convaincre que c'est par rayonnement émané du personnage que l'on devait voir à la fin qu'il convenait peut-être d'attribuer cette curieuse sensation.

On dira ici comme pour la télépathie : « Mais c'est une absurdité, cela n'a pas le sens commun. Le rayonnement? comment l'admettre d'une rue à l'autre où il a eu le temps de se briser cent fois par les gens qui passent, les voitures qui roulent, etc., etc. »

Cependant, même physiquement, il n'y a pas d'impossibilité à croire que chaque individu projette au-devant ou autour de soi un rayonnement, et que ce rayonnement soit susceptible d'échapper aux causes d'altération ou de réfraction que je viens d'indiquer, etc.

Dans tous les cas, il est extrêmement curieux que l'on arrive fréquemment à se trouver face à face avec un homme auquel on ne pensait pas, et qu'on avait cru distinguer, alors qu'à ce moment c'en était un autre.

L. DE LEIRIS.
Juge au Tribunal civil, à Lyon. [*Lettre* 7.]

II. — Souvent il m'arrive qu'étant dans la rue, la silhouette d'un passant vu au loin me fait songer à une personne qui lui ressemblerait un peu soit comme habits, soit comme démarche, etc. Une heure ou deux après, je croise la personne évoquée ainsi dans mon esprit, mais ce n'est que lorsque la rencontre a eu lieu que je me rappelle y avoir pensé.

BERGER.
Instituteur, à Roanne. [*Lettre* 39.]

III. — Mariée depuis plusieurs années en province, je suis restée en correspondance quotidienne avec mon père, qui habite Paris. Lui aussi m'écrit tous les jours, et nous faisons habituellement cette correspondance vers la fin de l'après-midi.

Il nous arrive souvent de faire : l'un, une question ; l'autre, la réponse à cette question, *le même jour, à la même heure*. Cette question se rapportant souvent à des amis ou des personnes étrangères que l'un ou l'autre au moins n'a pas vus depuis longtemps, puisque nous n'habitons pas la même ville.

Et, s'il m'arrive d'être souffrante et de n'en pas parler à mon père, lui, le devine presque toujours, et me demande avec insistance des nouvelles de ma santé, au moment même où elle est un peu ébranlée.

L. R. R. [*Lettre* 58.]

IV. — Si je passe dans une rue, et qu'une personne me regarde, serait-elle à un cinquième étage, mes yeux se portent involontairement et se confondent avec les siens. Je serais heureux d'apprendre de vous le pourquoi de ce phénomène.

J. C.

A Pezenas. [*Lettre* 152.]

V. — Ma mère, il y a très peu de temps, avant d'entrer dans un magasin (elle en était distante d'encore une vingtaine de mètres), me dit tout d'un coup : « Tiens, je viens de voir un tel, que Dieu me préserve de le rencontrer ! » Elle ne l'avait sans doute vu que par intuition, que moralement. Mais, fait extraordinaire, en entrant dans le magasin, elle se trouve justement en présence avec lui.

J. B. VINCENT.

A Lyon. [*Lettre* 189.]

VI. — Comment expliquer que, fréquemment, 9 fois sur 10, après avoir songé à une personne ayant une vague ressemblance avec une autre personne rencontrée dans la rue, je me trouve précisément en présence de cette même personne, un instant après, ou tout au moins dans la journée, bien que rien n'amène la personne à me voir ?

J. RENIER.

A Verdun (Meuse). [*Lettre* 199.]

VII. — Un matin, il y a environ deux mois, j'étais encore couchée, mais parfaitement éveillée, et je songeais à appeler ma mère pour lui dire bonjour dès que j'entendrais ses pas s'approcher de ma chambre; je pensais sur quel ton je crierais : « Maman ! » mais je suis *sûre* de n'avoir pas prononcé ce mot, car je ne dormais pas, j'étais éveillée depuis longtemps et j'avais parfaitement conscience de ce que je faisais ou non. A ce moment, maman entra dans ma chambre; je lui dis en

riant : « Tiens, je pensais justement t'appeler. » Elle me
répondit : « Mais tu m'as appelée, je t'ai entendue de
l'autre bout de l'appartement, c'est pour cela que je suis
venue! » Moi, je suis sûre de n'avoir rien dit, et ma
mère est sûre de m'avoir entendue. Cela nous a fait rire,
car c'est assez extraordinaire.

Y. Dubois.

8, rue de la Monnaie, Nancy. [Lettre 207.]

VIII. — Il arrive assez souvent de voir inopinément
une personne à laquelle on vient de penser ou dont on
vient de parler; et cela a été remarqué depuis longtemps,
puisqu'une expression proverbiale y est consacrée : « En
parlant du loup, on en voit la queue. »

Alphonse Rabelle.

Pharmacien à Ribemont (Aisne). [Lettre 222.]

IX. — Vous avez peut-être entendu parler d'une
croyance assez répandue dans certaines régions, celle du
bourdonnement dans les oreilles; il indiquerait, dit-on,
qu'on s'occupe de vous quelque part. J'ai plaisanté souvent les personnes qui ajoutaient foi à cette croyance,
mais il m'est arrivé, dans des circonstances pénibles, un
fait de cette nature qui a modifié mon incrédulité. N'y
aurait-il pas, dans ces cas, une transmission du genre
de celles dont vous vous occupez? Si vous le pensez, je
me tiendrai à votre disposition pour vous faire part de
ce qui m'est arrivé, avec preuves à l'appui, lettres, dépêche, heures de réception, d'envoi qu'il sera facile de
contrôler, heure du phénomène, etc.; peut-être même
mon affirmation pourra être certifiée par une des personnes cause de la transmission, que j'ai vue en décembre et à qui j'ai parlé de ce qui m'était arrivé.

A. L. R.

[Lettre 232.]

X. — Je suis instituteur et marié depuis neuf ans. Nous
avons, ma femme et moi, à peu près les mêmes goûts et

la même éducation, et nous constatons — cela depuis le début de notre mariage — une similitude de pensées qui nous paraît étrange. Bien souvent, l'un de nous formule tout haut une opinion, une idée quelconque, au moment précis où l'autre allait s'exprimer exactement de la même façon. Des termes identiques, pour juger d'une personne ou d'une chose, nous viennent à la bouche au même instant à tous les deux, et les paroles de l'un se trouvent, pour ainsi dire, doublées par celles que l'autre allait prononcer.

Est-ce là un phénomène commun qui se reproduit quand il y a sympathie entre deux natures, ou nous est-il personnel?... En tout cas, s'il a quelque importance, quelle est sa cause, sa nature, et pourquoi se produit-il?

F. DALIDET.
Instituteur, secrétaire de mairie, à Saint-Florent,
près Niort (Deux-Sèvres). [*Lettre* 299.]

Vu pour la légalisation de la signature de M. Dalidet, instituteur à Saint-Florent.

Mairie de Saint-Florent, le 28 mars 1899.

Le maire : A. FAVRION.

XI. — Ma mère, femme de capitaine de vaisseau, était toujours avertie par quelques signes insolites toutes les fois que mon père courait un danger. C'était si fréquent qu'elle avait pris l'habitude d'en prendre note. Et le lendemain elle apprenait, en effet, qu'à l'heure remarquée son mari en danger de naufrage lui envoyait sa pensée, qu'il croyait être la dernière. Ces cas se multiplient à l'infini chez presque toutes les femmes de marins. Je me rappelle très bien que les conversations des visites que maman recevait avaient très souvent la télépathie pour sujet.

Une de mes amies, femme de marin également, vit, le jour même de la mort de son mari, qui périt tragiquement dans un naufrage, la main de son époux se dessiner sur un des carreaux d'une fenêtre : ce qui la frappa, c'est l'anneau conjugal qui ressortait très bien de sa main. Une autre de mes amies ayant sa sœur malade — je dois vous dire préalablement que celle-ci avait promis à sa sœur, dont elle était séparée, de lui faire savoir par un signe quelconque sa mort, si celle-ci arrivait — sentit à l'heure même où sa sœur rendait le dernier soupir une tendre étreinte qu'elle reconnut être l'étreinte de sa sœur chérie qui se mourait en effet. Moi-même, en compagnie de deux de mes élèves, avons entendu *toutes les trois* prononcer distinctement « Fräulein », voix que je reconnus immédiatement pour être celle d'une de mes connaissances qui s'était très mal conduite à mon égard. Je notai le fait et l'heure à laquelle il s'était accompli ; j'appris plus tard que cette personne était morte à l'instant même où le son de sa voix était parvenu à mon oreille.

Maria Strieffert.
(Née à Stralsund, en Poméranie.) A Calais. [*Lettre* 319.]

XII. — Lectrice passionnée de vos récents articles, c'est avec bonheur que je constate la puissance de la pensée humaine. Je n'ai personnellement à signaler qu'un fait. Pendant mon séjour en Allemagne, j'ai entendu distinctement mon père m'appeler par mon petit nom. Et le lendemain j'appris qu'il m'écrivait à l'instant même où le son de cette chère voix vint frapper mes oreilles.

Madeleine Fontaine.
Pensionnat de Mlle Bertrand, Calais. [*Lettre* 320.]

P.-S. — Plusieurs confidences m'ont été faites au sujet de la télépathie ; si elles peuvent vous intéresser, je vous les communiquerai avec empressement.

XIII. — Je n'ai jamais été averti de la mort de qui que ce soit par une apparition ; il en est de même chez les douze ou quinze membres de ma famille que je connais bien.

Mais j'ai eu, un jour, un pressentiment qui, bien que différant dans ces circonstances des phénomènes que vous étudiez, relève peut-être du même ordre.

Me rendant un matin à l'hôpital Lariboisière, où j'étais externe, j'eus un instant l'idée que j'allais rencontrer, à la porte de l'hôpital, M. P..., que je n'avais vu qu'une fois, huit mois auparavant, dans une maison amie, et qui, depuis lors, n'avait jamais occupé ma pensée. Ce monsieur, docteur en médecine, serait venu là pour voir un certain chirurgien de Lariboisière.

Je ne m'étais pas trompé de beaucoup : à la porte de l'hôpital, je rencontrai M. P..., qui venait dans l'intention de voir, non pas le chirurgien en question, mais le chef du service d'accouchements.

Remarquez dans tout ceci que je n'avais pu voir de loin, ni reconnaître subconsciemment M. P..., car ce pressentiment m'était venu boulevard Magenta, au droit de la rue de Saint-Quentin, et que M. P..., quand je l'ai vu, attendait devant la grille depuis près de vingt minutes. (Je lui ai demandé depuis combien de temps il était là avant de lui parler de mon pressentiment, afin de ne pas influencer sa réponse.)

J'ajoute à cela que je ne suis nullement porté à la superstition, plutôt sceptique, et mon premier soin, en présence de ce cas, fut d'en chercher une explication physique, avant de penser à l'intervention d'un facteur encore indéterminé. Mais je n'ai pas trouvé cette explication physique.

G. MESLEY.

Étudiant en médecine, 27, rue de l'Entrepôt. [*Lettre* 331.]

XIV. — Une jeune femme de mes amies, qui habitait Paris tandis que j'étais en province, fut atteinte d'un mal qui la conduisit en quelques heures aux portes du tombeau. Rien absolument ne m'avait avertie de sa maladie, cependant j'eus à ce moment exact un rêve, véritable cauchemar, pendant lequel j'assistais au mariage de cette amie. Parents et amis, tout le monde y était vêtu d'étoffes de couleur brune et pleurait à chaudes larmes! L'impression devint si douloureuse que je m'éveillai. Quinze jours après, je sus le danger auquel avait échappé cette personne.

Il m'arrive aussi, fréquemment, de penser, sans motif apparent, à une personne dont je contrôle la coïncidence de pensée par la réception d'une lettre que rien ne rendait nécessaire. Cela arrive si souvent que j'ai l'habitude d'attendre des nouvelles des personnes auxquelles j'ai pensé involontairement. Cependant le fait n'est pas sans exceptions.

A. B.
à Chagny. [*Lettre* 382.]

XV. — Le fait suivant m'a été rapporté par un de mes amis, professeur dans une faculté de médecine de France, et présentant par sa situation des garanties toutes spéciales. Je ne puis, sans son autorisation, vous donner son nom au sujet d'un événement qu'il m'a raconté dans l'intimité et qu'il ne voudrait peut-être pas voir publier. Nous le désignerons donc sous l'initiale Z.

M. Z., qui se trouvait alors à Saint-Louis du Sénégal, fut piqué à un orteil par un insecte du pays très dangereux, connu parmi les Européens sous le nom de chique. A la suite de cette piqûre, il fut pris d'une fièvre intense qui le mit à deux pas du tombeau, et le laissa pendant une vingtaine de jours, je crois, absolument sans connaissance. Or, quelques heures après qu'il eût perdu tout sentiment, on lui apporta un télégramme de sa mère, *qui était en France*, demandant ce qui lui était arrivé. L'heure à laquelle avait été lancé ce télégramme, en tenant compte du temps nécessaire pour aller le porter au bureau, coïncidait avec celle de l'évanouissement de M. Z. Lorsque ce dernier, heureusement rétabli, rentra en France, sa mère lui raconta que, sans motif apparent, elle avait soudain éprouvé une sorte de secousse et qu'elle avait eu immédiatement l'intuition que son fils courait un grand danger; cette impression était si puissante, qu'elle avait immédiatement fait lancer un télégramme pour avoir de ses nouvelles.

Pour donner plus d'authenticité à mon récit, je préfère signer ma lettre; mais je suis fonctionnaire de l'État, comme vous voyez, et je vous serais reconnaissant, si par hasard vous jugiez bon de reproduire les faits que je cite, de ne pas publier mon nom et mon adresse.

R.

Algérie. [*Lettre* 398.]

XVI. — J'avais autrefois un ami que les circonstances (c'était un explorateur) obligeaient à vivre fort loin de chez nous. Nous avions pris la douce habitude de correspondre très régulièrement et, petit à petit, nos âmes avaient acquis une telle affinité qu'il nous arrivait constamment de nous écrire à la même heure, de nous dire identiquement les mêmes choses, ou encore de répondre à *la même minute* à une question posée dans la lettre. Ainsi, un jour, inquiet de n'avoir pas reçu de nouvelles, je saisis la plume et traçai deux mots : « Es-tu malade ? » Au même moment, nous l'avons vérifié plus tard, il m'écrivait : « Sois sans inquiétude, le mal a passé. » Je ne dis pas que ce soit là une vision, mais certes, dans les moments tragiques de l'existence, deux âmes unies par la plus profonde tendresse doivent se « confondre », s'unifier à distance.

E. ASINELLI.

A Genève. [*Lettre* 443.]

XVII. — Un jour, ma femme s'est trouvée, vers midi, prise d'un malaise indéfinissable qu'elle n'a jamais ressenti depuis; elle était oppressée et ne pouvait rester en place. Invitée à une collation, elle s'y rendit, mais ne put rester; elle alla se promener dans le jardin, chercha à causer. Cette contrainte la suivait toujours, et ce n'est qu'à 9 heures du soir qu'elle s'est trouvée subitement soulagée, comme si elle n'avait rien éprouvé.

Le lendemain, on est venu lui apprendre que son père était décédé ce jour-là à 9 heures du soir juste. Elle n'avait pas pensé à son père du tout.

BUSIN.

A Neuville, par Poix-du-Nord. [*Lettre* 449.]

Le village que nous habitions était à 24 kilomètres de celui de mon beau-père.

XVIII. — Il m'est arrivé souvent de chanter mentalement un air connu, et quelques instants après mon mari chantait à haute voix l'air que j'avais dans la tête. Cela nous occasionnait quelques discussions qui finissaient toujours par nous amuser.

M. C.

A Grenoble. [*Lettre* 467.]

XIX. — Ma tante (mère adoptive) m'aimait extrêmement, si je puis m'exprimer ainsi, et était très nerveuse. Moi-même je le suis assez. Notre correspondance était très fréquente, surtout dans les premiers temps de notre séparation, et j'ai remarqué que, chaque fois que je devais recevoir une lettre d'elle, ma pensée se reportait avec une grande intensité vers elle, la veille de l'arrivée de sa correspondance dont la date n'avait rien de fixe. Ces observations m'ont souvent préoccupé.

O.

Commandant retraité, à Riversé. [*Lettre* 507.

XX. — Une nuit, il y a plusieurs années de cela, je suis réveillé brusquement, ayant conscience qu'un de mes clients, M. X..., demeurant à trois kilomètres de chez moi, allait venir me chercher. Je saute de mon lit, je me mets à la fenêtre, et... je le vois arriver quelques minutes plus tard. Sa femme était malade et il me priait de venir la voir.

Il m'est arrivé plusieurs faits de ce genre.

Dr N.... [*Lettre* 517.]

XXI. — Dans cet ordre d'idées, voici la seule remarque que j'aie faite, intéressante seulement à cause de sa régularité : j'ai deux amies à l'étranger, qui m'écrivent assez fréquemment, mais non à date fixe. Quand je rêve à l'une ou à l'autre, il est rare que le courrier du matin ne m'apporte pas une lettre de celle à laquelle j'ai rêvé. Tout d'abord je n'y ai pas pris garde, mais la remarque s'est imposée et, depuis, j'ai vérifié le fait très souvent. De plus, le rêve n'est généralement pas précédé d'une pensée plus particulière qui pourrait en quelque sorte le préparer et l'expliquer.

Cl. Charpoy.
A Tournus. [Lettre 551.]

XXII. — Mon amie intime a souffert pendant une journée d'une angoisse physique intense et qu'aucune cause connue ne lui expliquait, le jour où j'étais, moi, frappée du plus grand chagrin, sans qu'elle pût d'ailleurs se douter de ce qui se passait : j'étais à Nantes, elle à Genève.

Ch. Champury.
A Genève. [Lettre 589.]

XXIII. — En 1845 et 1846, j'étais élève (classe de français) au collège d'Alais ; quoique protestant, j'étais dans les meilleurs termes avec M. Barély, abbé du collège, et, lors des fêtes religieuses, j'étais, avec quelques camarades, chargé des décors de la chapelle.

Nous profitions de notre liberté momentanée pour descendre dans le caveau funéraire qui se trouve sous la sacristie et où l'on accède par une trappe et un escalier, placés sous la stalle des professeurs, dans la chapelle. Ce caveau renfermait les restes de trois ou quatre anciens abbés du collège, dont les cercueils découverts et à moitié brisés étaient déposés sur le sol ; la voûte basse était constellée de noms d'anciens élèves tracés à la fumée des bougies ; j'avais gardé, de ce caveau, un souvenir ineffaçable.

Plus tard, en 1849 et 1850, j'habitais Nîmes. M. Manlius Salles, libraire, s'occupait de magnétisme, nous en causions souvent; il aurait voulu m'enrôler dans sa compagnie, disant qu'étant dans l'architecture je pourrais, magnétisé, détailler les monuments des villes où l'on me conduirait par la pensée. J'acceptai, mais il eut beau faire, il ne put parvenir à m'endormir.

Un jour, j'assistai à une séance fort intéressante à laquelle il m'avait invité; je trouvai là une femme d'une soixantaine d'années, domestique probablement.

Il la magnétisa, me mit en communication avec elle, les mains dans les mains, et on nous laissa seuls.

Le souvenir du caveau de la chapelle me revint à la mémoire et je me décidai d'y conduire le sujet. Je lui dis que nous prenions le train d'Alais: elle balança le haut du corps pendant tout le trajet.

En arrivant, et jusqu'à notre entrée dans le collège, elle me détailla parfaitement tout ce qui se trouvait sur notre passage; nous entrons dans le vestibule, ensuite dans la chapelle; elle se signa en voyant l'autel; nous allons vers la stalle de gauche, elle fait des efforts pour la déplacer et m'aide aussi à soulever la dalle de la trappe; j'allume une bougie, je lui donne la main pour descendre le petit escalier, et nous voilà dans le caveau; elle tremblait de peur et voulait s'en aller.

Je la tranquillisai, et l'amenant devant les cercueils je la priai de me les dépeindre.

« Il y a de la neige sur celui-là, me dit-elle!... » La bière avait été remplie de fleur de chaux.

« Quelle belle chevelure a celui-ci! » Le crâne, en effet, était entouré d'une forêt de cheveux.

« Soulevez le vêtement de celui d'à-côté, lui dis-je....
— Oh! exclama-t-elle, que c'est beau! c'est de la soie et de l'or!... » C'était un des abbés enseveli en habits sacerdotaux!

« Regardez la voûte, je vais vous éclairer; que voyez-vous?... — Des noms, me dit-elle. — Lisez-les. » Elle en lut cinq ou six dont je me souvenais fort bien.

Nous regagnâmes la chapelle et je lui dis que nous allions aller à pied à Anduze.

En chemin, elle me donna une masse de détails sur le pays que nous parcourions, et tous parfaitement véridiques.

Arrivés à Anduze, je l'introduisis dans une maison amie; il est huit heures du soir; elle me dépeint la maison, l'escalier, le salon.... Je lui demande alors de me désigner les personnes présentes. Elle me répond qu'elle ne le sait pas.... Je réfléchis alors que je l'ignorais moi-même et qu'il m'était impossible de lui transmettre ma pensée.

Melvil Roux.

Architecte, à Tornac, par Anduze (Gard). [*Lettre* 650.]

XXIV. — Dernièrement, j'ai soigné et guéri, par le magnétisme, la femme d'un de mes amis qui souffrait d'une pénible affection depuis près de dix-huit ans. Le traitement qu'elle suivit journellement avec moi dura environ six mois et, comme cela arrive en pareil cas entre magnétiseur et sujet, elle était tombée sous ma dépendance absolue. Je ne veux point vous rapporter ici tous les phénomènes que je pouvais faire naître chez elle, tels que aberrations du goût, sensation de chaud et de froid, etc., ils sont trop connus et trop facilement imputés à l'imagination. Mais outre cela elle percevait, involontairement de ma part, toutes mes sensations, même à distance, et ici l'imagination ne peut être invoquée comme entrant en jeu. C'est ainsi qu'il lui arrivait de me dire : « Hier vous vous êtes querellé à telle heure » ou bien : « Vous étiez triste, que vous est-il arrivé? » Bref, j'ai pu m'assurer qu'elle sentait toutes mes impressions à une très grande distance; j'ai pu le vérifier du moins pour un espace de 15 kilomètres.

J'ai eu aussi un autre sujet, un homme celui-là, que je faisais venir à volonté chez moi. Il suffisait pour cela que j'y pense fortement. « Pourquoi, lui dis-je un jour, êtes-vous venu par un temps si affreux ? — Eh bien, je n'en sais rien, cela m'a pris tout d'un coup, j'ai eu envie de vous voir, et me voici. » Où est l'imagination dans tout cela ?

De même qu'il y a un somnambulisme naturel et un somnambulisme provoqué, il y a le magnétisme volontaire et l'involontaire, ce qui explique les sympathies et les antipathies naturelles.

Dr X....

A Valparaiso. [*Lettre* 675.]

Ces cas ne peuvent raisonnablement pas plus être attribués au hasard que les précédents. (Quelques-unes des rencontres devinées peuvent l'avoir été par une ressemblance fortuite des rencontres qui les ont précédées, mais c'est évidemment l'exception). Ils prouvent la communication des pensées. Nous en présenterons encore quelques autres à l'attention de nos lecteurs. Le suivant est extrait de l'ouvrage *Phantasms of the Living*.

M. A. Skirving, maître maçon à la cathédrale de Winchester, écrit aux rédacteurs de ce recueil :

XXV. — Je ne suis pas savant. J'ai quitté l'école à l'âge de douze ans, et j'espère que vous pardonnerez mes fautes contre la grammaire. Je suis maître maçon à la cathédrale de Winchester et je demeure dans cette ville depuis neuf ans. Il y a plus de trente ans, j'habitais à Londres, tout près de l'endroit occupé à présent par le Great Western Railway. Je travaillais à Regent's Park pour MM. Mowlem, Burt et Freeman. La distance de ma maison étant trop grande pour rentrer pour les repas, j'emportais mon déjeuner et je ne quittais pas mon travail dans la journée.

Un certain jour, cependant, je sentis brusquement un

désir intense de rentrer chez moi. Comme je n'avais rien à faire chez moi, je tâchai de me débarrasser de cette obsession, mais il me fut impossible d'y réussir. Le désir de rentrer chez moi augmenta de minute en minute. Il était 10 heures du matin, et il n'y avait rien qui pût me rappeler de mon travail à cette heure-là. Je devins inquiet et mal à l'aise; je sentis que je devais m'en aller, même au risque d'être ridiculisé par ma femme; je ne pouvais donner aucune raison de quitter mon travail et de perdre six pences l'heure pour une bêtise. Toutefois je ne pus rester; je partis pour la maison.

Lorsque j'arrivai devant la porte de ma maison, je frappai; la sœur de ma femme m'ouvrit. Elle parut surprise et me dit : « Eh bien, Skirving, comment est-ce que vous le savez? — Savez quoi? lui dis-je. — Eh bien, à propos de Mary Anne. » Je lui dis : « Je ne sais rien sur Mary Anne (ma femme). — Alors, qu'est-ce qui vous ramène à cette heure-ci? » Je lui répondis : « Je n'en sais rien. Il me semblait que l'on avait besoin de moi ici. Mais qu'est-ce qui est arrivé? »

Elle me raconta qu'un fiacre avait renversé ma femme, il y avait peut-être une heure, et qu'elle était gravement blessée. Elle n'avait cessé de m'appeler depuis son accident. Elle me tendit les bras, les enlaça autour de mon cou et posa ma tête sur sa poitrine. Les crises passèrent immédiatement et ma présence la calma; elle s'endormit et reposa. Sa sœur me raconta qu'elle avait poussé des cris à faire pitié pour m'appeler, bien qu'il n'y eût pas la moindre probabilité que je viendrais.

Ce court récit n'a qu'un mérite : il est strictement vrai.

Alexandre Skirving.

P.-S. — L'accident avait eu lieu une heure et demie avant mon arrivée. Cette heure coïncidait exactement avec celle où j'éprouvai l'obsession de quitter mon travail. Il me fallait une heure pour arriver chez moi, et avant de partir j'avais bien lutté une demi-heure pour vaincre le désir de m'en aller.

Tous ces exemples montrent qu'il y a comme des courants entre les cerveaux, entre les esprits, entre les cœurs, courants dus à une force encore inconnue. En voici d'autres non moins évidents.

Le professeur Silvio Venturi, directeur de l'asile d'aliénés de Girifalco, écrivait le 18 septembre 1892 :

XXVI. — En juillet 1885, j'habitais Nocera. Un jour, j'allai, avec un compagnon, faire une visite à mon frère à Pozzuoli, à trois heures de chemin de fer.

Je laissai chez moi tout le monde en bonne santé. D'habitude je restais deux jours à Pozzuoli, quelquefois un peu plus. Nous arrivâmes à 2 heures après-midi. Après le repas, nous avions l'intention de faire une partie de bateau avec mes parents. Tout d'un coup je m'arrête pensif, prenant une résolution énergique, je déclare ne plus vouloir aller en barque mais au contraire revenir tout de suite à Nocera. On me questionna, disant que j'étais bizarre. Je sentais moi-même toute l'extravagance de ma résolution, mais je n'hésitai pas, car j'éprouvais un besoin irrésistible de retourner chez moi.

En voyant ma résistance, on me laissa partir. Mon compagnon me suivit malgré lui. Je louai une petite voiture avec un cheval maigre et lent qui allait au pas au lieu de trotter. Tout à coup, craignant de manquer le train de 7 heures du soir (c'était le dernier) je pressai le cocher, mais la pauvre bête épuisée n'avançait pas. Finalement nous descendîmes et pûmes trouver une autre voiture à temps pour le train.

Ma maison à Nocera est située à trois cents mètres de la gare, mais je n'eus pas la patience de faire le trajet à pied et montai dans la voiture d'un ami, laissant mon compagnon rentrer à pied. Arrivé chez moi, je pâlis en voyant quatre médecins : MM. Ventra, Canger, Roscioli et celui de la ville; tout le monde était autour du lit de ma chère enfant atteinte du *croup* et menacée de mort.

La maladie n'était pas dans la région. Le croup s'était déclaré à 7 heures du matin, peut-être à l'heure même où je subis l'obsession de retourner au plus vite chez moi. J'ai eu la joie d'avoir contribué ainsi à sa guérison. Ma femme avant mon arrivée criait et m'appelait avec angoisse[1].

Tous ces faits si nombreux n'indiquent-ils pas l'existence de courants psychiques entre les êtres vivants? Ces constatations sont de la plus haute importance pour la connaissance que nous cherchons à acquérir, par ces études, de la nature et des facultés de l'âme humaine.

Autre document tout à fait du même ordre : ils se confirment ainsi les uns par les autres.

M. Lasseron, greffier à Châtellerault, écrit, à la date du 31 janvier 1894[2] :

XXVII. — Un avoué, faisant partie de la garde nationale, se trouvait dans le corps de garde. Tout à coup, il lui prend la fantaisie de sortir, sans prévenir personne. Étant sous les armes, pas même le chef de poste n'aurait pu le lui permettre; d'ailleurs, il n'avait aucun motif plausible à donner. C'était une *lubie* qui lui passait par la tête, et malgré la prison qui lui incombait (en effet, il a attrapé, pour ce fait d'indiscipline, huit jours de prison), il dépose son fusil et s'en va chez lui, en courant.

En arrivant, il trouve sa femme en larmes, environnée de médecins qui entouraient le lit de sa fille, âgée de six ans, atteinte du *croup* et proche de la mort.... Cette maladie n'était pas dans la ville.

La vue inopinée de son père sembla produire une

1. *Annales des sciences psychiques*, 1893, p. 331.
2. Même Revue, 1894, p. 268.

réaction d'autant plus favorable que l'enfant survécut. Elle s'est mariée avec le frère de la femme du juge qui m'a raconté ce fait extraordinaire; elle est morte avant sa vingt-cinquième année.

Il a fallu employer les plus grandes protections pour lever la punition des huit jours de prison, et c'est plutôt en considération de cet étrange fait de télesthésie.

LASSERON.
Greffier, à Châtellerault.

Le Dr Aimé Guinard, chirurgien des hôpitaux de Paris, habitant à Paris, rue de Rennes, expose le fait suivant (octobre 1891) :

XXVIII. — J'ai habituellement pour dentiste un de mes amis installé loin de chez moi, dans le quartier de l'Opéra. Comme sa clientèle a pris une extension considérable, je n'ai pas le temps de faire de longues stations dans son salon d'attente, et je me suis décidé à demander quelques soins à un de ses collègues qui exerce à quelques pas de chez moi, M. Martial Lagrange.

Je donne ces détails pour bien montrer que je n'étais pas en relations avec ce dernier, car je l'ai vu pour la première fois au début de cette année.

Un soir du mois de septembre, je me couche comme d'ordinaire, vers onze heures et demie : je suis pris vers deux heures du matin d'une rage de dents des plus insupportables, et je reste éveillé toute la nuit. Je souffrais assez pour ne pas pouvoir m'endormir, mais non pas au point d'être dans l'impossibilité de penser à mes affaires courantes. Comme j'étais sur le point de terminer un mémoire sur le traitement chirurgical du cancer de l'estomac, je passai une partie de la nuit à méditer sur ce sujet et à faire le plan de mon dernier chapitre. Souvent mon travail de tête était interrompu par une poussée douloureuse, et je prenais la résolution d'aller dès le lendemain matin trouver mon voisin, M. Martial Lagrange, pour arracher la dent malade.

J'insiste sur ce point : pendant cette longue insomnie, ma pensée a été absolument concentrée sur ces deux sujets (et cela avec d'autant plus d'intensité que tout était dans le calme et l'obscurité autour de moi), d'une part mon mémoire sur le traitement chirurgical du cancer de l'estomac où j'étudie l'extirpation de la tumeur au bistouri, et de l'autre le dentiste en question et l'ablation de ma mauvaise dent.

Dès dix heures du matin, j'arrive dans le salon d'attente, et, dès que M. Martial Lagrange soulève la portière de son cabinet, il s'écrie : « Tiens, comme c'est bizarre, j'ai rêvé de vous toute la nuit. »

Je lui réponds en plaisantant : « J'espère au moins que votre rêve n'a pas été trop désagréable, bien que j'y fusse mêlé. »

Mais, au contraire, reprend-il, c'était un horrible cauchemar; j'avais un cancer de l'estomac, et j'étais obsédé de l'idée que vous alliez m'ouvrir le ventre pour me guérir.

Or, j'affirme que M. Martial Lagrange ignorait absolument que, cette nuit-là, j'étudiais précisément cette question; je ne l'avais pas rencontré depuis plus de six mois, et nous n'avons aucun ami commun.

J'ajouterai que c'est un homme de 45 ans environ, névropathe, très émotif.

Voilà le fait dans toute sa simplicité, ce n'est pas un racontar de seconde ou de troisième main, puisque c'est de moi-même qu'il s'agit. Est-ce une simple coïncidence? Cela me paraît bien improbable.

Ne serait-ce pas plutôt une observation à rapprocher des cas authentiques de télépathie? Ce qu'il y a de particulier ici, c'est mon état de veille à moi, et c'est la pensée du dentiste influencé ou suggestionné pendant le sommeil.

On dit couramment, probablement depuis des siècles, lorsqu'on s'occupe avec insistance de quelque absent : « Les oreilles ont dû lui tinter. » Ce dicton serait-il basé sur des faits de télépathie analogues au mien?

Ces observations ne datent pas d'aujourd'hui.
Voici une expérience rapportée par mon ami
regretté le Dr Macario dans son livre si intéressant
sur *Le Sommeil*[1] :

XXIX. — Un soir, le Dr Grosnier, après avoir endormi par la magnétisation une femme hystérique, demanda au mari de cette femme la permission de faire une expérience, et voici ce qui se passa. Sans mot dire, il la conduisit en pleine mer, mentalement bien entendu. La malade fut tranquille tant que le calme dura sur les eaux; mais bientôt le magnétiseur souleva dans sa pensée une effroyable tempête, et la malade se mit aussitôt à pousser des cris perçants et à se cramponner aux objets environnants; sa voix, ses larmes, l'expression de sa physionomie indiquaient une frayeur terrible. Alors il ramena successivement, et toujours par la pensée, les vagues dans les limites raisonnables. Elles cessèrent d'agiter le navire, et, suivant le progrès de leur abaissement, le calme rentra dans l'esprit de la somnambule, quoiqu'elle conservât encore une respiration haletante et un tremblement nerveux dans tous ses membres. « Ne me ramenez jamais en mer, s'écria-t-elle un instant après avec transport, j'ai trop peur; et ce misérable de capitaine qui ne voulait pas nous laisser monter sur le pont! » Cette exclamation nous bouleversa d'autant plus, dit M. Grosnier, que je n'avais pas prononcé une seule parole qui pût lui indiquer la nature de l'expérience que j'avais l'intention de faire.

Le Dr Macario rapporte aussi les faits suivants :

XXX. — Un terrain était à vendre judiciairement dans une commune des environs de Paris. Personne n'y mettait l'enchère, quoique la mise à prix fût excessivement minime, parce que ce terrain était saisi au père G... qui passe parmi les paysans pour un sorcier dangereux.

---

1. 1857, p. 185.

Après une longue hésitation, un cultivateur nommé L..., séduit par le bon marché, se risqua et devint acquéreur du champ.

Le lendemain matin, notre homme, la bêche sur l'épaule, se rendait en chantant à sa nouvelle propriété, quand un objet sinistre frappa ses regards; c'était une croix de bois à laquelle était attaché un papier contenant ces mots : « Si tu mets la bêche dans ce champ, un fantôme viendra te tourmenter la nuit. Le cultivateur renversa la croix et se mit à travailler la terre, mais il n'avait pas grand courage; il pensait, malgré lui, au fantôme qui lui était annoncé, il quitta l'ouvrage, rentra chez lui et se mit au lit; mais ses nerfs étaient surexcités, il ne put dormir. A minuit, il vit une longue figure blanche se promener dans sa chambre et s'approcher de lui en murmurant : « Rends-moi mon champ. »

L'apparition se renouvela les nuits suivantes. Le cultivateur fut saisi par la fièvre. Au médecin qui l'interrogea sur la cause de sa maladie, il raconta la vision dont il était obsédé, et déclara que le père G... lui avait jeté un sort. Le médecin fit venir cet homme, et, en présence du maire de la commune, il l'interrogea. Le sorcier avoua que chaque nuit, à minuit, il se promenait chez lui revêtu d'un drap blanc, afin de faire endêver l'acquéreur de son champ. Sur la menace de le faire arrêter s'il continuait, il se tint tranquille. Les apparitions cessèrent et le cultivateur recouvra la santé.

Comment ce sorcier, se promenant chez lui, pouvait-il être vu du paysan dont la demeure est à un kilomètre de distance? Nous n'expliquerons pas ce phénomène, nous dirons seulement que ce fait n'est pas sans précédents et qu'il s'appuie sur une autorité irrécusable, celle du célèbre Dr Récamier.

XXXI. — M. Récamier venait de Bordeaux, il traversait en chaise de poste un village; une des roues de la voiture vint à se briser; on courut chez le charron dont la demeure était près de là. Mais cet homme était malade au lit, et l'on fut obligé d'aller chercher un de ses confrères qui demeurait dans le village voisin. En attendant que l'accident fût réparé, M. Récamier entra chez le paysan malade, et lui adressa des questions sur l'origine de son mal. Le charron répondit que sa maladie provenait du manque de sommeil : « Il ne pouvait dormir, parce qu'un chaudronnier qui demeurait à l'autre bout du village, à qui il avait refusé de donner sa fille en mariage, l'en empêchait en frappant toute la nuit sur ses chaudrons. »

Le docteur alla trouver le chaudronnier, et sans préambule, il lui dit :

« Pourquoi frappes-tu toute la nuit sur ton chaudron ?

— Pardienne, répondit-il, c'est pour empêcher Nicolas de dormir.

— Comment Nicolas peut-il t'entendre, puisqu'il demeure à une demi-lieue d'ici ?

— Oh ! oh ! reprit le paysan en souriant d'un air malin, je savons ben qu'il entend. »

M. Récamier enjoignit au chaudronnier de cesser son tapage en le menaçant de le faire poursuivre si le malade venait à mourir. La nuit suivante, le charron dormit paisiblement. Quelques jours après, il reprit ses occupations.

Dans les considérations dont il accompagne le récit de ce fait, le Dr Récamier l'attribue au pouvoir de la volonté, dont on ne connaît pas encore toute l'énergie, et qui s'était spontanément révélé à un paysan inculte. Le phénomène, du reste, ne semblera pas extraordinaire à ceux qui connaissent le magnétisme.

Le général Noizet, l'un des auteurs les plus sérieux et les plus précis qui aient écrit sur le magnétisme, rapporte l'histoire suivante[1] :

XXXII. — Vers 1842, je fus invité à passer chez un de mes anciens camarades une soirée dans laquelle on devait

---

1. *Mémoire sur le somnambulisme et le magnétisme animal*, adressé en 1820 à l'Académie de Berlin, et publié avec additions en 1854.

étaler les merveilles du somnambulisme. Je m'y rendis; c'était la première fois que j'assistais à ce genre de spectacle, assez commun cependant dans les salons de Paris, et depuis je n'y ai pas assisté de nouveau.

Je trouvai là une quarantaine de personnes, quelques adeptes plus ou moins exaltés, et beaucoup d'incrédules, parmi lesquels on pouvait compter au premier rang le maître de la maison. J'augurais mal de la séance, et, en effet, toutes les expériences de vue à distance, de lecture de billet cacheté, tous les miracles en un mot échouèrent complètement, et il ne resta plus assez de faits saillants pour qu'une réunion aussi nombreuse et dans des dispositions diverses pût sagement les apprécier.

En causant dans un groupe à l'issue de cette déconvenue, je fis observer au maître de la maison que ce n'était pas par de semblables représentations que l'on pouvait se convaincre de la réalité des phénomènes; que les expériences eussent-elles même réussi, chacun dans une réunion nombreuse de personnes étrangères les unes aux autres pouvait supposer quelque compérage, quelque supercherie, et que, pour bien observer les faits, il fallait les voir en tête-à-tête ou en petit comité, les examiner sous toutes les faces et les répéter souvent.

Un de nos interlocuteurs applaudit à mes paroles, dit qu'il connaissait une excellente somnambule, et nous proposa de tenter quelques essais avec elle, en présence seulement du maître de la maison et chez un ami commun. Nous acceptâmes et prîmes jour à un délai rapproché.

J'arrivai chez mon ami avant le magnétiseur et sa somnambule, et j'appris qu'entre autres facultés extraordinaires qu'on prêtait à cette somnambule était celle de pouvoir dire ce qu'une personne avec qui on la mettait en relation avait fait dans la journée. Il se trouvait justement par hasard que ce jour-là j'avais fait une démarche peu ordinaire. J'étais allé dans les combles de l'hôtel des Invalides, avec le duc de Montpensier, pour lui montrer les plans-reliefs des places fortes. Je proposai de faire sur moi l'essai de la faculté de la somnambule, et cette proposition fut acceptée par mes deux amis.

La somnambule arrivée et endormie, je me mis aussitôt en rapport avec elle et lui demandai si elle pouvait voir ce que j'avais fait dans la journée.

Après quelques détails assez insignifiants et péniblement obtenus sur l'emploi de ma matinée, je lui demandai où j'étais allé après déjeuner. Elle me répondit sans hésitation : *aux Tuileries* ; ce qui pouvait fort bien s'entendre d'une simple promenade. J'insistai en demandant par où j'étais entré, et elle répondit fort bien encore : « Par le guichet du quai, auprès du pont Royal. — Puis ensuite ? — Vous êtes monté dans le château. — Par quel escalier ? Est-ce celui du milieu ? — Non, c'est par celui du coin, près du guichet. » Là, elle se perdit dans les escaliers, et il y a lieu en effet de s'y perdre, car il y en a plusieurs : le grand escalier de service du pavillon de Flore, et l'escalier des appartements du roi, avec des paliers et des marches de raccordement menant de l'un à l'autre. Enfin elle me laissa dans une grande salle où il y avait des officiers. C'était une salle d'attente au rez-de-chaussée. « Vous avez attendu, me dit-elle. — Et puis ? — Il est venu un grand jeune homme vous parler. — Quel était ce jeune homme ? — Je ne le connais pas. — Cherchez bien ? — Ah ! c'est un fils du roi. — Lequel ? — Je ne le connais pas. — Ce n'est pas bien difficile à savoir, il n'y en a que deux à Paris : le duc de Nemours et le duc de Montpensier ; est-ce le duc de Nemours ? — Je ne le connais pas. » Je lui dis que c'était le duc de Montpensier. « Après ? — Vous êtes monté en voiture. — Tout seul ? — Non, avec le prince. — Comment étais-je placé ? — Au fond, à gauche. — Étions-nous seuls dans la voiture ? — Non, il y avait encore devant un gros monsieur. — Quel était ce monsieur ? — Je ne le connais pas. — Cherchez ? » Après avoir réfléchi : « C'était le roi. — Comment ! lui dis-je, j'étais dans le fond de la voiture et le roi devant, cela n'est pas raisonnable. — Je ne sais pas, je ne connais pas ce monsieur. — Eh bien ! c'était l'aide de camp du prince. — Je ne le connais pas. — Où avons-nous été? — Vous avez suivi la rivière. — Et puis? — Vous êtes allés dans un grand château. — Quel était ce château? — Je ne sais pas, il y a des arbres avant d'y arriver. — Regardez donc bien, vous devez le connaître? — Non, je ne sais pas. » J'abandonne cette question et je lui dis de continuer. « Vous avez été dans une grande salle. » Là, elle me fait une description imaginaire de la salle où elle voit briller des étoiles sur un fond blanc. Enfin elle me dit : « Il y avait de grandes tables. — Et qu'y avait-il sur ces tables? — Ce n'était pas haut, ce n'était pas plat tout à fait. » Je ne puis pas l'amener à me dire qu'il y avait des plans-reliefs, objets que sans doute elle n'avait jamais vus. « Qu'avons-nous donc fait devant ces tables? — Vous montriez. Vous êtes monté sur un siège et avec une baguette vous faisiez voir quelque chose. » Cette particularité remarquable était parfaitement exacte. Enfin, après bien des lenteurs, elle nous fit remonter en voiture et partir. Je lui dis alors : « Mais regardez donc en arrière, vous devez reconnaître l'endroit d'où nous sortons. — Ah! dit-elle comme étonnée et un peu confuse, c'est l'hôtel des Invalides. » Elle ajouta encore que le prince m'avait laissé à ma porte, ce qui était vrai.

Quelque familiarisé que je fusse avec les phénomènes du somnambulisme, cette scène me frappa néanmoins beaucoup, et je ne pus raisonnablement attribuer qu'à la faculté de lire dans ma pensée ou sur des impressions existantes encore dans mon cerveau l'espèce de divination dont venait de faire preuve la somnambule. C'est encore la seule explication que je puis lui donner aujourd'hui.

Voici un second fait rapporté par le même auteur.

XXXIII. — Il y a deux ans environ, une somnambule me conseilla pour des douleurs de prendre des bains de vapeur sèche sulfureuse, et m'indiqua un établissement de la rue de la Victoire comme le seul de Paris où on les administrât bien. Je suivis ce conseil, qui me parut raisonnable.

Le maître de l'établissement, qui est assez causeur, mais qui est un vieillard à la mine et aux allures franches, me demanda un jour qui m'avait indiqué ces bains. Comme j'évitais de répondre, il me dit : « Ne serait-ce pas une dame D...? » Là-dessus je lui demandai s'il connaissait cette dame. Il me répondit que non, mais qu'il désirait beaucoup la connaître, et qu'il se proposait d'aller un jour la voir, parce qu'elle lui avait rendu service et d'une manière tout à fait extraordinaire. Voici ce qu'il me rapporta à ce sujet.

Une personne à qui il administrait des bains depuis quelque temps lui dit un jour : « Il vient de m'arriver quelque chose de bien étonnant relativement à vous. Je vais quelquefois consulter une somnambule pour ma maladie, et j'y suis retournée hier après une interruption assez longue. Aussitôt qu'elle m'eut reconnue, elle me dit : « Vous allez beaucoup mieux, qu'avez-vous donc fait pour vous remettre en si bon état? — Cherchez ! lui répondis-je. — Vous avez pris des bains, mais ce ne sont pas des bains ordinaires, ce sont des bains secs sulfureux. Où donc avez-vous pris ces bains! — Cherchez ! — Ah! je vois, c'est de l'autre côté des boulevards. Ce n'est pas dans la rue de Provence, mais dans la rue après. — A quel numéro? — Cherchez encore! — C'est au numéro 46, la maison des bains, mais non pas dans l'établissement même : c'est au fond de la troisième cour, au rez-de-chaussée.. » Toutes ces indications étaient parfaitement exactes.

Je parlai de ce fait à la somnambule pendant son sommeil, elle le confirma, en le prenant d'ailleurs sur un ton d'une parfaite indifférence ; et, ce qui m'étonna de sa part, c'est que je savais qu'elle répugnait, par habitude sans doute, à s'occuper de toute autre chose que de ce qui concerne les malades. Dans le cas présent, elle avait lu dans le cerveau de la dame qui la consultait.

Voici un fait encore plus curieux rapporté par le D' Bertrand :

XXXIV. — Un magnétiseur fort imbu d'idées mystiques avait un somnambule qui, pendant son sommeil, ne voyait que des anges et des esprits de toute espèce : ces visions servaient à confirmer de plus en plus le magnétiseur dans sa croyance religieuse. Comme il citait toujours les rêves de son somnambule à l'appui de son système, un autre magnétiseur de sa connaissance se chargea de le détromper en lui montrant que son somnambule n'avait les visions qu'il rapportait que parce que le type en existait dans sa propre tête. Il proposa, pour prouver ce qu'il avançait, de faire voir au même somnambule la réunion des *anges du paradis à table et mangeant un dindon.*
Il endormit donc le somnambule, et au bout de quelque temps lui demanda s'il ne voyait rien d'extraordinaire. Celui-ci répondit qu'il apercevait une grande réunion d'anges. « Et que font-ils ? dit le magnétiseur. — Ils sont autour d'une table et ils mangent. » Il ne put indiquer cependant quel était le mets qu'ils avaient devant eux.

Indépendamment de ces faits remarquables, et de bien d'autres encore, un grand nombre d'observations générales concourent à prouver que les idées, et principalement les opinions des magnétiseurs, peuvent être perçues par les somnambules.

On a remarqué, par exemple, que tous les somnambules endormis par la même personne ont les mêmes idées sur le magnétisme, et précisément celles de leur magnétiseur. Ainsi, lorsqu'un magnétiseur persuadé de l'existence d'un fluide magnétique demande à son somnambule s'il ressent l'action de ce fluide, celui-ci répond qu'il la sent et assure en outre voir le magnétiseur environné d'une atmosphère lumineuse tantôt brillante, tantôt azurée, etc. Les somnambules, au contraire, endormis par des personnes qui n'admettent aucun fluide particulier, prétendent qu'il n'existe pas de fluide magnétique. Ceux qui sont endormis par des hommes superstitieux voient des démons, des anges qui viennent communiquer avec eux et leur font des révélations ou leur apportent des secrets. Les somnambules observés par la Société swedenborgienne de Stockholm se croyaient tous inspirés par des esprits revenus de l'autre monde, et qui, pendant quelque temps, avaient habité des corps humains. Ces revenants donnaient des nouvelles de ce qui se passait en paradis ou en enfer et répétaient mille contes, qui remplissaient d'une sainte admiration ceux qui les écoutaient. Les catholiques qui croient au purgatoire voient des âmes demandant des messes et des prières et conversent avec elles par le magnétisme et le spiritisme. Les protestants jamais.

Il ne peut donc y avoir de doutes sur la transmission des idées et surtout des opinions les plus prononcées des magnétiseurs. Mais il est assez singulier que ces magnétiseurs, qui reconnaissaient, depuis l'origine de l'observation du somnambulisme artificiel, l'influence que leur volonté exerce sur les somnambules, aient été si longtemps sans découvrir le phénomène de la transmission des idées, et l'ignorance dans laquelle beaucoup sont restés à cet égard est une des causes qui les ont jetés dans l'exagération et dans l'erreur, car, accordant une confiance sans bornes à leurs somnambules, ils les interrogeaient sur tous les systèmes qu'ils s'étaient forgés, et, les réponses se trouvant toujours d'accord avec ces systèmes, les opinions les plus absurdes devenaient pour eux des certitudes, ce qui les éloignait de plus en plus du chemin de la vérité.

La sympathie a été admise par tous les peuples de toutes les époques. Cependant, ce mot est encore vide de sens pour ceux qui ne croient pas à l'influence réciproque et mystérieuse que deux êtres peuvent exercer l'un sur l'autre. Il est peu de personnes qui n'aient fait dans leur vie quelques remarques sur la sympathie et les affinités. C'est encore là de la transmission de pensée, une communication harmonieuse entre les cerveaux et entre les âmes. Le monde psychique est aussi réel que le monde physique. Seulement, il a été moins étudié jusqu'ici.

Peut-être sommes-nous, vis-à-vis des manifestations de l'énergie psychique, dans l'état des animaux inférieurs qui n'ont pas encore nos sens. Mais quelle difficulté y a-t-il à admettre que cette force, comme toutes les autres, agisse à distance? Le point le plus curieux, le plus inadmissible, serait que cette force, si elle existe, ne pût agir à distance : ce serait là un paradoxe unique.

Nous avons déjà dit cent fois que c'est une étrange présomption, pour ne pas dire une profonde ignorance, de supposer qu'il n'existe autour de nous en fait de mouvements que ceux que nous sommes capables de percevoir. Nos sens sont évidemment bien grossiers, si l'on compare la somme de ce qu'ils nous transmettent à la masse probable de ce qu'ils sont incapables de recevoir. Nous savons qu'il y a des couleurs, des sons, des courants électriques, des attractions et des répulsions magnétiques qui nous échappent absolument, et dont cependant nous pouvons faire enregistrer l'existence par des appareils délicats. Ne sommes-nous pas autorisés, de par les données actuelles de la science, à considérer tous les corps qui nous environnent comme étant en relations infinies et constantes les uns avec les autres, suivant tous les modes de l'énergie? Et ne devons-nous pas nous regarder comme étant plongés dans le réseau inextricable et serré de toutes ces actions réciproques calorifiques, électriques, attractives, que chaque corps exerce sur tous ceux qui les entourent — sans parler des influences qui dérivent de forces que nous ne soupçonnons pas — actions dynamiques dont nous percevons seulement, au passage, les plus grossières?

Mais l'évolution des organismes poursuit son cours, dirons-nous avec M. Héricourt, et sans doute déjà quelques êtres commencent-ils à être impressionnés par certaines vibrations errantes au milieu de ces tourbillons d'actions et de réactions qui nous laissent insensibles.

Les phénomènes surprenants d'action à distance et de clairvoyance, dit encore cet auteur, observés chez les personnes hypnotisées, c'est-à-dire soumises à une sorte de déséquilibration expérimentale dans laquelle certaines parties du système nerveux paraissent avoir leur sensibilité accrue aux dépens d'autres parties, doivent nous indiquer et le sens et la nature des phénomènes de télépathie. Ce sont eux sans doute qui serviront de pont entre la science positive d'aujourd'hui et ce qui pourrait bien être la science de demain.

D'après tout ce qui précède, la communication entre cerveaux (dans des conditions spéciales, assurément) n'est pas douteuse. Des pensées, des idées, des images, des impressions peuvent être transmises. Les cerveaux sont des centres de radiations. On dit quelquefois que « certaines idées sont dans l'air ». Cette métaphore est une réalité.

Un certain nombre de chercheurs ont essayé de faire des expériences précises sur la transmission mentale. On peut trouver, dans les ouvrages spéciaux, celles de MM. Richet, Héricourt, Guthrie, Lodge, Schmoll, Desbeaux, W.-M. Pickering, etc., dont les premières remontent aux années 1883 et 1884, et qui établissent que des nombres ont été devinés, des dessins reproduits, dans une proportion assez notable pour montrer la réalité de la transmission. Dans les essais de M. Richet, par exemple, 2 997 expériences donnèrent 789 succès, tandis que le nombre probable était de 732. M. Marillier a reçu les résultats de 17 séries d'expériences, s'élevant au nombre de 17 653, dans lesquelles le nombre des succès s'élève à 4760, dépassant de 347 le nombre probable. En juin 1886, Mlles Wingfield obtinrent 27 succès complets sur 400 expériences de chiffres : le nombre probable n'était que de 4. Sans être définitives, ces expériences ont leur valeur. Je sais bien que le jeu de la transmission de pensée se joue dans les salons et sur la scène des prestidigitateurs et qu'il y a des trucs aussi simples qu'ingénieux, et j'ai assisté plus d'une fois avec plaisir aux séances des frères Isola, de Cazeneuve et de leurs émules. Mais il s'agit ici d'expériences scientifiques dans lesquelles les expérimentateurs ne trompaient personne.

Je signalerai, par exemple, la suivante.

Mon érudit confrère et ami Émile Desbeaux, auteur d'ouvrages aimés et estimés, a fait entre autres les expériences curieuses que voici, dont il a rédigé lui-même la relation :

XXXV. — Le 23 mai 1891, je fais asseoir dans un coin obscur du salon M. G... agrégé ès sciences physiques, pour qui ces sortes d'expériences étaient absolument inconnues. Il est neuf heures du soir, M. G... a les yeux bandés et la face tournée vers le mur.

Je me place à quatre mètres de lui, devant une petite table où reposent deux lampes.

PREMIÈRE EXPÉRIENCE

Sans bruit et à l'insu de M. G... je prends un objet et je le tiens en pleine lumière. J'y concentre mes regards et je veux que M. G... voie cet objet.

Au bout de 4 minutes et demie M. G... m'annonce qu'il voit un *rond métallique.*

Or, l'objet était une *cuillère d'argent* (petite cuillère à café), dont le manche disparaissait dans ma main et dont je ne fixais que la palette, d'un ovale un peu allongé.

DEUXIÈME EXPÉRIENCE

M. G... voit un *rectangle brillant.*
Je tenais une *tabatière en argent.*

TROISIÈME EXPÉRIENCE

M. G... voit un *triangle.*
J'avais dessiné, à gros traits sur un carton, un *triangle.*

QUATRIÈME EXPÉRIENCE

M. G... voit un carré *avec arêtes lumineuses* et avec des *perles brillantes*; tantôt il voit deux perles seulement, tantôt il en voit plusieurs.

Je tenais un objet dont il n'était guère possible de soupçonner chez moi la présence ; c'était un gros dé en carton blanc, la lumière éclairait vivement ses *arêtes* et donnait aux points gravés dessus des reflets brillants de *perles noires.*

CINQUIÈME EXPÉRIENCE

M. G... voit un *objet transparent avec filets lumineux formant ovale au fond.*

Je tenais *une chope à bière en cristal taillé à fond ovale.*

Voilà, je pense, cinq expériences (faites dans des conditions excellentes de contrôle et de sincérité) qui peuvent être considérées comme ayant réussi.

Il est également intéressant de reproduire à ce propos quelques-uns des essais réussis par mon ami

A. Schmoll, l'un des fondateurs de la Société astronomique de France.

XXXVI. — Il expérimenta avec plusieurs personnes, qui, à leur tour, expérimentèrent entre elles. Le problème était de deviner et de dessiner l'objet auquel pensait l'auteur de l'expérience et qu'il dessinait lui-même à l'abri de la vue du percipient placé dans la même pièce, tournant le dos à la table et ayant les yeux bandés. Je reproduis simplement ici sur une page quelques-unes des expériences, celles qui ont le mieux réussi. La durée de l'essai était en moyenne de 13 minutes. Sur 121 expériences, 30 ont manqué, 22 ont réussi, 69 ont donné des réponses plus ou moins approchées.

Toutes ces études nous montrent que l'esprit peut voir, deviner, sans le concours de la vue matérielle.

Cette théorie des courants psychiques, capables de transmettre à distance, à d'autres cerveaux, des impressions cérébrales et même des pensées, explique un grand nombre de faits observés et restés inexpliqués jusqu'ici. Par exemple, dans un théâtre, dans une soirée musicale, etc., vous avez devant vous une cinquantaine, une centaine de femmes plus ou moins attentives. Fixez votre regard et votre pensée sur l'une d'elles, projetez votre volonté avec insistance, quelques minutes ne se passeront pas sans qu'elle se retourne et vous regarde. On attribue cette coïncidence au hasard. Oui, assez souvent sans doute, mais non toujours ! la réussite dépend des opérateurs et des sujets. Autres faits : vous êtes en correspondance irrégulière avec une personne sympathique ; il n'est pas rare que vos lettres se croisent, parce que vous avez pensé en même temps l'une à l'autre dans une même intention. Vous êtes à table, vous causez, vous posez une question, vous faites une réflexion : « Tiens ! j'allais le dire, » vous répond votre femme, votre mari, votre sœur, votre mère, ayant eu la même idée précisément au même moment. Vous passez dans une rue, vous vous dites : « Pourvu que je ne rencontre pas M. un tel ! » Un instant après, c'est justement lui qui vous croise; vous l'aviez senti. Ou bien vous croyez reconnaître une personne dans une autre, et cinq minutes après vous rencontrez cette même personne. Vous parlez d'une personne : elle arrive; d'où le proverbe : « Quand on parle du loup.... » Nous avons cité, tout à l'heure, des exemples nombreux. Jusqu'à présent, on attribuait toutes ces coïncidences au hasard, explication simple, banale et bourgeoise, qui dispense de toute recherche.

Il y a des cas de *lectures de pensées* qui ne sont pas dus à la suggestion mentale. Les lecteurs attentifs ont déjà pu en remarquer plusieurs dans ce chapitre. Voici un fort curieux exemple de ce genre observé en 1894 chez un enfant, par le Dr Quintard, et communiqué par ce savant, avec toutes les garanties d'authenticité[1], à la Société de médecine d'Angers :

XXXVII. — Ludovic X... est un enfant de moins de 7 ans, vif, gai, robuste et doué d'une excellente santé. Il est abso-

1. Voy. *Ann. des sc. psych.*, 1894, p. 325.

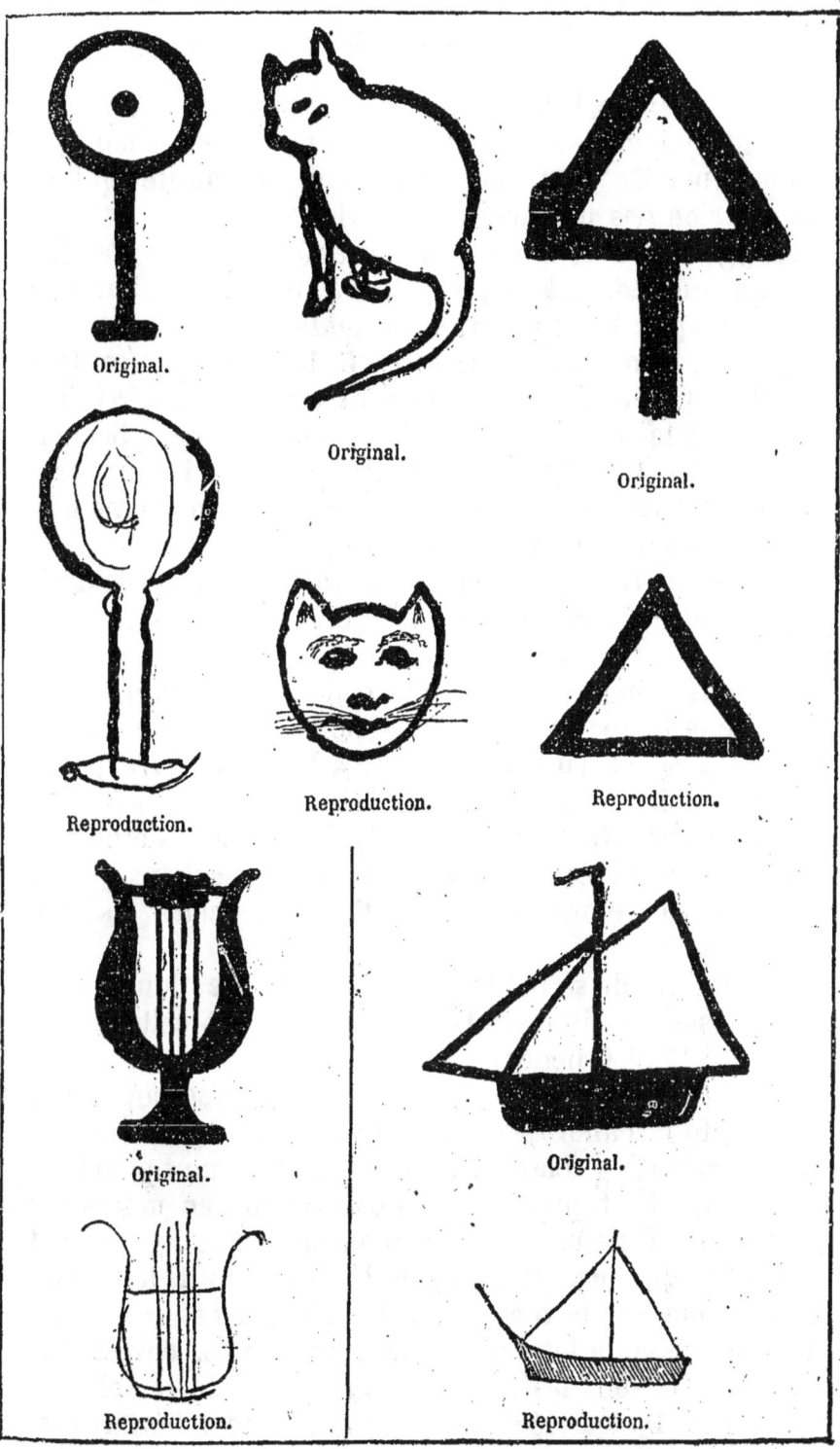

Essais de reproductions de dessins par transmission mentale.

lument indemne de toute tare nerveuse. Ses parents ne présentent également rien de suspect au point de vue neuropathologique. Ce sont gens d'humeur tranquille qui ne savent rien des outrances de la vie.

A l'âge de 5 ans, cependant, cet enfant sembla marcher sur les traces du célèbre Inaudi. Sa mère ayant voulu, à cette époque, lui apprendre la table de multiplication, s'aperçut, non sans surprise, qu'il la récitait aussi bien qu'elle ! Bientôt Bébé, se piquant au jeu, en arrivait à faire, de tête, des multiplications avec un multiplicateur formidable. Actuellement, on n'a qu'à lui lire un problème pris au hasard dans un recueil et il en donne aussitôt la solution. Celui-ci par exemple :

« Si on mettait dans ma poche 25 fr. 50, j'aurais trois fois ce que j'ai, moins 5 fr. 40. Quelle est la somme que j'ai ? »

A peine l'énoncé est-il achevé que Bébé, sans même prendre le temps de réfléchir, répond, ce qui est exact : 15 fr. 45. On va ensuite chercher à la fin du livre, parmi les plus difficiles, cet autre problème :

« Le rayon de la terre est égal à 6366 kilomètres ; trouver la distance de la terre au soleil, sachant qu'elle vaut 24 000 rayons terrestres. Exprimer cette distance en lieues ? »

Le bambin, de sa petite voix bredouillante, donne, également sans hésiter, cette solution qui est celle du recueil : 38 196 000 lieues !

Le père de l'enfant, ayant d'autres préoccupations, n'avait, tout d'abord, apporté aux prouesses de son fils qu'une attention relative. A la fin, il s'en émut pourtant, et, comme il est quelque peu observateur, au moins par profession, il ne tarda pas à remarquer que : 1° l'enfant n'écoutait que peu, et quelquefois pas du tout, la lecture du problème ; 2° la mère, dont la présence est une condition expresse de la réussite de l'expérience, devait toujours avoir, sous les yeux ou dans la pensée, la solution demandée. D'où il déduisit que son fils ne *calculait* pas, mais *devinait*, ou, pour mieux dire, pratiquait sur sa mère « la lecture de pensées »; ce dont il résolut de s'assurer. En conséquence, il pria Mme X... d'ouvrir un dictionnaire et de demander à son fils quelle page elle avait sous les yeux, et le fils de répondre aussitôt : « C'est la page 456. » Ce qui était exact. Dix fois il recommença et dix fois il obtint un résultat identique.

Voilà donc Bébé de mathématicien devenu sorcier, — disons devin pour ne pas l'offenser! Mais sa remarquable faculté de « double vue » ne s'exerce pas uniquement sur les nombres. Que Mme X... marque de l'ongle un mot quelconque dans un livre; l'enfant, questionné à ce sujet, nomme le mot souligné. Une phrase est écrite sur un carnet; si longue soit-elle, il suffit qu'elle passe sous les yeux maternels, pour que l'enfant, interrogé, même par un étranger, répète la phrase mot pour mot, sans avoir l'air de se douter qu'il accomplit un tour de force. Pas n'est besoin même que la phrase, le nombre ou le mot soient fixés sur le papier; il suffit qu'ils soient bien précis dans l'esprit de la mère pour que le fils en opère la lecture mentale.

Mais le triomphe de Bébé, ce sont les jeux de société. Il devine l'une après l'autre toutes les cartes d'un jeu. Il indique, sans hésiter, quel objet on a caché à son insu, dans un tiroir. Si on lui demande ce que contient une bourse, il mentionnera jusqu'au millésime des pièces qui s'y trouvent. Où l'enfant est surtout drôle, c'est dans la traduction des langues étrangères. On croirait qu'il entend clairement l'anglais, l'espagnol, le grec. Dernièrement un ami de la maison lui demandait le sens de cette charade latine : *Lupus currebat sine pedibus suis*. Bébé s'en tira à la satisfaction générale. Le nom de *petit prodige* était sur toutes les lèvres!

On voit qu'il y a bien des distinctions à établir dans ces études. La lecture de pensées est ici faite sans suggestion. Les phénomènes suggestifs sont produits par la pénétration de l'idée de l'expérimentateur dans le cerveau du sujet. Donc, pour qu'il y ait suggestion dans le cas qui nous occupe, il faudrait constater chez la mère une certaine concentration psychique, un certain degré de *vouloir* indispensable au succès de l'expérience. Or, la lecture de sa pensée s'accomplit le plus souvent *contre son gré*. Toute médaille, en effet, a son revers. Quand Bébé fut en âge d'apprendre sérieusement à lire, sa maman, qui s'était dévouée à cette tâche, remarqua, non sans chagrin, que, sous sa direction, son fils ne faisait aucun progrès. Devinant tout, il n'exerçait ni son jugement, ni sa mémoire. Il fallut mille soins ingénieux pour mener la barque à bon port.

Tandis que j'étudiais avec le plus grand soin ces faits de transmission de pensée, j'ai reçu la lettre suivante d'un lecteur des *Annales*, qui se trouve absolument justifier les réflexions précédentes :

XXXVIII. — Permettez à un lecteur assidu de porter à votre connaissance un fait intéressant de télépathie dont je fus tout récemment le témoin.

Le mois dernier (décembre 1898), je soignais une dame âgée, arrivée à la dernière période d'une maladie rapide ; elle s'affaiblissait de jour en jour, tout en gardant intacte son intelligence, et c'est la veille même de sa mort qu'est survenu le phénomène suivant.

J'avais vu ma malade le matin. Elle raisonnait parfaitement et ses facultés cérébrales n'étaient en rien amoindries.

Vers onze heures du matin, je rencontre un ami avec lequel je cause de différentes choses. A un moment donné, cet ami me dit : « Je cherche une maison à louer pour le printemps. Pourriez-vous me donner quelques indications à ce sujet ? »

— Ma foi non, lui répondis-je. Vous, entrepreneur de maçonnerie, pouvez être mieux renseigné que moi en cette matière.

A ce moment, nous étions absolument seuls et personne ne pouvait surprendre notre conversation.

— C'est que, ajoute mon ami, la maison qu'habite Mme P... (ma malade) me plairait assez. Que pensez-vous de son état ? On la dit très bas. Peut-elle vivre encore longtemps ?

— Qui sait ? répondis-je évasivement. En tous cas, elle a un bail qui retombe sur ses héritiers, en cas de décès.

— C'est égal, je vais attendre encore quelques jours ; je verrai, ensuite, le propriétaire.

Notre conversation en resta là. Il ne fut plus question ni de la malade ni de la maison, et je sais que mon ami ne parla à personne de ses projets dans le cours de la journée.

Or, à ma visite du soir, la garde-malade de Mme P... me dit :

— Docteur, notre malade divague, ou, du moins, a divagué vers midi. Elle m'a demandé si personne n'était venu visiter sa maison dans le but de la louer. « D'ailleurs, « a-t-elle ajouté plusieurs fois, j'ai un bail : que me « veut-on ? »

— Et ce fut tout ?

— Je n'ai absolument rien compris, » ajouta la garde. Ni la bonne, ni personne, dans l'entourage de la malade, n'eut connaissance des projets de mon ami ; par conséquent, la malade elle-même n'a pu les connaître, en avoir l'intuition, par le monde extérieur.

Je fus et je reste convaincu que Mme P... a perçu, par action télépathique seule, notre conversation du matin. C'est à l'heure où j'étais avec mon ami qu'elle a « divagué ». C'est la seule « divagation » qu'elle ait eue, et elle est morte le lendemain soir, avant que personne ait eu vent des projets de location de mon ami.

Ceci se passait le 13 décembre dernier.

J'ai retenu le fait, assez curieux en lui-même. En lisant ce soir votre article des dernières *Annales*, j'ai pensé qu'il vous intéresserait. Voilà pourquoi j'ai pris la liberté de vous le communiquer aussitôt.

Dr Z....

P.-S. — C'est à *vous* personnellement que je livre ce document. Dans le cas où vous auriez l'intention de le publier, je vous serais reconnaissant de me garder l'anonymat.

Voici un autre fait d'observation qui ressemble beaucoup au précédent.

XXXIX. — En avril 1874, à Beaumont-la-Ferrière (Nièvre), je donnais mes soins, en compagnie de ma femme, à ma mère Mme Foupuray, âgée de 72 ans. Nous passions, ma femme et moi, toutes les nuits dans la chambre de ma mère, et, le matin, nous allions dans la nôtre pendant le temps nécessaire pour y faire notre toilette, et nous revenions aussitôt auprès de ma mère qu'une femme de chambre gardait pendant ce temps-là.

La maison que nous habitions était fort grande et les deux chambres, dont je vous parle, étaient placées l'une et l'autre au premier étage, mais aux deux extrémités de la maison, et séparées l'une de l'autre, par *quatre chambres et un grand hall* renfermant la cage de l'escalier.

Un matin, ma mère était mourante, nous ne voulions pas la quitter, elle insista pour que nous allions un instant dans notre chambre. Nous étions fort émus, ma femme et moi, et parlions de la mort imminente de ma mère, et des proches que nous avions déjà perdus au nombre desquels était un de mes frères, capitaine d'artillerie, mort deux ans avant cette époque.

Je n'avais aucun souvenir matériel et palpable de ce frère. Ma mère avait recueilli les différents objets venant de lui, épaulettes, croix de la Légion d'honneur, sabre, etc., et entre autres une cravache venant de l'époque où il était à l'École polytechnique ou à Metz, ayant un gros pommeau d'argent avec un trophée d'armes en relief.

Je désirais depuis longtemps cette cravache, mais je n'avais jamais osé la demander à ma mère, sachant combien elle tenait aux reliques de son fils mort. J'en parlai à ma femme qui me dissuada d'en dire quoi que ce soit à ma mère.

Cette conversation n'avait aucun témoin, la porte de *notre chambre était fermée, celle de ma mère également*; je vous ai dit la distance séparant nos chambres, j'ajoute que ma mère était mourante, hydropique, dans son lit, incapable de remuer. Elle n'avait pas pu nous entendre, ni elle, ni personne, et personne n'avait pu lui rapporter les propos échangés entre ma femme et moi.

Nous rentrons dans sa chambre. En ouvrant la porte, nous retrouvons ma mère dans son lit où nous l'avions laissée presque agonisante. Avant que j'aie eu le temps de lui demander comment elle se trouvait, elle me dit d'une voix faible : « Louis, tu désires la cravache de ton frère, je te la donne, elle est cachée dans le dernier tiroir de ma commode, prends-la, ce sera un double souvenir de ton frère qui y tenait beaucoup, et de ta mère qui va mourir. »

Elle fit un grand signe de croix et rendit le dernier soupir.

Tel est le fait dont j'ai été le témoin bien ému, comme vous pouvez le croire.

Je vous le livre en vous attestant l'absolue véracité, usez-en comme il vous semblera bon. Ma femme témoin de l'événement signe cette lettre avec moi pour le certifier exact.

FOUPURAY.

Château de Malpeyre, par Brioude, Haute-Loire. [*Lettre* 38.]

J'ai été témoin de tout ce que mon mari vous expose ci-dessus.

C. FOUPURAY.

M. Cromwell Varley, l'électricien célèbre, constructeur du câble transatlantique posé entre l'Angleterre et les États-Unis, raconte[1] le fait suivant de communication mentale.

XL. — J'avais, dans des études sur la faïence, respiré des vapeurs d'acide fluorhydrique qui m'avaient causé des spasmes de la glotte. J'étais sérieusement atteint et il m'arrivait fréquemment d'être réveillé par une attaque spasmodique. On m'avait recommandé d'avoir toujours sous la main de l'éther sulfurique, pour le respirer et me procurer un prompt soulagement. J'y eus recours six ou huit fois ; mais son odeur m'était si désagréable, que je finis par me servir de chloroforme, je le plaçais auprès de mon lit et, lorsque j'avais besoin de m'en servir, je me penchais au-dessus, dans une position telle que, dès que l'insensibilité se produisait, je retombais sur le dos en laissant tomber l'éponge. Une nuit, cependant, je retombai dans mon lit, en retenant l'éponge, qui resta appliquée sur ma bouche.
Mme Varley, nourrissant un enfant malade, était dans la chambre au-dessus de la mienne. Au bout de quelques instants je redevins conscient : je voyais ma femme en haut et moi-même couché sur le dos avec l'éponge sur la bouche, dans l'impossibilité absolue de faire aucun mouvement ; par ma volonté, je fis pénétrer dans son esprit la claire notion que je courais un danger. Elle se leva sous le coup d'une vive alarme, descendit et se hâta d'enlever l'éponge. Je fus sauvé.

Toutes ces observations, que je m'excuserais d'avoir tant multipliées s'il ne s'agissait pas d'une démonstration aussi nouvelle, aussi discutée et aussi

---

[1] *Report on spiritualism*, 1870, traduit en français en 1899, Paris, librairie Leymarie.

importante, prouvent, à n'en pas pouvoir douter, la réalité de l'action psychique d'un esprit sur un autre.

Parfois, cette transmission psychique va jusqu'à produire des sensations physiques, matérielles.

Voici, comme exemple, un cas bien curieux rapporté dans l'ouvrage sur les *Hallucinations télépathiques* (p. 525), auquel nous avons déjà fait tant d'emprunts. Il est dû à Mme Severn, de Brantwood (Angleterre) :

XLI. — Je me réveillai en sursaut, écrit-elle. Je sentis que j'avais reçu un coup violent sur la bouche. J'eus la sensation distincte que j'avais été coupée et que je saignais au-dessous de la lèvre supérieure.

Assise dans mon lit, je saisis mon mouchoir, je le chiffonnai et je le pressai en tampon sur l'endroit blessé. Quelques secondes après, en l'ôtant, je fus étonnée de ne voir aucune trace de sang. Je reconnus seulement alors qu'il était absolument impossible que quelque chose eût pu me frapper, car j'étais dans mon lit et je dormais profondément. Je pensai donc que je venais simplement de rêver. Mais je regardai ma montre et, voyant qu'il était sept heures, et qu'Arthur (mon mari) n'était pas dans la chambre, je conclus qu'il était sorti pour faire de grand matin une partie de bateau sur le lac, car il faisait beau temps.

Puis, je me rendormis. Nous déjeunions à neuf heures et demie. Il rentra en retard, et je remarquai qu'il s'asseyait un peu plus loin de moi que de coutume et que de temps en temps il portait son mouchoir à ses lèvres.

« Arthur, lui dis-je, pourquoi fais-tu cela? »

Et j'ajoutai, un peu inquiète :

« Je sais que tu t'es blessé, mais je te dirai après comment je le sais.

— Eh bien! me dit-il, j'étais en bateau tout à l'heure; j'ai été surpris par un coup de vent, et la barre du gouvernail est venue me frapper sur la bouche; j'ai reçu un coup violent sur la lèvre supérieure; j'ai beaucoup saigné et je ne peux arrêter le sang.

— As-tu quelque idée de l'heure à laquelle cela est arrivé?

— Il devait être à peu près sept heures », me répondit-il.

Je lui racontai alors ce qui m'était arrivé à moi; il en fut très surpris, et toutes les personnes qui déjeunaient avec nous le furent comme lui. Cela s'est passé à Brantwood, il y a environ trois ans. JEANNE SEVERN.

Mme Severn écrit, en réponse à quelques questions :

Il est absolument certain que j'étais tout à fait éveillée, puisque j'ai mis mon mouchoir sur ma bouche, et que je l'ai pressé sur ma lèvre supérieure, pendant quelque temps, pour « voir le sang ». Je fus bien étonnée de ne pas en voir. Bientôt après, je me rendormis de nouveau; je crois que, lorsque je me levai, une heure après, je ressentais encore une impression très vive et, pendant que je m'habillais, je regardais ma lèvre pour voir si elle ne portait aucune marque du coup.

Voici, d'autre part, le récit de M. Severn[1] :

Brantwood-Coniston, le 15 novembre 1883.

Par une belle matinée d'été, je me levai de bonne heure, avec l'intention de faire une partie de bateau sur le lac. Je ne sais si ma femme m'a entendu lorsque je sortis de la chambre.

Lorsque je descendis vers l'eau, je la trouvai tranquille comme un miroir, et je me rappelle que j'éprouvai une sorte de regret à troubler l'image charmante du rivage opposé, qui se reflétait dans le lac. Cependant, j'eus bientôt mis à flot mon embarcation et, comme il n'y

1. Le peintre bien connu.

avait pas de vent, je me contentai de hisser les voiles pour les faire sécher, et de mettre le bateau en ordre. Bientôt, il se leva une petite brise qui me permit d'aller à peu près une lieue en aval de Brantwood. Puis, le vent s'éleva. Je préparai mon bateau aussi bien que possible pour recevoir le grain ; mais, par une cause quelconque, il fut poussé en arrière, et il semblait vouloir tourner sur lui-même lorsqu'il fut saisi par le vent

Comme je voulais éviter la vergue, je rejetai la tête en arrière, du côté du gouvernail, mais la barre vint me frapper sur la bouche et me coupa profondément la lèvre. Cependant, je réussis bientôt à rattraper ma barre et, comme j'avais bon vent, je pus revenir à Brantwood. Après avoir amarré mon bateau dans le port, je me dirigeai vers la maison, tâchant de cacher, autant que possible, ce qui m'était arrivé à la bouche. Je pris un autre mouchoir, j'entrai dans la salle à manger, et je réussis à raconter autre chose sur ma sortie matinale. Au bout d'un instant, ma femme me dit :

« Est-ce que tu t'es pas blessé à la bouche ? »

J'expliquai alors ce qui m'était arrivé, et je fus bien surpris de l'intérêt extraordinaire que l'on voyait sur sa figure ; je fus encore plus surpris lorsqu'elle me raconta qu'elle s'était éveillée en sursaut, croyant qu'elle avait reçu un coup sur la bouche. Cela lui était arrivé vers sept heures et quelques minutes. C'est bien vers cette heure-là que l'accident a dû avoir lieu.

Arthur Severn.

Nous pourrions encore multiplier indéfiniment ces exemples. Il nous semble que nos lecteurs sont complètement édifiés aussi sur la certitude de la transmission de pensées, d'impressions et de sensations.

La corrélation des forces et leurs transformations mutuelles nous aident à comprendre les cas d'impressions physiques analogues au précédent.

Nous admettrons donc comme démontrée l'action d'un esprit sur un autre, la transmission de pensée, la suggestion mentale, quoique ce fait soit contesté par un grand nombre de savants, même spécialistes. Ainsi, par exemple, le docteur Bottey affirme que « la prétendue transmission de la pensée, la double vue, ne saurait exister, et *n'est qu'une jonglerie exploitée par les magnétiseurs*[1]. » Il nous semble que la fausse monnaie n'empêche pas la bonne d'exister.

Un grand nombre de savants professent la même négation pour ces transmissions psychiques, notamment en Angleterre, où sir William Thomson (lord Kelvin) et Tyndall se sont fait particulièrement remarquer par le profond mépris qu'ils ont affiché pour ces sortes d'études.

L'astronome français Laplace faisait preuve d'un esprit bien supérieur lorsqu'il écrivait[2] :

« Les phénomènes singuliers qui résultent de l'extrême sensibilité des nerfs, dans quelques individus, ont donné naissance à diverses opinions sur l'existence d'un nouvel agent, que l'on a nommé *magnétisme animal*. Il est naturel de penser que la cause de cette action est très faible, et peut être facilement troublée par un grand nombre de circonstances accidentelles; aussi, de ce que dans plusieurs cas elle ne s'est point manifestée, on ne

---

1. *Le magnétisme animal*, 1884, *Avant-propos* et p. 266.
2. *Essai philosophique sur les probabilités*, 1814, p. 110.

doit pas conclure qu'elle n'existe jamais. Nous sommes si éloignés de connaître tous les agents de la nature et leurs divers modes d'action, qu'il serait peu philosophique de nier l'existence de phénomènes, uniquement parce qu'ils sont inexplicables dans l'état actuel de nos connaissances. »

Ce sont là des paroles à méditer par ceux qui seraient tentés de prononcer ici le mot *impossible* ; à d'autres, qui craignent surtout le ridicule, elles conseillent au moins la prudence dans la critique.

Il est admis, en physique, que l'éther, ce fluide impondérable considéré comme remplissant l'espace, traverse tous les corps, et que, même dans les minéraux les plus denses, les atomes ne se touchent pas et flottent, en quelque sorte, dans l'éther.

Ce fluide transmet, à travers l'immensité, les mouvements ondulatoires produits dans son sein par les vibrations lumineuses des étoiles : il transmet la lumière, la chaleur, l'attraction à des distances considérables.

Qu'y aurait-il d'inadmissible à ce que, pénétrant, comme il le fait en réalité, nos cerveaux en vibration, il transmette également à distance les courants qui envahissent nos têtes et établisse un véritable échange de sympathies et d'idées entre les êtres pensants, entre les habitants d'un même monde, et peut-être même à travers l'espace, entre la terre et le ciel ?

Nous pouvons concevoir que, dans certains cas, dans certaines conditions, un mouvement vibratoire, un rayonnement, un courant plus ou moins intense, s'élance d'un point du cerveau et aille frapper un autre cerveau, lui communiquer une excitation soudaine, qui se traduise en une sensation d'audition ou de vision. Les nerfs se trouvent ébranlés de telle ou telle façon. Ici, on croira voir, reconnaître l'être cher d'où la commotion est partie; là, on croira l'entendre; ailleurs, l'excitation cérébrale se traduira par l'illusion d'un bruit, d'un mouvement d'objets. Mais toutes ces impressions se passent dans le cerveau du sujet, comme dans l'état de rêve. D'ailleurs, dans l'état normal, nous ne percevons également les choses que par une excitation cérébrale, obscurément accomplie dans l'intérieur de nos crânes.

Le cerveau, matériel, localisé dans le crâne, est-il un organe d'où émanent des radiations, un foyer qui rayonne autour de lui, comme une cloche en vibration, comme un centre lumineux ou calorique, et émet des ondes physiques analogues à celles de la lumière? ou bien l'esprit est-il un foyer d'un autre ordre, plus éthéré, de nature psychique, qui émet des radiations invisibles d'une grande puissance et pouvant se transporter à de vastes distances? Le fait d'une radiation émanée de l'être pensant paraît nécessaire pour expliquer les faits observés, qu'elle vienne de l'esprit ou du cerveau. S'effectue-t-elle en ondes sphériques? Se projette-t-elle en jets rectilignes? L'électricité est-elle en jeu? (Elle existe sûrement dans l'organisme humain, et j'en ai eu cent fois la preuve.) Nous ne pouvons encore que poser la question. Mais le FAIT de l'action de l'âme à distance est maintenant démontré, et je prie les lecteurs *de ne pas me faire dire autre chose que ce que j'écris.* Je pose les hypothèses explicatives comme des interrogations, simplement. Il y a cent ans, la théorie de l'émission était admise, enseignée par la science. Aujourd'hui, elle est abandonnée pour celle des ondulations de l'éther. Mais rien ne nous prouve que celle-ci doive tout expliquer, surtout les faits d'ordre psychique. Il n'est pas du tout nécessaire d'expliquer une chose pour l'admettre. Par exemple, vous recevez un violent coup de poing, vous vous retournez, et ne voyez personne : vous n'en avez pas moins reçu le coup inexplicable — et vous êtes forcé de l'enregistrer. L'important, la valeur essentielle de cet ouvrage, c'est de prouver que *ces faits existent*, qu'il y a un ordre de choses invisible et inconnu à côté du monde visible et connu, et que cet inconnu mérite d'être étudié.

L'action d'un être sur un autre, à distance, est un fait scientifique, aussi certain que l'existence de Paris, de Napoléon, de l'oxygène ou de Sirius.

Les recherches entreprises dans notre travail s'arrêteraient-elles ici et n'auraient-elles servi qu'à affirmer ce fait, qu'elles auraient la plus haute importance et que nous ne regretterions pas de les avoir entreprises. Mais elles conduisent à bien d'autres constatations non moins audacieuses, non moins surprenantes et non moins certaines.

Les occultistes enseignent que l'homme est composé de trois parties : l'âme, le corps astral et le corps physique, et expliquent les manifestations en disant que le corps astral du mourant s'échappe et se transporte vers la personne impressionnée.

Cette explication ne nous paraît pas satisfaisante, à cause de la diversité des impressions. Les uns sont avertis d'une mort par la vision d'un chat, d'un chien, d'un oiseau, par l'ouverture ou la fermeture *fictive* d'un volet, d'une fenêtre, d'une porte, par des coups frappés, par des pas entendus, par des apparitions d'êtres toujours habillés, par des demandes de prières, lorsqu'il s'agit de morts, pour être délivrés du purgatoire. Ce sont évidemment là des impressions personnelles produites par une cause télépathique, et non des manifestations d'un corps astral qui se serait transporté.

On proclame quelquefois, dans les sciences, comme principe axiomatique, qu'une hypothèse doit tout expliquer. C'est là une erreur. Une hypothèse peut expliquer certains faits et n'en pas expliquer d'autres.

C'est ce qui arrive ici. Mais nous n'en admettons pas moins comme démontrée l'action psychique d'un esprit sur un autre, à distance, et sans l'intermédiaire des sens, quoique cette action n'explique pas tout.

Elle explique les impressions du cerveau, les apparences fictives. Elle n'explique pas les mouvements réels d'objets.

Une théorie qui rendrait compte d'un grand nombre des impressions rapportées serait celle-ci :

Une personne, en mourant, le voulant ou ne le voulant pas (à examiner), produirait dans l'éther un mouvement qui irait frapper un cerveau vibrant synchroniquement et déterminerait dans ce cerveau, vers la région où aboutissent les nerfs optiques et auditifs, une impression variant *selon l'état particulier de cette région* chez le percipient.

Par exemple (lettre 610, p. 180), un enfant qui avait une passion pour les oiseaux entend un cri d'oiseau qui lui fait chercher cet oiseau. On apprend le lendemain la mort d'un parent.

Mais n'ayons pas la prétention de trouver du premier coup sous quelle forme la transmission s'opère. L'hypothèse de vibrations sphériques ondulatoires de l'éther paraît la plus rationnelle ; mais elle ne suffit pas pour expliquer tous les cas. Une sorte de projection de la pensée semble s'accuser dans les cas de transmission mentale magnétique, que l'on pourrait parfois comparer à un appel de voix silencieux. Cependant dans un appel, dans un cri, lancé même expressément vers une direction déterminée, le son se transmet aussi par ondulations sphériques à travers l'atmosphère, de même que la lumière à travers l'espace. Se produirait-il une projection plus complète de l'esprit, une sorte d'extériorisation de force s'échappant de l'être en danger de mort pour aller toucher l'ami auquel elle s'adresse ? L'hypothèse est soutenable. Il semble même que parfois le « fantôme » constitué par l'être subconscient du sujet — cause de l'effet observé — ait entraîné avec lui quelques éléments matériels de l'organisme[1]. Une projection de forces psychiques peut se transformer en effets physiques, électriques, mécaniques. La corrélation des forces, leurs transformations mutuelles, ressortent avec certitude des études modernes. Le mouvement, la chaleur, ne se transforment-ils pas journellement en électricité? Lorsque Crémieux fusillé fait entendre à Clovis Hugues des coups frappés sur sa table, il est possible qu'il n'y ait pas là une influence cérébrale, mais une production réelle de coups. Ces effets peuvent ne pas être toujours fictifs, subjectifs. Les impressions produites sur les animaux, un piano qui joue tout seul, un service de porcelaine jeté à terre, les sensations collectives (Voy. notes, p. 176 et 213) indiquent des réalités objectives. Mais nous ne pensons pas que les éléments du problème soient assez étudiés, quant à présent, pour autoriser une conclusion définitive, d'autant plus que très souvent il semble bien que le mourant ait pu ne pas penser du tout à la personne qui a connu télépathiquement sa mort.

Peut-être esprit, force, matière ne sont-ils que les manifestations diverses d'une même entité inconnaissable pour nos sens. Peut-être existe-t-il un principe unique, à la fois intelligence, force et matière, embrassant tout ce qui est et tout ce qui est possible, cause première et cause finale, dont les différencia-

---

1. Voy. E. GYEL, *L'être subconscient*, p. 88 et 152.

lions ne seraient que des formes diverses de mouvement. Remarquons, à ce propos, en passant, que si la pensée ne doit plus être scientifiquement considérée comme une sécrétion de la matière, mais comme un mode de mouvement du principe unique, il n'est plus logique d'affirmer l'anéantissement de l'intelligence par la mort de l'organisme.

Sans doute, les manifestations de mourants ne représentent pas un fait général, une loi de la nature, une fonction de la vie ou de la mort, et elles ne paraissent qu'une exception sans cause connue et sans raison apparente. La proportion n'est peut-être pas de 1 sur 1 000 morts. Cette proportion donnerait encore environ 50 manifestations de mourants à Paris par an. A-t-on même ce nombre?

L'électricité atmosphérique ne se traduit pas souvent non plus en coups de foudre.

Ce n'est ni l'intelligence, ni le savoir, ni la valeur morale, soit de l'être qui meurt, soit de celui qui reçoit la manifestation, qui causent et amènent ces communications. On n'y distingue pas plus de lois apparentes que dans les effets de la foudre. Un coup électrique va frapper un être vivant, un objet, par suite d'un rapport momentané, sans que la science en découvre les causes.

Cependant ces constatations psychiques diverses nous mettent sur la voie d'un ordre de choses digne de toute notre attention. Le Verrier m'a souvent exprimé la pensée que ce qu'il y a de plus intéressant et de plus important dans la science, ce sont les anomalies, les exceptions. Il en savait quelque chose par la découverte de Neptune.

Nous pouvons dire avec Ch. du Prel que tant qu'il y aura progrès possible il y aura des phénomènes inexpliqués, et que plus ces phénomènes nous paraîtront impossibles et plus ils seront de nature à nous porter en avant dans la connaissance de l'énigme de l'univers.

Nous ajouterons avec les auteurs des « Phantasms of the Living » qu'il s'est fait un divorce entre les opinions scientifiques des hommes cultivés et leurs croyances. La vieille orthodoxie religieuse étant trop étroite pour contenir la science de l'homme, la nouvelle orthodoxie matérialiste est devenue trop étroite à son tour pour contenir ses aspirations et ses sentiments. Le moment est venu de s'élever au-dessus du point de vue matérialiste et d'arriver à des conceptions qui nous permettent de considérer comme possibles ces subtiles communications d'esprit à esprit, ces communications même entre les choses visibles et invisibles dont l'idée a fécondé, dans tous les temps, l'art et la littérature :

> Star to star vibrates light; may soul to soul
> Strike thro' some finer element of her own?

L'amant, le poète, tous ceux qui se sont enthousiasmés pour quelque cause généreuse, ont, dans tous les siècles, inconsciemment répondu à cette question de Tennyson. Chez quelques-uns, comme pour Gœthe en certaines heures de passion, cette subtile communion des esprits est apparue avec une lumineuse clarté. Chez d'autres, comme pour Bacon, cette conviction s'est lentement formée de ces menus indices que révèle l'étude quotidienne de l'homme. Mais pour la première fois, nous savons que ces messages muets voyagent vraiment, que ces impressions se répandent et se communiquent.

Nous disons que cette force est d'ordre *psychique* et non *physique*, ou physiologique, ou chimique, ou mécanique, parce qu'elle produit et transmet des idées, des pensées, et qu'elle s'exerce sans le concours de nos sens, d'âme à âme, d'esprit à esprit.

Notre force psychique donne sans doute naissance à un mouvement éthéré, qui se transmet au loin comme toutes les vibrations de l'éther, et devient sensible pour les cerveaux en harmonie avec le nôtre. La transformation d'une action psychique en mouvement éthéré, et réciproquement, peut être analogue à celle que l'on observe dans le téléphone, où la plaque réceptive, identique à la plaque d'envoi, reconstitue le mouvement sonore transmis, non par le son, mais par l'électricité. Mais ce ne sont là que des comparaisons.

L'action d'un esprit sur un autre, à distance, surtout en des circonstances aussi graves que celle de la mort, et de la mort subite en particulier, la transmission de pensée, la suggestion mentale, la communication à distance, ne sont pas plus extraordinaires que l'action de l'aimant sur le fer, que l'attraction de la lune sur la mer, que le transport de la voix humaine par l'électricité, que la révélation de la constitution chimique d'une étoile par l'analyse de sa lumière, et que toutes les merveilles de la science contemporaine. Seulement, ces transmissions psychiques sont d'un ordre plus élevé et peuvent nous mettre sur la voie de la connaissance de l'être humain.

La suite graduelle de notre examen nous conduira probablement à admettre qu'il y a des apparitions réelles, objectives, substantielles, des doubles de vivants, et peut-être même des manifestations de morts. Mais n'anticipons pas.

Quoi qu'il en soit :

LA TÉLÉPATHIE PEUT ET DOIT ÊTRE INSCRITE DÉSORMAIS DANS LA SCIENCE COMME UNE RÉALITÉ INCONTESTABLE ;

LES ESPRITS PEUVENT AGIR LES UNS SUR LES AUTRES SANS L'INTERMÉDIAIRE DES SENS ;

LA FORCE PSYCHIQUE EXISTE. SA NATURE RESTE INCONNUE.

VII

LE MONDE DES RÊVES

DIVERSITÉ INDÉFINIE DES SONGES — PHYSIOLOGIE CÉRÉBRALE
RÊVES PSYCHIQUES : MANIFESTATIONS
DE MOURANTS RESSENTIES PENDANT LE SOMMEIL
LA TÉLÉPATHIE DANS LES RÊVES

Les phénomènes psychiques dont nous venons de nous entretenir peuvent se produire pendant le sommeil aussi bien que dans l'état éveillé. Jusqu'à présent, le sommeil et les rêves ont été beaucoup étudiés, il est vrai, et par un grand nombre d'observateurs perspicaces[1], mais il faut avouer qu'ils ne sont encore que bien incomplètement élucidés. Le sommeil n'est pas un état exceptionnel dans notre

1. Consulter notamment : LEURET et GRATIOLET, *Anatomie comparée du système nerveux*, Paris, 1839-1857; BAILLARGER, *Des Hallucinations*, Paris, 1846; BRIERRE DE BOISMONT, *Des Hallucinations*, Paris, 1852; MACARIO, *Du Sommeil des rêves et du Somnambulisme*, Paris, 1857; LÉLUT, *Physiologie de la pensée*, Paris, 1862; ALFRED MAURY, *Le Sommeil et les rêves*, Paris, 1862; LIÉBAULT, *Du Sommeil et des états analogues*, Paris, 1866; HERVEY, *Les Rêves et les moyens de les diriger*, Paris, 1867; MAX SIMON, *Le Monde des rêves*, Paris, 1888; VASCHIDE, *C.-R. Acad. des sciences*, 1899, II, p. 183; F.-W.-H. MYERS, *De la conscience subliminale*, Annales des sciences psychiques, 1899.

vie; c'est, au contraire, une fonction normale de notre existence organique, dont il représente le tiers, en moyenne. L'homme ou la femme qui a vécu soixante ans en a dormi vingt, ou à peu près. Les heures de sommeil (trois mille par an!) sont, sans contredit, des heures de repos, de réparation vitale, pour le cerveau comme pour les membres assoupis; mais ce ne sont pas des heures de mort. Nos facultés intellectuelles restent en activité, avec cette différence essentielle et capitale que c'est l'*inconscient* qui agit, et non pas notre logique consciente et raisonnable de l'état éveillé.

De même que l'on pense constamment à une chose ou à une autre, de même, pendant le sommeil, on rêve constamment. Le rêve est l'image de la vie. Ceux dont les idées sont fortes, dont les pensées sont puissantes, ont des rêves intenses. Ceux qui pensent peu rêvent faiblement. Il y a autant de rêves que d'idées, et toutes les classifications tentées ont été à peu près vaines et illusoires.

On ne se souvient pas toujours des rêves. Pour saisir un rêve au vol, il faut être réveillé assez brusquement et y porter une vive attention, car rien ne s'efface plus vite que le souvenir d'un rêve. En général, c'est l'affaire d'une seconde ou deux, et si on ne le fixe immédiatement, il s'évanouit... comme un songe. Un grand nombre d'auteurs assurent qu'on ne rêve que le matin, avant de se réveiller, ou le soir en s'endormant. C'est là une erreur. Il suffit de se réveiller — ou de réveiller quelqu'un — à une heure quelconque de la nuit pour constater que l'on rêve toujours, ou presque toujours. Mais on ne se souvient pas toujours; on ne se souvient même pas souvent, de même que, d'ailleurs, nous ne nous souvenons pas des trois quarts des pensées qui ont traversé notre cerveau pendant le jour.

En général, on rêve aux choses dont on s'occupe et aux personnes que l'on connaît. Cependant, il y a des exceptions bizarres, et les pensées les plus intenses du jour n'ont parfois aucun retentissement durant le sommeil suivant. Les cellules cérébrales qui y ont été associées sont épuisées et se reposent, et souvent c'est fort heureux. D'autre part, le temps et l'espace sont annihilés. Des événements de plusieurs heures et même plusieurs jours peuvent se dérouler en une seconde. Vous pouvez vous retrouver d'un grand nombre d'années en arrière et dans votre enfance, avec des personnes mortes depuis longtemps, sans que ces lointains souvenirs paraissent affaiblis. Vous rencontrez sans étonnement en songe des personnes d'un autre siècle. On peut rêver aussi à des choses qui ne sont jamais arrivées et qui seraient d'ailleurs impossibles. Les images saugrenues et burlesques les plus disparates et les plus incohérentes s'associent, sans la moindre vraisemblance et sans la moindre logique.

Certains rêves proviennent même d'une transmission héréditaire.

Mille causes diverses agissent sur les rêves, en dehors de l'esprit lui-même : une digestion difficile, une respiration contrariée, une position du corps, le frôlement du drap, de la chemise, une couverture trop lourde, un refroidissement, un bruit, une lumière, une odeur, le toucher de la main, la faim, la soif, la plénitude des tissus, tout agit sur les rêves.

On peut remarquer, par exemple, à ce propos, une hallucination hypnagogique assez fréquente, c'est celle qui nous fait tomber dans un trou, manquer une marche d'escalier, glisser au fond d'un précipice. Elle arrive généralement un peu après le commencement de notre sommeil, à l'instant où les membres s'assouplissant entièrement font, me semble-t-il, changer de place tout d'un coup le centre de gravité de notre corps. C'est sans doute ce déplacement subit de notre centre de gravité qui donne naissance à ce genre de rêves. Lorsque nous nous occuperons du *Temps*, nous aurons lieu de revenir sur l'étonnante rapidité des songes.

Les attitudes du sommeil tendent à un équilibre passif. Toutes les activités sensorielles s'obscurcissent par degrés et l'oubli du monde extérieur arrive par transitions insensibles, comme si l'âme se retirait lentement vers ses derniers refuges. Les paupières se ferment et l'œil s'endort le premier. Le toucher perd ses facultés de perception et s'endort ensuite. L'odorat s'assoupit à son tour. L'oreille reste la dernière, sentinelle vigilante, pour nous avertir en cas de danger, mais elle finit aussi par s'assoupir. Alors le sommeil est complet et le monde des rêves s'ouvre devant la pensée avec sa diversité indéfinie.

Vers ma vingtième année (19 à 25 ans), je m'étais amusé à observer mes rêves et à les écrire au réveil, avec les commentaires qui pouvaient les expliquer. J'ai continué, depuis, mais assez rarement, à prendre de nouvelles notes sur ce sujet. Je viens de retrouver ce registre, assez volumineux, intitulé : Ὄνειροι et écrit quelquefois en grec et en latin — comme diversion, je suppose. Il a pour sous-titres θι γνωρῇ σεαυτόν et ευ.πέρία. J'en avais tiré certaines conclusions qui ne sont pas sans intérêt.

J'extrairai de ce registre inédit quelques rêves et quelques réflexions qui me paraissent tout à fait à leur place ici.

J'avais quitté l'Observatoire de Paris, à la suite de dissentiments avec son directeur, Le Verrier, et j'avais été chargé, au Bureau des Longitudes, des calculs relatifs aux positions futures de la lune. Je rêve que je suis au Palais-Royal, dans la galerie d'Orléans, chez le libraire Ledoyen, et que M. Le Verrier entre et achète mon premier ouvrage, *La Pluralité des mondes habités*.

Me voyant là : « C'est de lui? fit-il en me regardant. — Oui, monsieur le sénateur, répond le libraire, et c'est notre plus grand succès de librairie. »

Il y avait plusieurs personnes au magasin. Elles disparaissent toutes comme par enchantement, et je me trouve seul avec Le Verrier, dans un immense salon d'hôtel.

« Est-ce que vous vous plaisez au Bureau des Longitudes, me demande-t-il, avec ces Mathieu, ces Laugier, ces Delaunay? Vous feriez mieux de rentrer à l'Observatoire.

— J'y suis fort bien, répliquai-je. Ces calculs sont plus intéressants que vos réductions d'observations.

— Pas d'avenir là! continua-t-il. A votre place, j'entrerais dans un ministère.

— M. Rouland a reçu une invitation pour m'admettre aux Travaux publics, à la statistique de la France.

— Rouland? Non : Legoix.

— Vous avez raison. Mais j'ai refusé. L'astronomie est au-dessus de tout.

— Cependant, le principal, dans la vie, est d'avoir une bonne place.

— Nous ne sommes pas sur la terre pour manger, mais pour nourrir notre esprit des aliments qu'il préfère.

— Vous êtes bien désintéressé! Vous n'arriverez à rien.

— Nous ne comprenons pas la science de la même façon. Pour moi, elle n'est pas un moyen, elle est en elle-même son propre but.

— Je pourrais vous confier à l'Observatoire un poste important, mais il faudrait pour cela que vous quittiez d'abord le Bureau des Longitudes et que j'aie la garantie que vous ne quitterez plus l'Observatoire.

— Et pourquoi quitterais-je une situation qui réaliserait une partie de mes espérances?

— Ce que vous appelez la philosophie astronomique est une chimère. L'astronomie, c'est le calcul.

— Le calcul en est la base, rien de plus.

— Nous aviserons », ajouta-t-il en tournant sur sa jambe droite, et en se dirigeant vers une porte en tapisserie qui conduisait, me parut-il alors, à l'appartement qu'il occupait dans l'hôtel, et en me laissant seul avec mes réflexions.

Je me réveillai : 7 heures sonnaient.

Ce rêve s'explique très facilement par mes préoccupations à cette époque. L'illustre astronome y garde absolument le caractère sous lequel je le connaissais. Le nom de Rouland, ministre de l'instruction publique, mis à la place de Rouher, ministre des travaux publics, a pu avoir pour cause la similitude des deux noms et le fait que je voyais plus souvent ce nom que le second. M. Legoix était alors chef du bureau de la Statistique, et il avait été question pour moi d'y entrer, en effet. Le Verrier témoignait, en toute occasion, un profond dédain pour le Bureau des Longitudes. Ce rêve est donc tout simplement le reflet, l'écho de pensées réelles.

Il est assez raisonnable. Nous en faisons tous d'autres qui le sont beaucoup moins. En voici un qui se termine d'une manière bien baroque.

Je rencontre mon ami le docteur Édouard Fournié, qui me reproche de n'être pas allé le voir depuis longtemps et qui ajoute : « Ces reproches ne viennent pas seulement de moi, mais aussi de Mlle A... qui se plaint de votre indifférence. Elle ne vous a pas eu pour danser avec elle au bal de Mme F...; elle s'est monté la tête, parce qu'on lui a dit que vous étiez allé à une autre soirée, et son chagrin, dont elle ne pouvait parler à personne, a amené chez cette pauvre enfant une *fièvre cérébrale*.

« Un étudiant en médecine, jeune chirurgien, l'a soignée et est parvenu à la sauver. Il l'a guérie non seulement de cette fièvre, mais même de la cause de cette maladie, car dès qu'il eut vu la *fève conjugale*, il devint passionnément amoureux, elle répondit à son amour, et maintenant c'est lui qu'elle aime. Elle est en pleine convalescence. »

Je lis dans la note ajoutée à ce rêve : « Je connaissais Mlle A..., j'avais pour elle une vive admiration, et je lui avais dédié ma romance *Si tu savais*; mais je n'avais pas cru à une réciprocité de sa part. J'avais rencontré chez le Dr Fournié, un jeune chirurgien du Val-de-Grâce en costume assez élégant, qui m'avait paru faire la cour à cette demoiselle. J'en avais eu du dépit et je m'étais retiré. Le rêve n'est donc encore ici qu'une association d'idées habituelles. Mais l'expression *fève conjugale* est curieuse en ce sens qu'elle paraît être une déformation de l'assonance *fièvre cérébrale*. Elle est bien extravagante, quoiqu'elle rappelle un peu la métamorphose, dans le rêve précédent, de Rouher en Rouland. On sent que les cellules de l'encéphale travaillent là obscurément dans l'inconscience. Peut-être même, en se reportant à la situation du rêve, pourrait-on trouver un autre rapprochement d'images qui aura pu donner naissance, en cérébration inconsciente rapide, à cette expression singulière.... »

Dans un autre rêve, je me trouve vers les derniers rangs d'une armée en bataille. Des balles viennent à passer auprès de moi, d'énormes boulets se succèdent, mais *aucun bruit*. Je regardais les boulets venir et me détournais, soit à gauche, soit à droite, suivant leur direction. Mais ils se succédèrent bientôt à de si courts intervalles que je pensai que le mieux à faire était de ne pas me déranger, car en évitant l'un je pouvais me trouver sous la visée de l'autre.

Je me dis alors : « Que les hommes sont bêtes de s'amuser comme ça! N'ont-ils donc rien autre chose à faire? »

L'explication de ce rêve est également fort simple. J'avais tiré à la conscription, quinze jours auparavant, un mauvais numéro. Ce qu'il y a de plus curieux peut-être, ce sont ces boulets inoffensifs arrivant *sans bruit,* et que l'on voit venir.

Autre songe :

— Nous étions plusieurs sur une place publique. Dans les airs, au-dessus de nos têtes, un immense ballon semble lutter désespérément contre le vent. Tout à coup, il se retourne complètement, la nacelle en haut. La foule s'amasse, s'attendant à voir tomber l'aéronaute. Mais un parachute est lancé dans l'espace et l'aéronaute descend.

Ce rêve est bizarre. Il est difficile de penser qu'un ballon puisse se retourner ainsi. On voit en rêve des choses irrationnelles et qui ne peuvent pas arriver. Depuis plusieurs semaines, M. de la Landelle annonçait le départ d'un ballon monstrueux.

— Je rêve que plusieurs femmes m'accostent dans la rue. La dernière étant remarquablement jeune et gracieuse, je me retourne pour la regarder. Mais voilà que j'entends des personnes disant : « C'est le président! c'est le président! » J'eus honte et je continuai mon chemin.

J'étais alors président d'une petite société de jeunes gens qui consacraient leurs loisirs à la littérature. J'ai agi en rêve comme j'aurais agi éveillé.

— Aujourd'hui, 5 octobre 1863, Mlle K. D... me raconte qu'elle a rêvé me voir dans le ciel, de l'autre côté de la lune, avec un compas d'or en main, mesurant des grandeurs inconnues. Tout à coup, je redescends rapidement vers elle, lui dire qu'une nouvelle planète était là, que l'on ne connaissait pas encore.

Aujourd'hui, je reçois le n° 1439 des *Astronomische Nachrichten* qui m'apprend qu'une nouvelle planète vient d'être découverte. On ne le sait pas encore en France, et je l'annoncerai demain dans le *Cosmos*.

Il n'y a sans doute là qu'une simple coïncidence. Vers cette même date, je lis dans ce registre la note suivante :

Le docteur Hoefer, directeur de la *Biographie générale* publiée chez Didot, me disait hier que les rêves représentent des opérations de l'âme complexes et difficiles à déterminer. A l'article Humboldt il avait écrit que l'Allemagne pouvait être fière de deux grands hommes, bien différents dans leur génie, Frédéric le Grand et Alexandre de Humboldt. Celui-ci, auquel il avait envoyé une épreuve, lui écrivit pour le supplier, à genoux, de retrancher cette comparaison, se croyant trop petit pour être appelé génie dans le pays de Leibniz, et trop attaché aux idées de liberté pour être mis en accolade avec Frédéric.

Le docteur Hoefer avait remis de jour en jour sa réponse à cette lettre, quand il apprit la mort de l'illustre savant.

Environ deux mois après, il rêva se trouver dans un immense et splendide salon, brillamment décoré, dans lequel un auditoire attentif écoutait un orateur. Cet orateur, c'était lui-même. Mais voilà qu'en promenant ses regards sur l'auditoire, il reconnaît son ami Humboldt. « *Tiens!* s'écria-t-il soudain, en s'interrompant dans son discours, *comment, c'est vous?* On m'avait dit que vous étiez mort.

— Non, mon cher, répondit Humboldt avec son sourire habituel, c'était une plaisanterie. J'ai fait courir le bruit que j'étais mort, mais vous voyez bien que ce n'est pas. »

Ce rêve est encore le résultat des préoccupations habituelles, et Humboldt mort n'y est certainement pour rien.

— J'assiste à une séance de spiritisme dans laquelle

M. Mathieu, doyen du Bureau des Longitudes et de l'Académie des sciences (beau-frère d'Arago), était médium. On m'apporte la tête de mon père, très belle, comme en ivoire ou en cire Je ne suis pas du tout impressionné de ce tableau, d'autant plus que mon père, bien vivant dans ce rêve comme il l'était en réalité, assistait à cette exhibition et n'en voulait rien croire.

A classer parmi les absurdités les plus stupéfiantes.

— Je pars de l'Observatoire, où se trouvait le Bureau des calculs du Bureau des Longitudes (faux : c'était alors rue Notre-Dame-des-Champs) et où je venais de porter un toast « à la chute de M. Le Verrier », je traverse une cour gothique moyen âge, qui n'existe pas, et vais à Montrouge : là, ce sont les remparts de la ville de Langres et leur paysage étendu.

Associations d'idées et d'images contradictoires.

— Vu en rêve des hommes volants qui passaient au-dessus de la rue de Rivoli. Parmi eux était mon oncle Charles, qui arrivait d'Amérique en leur compagnie.

Je préparais alors (1864) mon second ouvrage : *Les Mondes imaginaires*, où il est question des hommes volants, et dans les séances de spiritisme, des communications étaient signées de cet oncle Charles (qui n'était pas mort du tout).

— Après le bal de l'Opéra. L'orchestre continue de jouer, les danses n'ont pas cessé, les aventures et les intrigues marchent comme en réalité.

Sensations de la veille continuées.

— Magnifique journée passée à Athènes. Je faisais un petit voyage, et j'arrivai là fortuitement avant le lever du soleil. J'étais sur l'Acropole, en vue d'un magnifique panorama. J'errai parmi des tombeaux, des monuments de marbre blanc, des statues couchées.

Imagination pure.

— M. Le Verrier se montre souvent dans mes rêves. Décidément, il m'occupe plus la nuit que le jour. Cette nuit, j'étais dans le pavillon du gardien de l'Observatoire. Il était tard. Mme Le Verrier vint me trouver et me causa avec toute l'amabilité du monde. Nous nous promenâmes dans les jardins. Elle m'assura que son mari serait très heureux de me revoir, que j'aurais un instrument à moi pour observer quand je voudrais, que je serais indépendant, toutes choses invraisemblables et impossibles.

Je copie textuellement. Dix ans après, c'est précisément là ce qui arrivait : M. Le Verrier mettait à ma disposition le grand équatorial pour mes mesures d'étoiles doubles. Mais ce n'est pas pour cela un rêve prémonitoire. Des associations de pensées l'expliquent complètement.

Voici un fragment de lettre que j'hésitais à imprimer (bien des rêves, assurément, ne peuvent pas l'être), mais qui pourtant, me semble-t-il, peut être lu. J'avais un camarade nommé Sazin.

« Revenant hier soir de chez toi, m'écrit-il, avec Laurent, Deflandre et Gonet, je ne fis aucune rencontre qui ait pu donner naissance au rêve que je fis cette nuit. Vers une heure et demie je m'endormis. Je rêvai que je me trouvais avec toi sur le boulevard. Une femme de mœurs légères, que je connais, passa, et fut accostée par un homme qui partit avec elle. Je les suivis (dans mon rêve) et restai dans la chambre, spectateur invisible. L'homme était grand et blond, l'air d'un Anglais. Je ne le connais pas. Quelle ne fut pas ma surprise lorsque ce matin, en passant, je vis sortir du n° 68 de la rue de la Victoire cette même femme avec ce même homme ! »

Ce cas est intéressant, sans être probant. Il n'est pas impossible que, sans le remarquer, l'auteur eût déjà rencontré ce monsieur blond dans son quartier, ou peut-être ce soir-là même, non loin de la femme. Le rêve peut les avoir associés. Ce n'en est pas moins curieux comme coïncidence.

— Je rencontre au jardin du Luxembourg M. Desains, membre de l'Institut, professeur à la Sorbonne, physicien de l'Observatoire (ce qui m'est arrivé assez souvent), qui me dit écrire un ouvrage sur *les hommes des planètes*, lequel serait une restauration de la théorie de Wolff, d'après laquelle la taille des êtres est en proportion de la dimension des yeux, et les yeux en proportion de la dilatation de la rétine, celle-ci étant inversement proportionnelle de l'intensité de la lumière, si bien que dans notre système solaire les habitants de Mercure seraient les plus petits et ceux de Neptune les plus gigantesques.

Je lui réponds que cette hypothèse n'est pas fondée, que les éléphants ont de petits yeux, relativement à leur taille, que les chouettes en ont de grands et ne sont pas gigantesques.

« C'est pour vous que je travaille, ajoute-t-il, vous en ferez ce que vous voudrez. »

L'explication de ce rêve est également dans mes recherches astronomiques et physiologiques de cette époque.

Si je rappelle un certain nombre de ces rêves, c'est que leur étude est loin d'être étrangère à la psychologie et aux problèmes qui nous occupent,

Peut-être même nos conclusions offriront-elles plus d'une application lorsque nous arriverons au spiritisme.

— Rêvé être sur une haute montagne. Une nuée de corbeaux passe en croassant. Ils se dépouillent, comme des chenilles de leurs peaux et des papillons de leurs chrysalides, et laissent tomber autour de moi leurs enveloppes qui, à ma stupéfaction, ne ressemblaient pas à des corbeaux, mais à des têtes parcheminées d'orangs-outangs. L'astronome Babinet, qui était là, en emplit ses poches.

Explication : la veille, j'avais beaucoup remarqué, dans l'atlas céleste de Flamsteed, la constellation du Corbeau. Le savant Babinet n'était pas beau, et son visage, comme celui de Littré, faisait penser à l'origine simienne de l'humanité.

— A mon réveil, ce matin, j'ai entendu prononcer ce nom : « Mlle d'Arquier ». Or, hier, j'ai écrit dans le *Cosmos* que la nébuleuse perforée a été trouvée par d'Arquier en 1779.

Je trouve aussi dans le même cahier les réflexions suivantes :

— Presque tous mes rêves ont en ce moment pour objet la plus belle des jeunes femmes que j'aie rencontrées en ce monde, Mme S. M.

Celui qui connaîtrait les rêves d'une personne connaîtrait ses sentiments.

Cependant, s'il arrive souvent que les pensées dominantes de la veille entrent pour une bonne part dans les songes, elles ne les remplissent pourtant pas autant que pendant le jour : il s'y mêle d'autres impressions bien inattendues, et nous sommes même quelquefois en rêve l'opposé de ce que nous sommes en réalité. Il y a du vrai et du faux. En jugeant d'après certains rêves, on s'exposerait donc à juger mal.

M. Didier, l'éditeur, m'apprend qu'ordinairement il a conscience de ses rêves et sait parfaitement que ce qu'il y fait n'est pas vrai.

« Il y a longtemps de cela, me dit-il, je me trouve en rêve dans un salon, à côté d'une femme élégante et très désirable. Je la prends dans mes bras, je l'embrasse, elle se laisse faire, et malgré tout ce monde qui me regardait, je me dis : « *Cela m'est bien égal, puisque je rêve* ». Et, en effet, j'ai agi en dédaignant tous ces regards inexistants et comme si j'avais été seul. »

Un jour, dans un rêve, étant poursuivi par un malfaiteur et sur le point d'être atteint, il se dit à lui-même : « Pour lui échapper, je n'ai qu'à finir ce rêve en me réveillant ». Et il se réveilla.

Autre extrait du même cahier :

— Je m'étais rendu au château de Compiègne où M. Filon, précepteur du prince impérial, m'a entretenu de Home, que je ne connais pas encore. J'ai dîné et couché au collège. Le principal, M. Paradis, m'a fait part d'un rêve méritant d'être consigné. Il dormait profondément et rêva qu'une grosse et hideuse araignée grimpait sur lui, et arrivait sur sa poitrine. Son horreur fut telle qu'il se réveilla en sursaut. Sa femme s'en étant aperçue, lui demanda la cause de son réveil subit, et il lui raconta cette espèce de cauchemar. Mme Paradis étendant la main sur la couverture trouva une grosse araignée.

Il est probable que le dormeur aura reçu, tout en dormant, l'impression du passage de cette vilaine bête sur sa main ou sur son cou, et que cette impression aura déterminé le rêve.

— J'ai fait un rêve dans lequel je saignais du nez, ce qui ne m'arrive jamais, ou presque jamais. Ce matin, en m'éveillant, je me suis aperçu que j'avais un peu de sang dans les fosses nasales.

Impression causée par une sensation physique également.

— J'étais dans la caverne d'un volcan à Paris ou dans les environs. Je ne sais ce qui m'était arrivé, auprès d'un passant, mais je lui parlais avec fierté, le chapeau sur la tête, et le priais de passer son chemin sans me dire un mot. Tout à coup, au fond de la caverne, une douce et resplendissante lumière inonde les entrailles du volcan; puis je vois s'ouvrir de ravissantes mines de cristal qui se développaient en brillantes stalactites. Le sol ne tremblait pas. Des ombres, couvertes de capuchons de moines, sortirent de ce sol remué, vêtues de robes de bure. Un léger mouvement de frayeur s'empara de moi, mais je pus bientôt me maîtriser et attendre avec calme que l'un de ces revenants fût près de moi. J'étais seul du monde des vivants, et je n'eus pas peur, car j'étais en ce moment dominé par le plus ardent désir d'interroger ces ombres sur l'autre monde, afin d'avoir enfin la certitude à laquelle j'aspirais. Dès qu'un de ces morts fut assez rapproché de moi, je m'avançai vers lui et lui demandai avec supplication s'il revenait réellement du séjour des morts, si tous les hommes y revivaient, si c'était là un monde positif et défini comme celui des vivants. Il allait me répondre lorsque la scène changea de face, et au lieu des colonnes irrégulières de cristal naturel qui s'étaient laissé voir dans le fond, des substances inconnues, limpides, transparentes et décorées des nuances les plus riches se mirent en mouvement de bas en haut et de haut en bas. C'était splendide. Une belle lumière éclairait ces diverses couleurs. Les ombres continuaient à se promener tranquillement. La terre ne tremblait pas et la majesté de ce spectacle n'était troublée par rien d'affreux. Cependant l'idée de la fin du monde s'empara de moi, je sentis les paroles expirer sur mes lèvres, et bientôt même je n'eus plus le désir de faire les questions précédentes, car je pensais d'un instant à l'autre passer sans trouble de l'état de vie où j'étais encore, à l'état d'outre-tombe où étaient ceux qui m'entouraient.

Une note ajoutée à ce rêve paraît l'expliquer : « Je pense beaucoup à l'au-delà depuis quelque temps, et aux possibilités de créations différentes de celle au milieu de laquelle nous vivons. »

— Je suis à la librairie académique Didier, où j'ai publié mes premiers ouvrages, *La Pluralité des Mondes habités*, *Les Mondes imaginaires*, *Dieu dans la Nature*, etc. J'y trouve MM. Cousin, Guizot, de Barante, de Montalembert, Lamartine, Maury, Mignet, Thiers, Caro, que j'y ai, en effet, quelquefois rencontrés. MM. Jean Reynaud, Henri Martin et Charton, que je connaissais plus particulièrement, m'avaient arrêté un instant, à la porte d'entrée, sur le quai, et m'avaient prié de ne pas rester longtemps parce qu'il y avait réunion à côté, au *Magasin pittoresque*. M. Didier, un instant après mon arrivée, me dit : « Venez donc avec moi aux Tuileries, c'est la musique de la garde qui joue ». Nous laissons tout le monde à la librairie et nous partons. « Vous n'avez donc plus votre employé Maindron? lui demandai-je sur la route. — Non. — Ne le remplacerez-vous pas? — Si j'étais sûr d'un bon sujet, d'un garçon laborieux et intelligent! — J'en ai un à vous proposer. — Vraiment? — Oui : mon frère. Il est tout jeune, il a quatre ans de moins que moi, il aime le commerce, et je suis sûr que la librairie lui irait parfaitement. — Eh bien, qu'il vienne. »

Nous arrivons aux Tuileries, les chaises sont pleines de monde, nous essayons de nous faufiler. L'empereur, qui était assis sur une chaise, se lève et l'offre à M. Didier en lui disant : « Qu'est-ce que fait Maury, qu'on ne le voit plus? — Sire, répond l'éditeur, ils sont tous en ce moment à ma librairie, préparant un coup d'État. » Sur ce, la scène change devant mes yeux pour faire place à une vallée de la Haute-Marne, en face Bourmont, et à un ruisseau sur les bords duquel je jouais étant petit avec mon frère.

Ce rêve s'explique par des associations d'idées fort simples. J'avais, en effet, fait entrer mon frère comme employé à la librairie Didier. Quelques jours avant ce rêve, j'avais dîné et couché chez l'historien Henri Martin, où il avait été question du coup d'État, et les souvenirs des auteurs que j'avais rencontrés plus d'une fois sur le quai des Augustins avaient réveillé toutes ces réminiscences. M. Maury était bibliothécaire de l'empereur et déjeunait assez souvent avec lui. L'idée que tous ces auteurs se soient trouvés à la librairie le même jour à la même heure, est tout à fait invraisemblable; celle que l'empereur ait été assis sur une chaise à la musique des Tuileries est absurde. Mais tout paraît naturel dans les rêves.

— M. Didier n'était pas mort, et en entrant à la librairie dans la journée, je le vis comme d'habitude, et nous nous donnions la main sans paraître nous étonner. Je songeai alors qu'on l'avait enterré en léthargie il y a trois jours (5 décembre 1865) et qu'il s'était réveillé dans son caveau. Mais je ne crus pas devoir lui demander une explication là-dessus et nous parlâmes d'affaires de librairie.

Après avoir causé, nous sortîmes ensemble comme d'habitude, et nous descendîmes les quais, vers les Tuileries. Sa personne, quoique ne différant pas de celle que j'ai connue, était étrange et sacrée. Il était cependant alerte et je lui dis qu'il avait l'air d'un ressuscité. « Je puis bien en avoir l'air, me répondit-il, puisque je le suis. » Il voulait à toute force me prendre la main, mais une horreur invincible me le défendait.

« Pardonnez-moi, lui dis-je, de vous refuser; mais, je ne sais pourquoi, je ne puis faire comme je voudrais. »

Cette réponse commença de l'indisposer contre moi. Je fis alors un effort suprême et je pris son bras dans le mien ; mais bientôt je tremblai, et force me fut de le retirer. « Causons, lui dis-je, l'un à côté de l'autre. »

Cet homme me semblait un mort marchant et je vis par ses réponses qu'il n'avait plus son intelligence ni son jugement et parlait comme un automate. M'étant même par hasard un peu approché de ses lèvres, je sentis une mauvaise odeur qui acheva mon horreur. Et je ne sais alors quelle altercation survint entre nous ; mais je me disputai avec ce mort qui finit par me donner un soufflet.

Au même moment, une troupe de gendarmes et de sergents de ville parurent, et au lieu de nous trouver à l'Institut, devant lequel nous étions alors, nous nous trouvâmes sur le penchant d'une colline. Je le regardai alors fixement. « Ne savez-vous pas, lui dis-je, que je suis Camille Flammarion, votre auteur favori ? » Il parut se souvenir. « Oui, dit-il, grand auteur. Mais pourquoi ne voulez-vous pas de moi, Sylvie ? Vous avez horreur de moi, Sylvie. — Je ne suis pas Sylvie, lui dis-je, mais Camille. » Il me prit la main. Alors ce contact fut si horrible que je me réveillai.

Ce cauchemar peut avoir été causé par la mort de cet ami, arrivée trois jours auparavant. Il était mort subitement en s'asseyant au bureau des omnibus de la place Saint-Michel, et en le voyant le lendemain sur son lit, je m'étais demandé s'il n'était pas en léthargie. Cette mort m'avait beaucoup impressionné, et prié de prononcer un discours sur sa tombe, je l'avais fait sans pouvoir vaincre mon émotion. La forme agressive de ce cauchemar est inexplicable. La substitution de la fin est assez singulière. Il y a pourtant encore des songes plus incohérents. Ainsi, dans un autre rêve, la mer était à Montmartre, et un bateau à vapeur m'amenait dans la Haute-Marne, tout à côté.

Voici un rêve plus récent qui montre avec évidence l'action d'une cause étrangère au cerveau se superposant à un rêve et déterminant une image nouvelle.

— Ce matin (6 juin 1897), j'ai vu en rêve quelqu'un frappant fortement du talon sur une marche d'escalier en bois. Ce coup m'a réveillé. Il provenait d'une « boîte » d'artifice, par laquelle on annonce, à 6 heures du matin, l'une des fêtes annuelles de Juvisy (Pentecôte). Ce coup était tiré à 200 mètres de l'Observatoire, en haut de la rue Camille-Flammarion. On en a tiré deux autres ensuite.

Ainsi, le bruit qui m'a réveillé a été la cause déterminante d'une image qui m'a paru antérieure à mon réveil.

C'est-à-dire que cette image s'est produite pendant le temps très court nécessaire au réveil, peut-être un dixième de seconde.

Quand j'ai vu l'homme frappant du pied sur une marche d'escalier, je rêvais que j'étais complètement nu, et que j'étais obligé, pour sortir de la pièce où je me trouvais et aller chercher mes vêtements, de traverser le salon, où causaient une trentaine de personnes. Il y avait très longtemps que mon inquiétude durait, et que je cherchais les moyens de sortir, quand je me suis réveillé. Or, en me réveillant, j'ai senti que j'avais froid, ayant rejeté ma couverture. C'est sans doute aussi cette sensation de froid qui a déterminé ce rêve, comme l'explosion a déterminé l'image d'un homme frappant du talon.

On voit par ces descriptions sommaires, prises sur nature, combien les rêves sont multiples et variés et combien de causes diverses les produisent.

C'est une erreur physiologique de penser que les éléments des rêves soient uniquement empruntés à la réalité. Pour ma part, par exemple (et je ne suis pas seul dans ce cas), j'ai très souvent rêvé voler dans les airs, à une faible distance au-dessus d'une vallée ou d'un gracieux paysage, et c'est même l'agréable sensation ressentie dans ces songes enchanteurs qui m'a inspiré le désir de monter en ballon et de faire des voyages aériens. Je dois dire, à ce propos, que la sensation d'un voyage en ballon, quelque splendide qu'elle soit par l'étendue des panoramas développés sous les yeux du contemplateur et par le solennel silence des hauteurs de l'azur, n'équivaut pas au point de vue du mouvement à celle de ces rêves, car dans la nacelle de l'aérostat on se sent immobile — molécule d'air immergée dans l'air qui marche — et c'est une désillusion.

On ne voit pas bien quels sont les faits de la vie organique qui peuvent donner la sensation du vol en rêve. Le vertige n'est certainement pas en jeu, comme on l'a supposé. Serait-ce le regret d'être inférieur aux oiseaux? Mais la sensation?

J'ai aussi, assez souvent, rêvé causer avec Napoléon. Assurément, j'ai beaucoup entendu parler de ce conquérant dans mon enfance, par des hommes qui l'avaient vu, et mon esprit a pu en être frappé. Mais la relation de cause à effet reste assez lointaine.

Je me vois quelquefois enfermé dans une tour, avec une belle prairie verte devant moi. Où en est la cause?

Je suis quelquefois condamné à mort, et je n'ai plus que deux heures, une heure, une demi-heure, quelques minutes à vivre. Est-ce un souvenir passé?

Parfois, j'ai voyagé en rêve sur les autres mondes, dans les profondeurs infinies. Mais ici il peut y avoir associations de pensées qui me sont familières.

En général, dans l'état normal des choses, les rêves sont si nombreux, si variés, si incohérents, qu'il est presque superflu d'en chercher les causes en dehors d'associations d'idées latentes dans l'esprit ou d'images endormies dans le cerveau. On rêve comme en pense, à toutes sortes de choses et de situations, seulement, au lieu de *pensées*, comme dans l'état éveillé, on s'imagine que l'on *agit* vraiment, que l'on vit les choses pensées, et *les idées deviennent des actes* apparents; toute la différence est là, et comme la raison est absente de ces actes inconscients, les situations les plus extravagantes se trouvent réalisées, très simplement, sans aucune surprise, comme si elles étaient naturelles.

On peut donc remarquer dans le rêve trois phases caractéristiques. Tandis que dans l'état éveillé une *idée* reste une idée, dans le rêve elle devient *image*, puis *être réel*, personne ou chose.

Nous personnifions nos idées, nous attribuons en songe à des personnages différents des pensées, des paroles qui ne sont autres que les nôtres.

Dans un des rêves les plus clairs, les plus nets, les plus raisonnables que j'aie jamais eus, écrit A. Maury, je soutenais avec un interlocuteur une discussion sur l'immortalité de l'âme, et tous deux nous faisions valoir des arguments opposés, qui n'étaient autres que les objections que je me faisais moi-même. Cette scission qui s'opère dans l'esprit, et où le docteur Wigan voit une des preuves de sa thèse paradoxale, *the duality of the mind*, n'est la plupart du temps qu'un phénomène de mémoire; nous nous rappelons le pour et le contre d'une question et, en rêve, nous reportons à deux êtres différents les deux ordres opposés d'idées. Jadis, le mot de *Mussidan* me vint soudain à l'esprit; je savais bien alors que c'était le nom d'une ville de France, mais où était-elle située, je l'ignorais; pour mieux dire, je l'avais oublié. Quelque temps après, je vis en songe un certain personnage qui me dit qu'il arrivait de Mussidan; je lui demandai où se trouvait cette ville. Il me répondit que c'était un chef-lieu de canton du département de la Dordogne. Je me réveille à l'issue de ce rêve : c'était le matin, le songe me restait parfaitement présent, mais j'étais dans le doute sur l'exactitude de ce qu'avait avancé mon personnage. Le nom de Mussidan s'offrait alors encore à mon esprit dans les conditions des jours précédents, c'est-à-dire sans que je susse où est placée la ville ainsi dénommée. Je me hâte de consulter un dictionnaire géographique et à mon grand étonnement, je constate que l'interlocuteur de mon rêve savait mieux la géographie que moi, c'est-à-dire, bien entendu, que je m'étais rappelé en rêve un fait oublié à l'état de veille et que j'avais mis dans la bouche d'autrui ce qui n'était qu'une mienne réminiscence.

Il y a bien des années, à une époque où j'étudiais l'anglais, et où je m'attachais surtout à connaître le sens des verbes suivis de prépositions, j'eus le rêve que voici : Je parlais anglais, et voulant dire à une personne que je lui avais rendu visite la veille, j'employai cette expression : *I called for you yesterday*. « Vous vous exprimez mal, me fut-il répondu, il faut dire : *I called on you yesterday*. » Le lendemain à mon réveil, le souvenir de cette circonstance de mon rêve m'était présent. Je prends une grammaire placée sur une table voisine, je fais la vérification : la personne imaginaire avait raison.

Le souvenir d'une chose oubliée à l'état de veille était revenu en songe, et l'observateur avait attribué à une autre personne ce qui n'était qu'une opération de son esprit.

La plus grande majorité des rêves peuvent s'expliquer, tout naturellement, par la concentration de la pensée durant le sommeil.

Il n'est personne ayant l'habitude des travaux intellectuels, dirons-nous avec Max Simon et Alfred Maury, qui n'ait constaté que le travail du cerveau s'accomplit souvent à notre insu, sans que la volonté intervienne. Les faits qui nous montrent cette action s'offrent à nous à chaque instant. Lorsque les écoliers ont une leçon à apprendre, nous les voyons l'étudier de préférence le soir, assurant avec raison que cette façon d'agir les aide singulièrement. La leçon qu'ils ont apprise, ils la savent le lendemain mieux et plus sûrement que la veille. Les

personnes qui ont eu à lutter avec les difficultés
que l'on rencontre toujours à s'assimiler une langue
étrangère ont pu faire également la remarque suivante : si des occupations journalières, des devoirs
de situation les ont forcées d'interrompre pendant
quelque temps l'étude de cette langue, revenant plus
tard à cette étude, elles s'aperçoivent parfois, non
sans étonnement, qu'elles ont de l'idiome étranger,
momentanément délaissé, une connaissance plus
complète que lorsqu'elles ont cessé de l'étudier. Une
constatation analogue peut être faite à propos de
travaux originaux, de compositions littéraires ou de
problèmes scientifiques. Si quelque difficulté arrête
le travailleur et que celui-ci cesse de s'occuper du
sujet qu'il étudie, après quelques jours de repos,
l'esprit ayant pendant ce temps fait pour ainsi dire
tout seul son travail, il franchira avec la plus grande
facilité et comme en se jouant l'obstacle qui lui avait
tout d'abord paru presque insurmontable. Mais il est
un fait qu'il faut noter parce qu'il a une certaine importance, c'est que très fréquemment, dans ces cas
de cérébration inconsciente, une impulsion a été pri-
mitivement donnée, une direction a été imprimée à
la pensée, et c'est après cette impulsion, cette direction donnée, que s'est continuée l'action cérébrale
ayant abouti finalement à un travail plus avancé[1].

Il est facile de comprendre que le travail mental,
résultat d'une impulsion cérébrale donnée pendant

---

1. MAX SIMON, *Le Monde des rêves*, p. 49.

la veille et s'achevant pendant le sommeil, pourra engendrer des rêves qui seront, en quelque sorte, l'*expression imagée* du problème poursuivi par le dormeur, de la préoccupation qui l'obsédait.

Condillac raconte qu'à l'époque où il rédigeait son cours d'étude, s'il se voyait obligé de quitter, pour se livrer au sommeil, un travail préparé, mais incomplet, il lui est arrivé souvent de trouver à son réveil ce travail achevé dans son esprit.

Voltaire rapporte également qu'il rêva une nuit un chant complet de sa *Henriade* autrement qu'il l'avait écrit.

On a souvent signalé à ce propos un rêve resté célèbre, où une scène des plus curieuses et des plus fantastiques accompagne le travail intellectuel inconscient du rêveur, qui n'est autre que Tartini. Ce célèbre compositeur s'était endormi après avoir essayé en vain de terminer une sonate; cette préoccupation le suivit dans le sommeil. Au moment où, dans un rêve, il se croyait de nouveau livré à son travail et qu'il se désespérait de composer avec si peu de verve et de succès, il voit tout à coup le diable lui apparaître et lui proposer d'achever sa sonate, s'il veut lui abandonner son âme. Entièrement subjugué par cette apparition, il accepte le marché proposé par le diable et l'entend alors très distinctement exécuter sur le violon cette sonate tant désirée, avec un charme inexprimable d'exécution. Il se réveille, et dans le transport de sa joie, *court à son bureau et écrit de mémoire* le morceau qu'il avait terminé en croyant l'entendre.

Comment des images semblables à celles que nous venons de voir dans le songe de Tartini se produisent-elles? Par quel mécanisme apparaissent-elles? C'est ce qu'il est impossible de dire, non pas que la question soit insoluble, mais parce que, ordinairement, dans les faits qui ne nous sont pas personnels, quelques détails, qui nous donneraient la clef de certaines particularités du rêve, sont omis par le narrateur qui les regarde comme de peu d'importance. Il est possible que cette image du diable, venant s'associer au travail mental du grand compositeur, ait sa raison d'être et son explication dans quelques pensées ayant traversé l'esprit du musicien, dans quelque représentation artistique, dessin ou peinture de l'Esprit du mal s'étant offerte à sa vue. Mais ce point est secondaire dans la question. Ce que nous constaterons une fois de plus, c'est la manière dont le rêve s'est produit, c'est la genèse du rêve; la pensée de Tartini avait été fortement occupée de la composition musicale à laquelle il se livrait, et comme il arrive bien souvent dans les œuvres de l'esprit, l'idée n'étant pas mûre, aucun effet n'avait été produit tout d'abord; mais pendant et malgré le sommeil, le travail commencé s'était achevé, et la mélodie merveilleuse avait comme jailli des profondeurs du cerveau du musicien.

Supprimez cet effort, cette tension d'esprit antérieure, et le rêve ne se montrera pas. Cela est si vrai que ce n'est guère que sur l'objet le plus spécial des études du rêveur, sur la science ou l'art qu'il cultive avec passion que nous voyons se produire ce singulier travail cérébral.

Gratiolet raconte le rêve que voici, passablement macabre.

Il y a quelques années, occupé par mon illustre maître M. de Blainville, à l'étude de l'organisation du cerveau, j'en préparais un fort grand nombre, soit d'hommes, soit d'animaux. Je les dépouillais avec soin de leurs membranes, et je les plaçais dans l'alcool. Tels furent, d'une manière sommaire, les antécédents du rêve que je vais raconter.

Il me sembla, une nuit, que j'avais extrait mon propre cerveau. Je le dépouillais de ses membranes. Après avoir achevé cette préparation, je le suspendis dans l'alcool; puis, au bout de quelque temps, je l'en retirai et le replaçai dans mon crâne. Alors il me sembla que mon cerveau condensé par l'action du liquide avait subi une grande réduction. Il ne remplissait plus qu'incomplètement la cavité crânienne, en sorte que je le sentais ballotter dans ma tête; cette sensation me jeta dans une si étrange perplexité que je m'éveillai en sursaut, et je sortis de ce rêve comme d'un cauchemar.

Voilà, à coup sûr, une imagination bizarre et des plus absurdes; mais elle n'était pas sans cause, et en effet, il y avait une relation bien évidente de ce rêve avec des choses qui m'occupaient plus particulièrement alors. Il est probable qu'au moment où je m'imaginais dépouiller un cerveau étranger, quelque cause me rendit le sentiment de ma tête plus distinct. Songeant à la fois à ma tête et à mon cerveau, ces deux idées durent s'associer, d'où s'ensuivit naturellement et logiquement toute la fin du rêve [1].

1. *Anatomie comparée du système nerveux*, t. II, p. 501.

Le physiologiste Abercombie cite dans cet ordre d'études un rêve fort curieux qui n'est aussi qu'une suite des préoccupations de l'esprit.

Un de mes amis, dit-il, employé dans une des principales banques de Glascow en qualité de caissier, était à son bureau, lorsqu'un individu se présenta, réclamant le paiement d'une somme de six livres (150 francs). Il y avait plusieurs personnes avant lui qui attendaient leur tour; mais il était si impatient, si bruyant et surtout si insupportable par son bégaiement, qu'un des assistants pria le caissier de le payer pour qu'on en fût débarrassé. Celui-ci fit droit à la demande, avec un geste d'impatience et sans prendre note de cette affaire. A la fin de l'année, qui eut lieu huit ou neuf mois après, la balance des livres ne put être établie; il s'y trouvait toujours une erreur de six livres. Mon ami passa inutilement plusieurs nuits et plusieurs jours à chercher ce déficit; vaincu par la fatigue, il revint chez lui, se mit au lit et rêva qu'il était à son bureau, que le bègue se présentait, et bientôt tous les détails de cette affaire se retracèrent fidèlement à son esprit. Il se réveille, la pensée pleine de son rêve, et avec l'espérance qu'il allait découvrir ce qu'il cherchait. Après avoir examiné ses livres, il reconnut, en effet, que cette somme n'avait point été portée sur son journal et qu'elle répondait exactement à l'erreur[1].

On voit que dans ce rêve, ce qui est découvert au dormeur était en somme connu de lui, mais que la volonté était demeurée longtemps impuissante à réveiller le souvenir enseveli dans les profondeurs de la mémoire. Cependant la préoccupation ayant été vive, l'esprit étant longtemps demeuré fortement tendu dans la même direction, il a dû arriver que,

1. *Inquiries concerning the intellectual powers*, 1841. p. 280.

dans cet effort de la pensée, dans ce travail d'abord improductif, les cellules cérébrales où s'était conservée la série d'images sont entrées en action et ont finalement apporté une perception nette du fait inutilement cherché pendant la veille.

Plusieurs songes d'apparence télépathique sont dans ce cas, et nous pourrons expliquer par là plus d'une apparition de mort.

Les influences physiques et la cérébration inconsciente d'idées et d'images latentes dans le cerveau expliquent la plupart des songes. Il importait de bien nous rendre compte de cette action physiologique pour juger scientifiquement les faits que nous avons à analyser. Les résultats de mon enquête m'ont transmis un grand nombre de ces rêves qui s'expliquent physiologiquement et que nous ne reproduirons pas.

Mais des forces psychiques extérieures à nous peuvent influencer notre esprit pendant le sommeil aussi bien que dans l'état éveillé. Nous arrivons maintenant à l'examen de ces genres de rêves. Les phénomènes psychiques rapportés au chapitre III ont été observés par des personnes éveillées, dans leur état normal et en pleine possession de leurs facultés. Nous n'y avons pas compris ceux qui appartiennent aux rêves, parce qu'ils nous semblent d'un caractère différent et former un autre ordre. Ils nous paraissent moins sûrs, les rêves étant nombreux et les coïncidences qui peuvent se produire ayant comme opposition contradictoire des quantités innombrables de non-coïncidences. D'autre part, également, ils sont toujours un peu vagues et soumis aux fluctuations de la mémoire. Je ne crois pas, cependant, qu'il soit logique de les rejeter sans examen. Plusieurs de ces visions dans le rêve présentent à l'observateur un intérêt particulier et peuvent certainement nous apprendre quelque chose de plus sur les facultés de l'esprit humain.

Maintenant que la démonstration est faite, que l'action psychique d'un esprit sur un autre est prouvée par le chapitre précédent, nous pouvons entrer dans le monde un peu plus compliqué des rêves.

Déjà on a pu remarquer plus haut (p. 271) un cas bien curieux observé en rêve : une jeune fille voyant, de Paris, sa mère mourant en province et l'appelant pour l'embrasser une dernière fois. Ce songe avait été classé par Brierre de Boismont au nombre des hallucinations, avec une réserve indiquant toutefois son caractère psychique. On a vu également plus haut (p. 336) un rêve télépathique du même ordre. Je présenterai maintenant à nos lecteurs quelques extraits des lettres que j'ai reçues en réponse à mon enquête, de celles qui concernent les apparitions et manifestations de mourants vues en rêve. Elles ne sont ni moins intéressantes ni moins probantes que les premières et doivent, me semble-t-il, être acceptées au même titre.

I. — Dans la nuit du 25 juillet 1894, je vis, en rêve, tel

qu'autrefois je l'avais connu, de 1883 à 1885, alors qu'il faisait son service militaire, un jeune homme avec lequel je devais me marier.

Pour des raisons inutiles à raconter ici, j'avais brisé toutes relations et le mariage n'avait pas eu lieu. A partir de ce moment, je n'avais plus entendu parler de lui (il habitait Pau, moi Paris), lorsque dans cette nuit du 25 juillet 1894, en rêve, je le revis tel que je l'avais connu, vêtu de son uniforme de sergent-major. Il me regardait d'un air bien triste en me montrant un paquet de lettres. Puis l'apparition s'évanouit, comme au matin le rayon de soleil dissipe peu à peu la rosée.

Je m'éveillai, troublée, et, longtemps, je vécus avec ce rêve, me demandant pourquoi, pourquoi, moi qui jamais ne rêvais à lui, quoique lui gardant une amitié sincère.

Le 20 janvier 1895, j'apprenais sa mort *arrivée dans la nuit du 25 juillet 1894* : une de ses dernières paroles avait été pour moi.

Lucie Labadie,
à Rochefort. [Lettre 3.]

II. — C'était pendant la guerre de 1870-1871 ; une de mes amies intimes, femme d'un officier, enfermée dans Metz, rêva que mon père, habitant le Nord, son médecin, qu'elle vénérait et aimait profondément, venait la trouver au pied de son lit et lui disait : *Voyez, je viens de mourir.*

Lorsqu'il fut possible de communiquer avec le dehors, mon amie m'écrivit en larmes, me demandant des nouvelles exactes de toute ma famille, et me suppliant de lui faire savoir si, le 18 septembre, il n'était pas arrivé une catastrophe chez mes parents, qu'elle avait, à cette date, fait un rêve qui la préoccupait, au sujet de mon père. Hélas ! le 18 septembre, à 5 heures du matin, *mon père était mort* sans avoir été malade.

Lorsque je revis cette dame l'été suivant, elle me dit que ce rêve l'avait impressionnée d'autant plus vivement, que peu de temps auparavant elle avait fait un rêve identique, concernant un autre de ses amis habitant Metz ; qu'un matin, elle avait fait prendre de ses nouvelles, et qu'on était venu lui dire qu'il venait de mourir.

L. BOUTHORS,
Directeur des Contributions directes, à Chartres. [*Lettre* 28.]

III. — A. J'avais sept ans ; mon père habitait Paris ; j'étais depuis quelques années à Niort, chez des parents qui s'étaient chargés de mon éducation. Un jour, ou plutôt une nuit, je fis un rêve. Je montais un escalier interminable, et j'arrivais dans une chambre sombre ; à côté il y en avait une autre faiblement éclairée ; j'entre dans cette seconde pièce et je vois un cercueil sur deux tréteaux ; un cierge allumé se trouvait à côté.

J'eus peur et je m'enfuis ; arrivée dans la première pièce, je sentis quelqu'un qui me posait la main sur l'épaule ; je me retournai tremblante de frayeur, et je reconnus mon père que je n'avais pas vu depuis deux ans et qui me dit d'une voix très douce : « N'aie pas peur, embrasse-moi, petite ».

Le lendemain nous recevions une dépêche : *mon pauvre père était mort*, non pas dans la nuit, mais *dans la soirée précédente*.

J'étais tout à fait orpheline, ma mère était morte depuis plusieurs années. Ce rêve m'a tellement frappée que je le refais souvent.

B. A treize ans, la tante qui m'élevait et que j'aimais comme ma mère, mourut de la variole noire. On ne m'avait pas dit qu'elle était morte et, naturellement, on ne me permettait pas d'entrer dans sa chambre. Elle m'avait souvent dit en plaisantant : « Oh ! si je mourais et que tu ne sois pas auprès de moi, j'irais te dire adieu. » Au milieu de la nuit, je vis s'avancer auprès de moi une forme blanche que je ne reconnus pas tout d'abord ; je me réveillai, il faisait comme un demi-jour dans ma chambre, et *je vis se refléter le fantôme dans l'armoire à glace placée en face de mon lit*. Le fantôme me dit d'une voix à peine distincte : « Adieu ! » Je tendais les bras pour l'embrasser, mais elle disparut.

Ma pauvre tante était morte depuis plusieurs heures quand j'ai eu cette hallucination.

V. BONIFACE,
Directrice d'école maternelle, à Étampes (Seine-et-Oise). [Lettre 35.]

V. — Ma femme a perçu l'image de son frère à l'instant précis de sa mort.

Mon beau-frère, professeur au collège de Luxeuil, était malade de la poitrine. Il fut soigné par sa sœur avec le plus grand dévouement pendant sa dernière maladie et il préférait ses soins à ceux de toute autre personne. Cependant les parents de ma femme, venus à Luxeuil, la voyant très fatiguée, décidèrent mon beau-frère à venir avec eux et se faire soigner à l'établissement des diaconesses de Strasbourg. Trois semaines environ après son départ, ma femme fut réveillée par une sorte de cauchemar et vit, dans un demi-sommeil, son frère couché et serré dans un cercueil en pierre, pareil aux pierres tombales romaines que l'on voit exposées à l'établissement thermal d'ici. Le cercueil se rétrécissait de plus en plus, rendant la respiration de son frère presque impossible ; lui, la regardait avec des yeux suppliants, la priant de lui venir en aide et de le tirer de là ; puis elle le vit prendre un air résigné et il sembla lui dire : « Tout est fini, tu ne peux plus rien ». Elle se réveilla alors complètement et regarda l'heure : 3 h. 20 du matin.

Le lendemain nous apprenions la mort de mon beau-frère. L'heure de son décès *coïncidait exactement avec celle du rêve.*

Prière de ne pas citer nos noms.

A. S.,
à Luxeuil (Haute-Saône). [Lettre 60.]

VI. Ma grand'mère est morte l'année dernière, le 6 janvier, à minuit moins deux ou trois minutes ; elle habitait une campagne des environs de Rochefort-sur-Mer et moi j'étais alors à Auxerre. Nous avions, le soir du 6 janvier, tiré les Rois très joyeusement, et je m'étais couchée sans penser à elle, que je savais cependant plus souffrante depuis une quinzaine.

Je me réveillai à minuit, très exactement, péniblement impressionnée. Je venais de voir en rêve ma mère et mon plus jeune frère en grand deuil. Je demeurai persuadée que le matin ne se passerait pas sans que j'apprenne la confirmation de mon rêve. N'y a-t-il pas une relation étrange entre la réalité et le rêve, puisque ma grand'mère est morte à minuit, et que je m'éveillai à la même heure ?

M. B.,
à Versailles. [Lettre 64.]

VII. — Mon oncle était sergent au 2e régiment d'infanterie quand la guerre fut déclarée en 1870. Il assista aux premiers combats, fut enfermé dans Metz, fait prisonnier, emmené en captivité à Mayence, puis à Torgau où il resta neuf ou dix mois.

Le dimanche de Quasimodo 1871, il fut invité, dans l'après-midi, à aller en ville, par un de ses camarades. Il préféra rester au camp dans sa casemate, disant à son ami qu'il n'était pas en train, ne sachant lui-même à quoi attribuer cette tristesse. Resté seul ou presque seul, il se jeta tout habillé sur son lit (c'était deux heures et quart environ) et s'endormit d'un profond sommeil. Aussitôt qu'il fut endormi, il lui sembla qu'il était dans la maison paternelle, *sa mère mourante était au lit.* Il voyait ses tantes la soigner, enfin sa mère mourut vers les trois heures. Il se réveilla alors et s'aperçut qu'il n'avait fait qu'un rêve.

Quand son ami rentra, à six heures du soir, il lui raconta ce qu'il avait vu durant son sommeil et il ajouta : « Je suis convaincu qu'aujourd'hui à trois heures ma mère est morte ».

On se moqua de lui, mais une lettre de son frère vint lui confirmer la triste nouvelle.

Je crois devoir ajouter que la morte était dans un état maladif depuis trois ans environ.

Camille Massot,
Pharmacien de 1re classe, Banyuls-sur-Mer (Pyr.-Or.). [*Lettre* 66.]

VIII. — Ma mère m'a raconté bien souvent un rêve étrange.

Un de ses beaux-frères était malade. Un soir, elle rêva qu'elle le voyait mort; elle voyait aussi ma grand'-mère emmenant ses enfants, elle ne connaissait pas le chemin, mais traversait un grand pré. A ce moment elle se réveille, réveille également mon père pour lui faire part du rêve qui venait de l'émouvoir. Il était 2 heures du matin.

Le lendemain on vint annoncer à mes parents que mon oncle était mort dans la nuit à 2 heures ; alors maman ne put s'empêcher de répondre qu'elle le savait. Elle questionna ensuite ma grand'mère pour savoir si elle avait emmené les enfants, elle répondit que oui et qu'elle avait *précisément traversé le pré où maman l'avait vue en rêve.*

M. Odéon,
Institutrice, à Saint-Genix-sur-Guiers (Savoie). [*Lettre* 68.]

IX. En 1895, dans une nuit d'hiver, j'ai rêvé d'une façon très nette que le sieur Crouzier, octogénaire de mon village situé à 10 kilomètres du poste où j'exerçais, se mourait par suite du froid.

Le lendemain je me rends dans ma famille et ma mère me dit : « Tu sais, le vieux Crouzier est mort la nuit dernière; il a voulu se lever, vers minuit, a été surpris par le froid et a succombé presque instantanément ».

Cette impression m'est toujours restée et je suis heureux en cette circonstance de répondre à votre enquête.

Alphonse Vidal,
Instituteur, à Aramon (Gard). [*Lettre* 77.]

X. — Étant en France, ma mère vit en rêve, son frère alors en Amérique, mourir dans ses bras. Un mois après, elle reçut la nouvelle de la mort de ce frère, lequel avait précisément expiré dans les bras de ma grand'mère. Les dates coïncidaient.

A. D.,
à Arles. [Lettre 118.]

XI. — J'avais un frère qui habitait Pétersbourg depuis vingt-cinq ans ; notre correspondance n'avait jamais été interrompue.

Il y a trois ans, je reçus au mois de juillet une lettre de lui : sa santé était satisfaisante. Le 8 septembre suivant, je rêvai que le facteur me remettait une lettre de Pétersbourg et, qu'en ouvrant l'enveloppe, je trouvais deux images : l'une représentant un mort étendu sur son lit, et habillé selon l'usage que j'avais moi-même constaté, dans mon voyage en Russie, en 1867.

Je ne regardai pas bien d'abord le visage du mort ; je vis autour du lit plusieurs personnes à genoux, entre autres un garçon et une fillette, à peu près de l'âge des enfants de mon frère. Sur l'autre image, il y avait comme une assistance à une cérémonie funèbre. Je revins alors examiner de plus près le visage du mort, que je reconnus aussitôt, et je m'éveillai en m'écriant : *Ah ! mais c'est Lucien !* (c'était le nom de mon frère).

Quelques jours après, j'apprenais en effet que celui-ci était mort dans les jours (je n'ai pu vérifier exactement lequel) où j'avais eu ce rêve, qui est toujours présent à ma mémoire, et que j'ai raconté à plusieurs personnes.

L. CARRAU,
46, rue de Bel-Air, à Angers. [Lettre 125.]

XII. — Mon grand-père quitta, à l'âge de quatorze ans, sa famille qui habitait près de Strasbourg ; je crois qu'il ne retourna jamais au pays, et ne revit jamais ses parents. A vingt-quatre ans, il se mariait à Nancy ; sa jeune femme ne vit jamais ses beaux-parents.

Une nuit, ma grand'mère vit défiler devant son lit un interminable convoi mortuaire. Le lendemain ou le surlendemain, une lettre lui annonçait le décès de son père ; l'enterrement avait eu lieu, la population de trois gros villages y avait assisté, ainsi que le maire et le curé de l'endroit (Bischeim), quoiqu'il se fût agi d'un juif.

Jenlend,
55, rue de Provence, Paris. [*Lettre* 130.]

XIII. — J'ai à signaler des faits éprouvés en rêve, avec coïncidence de mort.

A. Le premier est arrivé à mon père, Pierre Dutant, mort en 1880 et ayant été pharmacien à Bordeaux pendant cinquante ans.

C'était un homme d'un caractère absolument honnête, scrupuleux, d'une intelligence très fine, et aucune des nombreuses personnes qui l'ont connu ne mettrait jamais sa parole en doute.

Voici le fait qu'il m'a narré maintes fois et que je rapporte à peu près textuellement.

« Une nuit, je rêvai que mon frère, alors notaire à Léagnan et âgé de trente-trois ans, était enfant comme moi et que nous jouions tous deux dans la maison paternelle. Tout à coup, il tombe d'une fenêtre dans la rue en me criant : « *Adieu !* » Je me réveille, très frappé par l'intensité de ce rêve, je regarde l'heure : 3 heures. Je ne me rendormis pas. Je savais mon frère malade, mais je ne le croyais pas en danger de mort.

« Mon frère était mort dans la nuit à 3 heures précises. »

B. Le second fait me concerne personnellement. Une nuit je rêvai qu'une vieille cousine, qui m'aimait beaucoup, mourait. Le lendemain matin, je le dis à mes parents, qui se souviennent tous très bien de mon récit.

Dans la même semaine, deux ou trois jours après ce rêve (je ne l'ai pas écrit et ne puis préciser exactement), la vieille cousine mourait d'une attaque d'apoplexie. Elle était bien portante la nuit du rêve, elle n'est morte que deux ou trois jours après, et j'ai regardé ce rêve comme un pressentiment avertisseur. Ma famille en fut frappée et s'en souvient encore parfaitement.

C. Je puis vous citer encore un fait personnel qui me frappa beaucoup quand il m'arriva, mais comme cette fois il s'agit d'un chien, peut-être ai-je tort d'abuser de votre temps. Je m'excuse en me demandant où s'arrêtent les problèmes.

J'étais alors jeune fille, et j'avais souvent en rêve une lucidité surprenante. Nous avions une chienne d'une intelligence peu commune; elle m'était particulièrement attachée, quoique je la caressasse fort peu. Une nuit je rêve qu'elle meurt, et elle me regardait avec des yeux humains. En me réveillant, je dis à ma sœur : « Lionne est morte, je l'ai rêvé, c'est certain. » Ma sœur riait et ne le croyait pas. Nous sonnons la bonne et lui disons d'appeler la chienne. On l'appelle, elle ne vient pas. On la cherche partout, et enfin on la trouve morte dans un coin. Or la veille, elle n'était point malade, et mon rêve n'avait été provoqué par rien.

M. R. Lacassagne, née Dutant,
à Castres. [*Lettre* 139.]

XVI. — J'étais étudiant en médecine à Paris, en 1862. Un matin, mon concierge, qui m'apportait, en me réveillant pour aller à l'hôpital, mon petit déjeuner dans mon lit, me trouva tout en pleurs. Il me demanda ce que j'avais, et je lui répondis : « Je viens d'avoir un horrible cauchemar : mon oncle, qui m'avait élevé (car j'avais perdu mon père et ma mère tout jeune) et que j'aimais tendrement, était en train de mourir, quand vous m'avez réveillé, et je suis sûr que par le premier bateau qui arrivera de la Havane, mon pays de naissance, j'aurai la triste nouvelle de sa mort ».

C'est ce qui arriva. Vous affirmer que c'était à la même heure de mon rêve, je ne me souviens plus maintenant; mais la coïncidence du jour était exacte.

P.-S. Je vous prie de ne pas imprimer mon nom. Quant à l'observation, vous pourrez l'insérer, si elle le mérite.

Dr F. de M.,
à L. [*Lettre* 153.]

XVII. — De 1870 à 1874, j'avais un frère employé à l'arsenal de Fou-Tchéou en Chine, comme monteur mécanicien. Un de ses amis, mécanicien et compatriote de la même ville (Brest), également à l'arsenal de Fou-Tchéou, vint un matin voir mon frère à son logement et lui raconta ce qui suit : « Mon cher ami, je suis navré, j'ai rêvé cette nuit que mon jeune enfant était *mort du croup, sur un édredon rouge* ». Mon frère se moqua de sa crédulité, parla de cauchemar, et pour dissiper cette impression, invita son ami à déjeuner. Mais rien ne put distraire celui-ci : pour lui, son enfant était mort.

La première lettre qu'il reçut de France après ce récit, et qui était de sa femme, lui annonçait la mort de son enfant, *mort du croup*, dans de grandes souffrances, et, coïncidence bizarre, *sur un édredon rouge*, la même nuit du rêve.

A la réception de cette lettre, il vint tout en larmes la montrer à mon frère, duquel je tiens ce récit.

H. V.,
à Brest. [*Lettre* 162.]

XVIII. — Une de mes cousines habitait Nyon, en Suisse, et sa mère Clairveaux, dans le Jura. C'était pendant un hiver rigoureux, toutes les communications étaient impraticables à cause des neiges. Ma tante était malade depuis longtemps; sa fille ne la savait pas plus fatiguée que d'habitude, lorsqu'une nuit, elle voit en rêve sa mère morte; elle s'éveille épouvantée et dit à son mari : « Ma mère est morte, je viens de la voir! » Elle aurait voulu partir aussitôt à Clairveaux, mais on l'en dissuada, lui montrant l'imprudence d'entreprendre un voyage dans les neiges, sur un simple pressentiment. Les cour-

riers ne fonctionnant pas, on ne recevait point de lettres.
Le soir ou le lendemain, je ne sais, ma cousine voit un cavalier entrer dans le parc, alors elle s'écrie : « On vient m'annoncer la mort de ma mère ». En effet, ne pouvant communiquer autrement, on avait envoyé un cavalier qui apprit que sa mère était morte dans la nuit. C'était au moment où ma cousine avait fait ce rêve.

Ma cousine existe encore et pourrait me donner des détails plus précis, si vous le désirez.

G. BELBENAT,
à Lons-le-Saunier (Jura). [<i>Lettre</i> 286.]</div>

XIX. — Fait signalé par un de mes amis auquel j'avais communiqué vos études. C'est un ancien entrepreneur de voies ferrées en France et à l'étranger, actuellement retiré des affaires à Saint-Pierre-lès-Nemours. Son honorabilité et sa bonne foi ne peuvent pas être suspectées.

Voici le fait tel qu'il me l'a raconté :

« J'étais allé voir un fermier de mes amis, très malade, et sur la porte de la ferme j'avais rencontré sa belle-mère qui m'avait dit que son gendre avait reçu plusieurs visites qui l'avaient beaucoup fatigué, mais elle m'avait néanmoins engagé à entrer pour le voir quelques instants, en ajoutant que cela lui ferait beaucoup de plaisir. J'ai prié alors cette dame de lui souhaiter le bonjour de ma part et de lui annoncer ma visite pour le lendemain.

« Dans la nuit suivante, vers 7 heures du matin, alors que je sommeillais, me disposant à me lever, il m'a pris tout à coup un cauchemar. Je croyais voir le malade, grand comme un enfant et comme enfoncé dans un trou sur le talus de la route, à quelques mètres de la ferme, et je faisais tous mes efforts pour l'arracher de ce trou sans y parvenir.

« Au bout de quelques instants, je sautai à bas du lit pour secouer ce cauchemar, et dans la matinée j'appris la mort du fermier survenue à l'heure même où j'avais eu cette vision. »

La distance de Saint-Pierre-lès-Nemours à la ferme est de deux lieues environ.

Ce fait s'est passé il y a une dizaine d'années.

J. BOIREAU,
Pharmacien, à Nemours (Seine-et-Marne). [*Lettre* 298.]

XX. — Mon grand-oncle, M. Henri Horst, qui était professeur de musique à Strasbourg, vit, une nuit, en rêve, *cinq cercueils* sortir de sa maison : la même nuit, une fuite de gaz eut lieu dans sa maison et *cinq personnes* furent asphyxiées.

On raconte, dans notre famille, plusieurs cas d'apparitions télépathiques. Je m'en informerai exactement et vous les communiquerai, dès que j'en aurai pris connaissance.

GEORGES HORET,
Lycéen, Bouxwiller (Basse-Alsace). [*Lettre* 330.]

XXI. — Je n'ai jamais éprouvé ce que vous demandez par votre questionnaire. Mais en rêve, au contraire, j'ai eu, quelquefois, certains avertissements. Entre autres, la nuit de l'assassinat du regretté M. Carnot, je l'ai vu mort dans mes rêves. La veille au soir, j'étais allée me coucher de bonne heure. Ne demeurant pas dans la ville même de Lyon, mais à la Croix-Rousse, je n'avais eu écho d'aucun des faits s'étant passés dans cette mémorable soirée. Le matin, la bonne entre dans ma chambre et je lui dis aussitôt : « Je viens de rêver que M. Carnot était mort! » Elle me répondit que cela se pourrait bien. « Mais non, lui dis-je, il faut rire de mon rêve, puisqu'il va passer à dix heures sous mes fenêtres ». (Il devait, en effet, passer sur le boulevard.)

Dix minutes après, elle revient dans ma chambre et me dit tout impressionnée : « Le rêve de mademoiselle est réalisé, le laitier vient de me dire que M. Carnot avait été assassiné dans la soirée d'hier ». Malgré le rêve que j'avais fait, il me fut difficile d'y croire au premier moment.

A. M.,
à Lyon. [*Lettre* 340.]

XXII. — Voici un fait personnel :

Dans la nuit du 13 au 15 juin 1887, je rêvai que ma mère était morte. En arrivant au restaurant, le lendemain, je faisais part de ce fait à un collègue, lorsque je reçus une dépêche m'annonçant le malheur pressenti.

Voilà le fait dont j'ai le souvenir précis.

A. CARAYON,
Directeur de l'École de la Croix-de-Fer (Nîmes). [*Lettre* 353.]

XXIII. — Le père de mon mari, se trouvant éloigné de la maison où il avait laissé sa femme malade, fut réveillé une nuit par la voix de sa femme qui l'appela trois fois distinctement par son nom : Pierre ! — Pierre ! — Pierre ! — Croyant avoir rêvé, il se rendormit. Deux jours plus tard, il reçut la nouvelle que *cette même nuit* sa femme était morte.

MARIE PAUVREL,
à Vedrôd. [*Lettre* 358.]

XXIV. — Dans la nuit du 1er au 2 janvier 1898, je vis en songe ma mère, morte depuis deux ans et demi. Elle s'avança gravement vers mon lit, m'embrassa sur le front et sortit sans me rien dire. Le lendemain, je reçus une lettre m'annonçant *la mort subite de ma sœur* dans la soirée du 1er janvier à 10 heures du soir. Comme je ne m'éveillai pas, il me fut impossible de savoir s'il y avait coïncidence parfaite entre l'heure du rêve et celle de la mort de ma sœur.

M. RAZOUS,
Instituteur, à Trélons (H.-Gar.). [*Lettre* 360.]

XXV. — Mme V... habitait Genève, et avait un frère dentiste dans le canton de Vaud. Ce frère mourut subitement. La nuit de sa mort, Mme V... vit en rêve, contre la muraille, le nom de son frère et la date de sa naissance, ou de sa mort, je ne me souviens pas laquelle des deux. A son réveil elle craignit un malheur, qui lui fut bientôt confirmé.

JEANNE BLANC,
Le Cannet (Alp.-Mar.). [*Lettre* 365.]

XXVI. — C'était au couvent. Une nuit, nous fûmes éveillées par des cris et des pleurs. La religieuse de garde s'approche du lit de l'enfant, qui au milieu de ses larmes lui dit que *sa grand'mère se mourait*, qu'elle l'appelait et qu'elle voulait aller vers elle.

On la calme, on nous fait prier, la religieuse récite le chapelet; nous répondions de nos lits et le sommeil nous reprend.

De nouveau nous sommes réveillées. — La jeune fille avait retrouvé son rêve, — elle nous dit que sa grand'-mère était morte, qu'elle lui avait fait des adieux déchi-rants et que, entre autres choses, elle avait désigné un coffret dans lequel elle avait enfermé des bijoux qu'elle voulait donner à sa petite-fille de prédilection.

La nuit s'acheva.

Le lendemain matin à 8 heures, nous étions réunies dans la classe, à genoux pour la courte prière qui précé-dait les études, — lorsqu'un violent coup de cloche déchire l'air, nous faisant tressaillir sans savoir pour-quoi, nous toutes qui n'étions pas intéressées à l'événe-ment — et la sœur aînée de notre compagne entre.

Elle venait chercher sa jeune sœur, — *la grand'mère était morte dans la nuit* — et tout ce que la jeune fille avait vu s'était absolument passé ainsi qu'elle nous l'avait raconté.

Vous pensez l'émotion qui se produisit dans le cou-vent, — on y vit l'intervention divine, et la journée se passa en prières.

J. G.,
à Paris. [*Lettre* 374.]

XXVII. — Il y a environ deux ans, à Jarnac, un matin à 7 heures, une dame amie de ma famille, dormant en-core d'un sommeil léger, fut éveillée par une voix l'appe-lant très distinctement, et reconnaissable pour celle de son beau-frère, dont les dernières nouvelles reçues étaient très bonnes.

A ce moment, personne ne se trouvait dans sa chambre, ni dans les appartements voisins, et il était impossible de rapporter cette impression à une cause connue.

Quelques heures après, vers 10 heures, cette dame apprenait par un télégramme que son beau-frère, habitant Auzances, venait de mourir subitement; le lendemain, une lettre lui annonçait que le décès était survenu à 7 heures, c'est-à-dire *au moment même* où la voix avait été entendue.

Bréaud,
à Jarnac. [*Lettre* 377.]

XXVIII. — J'ai été pendant quatorze ans liée par une affection à une personne, puis, la séparation survenue, nous ne nous vîmes plus qu'à de rares intervalles. Enfin plus d'une année s'écoula sans nous revoir; mon ami malade fut contraint de partir pour le Tyrol : nous étions donc à une distance de 58 heures de chemin de chemin de fer. J'avais des nouvelles indirectement; elles étaient relativement bonnes et le projet de retour était prochain. Le 2 mars, dans la nuit, je vis mon ami, pendant un demi-sommeil; il était assis sur un lit en costume de nuit et il me disait : « Oh que je souffre! ». Il était alors 2 heures du matin. Deux jours après, une dépêche m'annonçait la mort de cette personne, décédée à 2 heures 20 minutes.

J'étais et je suis encore frappée par cette coïncidence, et il me paraît important pour vos recherches de vous en fait part.

C. Couesnon,
23, strada Romana, Jassy (Roumanie). [*Lettre* 397.]

XXIX. — A. Un oncle de ma femme, capitaine marin, m'a souvent raconté que la nuit qui a coïncidé avec la date de la mort de sa mère, étant alors en voyage, elle lui est apparue en rêve avec une figure très triste. Impressionné, il marqua au crayon la date de ce rêve sur la planche de sa couchette, ayant un pressentiment de malheur.

Il ne fut que très peu surpris à son arrivée quand il apprit cette mort : la date était bien celle qu'il avait inscrite sur sa couchette.

B. Le même fait arriva à ma belle-mère lors de la mort de son frère. Elle rêva, la nuit précédente, qu'elle rencontrait sa mère, morte, dans les escaliers de la maison et que, sans lui adresser la parole, elle la regardait d'un air de grande tristesse. Le lendemain, on trouva le frère mort d'une attaque d'apoplexie.

C. Lors de mon mariage, un fait à peu près semblable arriva. Ma belle-mère, très impressionnée de l'apparition de sa mère dans le fait que je viens de rapporter, avait dit à une de ses amies, que si un jour elle revoyait encore sa mère de cette façon, elle serait certaine d'être à la veille d'un grand malheur. Cette amie, quelques jours avant mon mariage, eut elle-même une apparition en rêve de la même personne, qui lui disait qu'elle ne voulait pas voir sa fille de crainte de la rendre malade et qu'elle était venue la voir, elle. Cette même personne rêva dans la même nuit, je crois, que la porte de la maison de ma femme était parée de deuil le jour même de mon mariage. C'est ce qui arriva, alors que rien ne me le faisait prévoir : la veille, mon beau-frère mourait de la rupture d'un anévrisme et on l'enterra le jour où nous devions nous marier.

Voilà des faits dont je puis vous garantir l'authenticité.

L. Coutant,
à La Ciotat. [*Lettre* 401.]

XXXII. — Mon père était élève de sixième, je crois, au petit séminaire de Guérande. Une nuit, il vit, dans son rêve, sa mère couchée ne donnant plus signe de vie, *dans sa chambre, à elle*, au Croisic, où elle habitait. Il se réveilla le visage baigné de larmes.

Le lendemain, une lettre lui apprenait que sa mère, à l'heure où il l'avait *vue* ainsi, avait eu une crise soudaine et *avait failli mourir* dans les bras de ses filles accourues à ses gémissements. Ceci, comme vous voyez, s'éloigne un peu des observations par vous publiées, puisqu'il n'y a eu qu'un *rêve* et pas de *mort*. Mais c'est assurément un fait d'ordre psychique, c'est pourquoi j'ai cru bon de vous en faire part.

POLUEC,
à Ploermel. [*Lettre* 434.]

XXXIII. — Une de vos lectrices rêva, une nuit, qu'elle se trouvait chez une de ses amies, malade de la poitrine depuis longtemps. Elle ignorait qu'elle fût à ce moment plus souffrante que d'ordinaire. L'amie était couchée; elle lui tendit la main, lui dit adieu, et mourut dans ses bras. Le lendemain, la personne dont je vous parle dit à sa mère : « Une telle est morte; je l'ai vue cette nuit.... » On apprit dans la journée la mort de la malade.

La vision ayant eu lieu en l'état de rêve, on ne saurait indiquer si l'heure de la mort a coïncidé avec celle de l'apparition.

JEAN SURYA,
37, rue Raynouard, Paris. [*Lettre* 438.]

XXXIV. — Je n'ai que vingt-deux ans et par trois fois déjà, avec coïncidence de mort, j'ai éprouvé en rêve les phénomènes que vous étudiez.

A. La première fois, il y a cinq ans. Je m'étais réveillée en riant, racontant à ma sœur que je venais de rêver du père *un tel* (vieux bourru avec lequel ma famille était brouillée). Je ne me rappelle plus aujourd'hui en quoi consistait ce rêve, mais j'en avais été très frappée.

Le jour même, on nous apprit qu'il venait de se suicider.

B. La seconde fois, un an après. J'ai rêvé qu'un de mes cousins, veuf, habitant la même ville, mais que je voyais très rarement, m'apprenait son désir de se remarier (fait que j'ignorais absolument). Je racontai ce rêve à ma famille le lendemain matin, et vers 10 heures, nous rencontrions en larmes une tante de ce jeune homme, qui nous apprenait sa mort survenue dans la nuit, après une maladie de trois jours, et déplorait que sa mort si brusque l'eût empêché de *réaliser son projet* de donner une mère à ses orphelins.

C. Une troisième fois, il y a un an. J'avais l'influenza, et plusieurs locataires de la maison étaient malades. Une nuit je rêvai d'un enterrement partant de la maison, dont le cercueil avait des proportions énormes. J'avais l'intuition que c'était M. Durand, l'un des locataires malades, dont la corpulence était remarquable. Aussi, au réveil, ma première parole fut pour demander de ses nouvelles. Je fus péniblement impressionnée en apprenant qu'il était mort dans la nuit.

JEANNE ABOUT,
à Nancy. [Lettre 441.]

XXXVII. — Une de nos amies eut pendant la nuit un rêve qui lui montra un de ses frères qu'elle aimait beaucoup et qu'elle n'avait pu voir depuis longtemps; il était vêtu de blanc, avait le teint frais et paraissait heureux; la salle où il se trouvait était également tendue de blanc et remplie de monde; le frère et la sœur s'embrassaient affectueusement. Son rêve achevé, mon amie s'éveilla et eut le pressentiment que son frère était mort. Au même instant, minuit sonna. Le lendemain, cette demoiselle apprenait par lettre que son frère avait expiré dans la nuit à minuit précis.

G. P.,
à Arles. [Lettre 450.]

XXXVIII. — En rêve, au mois de juillet 1890, voulant ouvrir une porte de communication de ma chambre avec une autre pièce, je n'y pus parvenir, malgré de vigoureux efforts; on vint alors à mon aide et, par une autre porte, très rapprochée de la première, nous finîmes par repousser l'obstacle : *c'était le corps de mon oncle, étendu à terre, les jambes repliées.*

Je n'ajoutai aucune importance à ce rêve, mais il me revint à la mémoire lorsque j'appris la mort subite de mon parent, survenue à la campagne le 10 juillet 1890.

Je n'ai, malheureusement, pas noté la date de ce rêve, mais je crois pouvoir affirmer qu'il eut lieu dans les premières nuits de la semaine, sinon le 10 même, qui était un jeudi.

J. C.,
à Lyon. [*Lettre* 466.]

XXXIX. — A la fin de 1838, j'étais malade à Carthagène. Dans la nuit de Noël, j'eus un rêve pénible dont j'abrège le récit. J'étais au bourg de Rezè-les-Nantes, regardant venir le convoi d'une jeune fille. Je ne connaissais ni le nom ni la famille de la morte, et pourtant, me sentais envahir par une grande tristesse. Je me mêlai au cortège; dans l'église, je me plaçai au premier rang derrière le cercueil, sans me rendre compte des personnes qui étaient près de moi. J'étais tout en larmes et une voix me disait : « Là est ta meilleure amie ». Dans le cimetière, il y eut un orage épouvantable et une pluie diluvienne. Je m'éveillai, croyant entendre le tonnerre.

A mon retour dans ma famille, j'appris qu'une proche parente, amie d'enfance, âgée, comme moi, de quinze ans, *était morte cette nuit de Noël*.

E. Orieux,
à Nantes, agent voyer en chef honoraire du département. [*Lettre* 468.]

XL. — Mon oncle était capitaine marin. Il revenait en France après une absence de plusieurs mois. Une après-midi de grande chaleur, il était dans sa cabine, voulant noter quelques observations sur son livre de bord. Il s'endormit et rêva qu'il voyait sa mère assise, ayant sur ses genoux un drap maculé de sang, *sur lequel reposait la tête de son frère*. Impressionné péniblement, il se réveilla, et voulut reprendre ses notes, mais il se rendormit et fit encore le même rêve. A son réveil, frappé de ces deux rêves, il l'inscrivit sur son livre de bord, avec la date et l'heure.

Son navire signalé à son arrivée dans le port de Marseille, un ami vint le trouver et lui dit : « Je t'accompagne chez toi ». Mon oncle se rendit à la consigne; pendant ce temps, l'ami avait fait mettre le navire en deuil. Au sortir de la consigne, mon oncle, à cette vue, saisi, s'écria : « Mon frère est mort. — Oui, lui dit son ami, mais comment le sais-tu? » Alors mon oncle raconta son rêve en plein Océan. *Son frère s'était tué* le jour indiqué sur le livre de bord.

J. S.,
à Marseille. [Lettre 476.]

XLI. — Je connais une personne dont l'impression a été très violente après une apparition d'une amie qu'elle aimait beaucoup et dont une dépêche est venue lui annoncer la mort dès le lendemain. Plus tard une lettre lui apprit que la mourante avait prononcé exactement les mêmes mots qu'elle avait entendus dans son rêve.

JEANNE DELAMAIN,
Jarnac (Charente). [Lettre 513.]

XLII. — Il y a quelques mois, j'ai été avertie *en rêve* de la mort d'une de mes connaissances, la nuit même de cette mort, que personne n'attendait. — Le matin je racontai ce rêve à mon amie. En rentrant chez elle, elle trouva une dépêche lui annonçant cette mort survenue dans la nuit.

H. BARDEL,
à Yverdon (Suisse). [Lettre 515.]

XLIII. — En rêve, apparition de ma grand'mère dans la nuit du 8 au 9 juillet 1895. Cette dernière est morte le 9 juillet à huit heures du matin. J'étais à 120 kilomètres de l'endroit où a eu lieu le décès.

ALLIER,
Instituteur à Florac (Lozère). [Lettre 518.]

XLIV. — Dernièrement, étant chez des personnes de connaissance, j'y rencontrai une dame qui vous a vu à Paris. Nous parlions de vous et de vos études nouvelles

et l'une des personnes présentes me dit à ce propos :
« Oh! si vous saviez quel rêve étrange j'ai fait cette nuit!...
Vous vous souvenez de Gabrielle T...? » Je répondis affirmativement. « Eh bien, j'ai rêvé qu'elle était morte et que je la voyais couchée dans son cercueil!.. Ce matin je descendis pour faire une course, et la personne chez qui je vais me dit : « Savez-vous que Mlle T... est morte ? je viens de l'apprendre à l'instant. » Mon rêve de la nuit et cette nouvelle me frappèrent si vivement que je restai saisie et bouleversée de cette bizarre coïncidence, car je ne la connaissais pas particulièrement, je ne la savais pas malade, et je n'avais pas parlé d'elle depuis quelque temps.

Voilà le fait curieux que je viens d'apprendre. Dans le cas où vous le citeriez, je vous serais obligée de ne donner que mes initiales.

J. A.,
à Bourges. [Lettre 534.]

XLV. — J'étais très épris d'une jeune fille honnête et de très bonne famille. Elle tomba malade.

Un soir, vers 9 heures à la turque, j'étais à demi endormi et je me voyais dans une grande salle où tout le monde dansait. Ma bien-aimée était présente, vêtue en blanc, d'une physionomie à la fois pâle et triste. Je m'approche d'elle et lui propose de danser. Elle me refuse avec brusquerie en me disant tout bas : « C'est impossible, on nous voit ».

Je me suis réveillé avec une grande palpitation du cœur et des larmes aux yeux. Quand le matin arriva, je me suis habillé à la hâte et courus vers la demeure de la malade. J'ai rencontré dans la rue le domestique de leur maison qui m'annonça qu'*elle était morte cette même nuit.*

M. T.,
à Constantinople. [Lettre 535.]

XLVI. — Mon père avait un ami d'enfance, le général Charpentier de Cossigny, qui m'avait toujours témoigné beaucoup d'affection. Comme il était atteint d'une maladie nerveuse qui rendait son humeur assez bizarre, nous ne nous étonnions jamais qu'il nous fît quelquefois trois ou quatre visites coup sur coup, puis qu'il restât des mois sans se montrer. En novembre 1892 (il y avait près de trois mois que nous n'avions pas vu le général), comme je souffrais d'une forte migraine, j'étais allé me coucher de bonne heure. J'étais au lit depuis un temps assez long, et je commençais à m'endormir, quand j'entendis mon nom, prononcé d'abord à voix basse, puis un peu plus haut. Je prêtai l'oreille, pensant que c'était mon père qui m'appelait, mais je l'entendis dormir dans la pièce voisine et son souffle était très égal, comme celui de quelqu'un endormi depuis longtemps. Je m'assoupis de nouveau et j'eus un rêve. Je vis l'escalier de la maison que le général habitait (7, cité Vaneau). Il m'apparut lui-même *accoudé à la rampe du palier* du premier étage; puis il descendit, vint à moi et m'embrassa au front. Ses lèvres étaient si froides que le contact me réveilla. Je vis alors distinctement, au milieu de ma chambre, éclairée par le reflet du gaz de la rue, la silhouette haute et fine du général qui s'éloignait. Je ne dormais pas, puisque j'entendis 11 heures sonner au lycée Henri IV et que je comptai les coups. Je ne pus me rendormir, et l'impression froide des lèvres de notre vieil ami me resta au front toute la nuit. Au matin, ma première parole à ma mère fut : « Nous aurons des nouvelles du général de Cossigny, je l'ai vu cette nuit ».

Quelques instants après, mon père trouvait dans son journal la nouvelle de la mort de son vieux camarade, arrivée la veille au soir *à la suite d'une chute dans l'escalier*.

Jean Dreuilhe,
36, rue des Boulangers, Paris. [*Lettre* 543.]

XLVII. — Une nuit, étant endormi chez moi, ici, je vis mon frère qui se trouvait à Alger, agonisant et mourant. L'impression que j'éprouvai fut si vive que je me réveillai subitement. Il devait être environ 4 heures du matin.

Mon frère était souffrant depuis deux ans environ, mais je n'attachai aucune importance à ce rêve, sachant que son état de santé était assez bon, puisqu'il m'avait donné de ses nouvelles quelques jours auparavant.

Dans la matinée, je reçus un télégramme m'annonçant qu'il était décédé le matin à 6 heures.

Je n'ai jamais parlé de cela à qui que ce soit, attribuant ce fait à une pure coïncidence, et je n'en aurais certainement point parlé, s'il ne s'agissait du témoignage de statistique scientifique que vous désirez.

LEHEMBRE,
Interprète du tribunal, à Sousse (Tunisie). [*Lettre* 552.]

XLVIII. — C'était pendant la grande guerre de 1870-1871 ; mon fiancé était soldat dans l'armée du Rhin, — si je ne me trompe, — et depuis des jours et des jours on n'avait pas de ses nouvelles. Dans la nuit du 23 août 1870, j'eus un rêve singulier qui me tourmenta, mais auquel je n'attachai pas grande importance. Je me trouvais dans une chambre d'hôpital, au milieu de laquelle était une espèce de table où mon fiancé était couché. Son bras droit était nu, et on apercevait *une grave blessure près de l'épaule droite* ; deux médecins, une sœur de charité et moi, nous étions auprès de lui. Tout à coup, il me regarde de ses grands yeux et me dit : « M'aimes-tu encore ? » Quelques jours après, j'appris par la mère de mon fiancé, qu'il avait été *blessé mortellement à l'épaule droite* le 18 août près de Gravelotte et qu'il était mort le 23 août 1870. Une sœur de charité qui l'avait soigné nous annonça, la première, sa mort. L'image est encore présente à mon esprit, comme si je l'avais rêvé et vécu hier.

SUZANNE KUBLER,
Institutrice, Heidelberg. [*Lettre* 583].

XLIX. — Dans la nuit du 30 au 31 juillet 1897, je rêvai que je traversais la place des Quinconces où des ouvriers menuisiers travaillaient. L'un d'eux me prit la main gauche et me scia le petit doigt : mon sang coulait en abondance et j'appelais au secours.

A ce moment, je me réveillai dans un état impossible à décrire, je me levai, et ma femme, étonnée, me demanda ce que je faisais. La pendule sonna 3 heures.

Quelques instants après, je me recouchai. Je fis un nouveau rêve dans lequel je voyais *un navire traverser un canal*; au bout de ce canal, une embarcation se détachait du navire et abordait au rivage. Des hommes descendirent, creusèrent un trou, *enfouirent quelque chose*, et après l'avoir recouvert se retirèrent.

En arrivant à mon bureau, je racontai à mes camarades les deux rêves que j'avais faits dans la nuit. Ils en furent très étonnés. L'un deux déclara que lorsqu'on voyait en rêve son sang couler, c'était présage de malheur dans la famille.

J'avais alors mon fils aîné soldat au 11° régiment de marine à Saïgon. Tombé malade, il rentrait en France.

Le 11 août, j'apprenais par le commissaire de police de mon quartier la mort de mon fils. Il était décédé dans le canal de Suez le 31 juillet. Quelque temps après, je recevais un extrait de l'acte de décès d'après lequel mon fils était, en effet, mort le 31 juillet à 3 heures du matin et avait été inhumé à Port-Saïd.

R. Dubos,
Commis principal des Douanes, à Bordeaux. [*Lettre* 587.]

L. — Étant étudiant en médecine et sur le point de terminer mes études, j'étais allé passer dans ma famille les congés de Pâques 1895. Un soir (le jour exact m'échappe), nous nous couchâmes comme à l'ordinaire; le repas avait été très gai et tous mes parents étaient en parfaite santé. Vers 2 heures du matin, je fis un rêve pénible : mon père était mort, je pleurais à chaudes larmes en l'accompagnant au cimetière. Ce cauchemar finit par me réveiller et je pus constater que mon traversin était mouillé de larmes. Ne croyant pas aux songes et n'étant pas encore très initié aux questions de télépathie, je me rendormis paisiblement, en pensant que ce n'était qu'un rêve. A 7 heures du matin, je dormais encore, lorsque ma mère entra dans ma chambre pour me dire d'aller voir mon père tout de suite, car il était paralysé. Je courus vers lui et vis, en effet, qu'il ne pouvait plus remuer le bras et la jambe gauche devenus inertes.

Étant donné que les attaques de paralysie se produisent souvent pendant le sommeil des malades, qui se réveillent hémiplégiques, je soupçonne que l'hémorragie cérébrale de mon père s'est déclarée vers 2 heures du matin, au moment de mon cauchemar!

(Mon père vit encore, mais il est infirme.)

Est-ce là un cas de télépathie? Peut-être! Je vous le livre pour ce qu'il vaut.

Dr DURAND,
à Saint-Pourçain (Allier). [*Lettre* 591.]

LI. — A. Il y a une quinzaine d'années, Mme T. C... donnait à quelques jeunes demoiselles un garden-party dans sa villa située à Dourbali Déré, sur la rive asiatique de la mer de Marmara. On y servit entre autres choses des sandwichs au jambon.

Cinq ou six ans après ce petit festival, l'une des invitées, qu'elle connaissait à peine et dont elle n'avait plus entendu parler, lui apparut en rêve, la priant de lui donner un peu de ce jambon qu'elle avait mangé à son garden-party.

Mme T. C... raconte à son mari le rêve qu'elle a fait, et celui-ci y prête tout juste l'attention que d'ordinaire on accorde aux rêves. Mais quel est l'étonnement de M. C... en arrivant à son bureau d'y trouver le père de la demoiselle que Mme T. C... a vue en rêve, et qui lui apprend que sa fille se meurt de la poitrine et qu'*elle l'envoie vers lui* pour le prier de lui procurer un peu de *cet excellent jambon* qu'elle a goûté au garden-party d'il y a quelques années!

M. C... satisfait au désir de la jeune fille, et en rentrant chez lui raconte à sa femme ce qui s'était passé, et tout est oublié.

Quelques jours plus tard, Mme T. C... revoit en rêve la même jeune fille, qui cette fois lui demande des fleurs de son jardin. A son réveil, Mme T. C... raconte son rêve à son mari en lui disant : « Je suis sûre que mademoiselle une telle est morte ». En effet, le jour même, M. C... reçoit le billet mortuaire : *la jeune fille était morte dans la nuit.*

B. Mme T. C..., à la suite d'un jugement rendu dans un procès en séparation, part pour l'Égypte. Sa fille, âgée de 14 ans, est confiée à un établissement scolaire religieux de cette ville (Constantinople). Le 18 mars 1880, Mme T. C... est assise à son balcon, à Alexandrie. C'était après le coucher du soleil, au moment où il commence à faire sombre. Tout à coup, elle entend comme le bruissement d'une traîne de robe en soie dans le hall derrière elle. Elle se retourne et voit le fantôme d'une jeune fille vêtue de blanc ressemblant à sa fille, qui traverse le hall et disparaît.

Quelques jours après, un ami vient faire visite à Mme T. C... Il est porteur de nouvelles de Constantinople. Cet ami n'a pas fini de prononcer le nom de sa fille que Mme T. C... l'arrête en lui disant : « Ma fille est morte, je le sais ; elle est morte le 18 mars vers 5 heures du soir ». La lettre donnait la date et l'heure du décès ; *c'était précisément celles de l'apparition.*

ALPOURONI,
à Constantinople. [*Lettre* 524.]

LIII. — A. Le 23 mars 1884, dans la nuit, je rêve que mon amie faisait sa partie d'échecs avec le docteur D..., en famille, chez moi ; je m'aperçois qu'elle avait un voile noir très épais et je lui dis : « Tu vas perdre en restant ainsi voilée. — *C'est que je suis morte, regarde!* » Elle soulève son voile de crêpe, et je vois une tête de mort sans dents, les yeux creusés !!!

C'était horrible. Cette amie était chez moi depuis huit jours, âgée de quarante-neuf ans, en *pleine santé* et ne m'avait quittée qu'à l'occasion des vacances de Pâques, pour rentrer à Paris y chercher son fils au collège, puis revenir avec lui finir son petit stage de plaisir en ma maison, et la chambre qu'elle avait occupée était restée telle et l'attendait. Donc, aucune supposition de mort, et pourtant, le matin même après cet affreux rêve que je racontais encore toute émue au docteur, le facteur apporte un télégramme ainsi conçu : « Venez vite, Maria est morte dans la nuit... » et cela était!...

B. De même à la mort de mon père, âgé de soixante-dix-neuf ans. Il nous quitte en bonne santé, et nous nous étonnions même de sa vivacité.... Dans la nuit du 17 octobre 1879, je rêve que l'on a changé le bassin du jardin; l'on y a mis des fleurs et la terre est soulevée; je m'approche, me penche, regarde... jette un cri! car j'aperçois le cercueil de mon fils!.... Une dépêche vient le *matin même* : « Votre père est mort cette nuit.... » Et sa bière est maintenant placée dans le même caveau, sur celle de mon enfant chéri.

Mme H. D.,
rue Du Couédic, Paris. [*Lettre* 599.]

LIV. — Un matin, à 9 heures, mon mari était sorti pour aller vaquer à ses affaires, et moi je me suis rendormie pour quelques minutes. Dans le bref espace de temps qu'a duré mon sommeil, j'ai fait un songe qui m'a vivement impressionnée. J'ai rêvé être sortie en compagnie de mon mari. Il me quitta pendant quelques moments pour entrer dans un passage afin de causer avec quelqu'un, et moi j'étais restée dehors à l'attendre. Quelques instants après, je le vois sortir tout pâle et tenant sa main gauche appuyée sur son cœur. Je lui demande anxieusement ce qu'il avait, il me répond : « Ne t'effraye pas, ce n'est rien. En sortant du passage quelqu'un a tiré sur moi un coup de revolver par accident, je suppose, mais je n'ai qu'une légère blessure à la main. »

Je me suis réveillée en sursaut, et en m'habillant je racontais mon rêve à ma femme de chambre, lorsqu'un violent coup de sonnette me fit tressaillir. Mon mari entra dans ma chambre aussi pâle que je l'avais vu en songe et, tenant sa main gauche enveloppée, me dit : « Ne t'alarme pas, ce n'est rien. En allant à mon bureau avec un ami, quelqu'un m'a tiré un coup de revolver et la balle, en passant dans mon bras, ne m'a fait qu'une légère blessure au poignet. » Était-ce rêve, vision, ou un cas de télépathie ?

Mme KRANSKOFT,
à Constantinople. [Lettre 606.]

LVI. — En 1866, j'étais dans un pensionnat situé dans une petite localité de la Forêt-Noire. Un matin, au moment où le professeur allait commencer sa leçon, un élève se présenta devant lui et lui demanda s'il avait de bonnes nouvelles de son frère (également professeur dans le même pensionnat, et qui était depuis quelque temps en séjour dans sa famille, en Suisse).

Le professeur ayant répondu qu'il n'avait aucune nouvelle, l'élève lui raconta, à haute voix, qu'il avait fait un rêve effrayant la nuit précédente, et que, pendant ce rêve, il avait vu le professeur absent, *étendu sur l'herbe, avec un trou noir au milieu du front.*

Afin de dissiper l'émotion légitime ressentie par tous ceux qui assistaient à ce récit, le maître commença immédiatement la leçon, et il ne fut plus question du rêve de toute la journée.

Le lendemain, ou le surlendemain (ma mémoire est indécise sur le jour précis), le professeur reçut une lettre lui annonçant que son frère était mort par suite d'un accident de chasse : en voulant traverser un fossé, son fusil était parti, et la charge tout entière lui avait pénétré dans la tête.

A. H.,
à Genève. [Lettre 611.]

LVII. — Ma mère habitait Lille et avait en Alsace un oncle qu'elle aimait beaucoup. Cet oncle avait des doigts très

LA TÉLÉPATHIE DANS LES RÊVES

fins et longs : or, un jour que ma mère dormait, elle vit en rêve cette main longue planer lentement au-dessus d'elle, cherchant à saisir un objet quelconque. Le lendemain, ma mère recevait la nouvelle de la mort de l'oncle et, renseignements pris dans l'entourage, le défunt avait, en effet, avant de mourir, fait tous les mouvements vus par ma mère.

A. P.,
rue des Plantes, Paris. [*Lettre* 616.]

LVII. — Il m'est arrivé, bien des fois, de constater une coïncidence frappante entre mes rêves et des événements survenus au même moment.

Je me permets de vous citer, comme exemple, le dernier, celui qui est le plus présent à mon esprit.

Toute une nuit, il m'arriva de rêver d'une religieuse que j'ai eue autrefois comme institutrice.

Je la voyais bien malade, j'en éprouvais de l'angoisse et cherchais, mais en vain, à la soulager.

Le lendemain, j'apprends que les sœurs de l'école communale sont à Mirecourt afin d'assister aux obsèques d'une de leurs collègues.

Encore sous l'impression de mon rêve, je dis aussitôt : « Sœur Saint-Joseph ! »

Et, en effet, c'était bien elle.

Pourtant je n'y avais pas songé les jours précédents, personne ne m'en avait parlé, j'ignorais qu'elle fût malade.

G. COLLIN,
à Vittel. [*Lettre* 631.]

LIX. — C'était le 13 juin 1894. J'habitais à ce moment-là Barbezieux (Charente). Je fis un rêve dans lequel je voyais en toute occasion un employé des postes et télégraphes porteur d'un télégramme. Le lendemain, et malgré mes occupations, la vision de cet employé, papier bleu en main, ne quitta pas ma pensée.

Pendant sept jours et sept nuits consécutives, ce cauchemar me tyrannisa à tel point, que le 20 au matin j'en étais véritablement malade. A midi, ce même jour, mon malaise disparut comme par enchantement et j'en étais tout heureux ; mais à 3 heures après-midi, on m'apporta la nouvelle de la mort de mon père, décédé d'une attaque d'apoplexie à Castillon-sur-Dordogne, à midi, heure à laquelle je m'étais trouvé subitement soulagé.

Je vis alors devant moi l'employé des postes tel que mon imagination me l'avait représenté — et que je n'avais jamais vu.

J'ignorais absolument que mon père fût malade, et nous étions séparés par une distance de cent kilomètres.

ULYSSE LACOSTE,
cours Saint-Louis, 48, à Bordeaux. [*Lettre* 649.]

LX. — Je suis bien portant et de nerfs solides. En 1894, le 20 avril, à 7 h. 1/2, est morte ma mère Olga Nikadlevna Arbousova. Elle avait 58 ans. La veille de sa mort, c'était à Pâques, je suis allé voir des amis qui demeurent à 15 verstes de ma propriété. En général, on reste pour la nuit, mais moi, par je ne sais quel pressentiment, je ne voulus pas rester, et pendant tout le chemin que je fis pour rentrer, je n'étais pas dans mon état habituel. Rentré, je vis ma mère jouer aux cartes avec un monsieur, et je fus tranquillisé. Je me suis couché. Le matin, 20 avril, je me suis réveillé avec un frisson glacé sur tout le corps, d'un rêve terrible, et je regardai l'heure : il était 7 h. 1/2 du matin. J'ai vu ma mère s'approcher de mon lit, m'embrasser et me dire : « *Adieu, je meurs* ». Ces mots m'ont complètement réveillé.

Je n'ai pu me rendormir. Dix minutes après, je vois que tout le monde court dans ma maison. Entre ma femme de chambre qui me dit : « Maître, madame est morte ».

D'après le récit des domestiques, ma mère s'est levée à 7 heures, a été à la chambre à coucher de sa petite-fille pour l'embrasser, puis est rentrée dans sa chambre pour lire des prières matinales; ensuite elle s'est mise à genoux devant des icones, et aussitôt elle est morte d'anévrisme. D'après ce qu'on m'a dit, il était 7 h. 1/2 du matin (juste le moment de ma vision).

ALEXIS ARBONSOFF,
à Pskoff (Russie). [*Lettre* 670.]

LXI. — En 1881, j'avais quitté la France pour aller à Sumatra, où m'appelaient des amis. Je laissai en France ma mère, d'une santé peu robuste, mais non inquiétante, et une sœur de vingt ans, fortement atteinte d'une maladie incurable. La santé de cette dernière exigeait chaque année un voyage aux eaux du Mont-Dore. De même chaque année, je recevais régulièrement la nouvelle de leur départ pour cette station.

Or en 1884, dans la nuit du 3 au 4 août, dans un rêve, je recevais une lettre de ma sœur, m'informant que ma mère était morte subitement dans les Pyrénées.

Je me réveillai, très frappé de ce rêve, et j'en parlai à deux Européens qui habitaient l'un avec moi, l'autre dans mon voisinage. Le souvenir m'en poursuivit sans relâche, c'était une véritable obsession, me faisant désirer et redouter en même temps la réception de la poste pouvant m'apporter des nouvelles correspondant à l'époque de ce rêve. Elle arriva enfin, et je reçus une lettre de ma sœur m'apprenant que le médecin l'avait envoyée à Luchon et que ma mère, atteinte d'un refroidissement, n'avait dû son salut qu'aux soins énergiques du docteur. Celui-ci avait déclaré, dans la soirée du 3 août, que si ma mère vivait encore le lendemain, il pouvait répondre d'elle, mais qu'il attendait le lendemain pour se prononcer.

Ce rêve n'était pas exact dans le dénouement annoncé par lui : la mort de ma mère.

Mais il n'en est pas moins remarquable :

1° Que le rêve signalait un danger concernant ma mère et non ma sœur dont la santé préoccupait mon esprit bien davantage;

2° Que le rêve relatait une station balnéaire différente

de celles où elles allaient ordinairement, ce qui s'est trouvé parfaitement exact;

3° Que si le rêve a induit en erreur quant à la mort elle-même, l'imminence de la mort a parfaitement existé et le rêve a coïncidé avec cette imminence, comme j'ai pu le vérifier par les dates et par les détails que j'ai demandés à ma sœur pour contrôler la coïncidence.

Enfin, n'est-il pas étrange qu'un rêve préoccupe l'esprit à tel point que je l'ai encore présent à la mémoire après quinze ans écoulés? Je vous fais cette relation sans le secours d'aucune note et je pense m'en souvenir toute ma vie, tant l'empreinte en est demeurée pour ainsi dire ineffaçable en moi. Tout le monde convient qu'il n'en est pas de même de tous les rêves. Autant en emporte le vent.

J. BOUCHARD,
Mocara Enim, Palembang (Sumatra). [*Lettre* 678.]

LXII. — Le 16 juin 1870, je dormais profondément quand quelqu'un m'a réveillé en me touchant le dos. J'ouvre les yeux et je vois ma sœur, âgée de quinze ans, assise sur mon lit. « *Adieu Nadia* », me dit-elle. Puis elle disparut.

Le même jour, j'appris qu'elle était morte, à cette même heure où j'ai eu ce réveil et cette vision (5 heures).

H.-N. UBANENKO,
à Moscou. [*Lettre* 822.]

Voilà une série de rêves relatifs à des manifestations de mourants, et devant, nous semble-t-il, être classés dans la même catégorie que les cas de télépathie qui ont fait l'objet du chapitre III. Ils indiquent une action psychique du mourant sur l'esprit du dormeur, ou, dans tous les cas, des courants psychiques entre les êtres; mais j'ai cru ne devoir leur donner qu'une seconde place, parce que l'on est moins sûr de ce que l'on rêve que de ce que l'on voit à l'état normal, et que les rêves étant innombrables et étant souvent dus à des préoccupations, les cas de coïncidences fortuites ne peuvent pas être éliminés par le calcul des probabilités, comme dans les faits observés à l'état éveillé avec la plénitude de la raison.

Il n'en est pas moins vrai qu'un grand nombre de ces rêves doivent être acceptés comme témoignant aussi d'une relation certaine de cause à effet entre l'esprit du mourant et celui du percipient. Quelques-uns sont d'une précision de détails absolument probants, notamment les cas VIII, IX, XI, XVII, XX, XXVI, XLVIII, LVI. Au moment même où je rédige ces pages, le récit suivant vient de m'être apporté par M. Daniel Beylard, architecte, élève distingué de l'École des Beaux-Arts, fils du statuaire bien connu. L'impression télépathique n'a pas été ressentie en rêve, mais dans un état mental qui offre avec le sommeil une certaine analogie, l'état d'enfance assez souvent observé dans l'extrême vieillesse.

LXIII. — Mes deux grands'mères vivent ensemble à Bordeaux depuis de longues années : l'une a quatre-vingts ans ; l'autre, ma grand-mère paternelle, en a quatre-vingt-sept. Cette dernière ne jouit plus, depuis longtemps, de ses facultés intellectuelles : depuis deux ans surtout elle a perdu la mémoire, à ce point qu'elle ne se souvient pas du nom des objets les plus usuels et qu'elle ne nous reconnaît pas.

Le 10 octobre dernier, selon son habitude, ma grand-mère passa la matinée dans sa chambre. La domestique qui la surveille la voyait très occupée à couper du carton et à s'arranger les cheveux : satisfaite de sa tranquillité, elle la laissa faire jusqu'à l'heure du déjeuner. En se mettant à table, on s'aperçut que ma grand'mère avait attaché sur ses cheveux, derrière la tête, à l'aide de fils et d'épingles, une photographie : c'était le portrait, carte album, de son unique neveu, habitant Madrid. On en rit d'abord, et ensuite on voulut la lui enlever : elle s'y opposa, résista, et alla jusqu'à pleurer quand on fit mine d'employer la force : on la laissa donc tranquille.

A quatre heures de l'après-midi de ce même jour, nous recevions un télégramme de Madrid, nous annonçant la mort de ce neveu, décédé le matin même. Cette nouvelle nous surprit d'autant plus que personne à Bordeaux ne le savait malade.

Je dois ajouter que ma grand'mère avait élevé ce neveu jusqu'à l'âge de cinq ans et qu'ils avaient l'un pour l'autre une profonde affection.

Voilà, cher maître, les faits tels qu'ils se sont produits en ma présence, et tels que pourraient vous les certifier ma grand'-mère maternelle, mes parents et la domestique.

Daniel Beylard,
rue Denfert-Rochereau, 77, à Paris [*Lettre* 845.]

J'ai prié le narrateur de ce très intéressant cas de télépathie de demander aux témoins de vouloir bien le certifier et le signer aussi, et ils se sont empressés de le faire.

Quoique ce soient là des témoignages aussi nombreux qu'irrécusables, nous leur en adjoindrons quelques-uns encore. Il faut qu'aucune place ne reste au doute.

Le maréchal Serrano est mort en 1892. Sa femme a écrit la relation suivante d'un curieux incident relatif à cette mort.

LXIV. — Depuis douze longs mois, une maladie bien grave, hélas ! puisqu'elle devait l'emporter, minait la vie de mon mari. Sentant que sa fin approchait à grands pas, son neveu, le général Lopez Dominguez, se rendit auprès du président du conseil des ministres, M. Canovas, pour obtenir qu'à son décès Serrano fût enterré, comme les autres maréchaux, dans une église.

Le roi, alors au Prado, repoussa la demande du général Lopez Dominguez. Il ajouta pourtant qu'il prolongerait son séjour dans le domaine royal, afin que sa présence à Madrid n'empêchât pas que l'on pût rendre au maréchal les honneurs militaires dus au rang et à la haute situation qu'il occupait dans l'armée.

Les souffrances du maréchal augmentaient chaque jour ; il ne pouvait plus se coucher et restait constamment dans un fauteuil. Un matin, à l'aube, mon mari, qu'un état de complet anéantissement, causé par l'usage de la morphine, paralysait entièrement, et qui ne pouvait faire un seul mouvement sans l'aide de plusieurs aides, se leva tout à coup, seul, droit et ferme, et d'une voix plus sonore qu'il ne l'avait jamais eue de sa vie, il cria dans le grand silence de la nuit :

« Vite, qu'un officier d'ordonnance monte à cheval et coure au Prado : le roi est mort ! »

Il retomba épuisé dans son fauteuil. Nous crûmes tous au délire, et nous nous empressâmes de lui donner un calmant.

Il s'assoupit, mais quelques minutes après, de nouveau, il se leva. D'une voix affaiblie, presque sépulcrale, il dit :

« Mon uniforme, mon épée : le roi est mort ! »

Ce fut sa dernière lueur de vie. Après avoir reçu, avec les derniers sacrements, la bénédiction du pape, il expira. Alphonse XII mourut sans ces consolations.

Cette soudaine vision de la mort du roi par un mourant était vraie. Le lendemain, tout Madrid apprit avec stupeur la mort du roi, qui se trouvait presque seul au Prado.

Le corps royal fut transporté à Madrid. Par ce fait, Serrano ne put recevoir l'hommage qui avait été promis.

On sait que, lorsque le roi est au palais de Madrid, les honneurs sont seulement pour lui, même s'il est mort, tant que son corps s'y trouve.

Est-ce le roi lui-même qui apparut à Serrano ? Le Prado est loin ; tout dormait à Madrid ; personne, si ce n'est mon mari, ne savait rien. Comment apprit-il la nouvelle ?

Voilà un sujet de méditation.

Comtesse de SERRANO, duchesse de la TORRE.

M. G. J. Romanes, membre de la Société royale de Londres, a consigné le fait suivant qui lui a été rapporté par un de ses amis :

LXV. — Pendant la nuit du 26 octobre 1872, je me sentis tout à coup mal à l'aise, et j'allai me coucher à 9 heures 1/2, environ une heure plus tôt que d'habitude ; je m'endormis presque aussitôt. J'eus, alors, un rêve très intense, qui me fit une grande impression, si bien que j'en parlai à ma femme à mon réveil ; je craignais qu'il m'annonçât un malheur.

Je m'imaginai que j'étais assis dans le salon près d'une table, en train de lire, quand une vieille dame parut tout à coup, assise de l'autre côté, tout près de la table. Elle ne parla, ni ne remua, mais me regarda fixement, et je la regardai de même pendant vingt minutes au moins. Je fus très frappé de son aspect ; elle avait des cheveux blancs, des sourcils très noirs et un regard pénétrant. Je ne la reconnus pas du tout, et je pensai que c'était une étrangère. Mon attention fut attirée du côté de la porte, qui s'ouvrit, et, toujours dans mon rêve, ma tante entra. En voyant cette vieille dame, elle s'écria fort surprise, et sur un ton de reproche : « John, ne sais-tu donc pas qui c'est ? » et sans me laisser le temps de répondre, ajouta : « C'est ta grand'mère. »

Là-dessus l'esprit qui était venu me visiter se leva de

sa chaise et disparut. A ce moment-là je m'éveillai. L'impression fut telle que je pris mon carnet et notai ce rêve étrange, persuadé que c'était un présage de mauvaises nouvelles. Cependant quelques jours se passèrent sans en apporter. Un soir, je reçus une lettre de mon père, m'annonçant la mort subite de ma grand'mère, qui a eu lieu *la nuit même de mon rêve* et à la même heure, 10 heures 1/2[1].

Le Dr Oscar Giacchi a publié les trois cas suivants dans les *Annales des sciences psychiques* (1893, p. 302).

LXVI. — 1er Cas (personnel). En 1853, j'étais étudiant à Pise, j'avais dix-huit ans, tout me souriait alors, et je n'étais troublé par aucun souci de l'avenir.

Une nuit, le 19 avril (je ne peux pas préciser si c'était dans un rêve ou dans un demi-sommeil), je vis mon père étendu sur son lit, pâle, livide, et qui me dit d'une voix à demi éteinte : « Mon fils, donne-moi le dernier baiser, car je vais bientôt te quitter pour toujours » ; et je sentis le froid contact de ses lèvres sur ma bouche, et je me rappelle si bien ce triste épisode que je pourrais répéter avec le divin poète : « *che la memoria il sangue ancor mi scipa* ».

Depuis quelques jours j'en avais reçu d'excellentes nouvelles et, pour cette raison, je n'attachai pas d'importance à ce fantôme de mon esprit ; mais un tourment terrible s'empara de mon âme et grandit avec tant de persistance que le matin suivant, résistant au raisonnement et aux prières de mes amis, je pris la route de Florence, abattu comme un condamné que l'on conduit au supplice. Mes angoisses étaient fondées, car à peine avais-je franchi le seuil de la maison que ma mère, courant à ma rencontre, m'annonça, désespérée, au milieu

1. *Hallucinations télépathiques*, p. 329.

de ses baisers et de ses larmes, que la nuit précédente, à *l'heure même de ma vision*, mon père nous avait été ravi par une subite maladie de cœur.

2° Cas (dans ma clientèle). — J'ai ici, dans ma maison d'aliénés, depuis plus de trois ans, une vieille femme affectée de délire sénile qui lui laisse pourtant de longues périodes de calme, durant lesquelles elle est intelligente et tranquille, de manière à laisser croire à ses assertions. C'est une pauvre veuve qui, lorsqu'elle était en liberté, était généreusement secourue par le curé de Saint-Jean de Racconigi, qui avait pitié de sa misère. Dans la nuit du 17 novembre 1892, cette femme qui, généralement, — elle était alors sans agitation, — dort d'un sommeil ininterrompu, à minuit commença à hurler, à se désespérer et à alarmer le dortoir entier, sans en excepter les sœurs de la section des tranquilles, en assurant à ces religieuses, qui voulaient la calmer, qu'elle avait vu le prieur tomber par terre, jeter une écume sanglante par la bouche et mourir en peu d'instants. Le rapport du médecin de tournée mentionnait cet épisode de la nuit tandis qu'en même temps se répandait dans le pays la douloureuse nouvelle que le curé de Saint-Jean était vraiment mort d'apoplexie foudroyante, *à l'heure même* où la vieille femme avait eu son cauchemar.

3° Cas (*idem*). — Un nommé G. C..., de Gottasecca, commune de Monesillio, avait été reçu depuis deux mois dans une maison de santé. Son état s'était amélioré et tout faisait espérer la guérison avec cette promptitude qui se vérifie dans les maladies mentales sans éléments héréditaires ni marche dégénérative. La santé physique était parfaite, bien qu'il eût des signes d'athérome vasculaire. Mais, dans la nuit du 14 septembre 1892, il fut frappé d'une hémorragie cérébrale qui l'enleva le lendemain. Le 16, je reçus de sa femme, qui jusqu'alors avait gardé le silence, une carte postale par laquelle elle me demandait, par des phrases anxieuses, des nouvelles de son mari, me priant de lui répondre tout de suite parce qu'elle craignait un malheur.

Une telle coïncidence de faits et de date ne pouvait passer inobservée ni me laisser indifférent. J'écrivis donc aussitôt à l'éminent Dr Dhiavarino, médecin soignant cette famille, en le priant de rechercher la raison qui avait poussé cette femme à m'écrire d'une manière si alarmante. Le docteur me répondit qu'il avait fait les recherches nécessaires et avait recueilli les détails suivants : « Dans la nuit du 14, et *précisément à l'heure* à laquelle C... fut frappé d'apoplexie, sa femme (qui est douée d'un tempérament éminemment nerveux et était alors enceinte de 7 mois), après avoir éprouvé un malaise moral pendant toute la soirée, se réveilla en sursaut, désespérée du sort de son mari ; et telle fut l'émotion qu'elle en éprouva qu'elle fut obligée de réveiller son père pour lui raconter le triste pressentiment et le conjurer de l'accompagner aussitôt à Racconigi, persuadée que quelque malheur était arrivé. »

Ces trois cas me semblent dignes d'être pris en considération. Les attribuer uniquement à une coïncidence fortuite me paraîtrait d'un scepticisme méprisable, et ce serait même, selon moi, un faux orgueil de persister à nier qu'ils puissent être l'effet d'une loi biologique, par la raison que nous ignorons cette loi, comme malheureusement nous ignorons tant d'autres mystères de la psychologie.

L'hypothèse d'une transmission mystérieuse du cerveau de celui qui souffre, ou se trouve en grand danger, à celui de la personne aimée est séduisante, car dans un moment de péril suprême ou d'affreux malheur, la pensée pourrait faire un effort assez puissant pour vaincre les distances ; mais dans mon 2e cas et dans le 3e, cette théorie ne peut être admise, par la raison que ni le prieur de Saint-Jean, ni G. C., frappés comme ils le furent tout à coup par l'apoplexie, ne purent avoir la force de penser à leurs chers absents, et certainement la vieille femme ne pouvait être aimée à ce point par son curé que ce fût vers elle que se tournât la suprême invocation du mourant.

Je signalerai encore ici, à propos de ce genre de rêves, un cas bien remarquable, observé par M. Frédéric Wingfield, à Belle-Isle-en-Terre (Côtes-du-Nord), déjà publié dans *les Hallucinations télépathiques* (p. 101) :

LXIX. — Ce que je vais écrire est le compte rendu précis de ce qui s'est passé, et je dois faire remarquer, à ce propos, que je suis on ne peut moins disposé à croire au merveilleux et que, bien au contraire, j'ai été accusé, à juste titre, d'un scepticisme exagéré à l'égard des choses que je ne puis expliquer.

Dans la nuit du jeudi 25 mars 1880, j'allai me coucher après avoir lu assez tard, comme c'était mon habitude. Je rêvai que j'étais étendu sur mon sofa et que je lisais, lorsque levant mes yeux, je vis distinctement mon frère, Richard Wingfield-Baker, *assis sur une chaise devant moi*. Je rêvai que je lui parlais, mais qu'il inclinait simplement la tête, en guise de réponse, puis se levait et quittait la chambre. Lorsque je me réveillai, je constatai que j'étais debout, un pied posé par terre près de mon lit et l'autre sur mon lit, et que j'essayais de parler et de prononcer le nom de mon frère. L'impression qu'il était réellement présent était si forte, et toute la scène que j'avais rêvée était si vivante, que je quittai la chambre à coucher pour chercher mon frère dans le salon. J'examinai la chaise où je l'avais vu assis, je revins à mon lit et j'essayai de m'endormir, parce que j'espérais que l'apparition se produirait de nouveau, mais j'avais l'esprit trop excité. Je dois cependant m'être endormi le matin. Lorsque je me réveillai, l'impression de mon rêve était aussi vive, et je dois ajouter qu'elle est toujours restée ainsi dans mon esprit. Le sentiment que j'avais d'un malheur imminent était si fort que je notai cette « apparition » dans mon journal de chaque jour, en l'annotant ainsi : « Que Dieu l'empêche ! »

Trois jours après, je reçus la nouvelle que mon frère, Richard Wingfield-Baker, était mort le jeudi soir, 25 mars 1880, à 8 heures 1/2, des suites de blessures terribles qu'il s'était faites dans une chute en chassant.

M. Wingfield a envoyé avec cette lettre son carnet dans lequel, parmi bon nombre de notes d'affaires, on lit cette mention : « Apparition, nuit du jeudi 25 mars 1880. R. B. W. B. Que Dieu l'empêche! »

La lettre suivante était jointe à cette note :

Coat-an-nos, 2 février 1884.

Mon cher ami, je n'ai aucun effort de mémoire à faire pour me rappeler le fait dont vous parlez, car j'en ai conservé un souvenir très net et très précis. Je me souviens parfaitement que le dimanche 4 avril 1880, étant arrivé de Paris le matin même pour passer ici quelques jours, j'ai été déjeuner avec vous. Je me souviens aussi parfaitement que je vous ai trouvé fort ému de la douloureuse nouvelle qui vous était parvenue de la mort de l'un de vos frères. Je me rappelle aussi, comme si le fait s'était passé hier, tant j'en ai été frappé, que quelques jours avant d'apprendre la triste nouvelle, vous aviez un soir, étant déjà couché, vu ou cru voir, mais en tout cas très distinctement, votre frère, celui dont vous veniez d'apprendre la mort subite, tout près de votre lit et que, dans la conviction où vous étiez que c'était bien lui, vous vous étiez levé et lui aviez adressé la parole, et qu'à ce moment vous aviez cessé de le voir comme s'il s'était évanoui ainsi qu'un spectre. Je me souviens que sous l'impression bien naturelle qui avait été la suite de cet événement, vous l'aviez inscrit dans un petit carnet où vous avez l'habitude de noter les faits saillants de votre très paisible existence et que vous m'avez fait voir ce carnet.

J'ai été d'autant moins surpris de ce que vous me disiez alors, et j'en ai conservé un souvenir d'autant plus net et précis, comme je vous le disais en commençant, que j'ai dans ma famille des faits similaires auxquels je crois absolument.

Des faits semblables arrivent, croyez-le bien, bien plus souvent qu'on ne le croit généralement. Seulement, on ne veut pas toujours les dire, parce que l'on se méfie de soi ou des autres.

Au revoir, cher ami ; à bientôt, je l'espère, et croyez bien à l'expression des plus sincères sentiments de
Votre tout dévoué,
FAUCIGNY, prince de LUCINGE.

M. Wingfield ajoute en réponse aux questions :

Je n'ai jamais eu d'autre rêve effrayant de la même espèce, ni d'autre rêve d'où je me sois réveillé avec une pareille impression de réalité et d'inquiétude, et dont l'effet ait duré longtemps après mon réveil ; je n'ai jamais eu d'hallucinations.

Il faut remarquer que ce rêve n'a eu lieu que *plusieurs heures après la mort*.

Les documents de ce genre sont si nombreux que le difficile est de s'arrêter. Nous ne pouvons pourtant nous empêcher de signaler encore un rêve non moins remarquable, qui a été publié récemment, avec tous les documents susceptibles d'en garantir l'absolue véracité, dans l'excellente revue spéciale les *Annales des Sciences psychiques*, de M. le docteur Dariex :

LXX. — Dans les premiers jours de novembre 1869, je partis de Perpignan, ma ville natale, pour aller continuer mes études de pharmacie à Montpellier. Ma famille se composait, à cette époque, de ma mère et de mes quatre sœurs. Je la laissai très heureuse et en parfaite santé.

Le 22 du même mois, ma sœur Hélène, une superbe fille de dix-huit ans, la plus jeune et ma préférée, réunissait à la maison maternelle quelques-unes de ses jeunes amies. Vers trois heures de l'après-dîner, elles se dirigèrent, en compagnie de ma mère, vers la promenade des Platanes. Le temps était très beau. Au bout d'une demi-heure, ma sœur fut prise d'un malaise subit : « Mère, dit-elle, je sens un frisson étrange courir par tout mon corps ; j'ai froid, et ma gorge me fait grand mal. Rentrons. »

Douze heures après, ma bien-aimée sœur expirait dans les bras de ma mère, asphyxiée, terrassée par une angine couenneuse que deux docteurs furent impuissants à dompter.

Ma famille, — j'étais le seul homme pour la représenter aux obsèques, — m'envoya télégramme sur télégramme à Montpellier. Par une terrible fatalité, que je déplore encore aujourd'hui, aucun ne me fut remis à temps.

Or, dans la nuit du 23 au 24, dix-huit heures après la mort de la pauvre enfant, je fus en proie à une épouvantable hallucination.

J'étais rentré chez moi à deux heures du matin, l'esprit libre et encore tout plein du bonheur que j'avais éprouvé dans les journées des 22 et 23, consacrées à une partie de plaisir. Je me mis au lit très gai. Cinq minutes après, j'étais endormi.

Sur les quatre heures du matin, je vis apparaître devant moi la figure de ma sœur, *pâle, sanglante, inanimée*, et un cri perçant, répété, plaintif, venait frapper mon oreille : « *Que fais-tu, mon Louis ? mais viens donc, mais viens donc !* »

Dans mon sommeil nerveux et agité, je pris une voiture ; mais hélas ! malgré des efforts surhumains, je ne pouvais pas la faire avancer.

Et je voyais toujours ma sœur pâle, sanglante, inanimée, et le même cri perçant, répété, plaintif, venait frapper mon oreille : « *Que fais-tu, mon Louis ? mais viens donc, mais viens donc !* »

Je me réveillai brusquement, la face congestionnée, la tête en feu, la gorge sèche, la respiration courte et saccadée, tandis que mon corps ruisselait de sueur.

Je bondis hors de mon lit, cherchant à me ressaisir.... Une heure après, je me remis au lit; mais je ne pus retrouver le repos.

A onze heures du matin, j'arrivai à la pension, en proie à une insurmontable tristesse. Questionné par mes camarades, je leur racontai le fait brutal tel que je l'avais ressenti. Il me valut quelques railleries. A deux heures, je me rendis à la Faculté, espérant trouver dans l'étude quelque repos.

En sortant du cours, à quatre heures, je vis une femme en grand deuil s'avancer vers moi. A deux pas de moi, elle souleva son voile. Je reconnus ma sœur aînée qui, inquiète sur moi, venait, malgré son extrême douleur, demander ce que j'étais devenu.

Elle me fit part du fatal événement que rien ne pouvait me faire prévoir, puisque j'avais reçu des nouvelles excellentes de ma famille le 22 novembre au matin.

Tel est le récit que je vous livre, sur l'honneur, absolument vrai. Je n'exprime aucune opinion, je me borne à raconter.

Vingt ans se sont écoulés depuis lors, l'impression est toujours aussi profonde — maintenant surtout — et si les traits de mon Hélène ne m'apparaissent pas avec la même netteté, j'entends toujours ce même appel plaintif, multiplié, désespéré : « Que fais-tu donc, mon Louis? Mais viens donc, mais viens donc! »

Louis Noell,
Pharmacien, à Cette.

Ce récit est accompagné de documents destinés à en confirmer l'authenticité. Nous citerons de ces documents la lettre suivante de la sœur de l'observateur :

Mon frère m'a priée, sur votre demande, de vous envoyer le récit de l'entrevue que j'eus avec lui, à Montpellier, après la mort de notre sœur Hélène. Selon votre désir et le sien, je viens, malgré l'amertume de souvenirs aussi douloureux, vous apporter mon témoignage.

En voyant dans la rue mon frère, qui fut le premier à me reconnaître, malgré mes vêtements de deuil, je compris qu'il ignorait encore la mort d'Hélène. « Quel malheur nous frappe encore? » s'écria-t-il. Apprenant de ma bouche la mort d'Hélène, il me serra les bras avec une telle violence que je faillis tomber à la renverse. Rentrée à la maison, j'eus à supporter une scène terrible. Fou de colère, mon frère, très nerveux, très ardent, mais très bon aussi, me maltraita presque. « Quelle fatalité, s'écriait-il, quel malheur! Oh! les dépêches, pourquoi ne les ai-je donc pas reçues? » Et il frappait violemment la table avec les deux mains.... Coup sur coup il avala trois grandes carafes d'eau. Un moment, je le crus fou, tellement son regard était égaré....

Quand il eut repris ses esprits, quelques heures après, il dit : « Oh! j'en étais sûr, un grand malheur devait fondre sur moi. » Il me raconta alors l'hallucination qu'il avait éprouvée dans la nuit du 23 au 24.

Thérèse Noell.

Ce rêve, comme le précédent, a été éprouvé *après* la mort du sujet qui paraît l'avoir déterminé. Nous n'analyserons pas ici les causes immédiates de ces sensations, car plus tard nous aurons à distinguer les manifestations de *morts* de celles des mourants, des vivants; mais ce que nous devons retenir, c'est le rêve lui-même, quelle que soit la nature de l'action psychique. Plusieurs explications pourront être proposées. L'esprit de l'auteur s'est-il transporté vers sa sœur et n'a-t-il trouvé qu'une morte?

Sa sœur, au contraire, l'a-t-elle cherché avant de mourir, et cet appel aurait-il mis dix-huit heures à amener la sensation? N'y a-t-il pas eu simplement un courant psychique de nature inconnue entre le frère et la sœur? Autant de questions à étudier. Nous entrons dans un nouveau monde qui n'est pas près d'être exploré.

Mais déjà, en lisant ces rêves, on s'aperçoit, on sent, que la force en action ne va pas toujours du mourant au percipient, mais plutôt parfois du rêveur au mourant, ressemblant à une vue à distance.

Les cas n°s VIII (grand'mère emmenant ses enfants à travers un pré), XI (frère mourant à Saint-Pétersbourg, avec ses enfants à genoux près du lit), XII (long convoi mortuaire), XV (mort d'un chien), XVII (enfant mourant sur un édredon rouge), XX (cinq cercueils), XXI (mort de Carnot), XXXIX (vue du convoi d'une jeune fille, de Carthagène à Nantes), XLVI (le général de Cossigny tombant dans un escalier), XLVIII (blessure à l'épaule droite), LV (coup de revolver reçu dans la main), LVI (élève voyant le frère d'un professeur tué d'une charge de plomb dans la tête), LXIV (le maréchal Serrano annonçant la mort du roi), LXVII (vieille femme voyant la mort de son curé), etc., donnent cette impression. Il semble qu'ici l'esprit du dormeur ait vraiment *vu, perçu, senti* des choses se passant au loin.

Cette constatation de *la vue à distance, en rêve*, fera l'objet de notre prochain chapitre.

Mais nous tenons comme autant de documents absolument démonstratifs les 70 cas qui viennent d'être rapportés et qui confirment, sous un autre aspect, les 186 manifestations de mourants exposées plus haut. Pour nous, *ces phénomènes psychiques sont certains et incontestables*. Ils doivent désormais constituer une nouvelle branche de la Science.

VIII

LA VUE A DISTANCE, EN RÊVE,
DES FAITS ACTUELS

Il semble, en effet, d'après les exemples qui viennent déjà d'être rapportés, que dans certains cas on voie vraiment ce qui se passe à distance. Nous continuerons ici cet examen par d'autres cas spéciaux, observés et relatés avec un grand soin, sans revenir sur les manifestations de mourants que nous tenons désormais pour absolument démontrées.

De plus, dans ces exemples de vue à distance en rêve, nous ne nous occuperons que de la vue d'événements présents, actuels, réservant, dans notre classification méthodique, la divination de l'avenir pour le chapitre suivant, qui sera le dernier de ce volume. Nous remettrons aussi à plus tard la vue à distance à l'état éveillé, de même que l'analyse des *pressentiments*. Ces distinctions sont absolument indispensables pour nous reconnaître dans ces recherches, pour nous aider à n'accepter, à n'admettre que ce qui est suffisamment constaté, et ensuite pour nous conduire aux explications, s'il est possible.

Ces questions sont depuis bien des années l'objet de mes études. J'ai publié le rêve suivant dans *le Voltaire* du 18 février 1889 ; il m'avait été communiqué par mon ami P. Conil, notre sympathique confrère de la presse parisienne.

I. — En 1844, je faisais ma septième au lycée Saint-Louis. A cette époque, un de mes oncles, Joseph Conil, juge d'instruction à l'île Bourbon (aujourd'hui île de la Réunion), était venu à Paris pour consulter les célébrités médicales d'alors au sujet d'une grosseur qui, s'étant d'abord montrée sur le cou, derrière l'oreille, avait peu à peu envahi toute la joue et gagné la tête.

Il aurait voulu qu'on l'opérât ; mais Velpeau s'y était opposé et avait dit à mon père : « Sans opération, il peut vivre un an ou quinze mois. Si on l'opère, il mourra entre les mains des chirurgiens. »

Ce diagnostic fut toujours ignoré de mon pauvre cher oncle. On inventait chaque jour de nouveaux prétextes pour retarder l'opération.

Un dimanche de sortie, je le trouvai plus affectueux que jamais, et quand je le quittai, il me dit :

« Embrasse-moi ; je ne te reverrai plus. »

Je protestai, bien entendu, contre ces paroles ; je l'embrassai affectueusement, car je l'aimais beaucoup, et rentrai au collège où je repris mon travail et mes jeux.

Dans la nuit du jeudi au vendredi de cette même semaine, je dormais profondément, lorsqu'un rêve me transporta à Courbevoie (mon père et ma belle-mère y passaient l'été et y avaient amené mon oncle).

Dans la grande chambre du premier, donnant sur le jardin, couché dans son lit aux rideaux rouges, mon oncle était entouré de mon père, de ma belle-mère ; près du lit, assise et priant, une vieille bonne bretonne, Louise, qui depuis bien des années était notre à service.

Mon oncle parlait tour à tour aux personnes présentes.

A mon père, à ma belle-mère, il adressait quelques recommandations touchant ma sœur et moi, et j'entendais très distinctement ses paroles; je pourrais les répéter, car cette vision m'a fait une telle impression qu'elle est encore présente à mon esprit et à mon souvenir comme si elle datait d'hier, mais elle ne saurait présenter le moindre intérêt pour vos lecteurs.

A Louise, il donna sa bourse. « Prenez, lui disait-il, vous m'avez soigné comme une sœur de charité. »

Et j'entends encore les sanglots de cette fille dévouée.

Un silence se fit, que Louise rompit.

« Monsieur Joseph, il y a bien trois mois que vous n'avez pu ouvrir votre œil droit. Tenez, j'ai là une médaille de la vierge d'Auray, mettez-la sur votre œil, et il s'ouvrira. »

Mon oncle sourit, prit la médaille, la plaça sur ses paupières qui, presque aussitôt s'ouvrirent et demeurèrent ouvertes quelques minutes.

Mon oncle était fort croyant : « Je ne passerai pas la nuit, je le sens. Louise, allez me chercher un prêtre. »

Louise partit.

Mon père et ma belle-mère prirent les mains du malade, qui continua à s'entretenir avec eux, sans que je perdisse une seule des paroles échangées

Le prêtre arriva. On le laissa seul avec le cher moribond. J'assistai à la confession, mais *je n'en entendis pas un seul mot.*

Le prêtre sortit. Mes parents et Louise rentrèrent. Bientôt l'agonie commença, et j'en *vis* tous les détails navrants....

Mon bien-aimé oncle poussa un long soupir.

Il était mort....

Quand je m'éveillai, l'horloge du collège sonnait deux heures du matin. J'avais les yeux pleins de larmes.

« Il faut, me dis-je, prendre le contraire des rêves. J'ai rêvé que mon oncle était mort, c'est qu'il va bien. »

Le dimanche matin, un vieil ami de ma famille, M. Vigneau, père d'Henri Vigneau, l'auteur d'*Orfa*, vint me chercher et m'apprit la triste nouvelle. Arrivé à Courbevoie, mon père me transmit les dernières recommandations de mon oncle... et ces recommandations étaient les mêmes que celles que j'avais *entendues*. Très frappé, je pris la parole et je dis à mon père : « Mon oncle n'a-t-il pas dit ça et ça?

— Oui.

— Ses derniers moments ne se sont-ils pas ainsi passés? »

Et je racontai *tout* ce que j'avais *vu* et *entendu*.

Tout était d'une exactitude absolue.

« Mais comment sais-tu cela? interrogea mon père.

— Papa, je l'ai rêvé. Mais, dis-moi, à quelle heure mon oncle est-il mort?

— A deux heures précises.

— C'est bien cela, répliquai-je, c'est l'heure à laquelle je me suis réveillé! »

La cérébration inconsciente n'explique pas plus ces sortes de rêves que ceux du chapitre précédent.

Il semble bien là que l'esprit de l'auteur se soit transporté, ait vu à distance, ce qui se passait dans la chambre de son oncle mourant. Dans un autre rêve, M. Conil a vu le Havre avant d'y être allé et en a parfaitement *reconnu* les quais et les rues lorsqu'il les a visités pour la première fois.

Voici quelques autres exemples du même ordre, extraits du dossier de mon enquête :

II. — 1° Plusieurs fois dans ma vie de trente-huit ans de sacerdoce, j'ai été poussé instinctivement vers le lit de mourants que je ne savais pas malades. Si je ne craignais pas, vu le grand nombre de lettres que vous devez recevoir, de vous fatiguer, je vous les raconterais. Un seulement.

Une nuit, à une heure du matin, je me réveille brusquement, voyant dans son lit un de mes paroissiens mourant qui m'appelait à grands cris. En cinq minutes je fus habillé, et, une petite lanterne à la main, je courus vers la maison du malade. En route je rencontre un émissaire qui venait à grande course me chercher.

J'arrive auprès du moribond qui avait perdu connaissance sous l'atteinte d'une attaque d'apoplexie. J'eus juste le temps de réciter la formule de l'absolution, puis il mourut.

Or, cet homme très fort, très robuste, s'était couché à neuf heures du soir dans les meilleures conditions.

BOUIN,
Chanoine honoraire, curé de Couze (Dordogne). [*Lettre* 4.]

III. — J'avais de très bons amis, fermiers à Chevennes ; je ne les avais pas vus depuis quelque temps. Une nuit, j'eus un cauchemar affreux : je voyais le feu à leur ferme, je faisais des efforts surhumains pour courir appeler au secours et restais impuissant, aucune voix ne sortait de ma gorge, mes pieds restaient attachés au sol ; je vis ainsi le feu se communiquer à plusieurs bâtiments ; enfin, au moment d'un écroulement général, je fis un effort violent pour me dégager des décombres, et je m'éveillai, la gorge sèche, tout courbaturé. Je sautai hors du lit. A ce moment ma femme s'éveilla. Je lui racontai mon rêve. Elle rit beaucoup de me voir aussi tremblant.

Le lendemain, dans la journée, je recevais un exprès m'annonçant qu'une partie de la ferme avait été détruite par un incendie.

GEORGES PARENT,
Maire, à Wiège-Faty (Aisne). [*Lettre* 20.]

IV. — Mon père Palmero, ingénieur colonial des ponts et chaussées, natif de Toulon, après avoir passé vingt ans à la Réunion, où il s'était marié et avait eu cinq enfants, prit sa retraite et vint se fixer à Toulon, en 1867.

Ma mère, qui était née à la Réunion, d'une des plus nobles familles, ne quitta pas son pays sans un serrement de cœur, d'autant qu'elle laissait son père et sa mère dans une situation que des revers de fortune avaient grandement amoindrie.

Les premières années passées en France, où tout lui était inconnu, furent si pénibles pour elle que mon père, dont la bonté était sans égale, prit la secrète résolution de faire venir ses beaux-parents auprès de nous.

Il se garda bien de s'en ouvrir à sa femme qui, malgré son grand amour pour son père et sa mère, se serait opposée à une détermination aussi coûteuse et dont les suites pouvaient être si préjudiciables aux intérêts d'une famille de sept personnes vivant sur la retraite de mon père.

Ma mère ignorait donc, et pour plusieurs raisons, la démarche faite par mon père, et, l'eût-elle sue, qu'elle n'y aurait pas cru. Mon grand'-père et ma grand'mère, d'un âge très avancé, vivaient à la Réunion, au milieu d'autres enfants, entourés de soins et des mille satisfactions que procure une existence honnête et tranquille.

Rien ne faisait donc prévoir qu'ils accepteraient, comme ils le firent, la proposition de leur gendre.

Quittant tout, vendant les quelques meubles qu'ils avaient, poussés par cette force inconnue qui a nom destinée, ils prirent, ces deux vieillards, le premier paquebot pour la France, sans écrire (leur lettre serait arrivée après eux), sans télégraphier (aucune communication entre Bourbon et la métropole à cette époque).

On était donc sans nouvelle, lorsqu'une nuit du mois de mai 1872, ma mère se réveillant en sursaut dit à mon père : « Mon ami, mes enfants, levez-vous, je viens de voir passer papa et maman là, devant Toulon, en bateau ; habillez-vous, nous n'avons que le temps de leur préparer leur chambre. »

Mon père, qui ne croyait pas avoir été aussi persuasif dans sa lettre et ne pouvait pas supposer qu'un paquebot avait quitté la Réunion quelques jours après l'arrivée de cette lettre, se mit à rire et conseilla à ma mère de se recoucher et de laisser les enfants dormir.

La première émotion passée, ma mère se rendit à ce

conseil et se recoucha, non sans répéter qu'elle était sûre d'avoir vu passer *en bateau son père et sa mère devant le port de Toulon.*

Le lendemain, nous recevions un télégramme de Marseille nous annonçant l'arrivée de grand-père et grand'mère, par paquebot des Messageries maritimes.

Lorsque ma mère raconta à son père la vision de la nuit précédente, ils nous dirent que fatigués par le voyage et sur le point de revoir leur fille tant aimée, ils ne dormaient pas à cette heure-là et que dans un élan de leur cœur, leurs yeux avaient sondé l'obscurité, leurs mains s'étaient jointes, et quelques tours de roues les séparant à peine du but, ils s'étaient dit : « C'est là qu'est notre fille, nous allons la voir et l'embrasser dans quelques heures. » On était en vue de Toulon.

Ma grand'mère habite avec moi, elle est fort âgée; lorsque je lui rappelle son arrivée en France, ses yeux brillent, et je comprends que son fluide ait traversé la distance pour venir toucher le cerveau de celle qui lui avait fait tout quitter, à un âge où le moindre déplacement effraye et désoriente.

PALMERO,
Agent des Postes et Télégraphes, à Marseille. [*Lettre* 24.]

V. — Mon père, étant en pension à 60 kilomètres environ de chez lui, fut réveillé une nuit en sursaut par cette idée douloureuse autant que soudaine que sa mère se mourait. (Était-ce un rêve?) Il ne put se rendormir jusqu'au jour, saisi d'une grande frayeur, et dès le réveil alla solliciter du maître de pension l'autorisation de retourner chez lui. On la lui refusa. Une lettre de son père lui apprit que cette même nuit et *à la même heure* sa mère, que l'on croyait perdue, avait reçu les sacrements et avait parlé de lui à plusieurs reprises. Mais après avoir approché de si près la mort, elle vécut encore longtemps.

BERNARD VANDENHOUGEN,
à Mantes. [*Lettre* 31.]

VI. — Il y a quelques années, j'habitais une propriété située à quelques kilomètres de Papeete, chef-lieu de nos établissements français en Océanie. J'avais dû me rendre à une séance de nuit du Conseil général et vers minuit, quittant la ville, seul dans une petite charrette anglaise, je fus assailli par un orage épouvantable.

Mes lanternes s'éteignirent, la route que je suivais, bordée par la mer, était absolument noire, mon cheval prit peur et s'emballa. Tout d'un coup je ressentis un choc violent : ma voiture venait de se briser contre un arbre.

Les deux roues étaient restées avec leur moyeu au lieu de l'accident, et moi, projeté entre le cheval et le caisson à moitié broyé, j'étais entraîné par l'animal affolé dans une course au cours de laquelle j'aurais dû cent fois me tuer.

Cependant, n'ayant pas perdu mon sang-froid, je parvins à calmer mon cheval et à descendre de l'épave sur laquelle je me trouvais. J'appelai au secours pour la forme, me trouvant en pays absolument désert.

Tout à coup, j'aperçois une lumière paraissant se diriger vers moi, et quelques instants après, ma femme arrive, ayant parcouru une distance d'environ 2 kilomètres pour venir directement sur le théâtre de l'accident.

Elle me raconta qu'étant endormie elle s'était éveillée subitement, *voyant très nettement que j'étais en danger de mort*, et, sans hésiter, elle avait allumé une lanterne, et sous la pluie torrentielle était accourue à mon secours.

Il m'était arrivé bien souvent de revenir de la ville en pleine nuit, mais jamais ma femme n'avait éprouvé la moindre inquiétude à mon sujet. Cette nuit-là, elle a vu réellement ce qui m'arrivait, et n'a pu résister à l'impérieux besoin de se porter à ma rencontre.

Quant à moi, je n'ai aucune souvenance d'avoir dirigé un ardent appel mental de son côté, et j'ai été, je l'avoue, complètement sidéré quand, à plus de cent mètres de moi, dans la nuit, j'ai entendu une voix me crier :

« Je sais que tu es blessé, mais me voilà. »

JULES TEXIER,
à Chatellerault. [*Lettre* 50.]

VII. — J'habitais à Cette, avec ma femme, ma belle-mère et mes deux filles, une villa sur le versant de la montagne. J'allais tous les matins à la ville, conduit par une voiture louée au mois, qui venait me prendre à huit heures et demie du matin. Or, un jour, je m'éveillai à cinq heures, après un rêve horrible.

Je venais de voir *une jeune fille tomber d'une fenêtre* et qui s'était tuée sur le coup. Je fis part de ce rêve à ma famille : il était sept heures, et c'était le moment où tous se levaient; ils en furent émus. Je descendis au jardin, attendant la voiture qui devait me prendre vers huit heures comme d'habitude; mais, à neuf heures et demie seulement elle arrivait. Je me fâchai de ce retard qui me gênait pour mes affaires. Mais le cocher me dit que, s'il avait remplacé son maître qui avait l'habitude de venir me prendre, c'est que le matin même, à cinq heures, sa fille (de dix ans, je crois) *était tombée de la fenêtre* et était morte.

Je n'avais jamais vu cette jeune fille.

MARTIN HALLE,
19, rue Clément-Marot, Paris. [*Lettre* 61.]

VIII. — Il y a six ans, j'eus un second enfant que, vu mon état de santé, ma mère emmena le lendemain de sa naissance chez elle, à soixante lieues, pour le faire nourrir sous ses yeux. Je fus malade, puis convalescente. Je commençais à me lever et (ai-je besoin de le dire?) ma pensée était sans cesse avec le cher petit être qu'on m'avait ôté si vite et que je n'avais qu'entrevu.

Nous avions fréquemment de ses nouvelles et elles étaient très satisfaisantes; nous étions on ne peut plus tranquilles à son sujet. Un matin, je m'éveille avec une oppression singulière : j'avais rêvé, la nuit, mon enfant *bossu*. Je le dis à mon mari, je me mets à pleurer; il me rit au nez. Aussitôt levée, pendant son absence, j'écris à ma mère, lui disant mon rêve et demandant qu'on nous écrive sans tarder et qu'on nous parle longuement du cher petit ange.

On nous répond par mille éloges sur l'enfant : c'était un poupon magnifique ; enfin un grand-père fier de son petit-fils.... Quelque temps après, ma mère, qui ne m'avait pas vue depuis ma couche, vient nous voir, et, le soir, dans l'intimité du coin du feu, nous révéla, à mon mari et à moi, que ma lettre l'avait rendue malade de saisissement ; qu'en effet, au moment où cette lettre était arrivée, *mon enfant était bossu.* Il avait eu cela une quinzaine, ce n'était rien en réalité, puisque quelques massages intelligemment faits avaient supprimé cette petite rondeur ; mais ma mère et la nourrice, sans en rien dire à personne, avaient été réellement inquiètes. Ma lettre était arrivée au plus fort de la chose, alors qu'affolée, ma mère avait montré l'enfant au docteur, qui l'avait aussitôt rassurée en lui disant de ne pas m'alarmer inutilement.

Marie Duchein,
à Paris. [*Lettre* 166.]

IX. — J'étais chez une de mes amies, au mois d'octobre 1896. Ayant à loger des soldats, à cause de la revue du tsar, et le mess se trouvant chez eux, le cuisinier, au moment de partir, avait pris par mégarde un couvert de la maison, qu'il avait emballé avec les leurs.

Aussitôt partis, on s'aperçut de la disparition dudit couvert.

Mon amie écrivit aussitôt, et, le surlendemain matin, en s'éveillant, elle me dit :

« Marie, j'ai rêvé que je recevrais mon couvert aujourd'hui, et, en même temps, une lettre. Mais, ce qu'il y a de plus curieux, c'est que le papier à lettre est *rose, tout couvert d'écriture*, sans une place, sans le moindre petit coin oublié, et l'enveloppe doit être blanche ! »

Nous attendîmes avec impatience le facteur qui nous apporta, en effet, le couvert et la lettre à enveloppe blanche, feuille *rose*, les quatre pages *couvertes d'écriture.*

Comment se fait-il que mon amie ait pu deviner si juste, en un rêve?

Marie Bouvry,
à Brimont.

X. — J'ai un frère aujourd'hui âgé de 29 ans, qui, en 1889, partit pour le Chili, à Santiago. Il avait l'habitude de nous donner de ses nouvelles très régulièrement. A une lettre reçue en 1892 (la date au juste je ne me la rappelle pas), maman nous dit avoir vu en rêve mon frère malade et *porté à l'hôpital, sur une civière*. Les lettres mettent environ trente-cinq jours pour faire le trajet de Santiago en France. Cinq mois se passèrent sans nouvelles. Enfin une lettre nous arrive dans laquelle mon frère nous dit *sortir de l'hôpital* où il était en traitement depuis cinq mois; il y avait été transporté ayant eu la fièvre typhoïde, et avait eu ensuite une pleurésie.

Marie Vialla,
30, rue Victor-Hugo, à Lyon. [*Lettre* 146.]

XI. — Un oncle de ma belle-sœur qui vit encore et qui se trouvait alors à la campagne, à environ 60 kilomètres de Bayonne, rêva une nuit qu'un de ses amis intimes, M. Rausch, *était assassiné sur les allées marines de Bayonne* en rentrant chez lui.

Le lendemain matin, M. Bouin, l'oncle de ma belle-sœur, raconta son rêve, sans d'ailleurs y ajouter foi; mais peu après il apprit la nouvelle que son ami avait été assassiné sur les allées marines de Bayonne par des Espagnols, dans la nuit où il avait eu son rêve.

Je signe ces lignes comme étant l'expression de la vérité, mais je vous serais obligé de vouloir bien ne publier ni le nom de ma famille ni le mien.

G. F.,
à Bordeaux. [*Lettre* 177.]

XII. — En 1872 ou 1873, ma mère, encore jeune fille, habitait rue des Tonnelles, chez sa mère. Elle connaissait une famille de pauvres gens nommés Morange, qui habitaient rue Saint-Antoine, près du lycée Charlemagne. Un samedi soir, elle rencontre cette famille, et la petite Morange qui l'aimait beaucoup vient lui montrer une robe neuve mise le jour même. Elle quitte l'enfant et rentre chez elle. Le lendemain matin, en se réveillant, ma mère raconte à sa mère *avoir rêvé que la famille Morange était morte.*

Dans la matinée, on apprend qu'ils sont tous morts pendant la nuit dans l'incendie de leur maison.

Marcel Gerschel,
Paris, 80, Faubourg-Saint-Denis. [*Lettre* 204.]

XIII. — Je puis vous affirmer un fait absolument authentique qui s'est passé il y a quelques années. J'ai vu une nuit en rêve deux dames de ma connaissance, *en grand deuil*, quoique je n'eusse alors la moindre idée qu'un membre de leur famille fût mort ou même malade. Je les interrogeai et j'appris qu'elles portaient le deuil d'un monsieur, frère de l'une et mari de l'autre.

Quelques jours après, j'appris que le décès avait eu lieu la nuit même de mon rêve. La mort était arrivée à Moscou; les dames étaient en Allemagne, et moi j'habitais Mitau (Courlande, Russie).

Sophie Herrenberg,
à Mitau. [*Lettre* 234.]

XIV. — Il y a trente ans, ma famille habitait Marseille. Un matin, mon père nous dit avoir rêvé la nuit précédente que sa mère, habitant en Alsace et qu'il ne savait pas malade, était morte.

Quelques jours après, il apprenait qu'en effet sa mère était décédée cette nuit-là.

N. Nische,
à Châlons-sur-Marne. [*Lettre* 279.]

XV. — A. Étant jeune femme, j'ai assisté en rêve au vol d'un cheval de mon mari par deux individus, et à toutes les précautions prises pour le faire sortir sans bruit de l'écurie. A mon réveil, j'ai raconté mon rêve à mon mari qui est allé à l'écurie qu'il a trouvée vide. Trois ans plus tard les voleurs ont été pris, et le cheval payé.

B. Une nuit, je vois en rêve un ami de mon mari : il était dans un caveau entouré par ma mère et mes sœurs mortes, pour lesquelles ce monsieur avait eu une vive sympathie. Il était enveloppé de longs linges blancs, vint à moi me faire un profond salut, puis disparut ainsi que mes parentes. Quelques jours après mon mari mourait.

Si vous croyez devoir signaler ces deux rêves, ne me nommez pas, je suis veuve et vis modestement dans mon ermitage. Vve C. F.

[*Lettre* 312.]

XVII. — Au mois d'octobre 1898, le 13 ou le 14, je venais de quitter Mme G..., chez laquelle j'avais passé quelques jours, pour rentrer ici. Dans la nuit suivante, elle vit en rêve un naufrage, avec des quantités de noyés. A son réveil, elle voulait (persuadée, par d'autres exemples, qu'elle a une sorte de seconde vue) me télégraphier pour me prier de ne pas partir; mais elle en fut empêchée par son mari. — Le 15 octobre, les journaux annonçaient une grosse tempête, et la perte d'un navire, ayant occasionné une centaine de morts. Heureusement — pour moi — ce n'était pas le mien.

P. P.,
Docteur en droit, à Philippeville. [*Lettre* 396.]

XVIII. — Mme B... habitait, il y a plusieurs années, dans une villa près de la ville de Yokohama. Elle avait l'habitude de se mettre au lit une heure avant le dîner. Une après-midi (elle ne se rappelle pas bien si elle était tout à fait réveillée ou encore à moitié endormie) elle s'écrie tout à coup : « Ah! mon Dieu, voilà M. N... qui se noie! Sauvez-le, sauvez-le!... Ah! il est mort! » *Elle l'avait vu distinctement.* Son mari tâche de la rassurer en riant de son rêve, comme il dit, mais peu de temps après un messager vient lui annoncer que leur ami, M. N..., s'est noyé en prenant son bain habituel dans le fleuve avant de monter à leur villa pour dîner avec eux. L'intention de dîner chez les B... explique facilement qu'il ait pensé à eux au moment d'aller se baigner. L'heure de l'accident et celui du « rêve » de Mme B... coïncidaient exactement.

F. E. BADE,
à Hambourg. [Lettre 447.]

XIX. — En 1884, dans les premiers jours d'avril, à Nice, je rêvai que mon mari, couché et malade, me disait : « Viens m'embrasser. » (Nous vivions séparés depuis longtemps.) Alors avait lieu l'exposition de Nice. Le 11 avril, vendredi saint, une voix me dit : « Va à l'exposition aujourd'hui, ou tu ne le reverras plus. » Dans la nuit du 12 au 13 une dépêche arriva : mon mari était frappé de congestion. Le 13, départ pour Paris. Je vis mon mari au Val-de-Grâce *tel que dans mon rêve* : il est mort le 15 sans avoir repris connaissance.

Je désire garder l'anonyme : de simples initiales, je vous prie.

Vve A. S.,
à Nice. [Lettre 483.]

XX. — Je tiens à vous signaler un rêve que j'ai fait il y a six ans environ et qui m'a fortement impressionnée, quoique je ne sois pas superstitieuse.

A cette époque, j'étais institutrice dans un pensionnat du département de l'Aisne. Une nuit, je rêve que je marchais dans la principale rue de notre ville, quand, en levant les yeux, j'aperçois dans un ciel très clair, direction nord-est, une grande croix noire au-dessous de laquelle je lus bien distinctement les deux lettres suivantes disposées comme ceci : M†M

Le lendemain, je racontai mon rêve en cherchant vainement si quelqu'un de ma famille portait un nom commençant par cette même initiale; ne trouvant pas, je pensai à autre chose. Quelques jours après (je ne saurais malheureusement préciser au juste), je reçois une lettre m'annonçant qu'une tante qui demeurait dans un village situé au nord-est de notre ville et s'appelant Marguerite Marconnet, venait de mourir. Cette coïncidence entre mon rêve et cette mort était si saisissante que jamais je ne pus l'oublier, et ce qui m'étonne surtout c'est que, en connaissant fort bien ma tante, je ne la voyais que fort rarement, qu'il y avait fort longtemps que je ne l'avais vue, et que je ne pensais presque jamais à elle.

L. Marconnet,
à Montbéliard. [*Lettre* 540.

XXI. — Il y a quelques années, j'ai lu dans un journal mensuel (anglais) qu'un ami de sir John Franklin a vu en rêve que ledit Franklin échouait dans son expédition arctique, et que cet ami nommé, si je m'en souviens au juste, Walter Snoo, a vu toute la contrée où le malheur arriva.

Aussitôt, il se réveille, et étant bon dessinateur, prend un crayon, et dessine les canots, les blocs de glace environnants, bref toute la contrée.

Ce dessin, il l'envoya alors à un de ses amis, propriétaire d'un grand journal américain illustré, dans lequel on inséra le dessin avec une courte mention des impressions de Walter Snoo; naturellement, on ne pouvait avoir aucun avis sur l'exactitude de l'événement dessiné.

Lorsqu'on trouva, longtemps après, les dépouilles mortelles de Franklin et de ses compagnons dans les glaciers arctiques, les témoins oculaires ont aussi dessiné le lieu, la position des corps inertes et glacés, des canots, des chiens attelés et crevés : tout concordait avec le dessin.

Je ne sais plus le nom du journal illustré, ni du journal mensuel anglais, mais ce serait sans doute pour vous une chose facile de constater par vos rapports avec le monde entier l'exactitude de cette lettre, que j'ose vous écrire.

Dr Bronislaw Galecki,
Avocat, place Cathédrale, à Farnow, Galicie (Autriche). [*Lettre* 563.]

XXII. — Je puis vous certifier l'authenticité absolue des faits suivants :

J'avais alors sept ans, ma mère, qui jamais n'avait consenti à m'éloigner d'elle, se rendit cependant un jour au désir d'une de mes tantes et me laissa partir avec elle en province, après mille recommandations.

Un mois s'était écoulé sans incident, ni accidents, lorsqu'un matin ma mère accourut à la hâte chez mon oncle et lui dit ceci :

« Je vous en prie, écrivez bien vite à ma sœur, pour lui demander des nouvelles de ma fille, car je suis dans une inquiétude mortelle! Je l'ai vue cette nuit en rêve couverte de sang et étendue sans vie sur une route. Un malheur lui est arrivé bien certainement, j'en ai le pressentiment. Or, vous savez qu'en ces sortes de choses je ne me trompe jamais! »

Mon oncle plaisanta ma mère, et lui dit que sa femme était assez prudente pour ne m'exposer à aucun danger. Le lendemain même, il recevait une lettre écrite de la veille, dans laquelle sa femme lui racontait, avec défense de le dire à ma mère, l'accident qui m'était arrivé.

La nuit même où ma mère m'avait vue couverte de sang, ma tante m'avait emmenée avec trois autres personnes en voiture. Il faisait noir, la lanterne s'était éteinte, et nous nous trouvions en pleine campagne, sans savoir où nous étions, lorsque soudain le cheval qui trottait tranquillement se cabra, se jeta sur une haie qui bordait le chemin, jeta à terre les personnes qui se trouvaient dans la voiture, on ne sait comment, sans la moindre égratignure; moi seule, qui à ce moment dormais profondément, je fus entraînée par le choc sous le ventre du cheval qui me laboura la figure et la poitrine de ses pieds, et dans les efforts qu'il faisait pour se relever, me déchirait aux cailloux du chemin sur lesquels avait porté plus spécialement le côté droit de ma figure.

Le sang coulait en abondance, j'avais l'oreille déchirée, j'entendais les cris d'appels désespérés et ne pouvais y répondre, car ainsi que je l'ai dit, pas de lumière dans cette nuit noire!.... Enfin, des secours arrivèrent d'une maison peu éloignée, et l'on me retrouva évanouie, dans un état déplorable. Un homme en bras de chemise avait passé devant notre cheval et l'avait effrayé.

G. D.,
58, avenue de Saxe, Paris. [*Lettre* 625.]

XXIII. — Un matin (j'avais alors dix-sept ans), je m'éveille vers sept heures, et je m'endors de nouveau jusqu'à huit heures, et je rêve que je passais devant une maison où habitait une famille que je connaissais, mais ne fréquentais pas. Cette maison avait un magasin, et je rêvais que je voyais ce magasin fermé avec un papier blanc collé à la porte, sur lequel était écrit « **Décès** ». Je m'éveille et raconte mon rêve à maman qui me montra le journal sur lequel cette mort venait d'être annoncée. Cette coïncidence ne prouverait-elle pas un certain déplacement de l'âme pendant le sommeil, fait sans lequel je n'aurais pas pu avoir ce rêve, attendu que rien ne me faisait penser à un décès dans cette famille ?

MARIE-LOUISE MILICE,
33, rue Boudet, Bordeaux. [*Lettre* 661.]

XXIV. — L'une de mes amies, actuellement receveuse des postes à Louvigné-du-Dezert (Ille-et-Vilaine), Mlle Blanche Suzanne, était, il y a peut-être de cela vingt-cinq ans, fiancée à un jeune homme, fils de cultivateurs, qui était entré dans l'enseignement. Un jour, elle rêva que son fiancé lui avait adressé une longue lettre dans laquelle il avait écrit la phrase suivante, ou à peu près : « J'aurais mieux fait de rester à la charrue que d'entrer dans l'enseignement. » Le matin, la jeune fille raconta son rêve à sa mère, citant la phrase, puis se rendit à son travail. Quelques heures après, le facteur vient, apportant pour cette jeune personne une lettre de son fiancé. La phrase du rêve *y était écrite intégralement* et identiquement.

HENRIETTE FRANÇOIS,
à Bromberg-Posen (Allemagne). [*Lettre* 662.]

XXV. — Voici ce qui arriva à mon père, conseiller d'État, homme âgé, septuagénaire, lors de son séjour à la campagne, où il était venu prendre un peu de repos. C'était à la Saint-Élie. A la campagne, où il n'y a guère de distractions et de changements, où tous les jours se ressemblent, mon père n'avait plus conscience du temps et avait même oublié que c'était fête. Ce matin-là, en prenant son déjeuner, il nous conta un de ses songes de la nuit précédente : il avait vu sa belle-sœur, qui était loin de lui, demandant si les obsèques de son mari devaient avoir lieu le jour de la Saint-Élie ou un autre jour. En nous contant ce songe, mon père fut très étonné d'apprendre que justement ce jour-là était la Saint-Élie. Après avoir réfléchi et discuté sur l'étrangeté des songes en général, mon père prit le train pour se rendre à la ville, promettant de revenir le même soir. Quelle ne fut pas notre surprise lorsque, après son arrivée, nous reçûmes de sa belle-sœur une dépêche nous annonçant la mort de son mari, survenue le jour de la Saint-Élie!

MARIE DE LESLEY,
à Riga-Orel, gouv. de Smolensk (Russie). [*Lettre* 679.]

XXVI. — J'avais une fille âgée de quinze ans, ma joie, mon orgueil ; j'avais laissé cette enfant avec ma mère, m'absentant pour un petit voyage. Je devais rentrer le 17 mai 1894 chez moi ; or, le 16, je rêve que ma fille est au plus mal, qu'elle m'appelle en pleurant de toutes ses forces, je me réveille très agitée, disant tout songe est mensonge. Dans la journée, je reçois une lettre de ma fille, ne se plaignant pas, me racontant ce qui se passe chez nous. Le lendemain, je rentre chez moi, je ne vois pas ma fille accourir au-devant de moi selon son habitude ; une bonne me dit qu'un mal subit l'a prise, je monte vite, une grande douleur de tête la faisait souffrir, je la fis coucher. Hélas! elle ne s'est plus relevée : une angine couenneuse se déclara deux jours après, et, malgré tous nos soins, la pauvre enfant s'éteignait le 29 mai. Or, deux nuits avant ce malheur, je m'étais mise sur mon lit, dans un cabinet séparé par une porte, je fermais les yeux et ne dormais pas; ma fille, elle, s'était assoupie; la garde veillait. Tout à coup, une vive clarté pénètre dans l'obscurité de la chambre, avec une rapidité et un éclat rappelant le soleil du mois d'août à midi. J'appelle la garde-malade. Elle attendit un instant pour me répondre; pendant ce temps j'étais déjà auprès du lit de ma fille, la lumière s'était éteinte, la lueur avait disparu. La garde paraissait saisie d'effroi, je l'interrogeai en vain, mais le lendemain elle dit aux personnes de la maison, et elle dit encore à présent, qu'elle a aperçu mon mari, mort six mois auparavant, aux pieds du lit de ma fille.

Cette personne vit, elle a quarante-six ans, et elle le répète à qui veut l'entendre.

Mme R. DE L.,
à Lacapelle. [*Lettre* 683.]

XXVII. — A. L'un de ces derniers jours, j'étais très nerveuse en songeant à mon défunt mari, mort depuis sept ans, lorsqu'en me mettant au lit, je pris un journal, où je lus une critique sur l'un des livres écrit par M. K....

Après avoir lu cette critique, j'eus un ardent désir de me procurer ce livre, d'autant plus que M. K... était un ancien ami de mon mari.

Le lendemain, en arrivant au collège de jeunes filles où je suis professeur, une des élèves de la classe supérieure m'apporte un livre et dit : « Madame, je voudrais bien que vous lisiez ce livre, et que vous m'en donniez votre avis. » J'ouvre le livre, et je vois que c'était le livre tant désiré par moi à la veille de ce jour.

B. Si ce fait était unique, je l'aurais peut-être passé sous silence, mais pendant la durée de la même semaine il en arriva un second qui me frappa également. J'ai rêvé d'une des élèves, qui était déjà partie dans une autre ville et que je n'ai pas vue depuis un an.

Je l'ai vue dans le rêve avec les cheveux coupés.

Le lendemain, au gymnase, une des élèves de ma classe s'approche de moi et dit : « Madame, j'ai reçu la lettre de mon amie Z..., elle me prie de vous saluer; elle est très contrariée en ce moment parce qu'on lui a coupé les cheveux.... »

Pourquoi ces deux faits si étranges dans la même semaine?

M. ONANOFF,
Faganray, mer d'Azov. [*Lettre* 684.]

On voit que les exemples de vue à distance, en rêve, ne manquent pas. En voici quelques autres encore. Il nous semble bien que ces observations si multipliées rendent toute négation impossible. Ceux-ci sont extraits des *Hallucinations télépathiques.* Le premier est du Dr Gaodall Janes, demeurant à Liverpool, 6, prince Edwin street.

XXIX. — Mme Jones, femme de William Jones, pilote à Liverpool, gardait le lit le samedi 27 février 1869. Lorsque j'allai chez elle, le lendemain dimanche, à 3 heures de l'après-midi, je rencontrai son mari, qui était en chemin pour venir me chercher, parce que sa femme avait le délire. Il me raconta qu'à peu près une demi-heure auparavant il était à lire dans la chambre de sa femme. Tout d'un coup, elle se réveilla d'un profond sommeil en déclarant que son frère William Roulands, également pilote à Liverpool, s'était noyé dans le fleuve (Mersey). Son mari essaya de la calmer en lui disant que Roulands était à sa station du dehors et qu'il ne pouvait se trouver sur le fleuve à cette heure-ci. Mais elle persista à soutenir qu'elle avait *vu* qu'il se noyait.

Des nouvelles arrivèrent dans la soirée, annonçant que, vers l'heure mentionnée, c'est-à-dire vers deux heures et demie, Roulands s'était noyé. Il y avait eu un grand coup de vent en mer, le bateau du pilote n'avait pu mettre un pilote à bord d'un bâtiment qui voulait entrer. Il avait donc dû le conduire. Lorsqu'on fut dans le fleuve, en face du phare, sur le rocher, le petit bateau se renversa, et Roulands et un autre pilote furent noyés.

C'est également là un exemple frappant de vue à distance, en rêve. L'enquête en a prouvé l'authenticité absolue. Il en est de même du cas suivant signalé par une dame Green, de Newry (Angleterre) :

XXX. — Je voyais deux femmes convenablement habillées, conduisant seules une voiture pareille à une voiture à transporter les eaux minérales. Le cheval trouva de l'eau devant lui, il s'arrêta pour boire, mais ayant manqué de point d'appui, il perdit l'équilibre, et en essayant de le reprendre il glissa dans l'eau. Au choc, les femmes se levèrent, appelant au secours : leurs chapeaux tombèrent de leurs têtes, et tout fut englouti dans l'eau. Je me retournai en pleurant, demandant s'il n'y avait personne pour les secourir. Sur ce je me réveillai, fort agitée, et mon mari se réveilla aussi. Je lui racontai le rêve. Il me demanda si je connaissais les femmes et je lui répondis que non, qu'il me semblait que je ne les avais jamais vues. Pendant toute la journée, je ne réussis pas à me soustraire à l'impression du rêve et de l'inquiétude dans laquelle il m'avait plongée.

Je fis remarquer à mon fils que c'était l'anniversaire de sa naissance, et de la mienne aussi, le 10 janvier, et c'est la raison qui me fait me souvenir exactement de cette date.

Au mois de mars, je reçus une lettre et un journal de mon frère, qui habitait en Australie et qui me faisait part du chagrin qu'il avait eu de perdre une de ses filles, qui s'était noyée avec une amie, précisément à cette date et à cette heure, en tenant compte de la différence des longitudes.

On parle de l'accident dans deux passages différents du journal *Inglewood Advertiser*.

Le journal *Inglewood Advertiser* a publié, le 11 janvier 1878, le récit de l'accident, qui correspond exactement à la vue du rêve.

Voici encore un cas bien remarquable de vue à distance en rêve. Le sujet est le fils de l'ancien évêque protestant de Iowa (États-Unis); il a vu en rêve, à une distance de près de 5 kilomètres, son père tombant dans un escalier. Voici la relation qu'il écrivait à un de ses parents :

XXXI. — Je dois dire d'abord qu'il y avait entre mon père et moi un lien d'affection plus fort que les liens ordinaires entre père et fils, et depuis des années il me semblait connaître et sentir quand il était en danger, fussions-nous même séparés de plusieurs milles.

La nuit où il tomba dans l'escalier, j'étais revenu de mes affaires, vers 8 heures, après une journée de travail très fatigante, et je m'étais retiré aussitôt après le souper. J'ai l'habitude de me coucher du côté du mur. Nos têtes sont vers le nord, de sorte que je suis sur le côté ouest du lit. Je tombai endormi aussitôt que ma tête toucha l'oreiller, et je dormis d'un sommeil lourd et profond. Je n'entendis pas ma femme se coucher et je ne vis rien jusqu'au moment où mon père m'apparut en haut de l'escalier en train de tomber. Je me précipitai pour le saisir et sautai à bas du lit en faisant beaucoup de bruit. Ma femme se réveilla en demandant ce que, diable, je pouvais bien faire. J'avais aussitôt allumé une lampe et vu à ma montre qu'il était 2 heures un quart. Je demandai à ma femme si elle avait entendu le fracas. Elle me répondit négativement. Je lui dis alors ce que j'avais vu, mais elle essaya de m'en faire rire, sans y réussir.

Je ne dormis plus de la nuit, je ne m'étais même pas recouché; l'impression avait été trop vive pour que je pusse mettre en doute que mon père s'était gravement blessé. J'allai à la ville de bonne heure le matin et télégraphiai à la maison, demandant si tout allait bien : je reçus une lettre de mon père, qui confirmait l'exactitude de ma vision correspondant avec l'événement à *la même minute*. Le triste résultat de la chute, nous ne le connaissons tous que trop, mais comment à une distance de plus de trois milles je vis mon père tomber, c'est ce que je ne prétends pas expliquer.

H.-M. LEE.

M. Sullivan, évêque d'Algowa, confirme le fait pour l'avoir entendu rapporter immédiatement[1].

L'exemple qui précède a été publié par M. Sidgwick dans les Proceedings de la Société psychique de Londres. Il y ajoute le cas suivant envoyé en août 1890 par Mme A. de Holstein (29, avenue de Wagram, Paris). Ce cas est un peu moins satisfaisant comme preuves que le dernier, parce que le rêve ne fut raconté à personne avant que son caractère véridique eût été reconnu ; il semble cependant avoir fait tant d'impression sur le Dr Golinski, qu'il devient improbable que les détails en aient été beaucoup changés plus tard. Il diffère des précédents en ce que l'impression clairvoyante semble avoir été due non à quelque rapport entre l'agent et le sujet ou à quelque crise spéciale subie par l'agent, mais à son anxiété

---

1. *Sciences psychiques*, 1891, p. 215. On trouvera dans *Phantasms of the Living* (vol. I. p. 338, n° 108) un cas singulièrement semblable à celui-là, où le chanoine Warburton se réveille en sursaut voyant son frère tomber dans un escalier. Comparer aussi e n° 24 dans le même volume, p. 202 ; et un rêve de M. Dreuilhe décrit au chapitre précédent, XLVI, p. 425.

et son désir intense d'avoir du secours. (Ondes psychiques?)

Voici ce qu'écrit le D' Golinski, médecin à Krementchug, en Russie :

XXXII. — J'ai l'habitude de dîner vers 3 heures et de faire après ce repas un petit somme d'une heure ou une heure et demie. Au mois de juillet 1888, je me suis étendu comme d'habitude sur un canapé et je me suis endormi à peu près à 3 heures 30. J'ai rêvé qu'on sonnait et que j'avais la sensation ordinaire un peu désagréable qu'il fallait me lever et aller chez un malade. Puis je me suis vu directement transporté dans une petite chambre aux tentures sombres. A droite de la porte d'entrée se trouvait une commode, et sur cette commode je remarquai une bougie ou une petite lampe à pétrole d'une forme particulière. Je suis vivement intéressé de la forme de cette bougie différente de toutes celles qu'il m'était arrivé de voir. A gauche de la porte d'entrée, je vois un lit dans lequel est couchée une femme qui a une forte hémorragie. Je ne sais pas comment je suis parvenu à savoir qu'elle a une hémorragie, mais je le sais. Je fais un examen de la femme, mais en quelque sorte par acquit de conscience, car je sais d'avance à quoi m'en tenir, quoique personne ne me parle. Ensuite je rêve d'une façon vague de quelques secours médicaux que je donne, puis je m'éveille d'une manière inhabituelle. Ordinairement je me réveille lentement, je reste quelques minutes dans un état d'assoupissement, mais cette fois je me suis réveillé presque en sursaut, comme si quelqu'un m'avait éveillé. Il était 4 heures et demie.

Je me suis levé, j'ai allumé une cigarette, et je me promenai par la chambre dans un état d'excitation toute particulière, réfléchissant au rêve que je venais de faire. Depuis assez longtemps, je n'avais pas eu de cas d'hémorragie d'aucun genre dans ma clientèle et je me demandais quelle pouvait être la cause de ce rêve.

Environ dix minutes après mon réveil, on sonna et je fus appelé chez une malade. En entrant dans la chambre à coucher, je fus saisi, car je reconnus la chambre dont je venais de rêver. C'était une femme malade, et ce qui me frappa surtout, ce fut une bougie à pétrole placée sur la commode, absolument à la même place, et de la même forme que dans mon rêve, et que je voyais pour la première fois. Mon étonnement fut si grand que j'ai, pour ainsi dire, perdu la distinction nette entre le rêve passé et la réalité présente, et, m'approchant du lit de la malade, je lui dis tranquillement : « Vous avez une hémorragie, » et je ne revins à moi que lorsque la malade me répondit : « Oui, mais comment le savez-vous ? »

Frappé de la coïncidence étrange de mon rêve avec ce que j'ai vu, j'ai demandé à la malade à quelle heure elle avait décidé de m'envoyer chercher. Elle me répondit qu'elle était indisposée depuis le matin. A peu près à 1 heure de l'après-midi apparut une légère hémorragie suivie de malaise, mais elle n'y fit pas attention. L'hémorragie devint très forte vers 2 heures, et la malade s'inquiéta davantage. Son mari n'étant pas à la maison, elle ne savait que faire, et elle se coucha, espérant que cela s'arrêterait. Entre 3 et 4 heures elle était toujours indécise et dans une grande anxiété. A peu près à 4 heures et demie, elle se décida à m'envoyer chercher. La distance entre ma maison et la sienne est de vingt minutes de marche.

Je ne connaissais la malade que pour l'avoir soignée dans le temps, mais je ne savais rien de l'état actuel de sa santé. — En général, je ne rêve pas souvent et c'est le seul rêve de ma vie dont je me souvienne, grâce à son caractère véridique.

Mme Henry Sidgwick a décrit[1] plusieurs expé-

---

1. *Ann. Sc. psychiques*, 1892, p. 17.

riences de vue à distance par une jeune fille de quinze ans magnétisée, que l'on peut certainement adjoindre aux observations faites dans les rêves. Nous citerons ici deux de ces expériences.

XXXIII. — Miss Florence F..., maintenant Mme R..., une voisine, fut invitée à venir un soir, après avoir préparé une expérience comme épreuve pendant la journée. Elle arriva et ordonna au sujet d'aller à la cuisine et de lui dire ce qu'elle voyait. Le sujet répondit : « La table est au milieu de la pièce, et dessus il y a une boîte couverte d'une nappe. — Qu'y a-t-il dans la boîte, Fannie ? demandai-je. — Oh ! je n'ose pas regarder dans la boîte ! Miss Florence serait peut-être furieuse. — Miss Florence veut bien que vous regardiez. Enlevez la nappe, Fannie, et dites-moi ce qu'il y a. » Tout de suite elle répondit : « Il y a sept pains et seize biscuits. » (C'était exact.)

Je veux bien que ce soit de la communication de pensée, parce que miss Florence était dans la chambre, et sans nul doute les faits étaient tout à fait présents à son esprit, les choses ayant été arrangées par elle comme épreuve; mais ce qui suit n'en est certainement pas.

Miss Florence demanda à Fannie ce qu'il y avait dans l'écurie. Elle répondit : « Deux chevaux noirs, un gris et un rouge. » (Elle voulait dire un bai.) Miss Florence : « Ce n'est pas ça, Fannie : il n'y a que mes chevaux noirs à l'écurie. » Dix ou quinze minutes après, un frère de miss Florence vint à la maison et dit à sa sœur qu'il y avait des voyageurs à la maison, et en le questionnant nous apprîmes que le cheval gris et le « rouge » leur appartenaient, et qu'ils avaient été à l'écurie il y avait une demi-heure, quand Fannie les signala.

Sans doute, on peut avancer la théorie que Fannie arriva à cette connaissance par l'intermédiaire de l'esprit de quelqu'une des personnes se trouvant alors chez miss Florence, ou que, par sympathie télépathique avec son frère ou son père, miss Florence était inconsciemment prévenue des faits et que Fannie prit son renseignement à cette source inconsciente; mais cette hypothèse n'est-elle pas un peu alambiquée?

XXXIV. — A. M. Howard demeurait à six milles de chez moi. Il venait de faire construire une grande maison en bois. Notre sujet n'avait jamais vu cette maison, bien que, je pense, il ait pu en avoir entendu parler. M. Howard venait de passer quelques jours hors de chez lui et demanda que Fannie y allât et vît si tout était bien. Elle s'exclama à la grandeur de la maison, mais elle se moqua de la laideur de la clôture de la façade, disant qu'elle ne voudrait pas avoir une aussi vieille et horrible clôture devant une si belle maison. — « Oui, dit Howard en riant, ma femme m'en veut à mort pour la clôture et les marches de la façade. — Oh! interrompit Fannie, les marches sont belles et neuves. — Elle n'y est plus, dit Howard, les marches sont encore plus laides que la clôture. — Ne voyez-vous pas, s'écria Fannie avec impatience, comme elles sont neuves et propres? Hein! (et elle semblait absolument révoltée, à en juger par son ton). Je les trouve vraiment belles. »

Changeant de sujet, Howard lui demanda combien de fenêtres il y avait à la maison. Presque immédiatement elle en donna le nombre (je crois que c'était vingt-six). Howard pensait que c'était trop, mais en comptant avec soin, il trouva que c'était exact.

De chez moi, il alla directement chez lui, et, à sa grande surprise, trouva que, pendant son absence, sa femme s'était servie d'un charpentier qui avait construit de nouvelles marches pour le perron, et le travail avait été terminé un jour ou deux avant que Fannie examinât les lieux avec son invisible télescope.

B. Le fils de M. Howard était allé dans un comté voisin et l'on n'attendait pas son retour avant quelques jours.

Fannie connaissait ce jeune homme (André). M. Howard, étant obligé de retourner à la station, était encore avec nous le soir suivant. Sa foi dans notre « oracle » avait pris de plus grandes proportions, et il nous suggéra de faire une visite chez lui par le moyen des merveilleuses facultés de Fannie. Elle décrivit les chambres parfaitement, jusqu'à un bouquet sur une des tables, et dit que plusieurs personnes jeunes étaient là. Interrogée sur leurs noms, elle répondit qu'elle n'en connaissait aucune, sauf André. « Mais, dis-je, André n'est pas à la maison. — Comment! Ne le voyez-vous pas? — Vous êtes sûre? — Oh! Est-ce que je ne connais pas André? Là, vous dis-je, il est là. »

M. Howard rentra chez lui le matin suivant et constata qu'André était rentré tard la veille et que plusieurs jeunes gens du voisinage avaient passé la soirée avec lui.

Voici un autre cas, très remarquable, de vue à distance par un sujet magnétisé. Le récit en a été fait d'abord par le Dr Alfred Backman, de Kalmar.

En réponse à une lettre demandant à M. A Suhr photographe à Ystad, en Suède, s'il pouvait se rappeler quelque chose d'une expérience hypnotique faite par M. Hansen, il y a plusieurs années, en présence des frères Suhr, le Dr Backman reçut le récit suivant.

XXXVI. — C'est en 1867 que nous, les frères soussignés, nous sommes établis à Odensa (en Danemark), où nous voyions très souvent notre ami commun, M. Carl Hansen, l'hypnotiseur, qui habitait près de nous. Nous rencontrions journellement un homme de loi, M. Balle, maintenant avocat à Copenhague, sur lequel Hansen avait une grande influence hypnotique, et qui désira, un soir, être endormi d'un sommeil assez profond pour devenir clairvoyant.

Notre mère habitait à cette époque Roeskilde, en Seeland. Nous demandâmes à Hansen d'envoyer Balle la visiter. Il était tard dans la soirée, et, après avoir un peu hésité, M. Balle fit le voyage en quelques minutes. Il trouva notre mère souffrante et au lit; mais elle n'avait qu'un léger rhume qui devait passer au bout de peu de temps. Nous ne croyions pas que ceci fût vrai, et, comme contrôle, Hansen demanda à Balle de lire au coin de la maison le nom de la rue. Balle disait qu'il faisait trop sombre pour pouvoir lire; mais Hansen insista, et il lut « Skomagerstraede ». Nous pensions qu'il se trompait complètement, car nous savions que notre mère habitait dans une autre rue. Au bout de quelques jours, elle nous écrivit une lettre dans laquelle elle nous disait qu'elle avait été souffrante et s'était transportée dans Skomagerstraede.

Autre cas encore de vue à distance, d'un fait actuel, en rêve.

XXXVII. — J'habitais Wallingford. Mon meilleur ami était un jeune homme nommé Frédéric Marks, gradué de l'école scientifique de Yale. Frédéric avait un frère nommé Charles, qui habitait alors l'État central de New-York, près du lac Oneida. Un jour qu'il pleuvait, l'après-midi, Frédéric monta dans sa chambre pour s'étendre et paresser. Une heure après environ, il descendit, disant qu'il venait de *voir son frère Charles*, dans une vision, croyait-il. Celui-ci était *dans un petit bateau à voile*, et avait avec lui un compagnon assis à l'arrière. Il faisait une forte tempête, car les vagues étaient énormes. Charles se tenait à l'avant, *étreignant le mât avec un de ses bras*, tandis que de l'autre il saisissait le beaupré qui s'était brisé. Sa position dangereuse effraya tellement Frédéric qu'il s'éveilla ou que la vision disparut. Dans sa famille, on pensa qu'il s'était endormi inconsciemment et qu'il n'avait fait que rêver.

Cependant, trois ou quatre jours après, Frédéric reçut une lettre de Charles racontant une aventure qu'il venait d'avoir sur le lac Oneida. Le matin du jour en question, lui et un camarade allèrent au lac, louèrent un bateau, et mirent à la voile. Comme le temps était beau, ils descendirent le lac jusqu'à l'île Frenchman, à une distance d'environ vingt milles.

L'après-midi, comme ils retournaient, une tempête furieuse s'éleva. Charles s'occupa de vider l'eau, pendant que son compagnon tenait le gouvernail. Au plus fort de la tempête, le beaupré se cassa. Charles, voyant le danger, sauta à l'avant du bateau, et, saisissant le mât d'une main, le beaupré de l'autre, essaya d'amarrer celui-ci. Ils réussirent à empêcher le bateau de couler, mais il finit par échouer. Ils sautèrent dans l'eau et atteignirent le bord, sains et saufs.

Le lac Oneida est à trois cents milles environ de Wallingford, et, en tenant compte de la différence de l'heure, on trouva que l'accident et la vision ou le rêve de Frédéric devaient avoir eu lieu à la même heure, peut-être à la même minute. Les tempéraments et les caractères de ces deux frères sont dissemblables, et aucune affinité particulière ne paraît exister entre eux. Frédéric habite maintenant Santa-Anna (Californie) et Charles la ville de New-York.

B. BRISTOL.
Short Beach (États-Unis).

Des lettres de MM. Charles et Frédéric Marks expliquent en détail le péril et la vision. On les trouvera dans les Annales des sciences psychiques (1892, p. 250-235). Il y a là, à n'en pouvoir douter, un cas de *vue à distance* bien certain. Remarquons dans la lettre de M. Charles Marks le passage suivant :

En réponse à cette question : « Avez-vous su que votre

frère croyait vous voir en ce moment? » je répondrai qu'autant que je me le rappelle, je n'ai pas eu conscience que mon frère me voyait. Je crois que toute ma pensée, toute mon attention était occupée par ce que faisais, lorsque, me levant sur le banc, j'essayais de baisser la voile, à cet instant où mon frère me vit lui apparaître. Connaissant les habitudes de mon frère (c'est un homme exceptionnellement fort et bien portant), je pense qu'à ce moment il devait dormir, car avec sa robuste constitution, quand il en a envie, il peut s'endormir presque instantanément pendant le jour, et assez souvent il se livre à la sieste l'après-midi. Pendant son séjour à Vallingford, il était étudiant à l'École scientifique de Yale (Sheffield).

C. R. MARKS.

Toutes ces relations prouvent avec certitude que l'être humain est doué de facultés encore inconnues lui permettant de voir ce qui se passe au loin. Voici un exemple beaucoup plus remarquable encore, dans lequel la personne qui a joué le principal rôle a non seulement vu, mais paraît s'être transportée elle-même en une sorte de *double* et a été vue non seulement par son mari, mais encore par un autre témoin.

XXXVIII. — Le 3 octobre 1863, je quittai Liverpool pour me rendre à New-York par le steamer *City-of-Limerick*, de la ligne Inman, capitaine Jones. Le soir du second jour, peu après avoir quitté Kinsale Head, une grande tempête commença, qui dura neuf jours. Pendant tout ce temps, nous ne vîmes ni le soleil ni les étoiles, ni aucun vaisseau; les garde-corps furent emportés par la violence de la tempête, une des ancres fut arrachée de ses amarres et fit beaucoup de dégâts avant qu'on pût la rattacher. Plusieurs voiles fortes, bien qu'étroitement carguées, furent emportées et des boute-hors brisés.

Pendant la nuit qui suivit le huitième jour de la tempête, il y eut un peu d'apaisement, et pour la première fois depuis que j'avais quitté le port, je pus jouir d'un sommeil bienfaisant. Vers le matin, je rêvai que je voyais ma femme que j'avais laissée aux États-Unis. Elle venait à la porte de ma chambre, dans son costume de nuit. Sur le seuil, elle sembla découvrir que je n'étais pas seul dans la chambre, hésita un peu, puis s'avança à côté de moi, s'arrêta et m'embrassa, et, après m'avoir caressé pendant quelques instants, elle se retira tranquillement.

Me réveillant, je fus surpris de voir mon compagnon dont la couchette était au-dessus de moi, mais pas directement, — parce que notre chambre était à l'arrière du bâtiment — s'appuyant sur son coude et me regardant fixement. « Vous êtes un heureux gaillard, me dit-il enfin, d'avoir une dame qui vient vous voir comme ça. » Je le pressai de m'expliquer ce qu'il voulait dire; il refusa d'abord, mais me raconta enfin ce qu'il avait vu, étant tout à fait éveillé et accoudé sur sa couchette. Cela correspondait exactement avec mon rêve.

Le nom de ce compagnon était William J. Tait, il n'avait pas un caractère à plaisanter habituellement, mais c'était au contraire un homme posé et très religieux et dont le témoignage peut être cru sans hésiter.

Le lendemain du débarquement, je pris le train pour Watertown, où se trouvaient ma femme et mes enfants. Lorsque nous fûmes seuls, sa première question fut : « Avez-vous reçu ma visite il y a une semaine, mardi ? — Une visite de vous, dis-je, nous étions à plus de 1000 milles sur la mer! — Je le sais, répliqua-t-elle, mais il m'a semblé vous avoir rendu visite. — C'est impossible, dites-moi ce qui vous fait croire cela. »

Ma femme me raconta alors qu'en voyant la tempête et apprenant la perte de l'*Africa*, parti pour Boston le jour où nous avions quitté Liverpool pour New-York, et qui avait échoué au cap Race, elle avait été extrêmement inquiète sur mon sort. La nuit précédente, la même nuit où, comme je l'ai dit, la tempête avait commencé à diminuer, elle était restée éveillée longtemps en pensant à moi, et environ vers 4 heures du matin, il lui sembla qu'elle venait me trouver. Traversant la vaste mer en fureur, elle rencontra enfin un navire bas et noir, monta à bord et descendant sous le pont, traversant les cabines jusqu'à l'arrière, arriva à ma chambre : « Dites-moi, ajouta-t-elle, a-t-on toujours des chambres comme celle que j'ai vue, où la couchette supérieure est plus en arrière que celle d'en dessous. Il y avait un homme dans celle de dessus qui me regardait fixement, et pendant un instant j'eus peur d'entrer, mais enfin je m'avançai à côté de vous, me penchai, vous embrassai et vous serrai dans mes bras, puis je m'en allai. »

La description donnée par ma femme était correcte dans tous ses détails, bien qu'elle n'eût jamais vu le bateau. Je trouve dans le journal de ma sœur que nous partîmes le 4 octobre, arrivâmes à New-York le 22 et à la maison le 23.

S. R. Wilmot,
manufacturier à Bridgeport.

Le *New-York Herald* indique que la *City-of-Limerick* quitta Liverpool le 3 octobre 1863, Queenstown le 5, arriva de bonne heure le matin du 22 octobre 1863, et signale la tempête ainsi que la situation critique du navire et le naufrage de l'*Africa*. L'enquête a confirmé de diverses façons cet étrange récit. La sœur de M. Wilmot, qui voyageait sur le même bateau, écrit notamment :

Au sujet du si curieux phénomène éprouvé par mon frère lors de notre voyage sur le *Limerick*, je me rappelle que M. Tait, qui ce matin-là me conduisait déjeuner à cause du terrible cyclone qui faisait rage, me demanda si la nuit dernière j'étais venue voir mon frère, dont il partageait la même chambre. « Non, répondis-je, pourquoi? — Parce que j'ai vu une femme en blanc qui est venue voir votre frère. »

Mme Wilmot a écrit de son côté :

Bridgeport, 27 février 1890.

En réponse à la question : « Avez-vous remarqué quelques détails sur l'homme que vous avez vu dans la couchette supérieure ? » Je ne puis pas, si longtemps après, dire avec certitude que j'aie remarqué des détails, mais je me rappelle distinctement que je me sentis très troublée par sa présence en le voyant ainsi nous regarder d'en haut.

Je crois que je racontai mon rêve à ma mère le lendemain matin; et je sais que toute la journée j'eus le sentiment très net d'avoir été voir mon mari. L'impression était si forte que je me sentais heureuse et réconfortée d'une manière inusitée — et à ma grande surprise.

Mme S. R. WILMOT [1].

Ce cas très remarquable mérite une attention particulière. Il est un peu ancien : le récit a été écrit probablement plus de vingt ans après l'événement, un des témoins est mort et ne peut donner un rapport de première main de ce qu'il observa. On ne peut affirmer qu'après si longtemps la mémoire des témoins, toute bonne qu'elle reste, soit exacte, ni qu'on puisse se fier à tous les détails. Cependant, après avoir fait toutes les réserves, il est incontestable qu'il y a eu une remarquable correspondance entre les impressions des trois personnes. Mme Wil-

---

[1]. *Annales des sciences psychiques*, 1891, p. 219.

mot a — rêvant ou éveillée — une vision de son mari dans laquelle elle perçoit exactement une partie de ce qui l'entoure ; M. Wilmot rêve ce que sa femme pense et, de plus, la voit et la sent ; et M. Tait éveillé voit de ses yeux le rêve de M. Wilmot. Voilà trois faits inexplicables qu'il faut admettre. Quant aux *doubles*, aux manifestations du corps *fluidique* ou *astral*, c'est là un sujet sur lequel nous aurons à revenir plus tard.

M. Marcel Sémézies Sérizolles rapporte les curieuses observations suivantes faites sur lui-même[1].

XXXIX. — En novembre 1881, j'eus un rêve très lucide pendant lequel je lisais un volume de vers. J'éprouvais les sensations exactes de la lecture réelle, non seulement je comprenais ce que je lisais, j'en jouissais, mais encore mes yeux remarquaient le gros grain du papier, un peu jaune, l'impression très noire et assez grasse, mes doigts tournaient les feuilles épaisses et ma main gauche soutenait le volume assez lourd.

Tout d'un coup, au tournant d'une page, je m'éveillai, et machinalement, à moitié dormant encore, j'allumai ma bougie, je pris sur ma table le crayon et les papiers qui y étaient toujours à côté du livre à lire le soir (c'était ce jour-là un ouvrage d'histoire militaire), et j'écrivis les deux dernières strophes que je venais de lire dans ce volume de rêve.

Il me fut impossible, malgré de très violents et douloureux efforts de mémoire, de me rappeler un seul vers en dehors de ces douze qui paraissaient traiter une question de métaphysique et dont le sens reste incomplet, la période étant inachevée. Les voici, tels que je les crayonnai alors :

1. *Sciences psychiques*, 1895, p. 279.

Du temps où je vivais une vie antérieure,
Du temps où je menais l'existence meilleure,
  Dont je ne puis me souvenir,
Alors que je savais les effets et les causes,
Avant ma chute lente et mes métamorphoses
  Vers un plus triste devenir ;

Du temps où je vivais les hautes existences,
Dont hommes nous n'avons que des réminiscences
  Rapides comme des éclairs ;
Où peut-être j'allais libre à travers l'espace,
Comme un astre laissant voir un instant sa trace
  Dans le bleu sombre des éthers....

Ces vers ne sauraient être une réminiscence de lecture, je les ai cherchés sans les rencontrer dans tous les recueils parus : c'était bien un volume inédit et resté inconnu que je lisais dans ce songe.

Voici maintenant un ou deux cas de pressentiments ou de divination par le rêve.

Vers 1880, mon père étant magistrat à Montauban, il y avait au tribunal, un avoué nommé Laporte. Je le vois encore, mince, blond, des yeux froids, quelque chose d'énigmatique. Il est à noter que j'étais alors très jeune homme, que les gens de robe m'intéressaient peu et que je n'avais avec eux que les relations de courtoisie stricte que doit entretenir un fils de magistrat avec tous les membres du tribunal. En 1883, mon père mourut, et peu après l'avoué Laporte fut nommé juge à Nontron (Dordogne). J'y fis à peine attention et j'avais perdu complètement le souvenir de ce magistrat, lorsque, deux ou trois années plus tard, une nuit, en rêve, je vis mon père se promener dans un endroit vague, une sorte de sol tremblant qui semblait flotter sur des nuages. Mon père, attitude, vêtements, démarche, sourire, était tel qu'avant sa mort. Tout d'un coup, je vis une forme sortir des nuages du fond et s'avancer vers lui. Cette forme prit peu à peu l'apparence réelle de M. Laporte, et lorsque les deux ombres se trouvèrent l'une près de l'autre, j'entendis très distinctement ces mots prononcés par mon père.

« *Tiens, vous voilà, Laporte, c'est donc votre tour ?* »
A quoi M. Laporte répondit simplement : « *Mais oui, c'est bien moi,* » et ils se serrèrent les mains.

Or, quelques jours plus tard, je trouvai dans mon courrier un billet de faire part : M. Laporte, juge à Nontron (Dordogne) était mort, très jeune, le jour même où j'avais eu ce rêve.

Un autre cas, presque semblable, mais moins funèbre. De celui-là, j'ai conservé la date, 18 décembre 1894. Dormant et rêvant, j'aperçus dans son étude, compulsant des dossiers, un notaire habitant une petite ville, distante d'environ 20 kilomètres du chef-lieu où je vivais alors. Ce notaire avait entre les mains des capitaux à moi, et d'habitude il se présentait chez moi une ou deux fois l'an, à des époques irrégulières, m'apportant les intérêts échus. Je le répète, ses visites n'avaient aucune date fixe, et je ne voyais jamais ce notaire, homme très honorable, conseiller général, maire et décoré, que très correct de tenue et presque élégant. Cette nuit-là, je le vis vêtu d'une longue redingote bleue et coiffé d'une calotte de soie noire. Or, le surlendemain, 20 décembre, dans la matinée, M. X... se présentait dans mon cabinet de travail et me remettait une somme arriérée et inattendue.

« Eh bien, lui dis-je, qu'avez-vous fait de votre redingote bleue et de votre calotte de soie noire ? »

Il me regarda avec la plus vive surprise et me répondit : « Mais comment donc connaissez-vous si bien mon costume d'intérieur ? »

Je lui contai mon rêve et il m'avoua alors, non sans étonnement, que le 18 décembre, il avait en effet veillé fort tard dans son étude et qu'il portait les vêtements par moi décrits.

De ces trois rêves, le dernier indique une *vue à distance d'un fait actuel,* le second est une sorte de manifestation télépathique de mourant, mais qui ne

doit pas venir de lui, assez étranger au percipient :
c'est peut-être encore de la vue à distance, mais d'un
ordre bien transcendant. Le premier paraît indiquer
une composition, une invention réelle, de l'esprit
de l'auteur, analogue aux produits de cérébration
inconsciente signalés plus haut (Maury, Condillac,
Voltaire, Tartini, Abercrombie, p. 397-403).

A propos des songes, le fait historique suivant est
connu depuis longtemps :

XLII. — Une nuit, la princesse de Conti vit en songe
un appartement de son palais prêt à s'écrouler, et ses
enfants, qui y couchaient, sur le point d'être ensevelis
sous les ruines. L'image présentée à son imagination
remua son cœur et tout son sang. Dans sa frayeur, elle
s'éveilla en sursaut et appela les femmes qui dormaient
dans sa garde-robe. Elles vinrent au bruit recevoir les
ordres de leur maîtresse. Elle leur raconte sa vision, et
déclare qu'elle veut absolument qu'on lui apporte ses
enfants. Ses femmes lui résistent en citant l'ancien proverbe : que tous songes sont mensonges. La princesse
renouvelle son ordre avec instance. La gouvernante et
les nourrices firent semblant d'obéir ; puis revinrent sur
leurs pas dire que les jeunes princes dormaient tranquillement, et que ce serait un meurtre de troubler leur
repos. La princesse, voyant leur obstination et peut-être
leur tromperie, demanda fièrement sa robe de chambre.
Il n'y eut plus moyen de reculer; on fut chercher les
jeunes princes, qui furent à peine dans la chambre de
leur mère que la chambre où ils dormaient s'écroula[1].

La vue à distance, sans les yeux, en rêve, ressemble, par une analogie très étroite, à ce qui a

[1]. Voir pour ces sortes de rêves : SUÉTONE, *Vie d'Auguste*;
CICÉRON, *De la Divination*; VALÈRE-MAXIME, *Des Songes*, etc.

maintes fois été constaté par les magnétiseurs sur leurs sujets « lucides ». Voici un exemple incontestablement authentique observé par plusieurs médecins à propos de l'ablation du sein opérée sans douleur pendant le sommeil magnétique, rapportée par Brierre de Boismont.

XLIII. — Mme Plantin, âgée d'environ 64 ans, écrit-il (obs. 106), avait consulté, au mois de juin 1828, une somnambule que le Dr Chapelain lui avait procurée; celle-ci l'avait prévenue qu'une glande se formait sous son sein droit et menaçait de devenir cancéreuse.

La malade passa l'été à la campagne, et suivit avec peu d'exactitude le régime qu'on lui avait prescrit. Elle revint à la fin de septembre voir le Dr Chapelain, et lui avoua que la glande avait considérablement augmenté. Il commença à la magnétiser le 23 octobre suivant et le sommeil se manifesta peu de jours après; mais le somnambulisme lucide chez elle ne fut jamais que très imparfait. Les soins donnés ralentirent les progrès du mal sans le guérir. Enfin le sein s'ulcéra, et le docteur jugea qu'il n'y avait d'espoir de salut que dans l'amputation. M. Jules Cloquet, chirurgien d'un rare mérite, fut du même avis; il restait encore à décider la malade; le Dr Chapelain y parvint, grâce à l'influence magnétique qu'il exerçait sur elle. Il travailla de toute la puissance de sa volonté à produire l'insensibilité de l'organe, et quand il crut y avoir réussi, il pinça fortement avec ses ongles, sans causer de douleurs, le bout du sein dont on devait faire l'ablation. La malade ignorait le jour précis de l'opération, qui fut le 12 avril 1829. Le Dr Chapelain la fit entrer dans l'état magnétique; il magnétisa fortement la partie sur laquelle on allait agir.

Voici le rapport qui fut fait à ce sujet à l'Académie de médecine[1].

---

1. *Archives générales de médecine*, mai 1829, p. 131.

« Le jour fixé pour l'opération, M. Cloquet, en arrivant à dix heures et demie, trouva la malade habillée et assise dans son fauteuil, dans l'attitude d'une personne paisiblement livrée au sommeil naturel. Il y avait à peu près une heure qu'elle était revenue de la messe qu'elle entendait habituellement à la même heure, et M. Chapelain l'avait mise dans le sommeil magnétique depuis son retour. La malade parla avec beaucoup de calme de l'opétion qu'elle allait subir. Tout étant disposé pour l'opération, elle se déshabilla elle-même et s'assit sur une chaise.

« M. Pailloux, élève interne de l'hôpital Saint-Louis, fut chargé de présenter les instruments et de faire les ligatures.

« Une première incision, partant du creux de l'aisselle, fut dirigée au-dessus de la tumeur jusqu'à la face interne de la mamelle. La seconde, commencée au même point, cerna la tumeur par en bas et fut conduite à la rencontre de la première; les ganglions engorgés furent disséqués avec précaution, à raison de leur voisinage de l'artère axillaire, et la tumeur fut extirpée. La durée de l'opération a été de dix à douze minutes.

« Pendant tout ce temps, la malade a continué à s'entretenir tranquillement avec l'opérateur, et n'a pas donné le plus léger signe de sensibilité; aucun mouvement dans les membres ou dans les traits, aucun changement dans la respiration, ni dans la voix; aucune émotion, même dans le pouls, ne se sont manifestés. La malade n'a pas cessé de présenter cet état d'abandon et d'impassibilité automatique qu'elle offrait à l'arrivée de M. Cloquet. Lorsque le chirurgien a lavé la peau aux environs de la plaie, avec une éponge imbibée d'eau, la malade manifesta des sensations semblables à celles produites par le chatouillement et dit plusieurs fois avec hilarité : « Ah! finissez, ne me chatouillez pas. »

Cette dame avait une fille mariée à M. Lagandée, malheureusement elle habitait la province, et ne put se rendre à Paris que quelques jours après l'opération.

Mme Lagandée entrait en somnambulisme et était douée d'une lucidité très remarquable.

XLIV. — « M. Cloquet pria le D' Chapelain de mettre Mme Lagandée en état magnétique et lui fit plusieurs questions sur sa mère. Elle lui répondit comme il suit : Ma mère est très affaiblie depuis quelques jours; elle ne vit plus que par le magnétisme, qui la soutient artificiellement : il lui manque de la vie. — Croyez-vous qu'on puisse soutenir la vie de votre mère? — Non, elle s'éteindra demain matin de bonne heure, sans agonie, sans souffrance. — Quelles sont donc les parties ma-·ades? — Le poumon droit est rétréci, retiré sur lui-même; il est entouré d'une membrane comme de la colle; il nage au milieu de beaucoup d'eau. Mais c'est surtout là, dit la somnambule en montrant l'angle inférieur de l'omoplate, que ma mère souffre. Le poumon droit ne respire plus, il est mort. Le poumon gauche est sain : c'est par lui que ma mère vit. Il y a un peu d'eau dans l'enveloppe du cœur (le péricarde). — Comment sont les organes du bas-ventre? — L'estomac et les intestins sont sains, le foie est blanc et décoloré à la surface. »

M. Chapelain magnétisa la malade plusieurs fois dans la journée du lundi, et parvint à peine à la faire sommeiller. Quand il revint le mardi, vers sept heures du matin, elle venait d'expirer. Les deux docteurs désiraient vérifier les déclarations de la somnambule sur l'état intérieur du corps; ils obtinrent le consentement de la famille pour en faire l'autopsie. M. Moreau, secrétaire de la section de chirurgie de l'Académie, et M. le D' Dronsart furent priés d'en être les témoins, et il fut arrêté qu'elle se ferait le lendemain en leur présence. Il y fut procédé par M. Cloquet et par M. Pailloux, son aide, assistés du D' Chapelain. Celui-ci endormit Mme Lagandée un peu avant l'heure fixée pour l'autopsie. Je ne rapporterai pas une scène de tendresse et de pitié filiale, pendant laquelle cette somnambule baigna de ses larmes le visage inanimé de sa mère.

Le Dr Chapelain se hâta de la calmer. Les médecins désirèrent entendre de sa bouche même ce qu'elle avait déclaré voir dans l'intérieur du corps de Mme Plantin, et la somnambule répéta, d'une voix ferme et sans hésiter, ce qu'elle avait déjà annoncé à MM. Cloquet et Chapelain. Ce dernier la conduisit alors dans le salon qui touche à la chambre où on allait faire l'ouverture, et dont la porte fut exactement fermée. Mme Lagandée était toujours en somnambulisme, et malgré les barrières qui la séparaient de ces messieurs, elle suivait le bistouri dans la main de l'opérateur, et disait aux personnes restées près d'elle : « Pourquoi fait-on l'incision au milieu de la poitrine, puisque l'épanchement est à droite ? »

Les indications données par la somnambule furent trouvées exactes, et le procès-verbal d'autopsie fut écrit par le Dr Dronsart.

Les témoins de ce fait, ajoutait B. de Boismont, sont tous vivants ; ils occupent dans le monde médical un rang honorable. On a interprété de différentes manières leur communication, mais on n'a jamais élevé de doute sur leur véracité.

Ainsi, voilà une observation incontestable de vue magnétique sans l'intermédiaire des yeux. Elle est encore plus remarquable que cette ablation du sein sans douleur, que nous avons rapportée, parce que c'est la *première* opération magnétique médicale qui ait été faite. B. de Boismont ajoute le cas suivant à propos de cette vue à distance.

XLV. — Un magistrat, conseiller à la Cour, m'a raconté le fait suivant. Son épouse avait une femme de chambre d'une santé languissante. Le traitement magnétique se faisait secrètement, car ses intentions charitables ne l'eussent pas mise à l'abri des plaisanteries.

Cette dame se faisait aider par son mari. Un jour que la séance magnétique avait été accompagnée de fortes douleurs, la somnambule demanda du vin vieux : le mari prit un flambeau et sortit pour en aller chercher. Il descendit le premier étage sans accident; mais la cave était située assez profondément au-dessous du sol, les marches étaient humides, il glissa à moitié de l'escalier, et tomba en arrière sans se blesser et même sans éteindre la lumière qu'il tenait à la main. Cela ne l'empêcha pas ensuite de continuer sa route et de remonter avec le vin demandé. Il trouva sa femme instruite de sa chute et de tous les détails de son voyage souterrain : la somnambule les lui avait racontés à mesure qu'ils étaient arrivés.

Autre exemple de vue magnétique à distance, tiré du même auteur.

XLVI. — J'ai connu la femme d'un colonel de cavalerie que son mari magnétisait, et qui devint somnambule; dans le cours du traitement, une indisposition le contraignit à se faire aider par un officier de son régiment. Cela ne dura que huit ou dix jours. Quelque temps après, dans une séance magnétique, le mari, ayant mis sa femme en somnambulisme, il l'engagea à s'occuper de cet officier : « Ah! le malheureux, s'écria-t-elle, je le vois, il est à X..., il veut se tuer; il prend un pistolet, courez vite.... » Le lieu indiqué était à une lieue; on monta sur-le-champ à cheval; mais quand on arriva, le suicide était consommé.

Voici encore une relation de cas curieux de lucidité en somnambulisme, extraits de l'une des dernières lettres reçues dans mon enquête :

XLVII. — Je suis très incrédule quant au spiritisme, et j'étais très sceptique sur le magnétisme, lorsqu'un fait de a plus haute évidence vint m'éclairer et forcer ma conviction sur ce dernier point.

Une demoiselle de trente-six ans, très honorable, d'une distinction et d'une instruction supérieures, vivant dans ma famille, fut atteinte d'un kyste de l'ovaire, et résistait aux médecins qui lui conseillaient de se faire opérer. En 1868, elle fut prise un jour de douleurs terribles, et le docteur B... appelé, craignant une issue fatale après une crise de trente heures, se décida à essayer, en désespoir de cause, de la magnétiser. Il réussit à l'endormir et à adoucir ses souffrances.

Le traitement ainsi continué calma beaucoup la malade et dès la deuxième séance se produisirent des phénomènes de lucidité absolument remarquables. Chaque fois la malade indiquait avec une extrême précision le jour, l'heure et la minute exacte où devait recommencer un nouvel accès, à des intervalles très irréguliers et s'éloignant de plus en plus. Le médecin averti notait soigneusement ces indications de façon à arriver avant le commencement de la crise et à magnétiser la patiente, qui se trouvait rapidement soulagée.

Une nuit, vers 3 heures du matin, le médecin étant malade, la crise annoncée se produisit et se développa avec une intensité effrayante. La religieuse qui la gardait sachant qu'à la suite de ces constatations j'avais étudié les phénomènes magnétiques dans les ouvrages de Deleuze et du baron du Potet, me suggéra d'essayer de suppléer le docteur absent. En effet, je parvins rapidement à l'endormir et à la calmer, aussi bien, sinon mieux, la patiente déclarant que mon fluide était beaucoup plus calmant. Voilà comment le hasard m'a révélé des qualités de magnétiseur que je ne soupçonnais pas. Je la magnétisais régulièrement tous les soirs, en présence de ma mère et de ma nombreuse famille, et nous assistions à des phénomènes extraordinaires de lucidité.

Malgré le soulagement considérable éprouvé par la malade, elle reconnaissait que le magnétisme n'était pour elle qu'un calmant, que le développement de son kyste faisait des progrès inquiétants, et que l'opération devenait absolument urgente pour éviter une issue fatale. Il fut décidé que Mlle de V... irait, accompagnée de sa mère, se faire opérer à Strasbourg par le docteur Kœberlé, renommé alors pour ce genre d'opérations. La longueur d'un pareil voyage pour la pauvre malade inquiétait le médecin, qui conseilla de le faire en plusieurs étapes. Mais la malade consultée déclara qu'elle pourrait le faire sans inconvénient tout d'un trait en observant les précautions suivantes. Il fallait d'abord emporter plusieurs bouteilles d'eau magnétisée, mais surtout douze ou quinze mouchoirs magnétisés, en ayant soin de les enfermer dans de fortes enveloppes en papier soigneusement et hermétiquement fermées et collées de façon à empêcher toute entrée de l'air extérieur. La malade déclara que dès qu'un commencement de fatigue et de crise se produirait, sa mère déchirant une enveloppe appliquerait un mouchoir sur son front, ce qui amènerait le sommeil magnétique, et ensuite l'appliquerait sur le ventre dans la partie malade.

Malgré ces assurances, nous restâmes tous fort inquiets lorsqu'elle partit avec sa mère.

Tout se passa comme la patiente l'avait annoncé. Le voyage se fit bien d'une seule traite, en n'usant que de quelques mouchoirs magnétisés et sans avoir besoin de recourir à l'eau magnétisée.

En arrivant à Strasbourg, la mère alla présenter sa fille au savant chirurgien, et, le prenant ensuite à part, elle lui soumit une note que le médecin, M. B..., avait rédigée sous la dictée de la malade. Dans son sommeil, la patiente avait décrit minutieusement son état. « Mon kyste, avait-elle dit, est de la grosseur et de la couleur de ces ballons jaunes dont s'amusent les enfants, son contenu n'est pas fluide, mais composé d'une matière compacte de couleur brune. Sur une de ses faces est déjà formée une nouvelle poche ayant la grosseur d'une demi-petite orange, et, sur l'autre côté, commence à se développer une autre poche de la grosseur d'une demi-noisette. Le kyste est entouré d'adhérences ou ligaments nombreux. » Interrogée par M. B..., son docteur, sur les dangers d'hémorragie dans l'opération, elle répondit qu'il n'y avait rien à craindre de ce côté, mais à la question sur les craintes de septicémie, elle pâlit affreusement, et, après un moment de silence, elle répondit : « Dieu seul le sait. »

Tel était le contenu de la note que la mère soumit au docteur Kœberlé, qui l'accueillit avec ironie et incrédulité, déclarant qu'il ne croyait pas à ces élucubrations, et comme preuve il ajouta : « Votre fille prétend qu'il y a de nombreux ligaments ; or la palpation vient de me montrer qu'il n'y en a que très peu, le kyste étant flottant sous la pression. Vous voyez donc que ses dires sont purement imaginaires. »

L'opération, cependant, fut des plus longues et des plus graves, à cause du très grand nombre de ligaments, comme l'avait indiqué la malade, et la septicémie s'étant déclarée emporta la patiente en trois ou quatre jours.

Appelé par la malheureuse mère, je partis pour Strasbourg, afin de l'assister dans sa cruelle épreuve. J'ai constaté de mes yeux l'exactitude de tous les renseignements quant au kyste qui avait été conservé après l'opération. J'accompagnai la pauvre mère, avant son départ, chez le savant docteur Kœberlé que je trouvai absolument déconcerté par la minutie des détails et prédictions qui renversaient toutes ses idées. Je lui demandai notamment comment la palpation lui avait fait croire à peu d'adhérences contrairement à la réalité. Il me répondit : « C'est un des cas les plus extraordinaires que j'aie constatés ; évidemment les adhérences étaient très nombreuses, mais elles étaient longues, ce qui permettait le flottement et déplacement du kyste sous la pression de la main, et m'a fait conclure tout différemment de la réalité. Tout cela est vraiment extraordinaire, car je ne puis contester la parfaite exactitude de toutes les prévisions et indications de la pauvre malade. »

Je ne sais si le docteur Kœberlé vit encore, mais le

souvenir de tous ces faits sensationnels a dû être conservé dans la magnifique maison de santé tenue par des religieuses (dont j'ai oublié le vocable) et qui doit encore exister.

Tels sont les faits que je puis vous certifier sur l'honneur et qui me paraissent de nature à prendre rang dans votre dossier au point de vue strictement scientifique.

C. du Chatellard,
à Marseille. [Lettre 743.]

P. S. — Vous me permettrez de signer d'un pseudonyme, car je suis très connu à Marseille où j'occupe une situation en évidence, et je ne voudrais pas que mon nom fût mêlé à aucune controverse publique.

Mais je signe ci-dessous de mon vrai nom et à titre confidentiel, pour le cas où, accueillant avec confiance mes déclarations, vous jugeriez intéressant que je les complète par d'autres renseignements qui me paraissent du plus haut intérêt, au point de vue humanitaire et scientifique.

Le même correspondant ajoute :

XLVIII. — Un soir que la malade était magnétisée, calme et lucide, de nombreuses expériences usuelles de magnétisme avaient eu lieu devant une nombreuse chambrée de famille, lorsqu'une de mes cousines eut l'idée de voir si elle pourrait suivre et retrouver mon oncle parti l'avant-veille avec son fils Paul pour faire une tournée dans ses vastes propriétés comprenant plusieurs communes. La magnétisée interrogée déclara les voir dans une auberge dont la description démontra qu'ils étaient dans un village tout autre que celui qu'on supposait. Elle déclara que le père causait avec un garde, et que son fils Paul se balançait sur une chaise devant l'âtre de la cuisine. Tout à coup la magnétisée part d'un long éclat de rire en s'écriant : « Ah! M. Paul qui vient de se renverser. Oh! quelles drôles de contorsions il vient de faire en tombant; mais il n'a pas de mal. »

Séance tenante, la sœur de Paul prit la plume pour

lui décrire l'heure et les détails de ce grotesque incident. Tout était rigouseusement exact dans le récit, et Paul et son père furent fort intrigués jusqu'à leur retour, avant de savoir comment on avait pu en avoir connaissance.

Si vous désirez contrôler le récit que je vous ai fait soit auprès du docteur Kœberlé (s'il vit encore), soit auprès de la maison de santé qui doit encore exister à Strasbourg ou en France, je vous enverrai confidentiellement le nom de Mlle de V....

Deuxième lettre :

Sensible aux remerciements et à l'intérêt que vous avez témoigné à mes communications, je viens aujourd'hui les compléter, persuadé que vous devrez en tirer des déductions instructives.

Je reviens donc à la séance de l'auberge. Un de mes cousins, présent à cette réunion de famille, me dit de lui ordonner de monter à la salle à manger. La magnétisée me répondit aussitôt : « Mais non! il y a trois marches à descendre pour se rendre à cette salle à manger. »

XLIX. — On me pria de l'envoyer à l'église et de lui demander la description d'une belle série de tableaux religieux. Convaincu de cette assertion en raison du ton sérieux qui l'avait accompagnée, je transmis ma demande à la magnétisée. Je fus tout étonné en l'entendant rire aux éclats et faire une description très humoristique de ces fameux tableaux. C'était une série de toiles absolument grotesques faites par un habitant du village, où les groupements et le dessin présentaient des anomalies et des effets des plus hilarants. Aussi ce fut un long éclat de rire partagé par ceux des assistants qui connaissaient ces peintures et qui étaient abasourdis de la fidélité de la description et des minutieux détails énumérés.

Il convient de tirer certaines déductions des deux faits précités, au point de vue scientifique. Des savants à demi convaincus, et même des magnétiseurs, ont soutenu que dans des cas semblables le magnétisé peut lire de pareils détails dans la pensée soit du magnétiseur, soit des personnes présentes, ce qui exclurait la vue à distance. Or, ce n'était pas dans ma pensée qu'elle aurait pu les trouver puisque je les ignorais absolument[1]. Ce ne pouvait être non plus dans la pensée de celui qui m'avait prié de transmettre les deux questions, car si d'une part il connaissait les originalités des tableaux, c'était de bonne foi qu'il m'avait fait ordonner de *monter* dans la salle à manger pour en faire la description et que d'autres membres de la famille reconnurent que la magnétisée avait raison de dire qu'il y avait trois marches à *descendre*.

Il en résulte donc que la visite et description des tableaux dans l'église était bien une vue et description à distance, avec cette circonstance que cela se passait entre 10 et 11 heures du soir, heure à laquelle les églises sont fermées et dans une complète obscurité.

Pendant les longues veillées de famille où je la tenais endormie, j'eus un jour l'idée de lui demander la composition d'un remède à nom étrange que je venais de lire dans une pharmacopée. Elle me donna aussitôt la description complète d'une plante avec ses phases successives, sa floraison, son genre, sa famille, enfin toutes les descriptions botaniques les plus minutieuses. Elle ajouta ensuite : « Cette plante vient dans une île, je la vois, elle pousse dans les îles de l'Océanie. » Vérification faite, tous ces détails étaient exacts. J'occupai depuis mes soirées à écrire sous sa dictée la description d'un grand nombre de plantes médicinales. A son réveil, j'amenais sans affectation la conversation sur les plantes qu'elle venait de décrire et sur lesquelles elle ne paraissait avoir que de très vagues connaissances.

Un soir que je l'avais interrogée sur l'aconit, dont elle m'avait fait la description et indiqué la zone de croissance, elle resta longtemps pensive, plongée dans une

---

1. Nous avons vu que les deux phénomènes existent, *lecture de pensée* et *vue à distance*.

profonde réflexion, dont j'avais peine à la tirer, et elle finit par me répondre en ces termes que je tiens à *vous répéter scrupuleusement, tant mon souvenir en a été frappé.* Sortant de sa profonde méditation, elle me dit :

« C'est pourtant vrai ; je ne me trompe pas ; comment se fait-il qu'on n'ait pas encore trouvé le remède de ce mal affreux, le remède du cancer ? je vois la plante, elle vient dans les mêmes parages que l'aconit. » Elle en fit la description exacte, complétée en plusieurs séances, ajoutant qu'on reconnaîtrait sa vertu en inoculant à un animal, notamment à un chien, la teinture mère obtenue par la macération de cette plante, ce qui déterminerait une plaie d'apparence cancéreuse.

J'ai essayé plusieurs fois, mais sans succès, d'intéresser des médecins et des botanistes à faire des recherches dans ce sens. Un savant botaniste m'a déclaré que la description semblait se rapporter à « l'oxiria dygina ».

Je vous envoie la description littérale faite de cette plante sous la dictée de la magnétisée. Mieux que moi, vous dont le nom et la science font honneur à notre pays, vous pourriez sans doute pousser à fond ces recherches, et en vérifier le fondement. Quelle auréole vous ajouteriez à votre nom, si vous parveniez, comme Pasteur, à doter l'humanité d'un pareil bienfait !

Nul n'ignore que les magnétisés les plus lucides ont leurs moments de défaillance, surtout les femmes à certaines époques ou sous des influences pathologiques. Mais je n'ai pas de raisons de douter que ses affirmations sur le remède du cancer ne soient aussi probantes que tant d'autres. Sa gravité, sa spontanéité, sa longue méditation avant d'émettre ses affirmations, son ardent désir de voir ainsi guérir des malheureux m'ont profondément impressionné et me portent à croire en ses déclarations.

Toutefois, si vous deviez citer mes communications dans les publications, je tiendrais beaucoup à ce que vous ne citiez pas ce dernier fait, qui seul dans mon récit, n'a pu encore être contrôlé.

Je me permets de ne pas suivre la réserve demandée par mon honorable correspondant, car je n'aurai jamais ni le temps ni la compétence de m'occuper de cette question, et peut-être un médecin ou un physiologiste trouvant ici cette indication pourra-t-il en faire profiter l'humanité[1]. Puisque la

---

1. *Description de la plante.* — C'est une plante herbacée formant un bouquet de feuilles spatulées assez larges et très tendres ; d'un vert ni très clair ni très foncé, mais plutôt clair. C'est avec l'oseille qu'elle a le plus d'analogie. Les feuilles tout unies, sans piquants, minces, contiennent un suc verdâtre très actif qui est encore plus abondant dans la grande tige de 50 centimètres (grosse comme le doigt et allant en s'amincissant) qui s'élève au moment de la floraison du milieu des feuilles. Les fleurs, à peine visibles en boutons rougeâtres avant l'épanouissement, deviennent verdâtres en s'épanouissant, et viennent au bout et tout le long de cette grande tige. Cette tige est entièrement dépourvue de feuilles. La plante croît au penchant d'une montagne, en Suisse probablement...? Elle pousse dans la zone élevée avant les neiges ; plus haut on trouve la *renoncule glaciale* ; elle vient dans un sol rougeâtre, sec et friable où la végétation est rare et rabougrie.

La tige ressemble assez à celle de l'oseille ; elle fleurit une fois en été, en juin ; cette tige reste jusqu'à l'hiver où elle se dessèche ; les toutes petites fleurs deviennent de petites graines noires qui se répandent sur la terre et les feuilles meurent ; la racine subsiste et au printemps les feuilles sortent de terre.

Probablement de la famille des Polygonées, plante dicotylédone, peut-être de la famille des Renonculacées, l'aconit vient vers les mêmes endroits.

La fleur dont l'enveloppe est rougeâtre avant d'éclore, devient verdâtre en s'épanouissant. La tige en est toute couverte. La fleur ressemble beaucoup à celle du *Lapathum*.

On lui présenta quelques jours après un *Polygonum alpinum* du Valais et elle répondit :

« La plante en question diffère de celle qu'on me présente, en ce que sa fleur est encore plus petite, plus épaisse et plus grasse ; elle ne se dessécherait pas aussi facilement. En outre elle est *verdâtre*, tandis que celle-ci est *plus blanche*. »

La feuille est moins pointue et surtout moins ligneuse et plus herbacée. Dans l'ensemble, la plante est plus épaisse dans toutes ses parties et même à son extrémité.

vue à distance et la divination sont possibles, ne dédaignons rien, enrégistrons les choses utiles sans rien nier.

Sans multiplier indéfiniment ces exemples, constatons seulement qu'il serait très facile de le faire; et que la vue sans les yeux, dans l'état somnambulique, est un fait assez fréquent, qu'il nous faut admettre malgré les nombreuses fraudes, plus fréquentes encore. La vue à distance, en rêve et en somnambulisme, ne peut plus être niée.

IX

LES RÊVES PRÉMONITOIRES ET LA DIVINATION DE L'AVENIR

> Quum est somno evocatus animus a societate corporis, tum meminit præteritorum, præsentia cernit, futura prævidet. — Cicéron.

Les rêves les plus curieux et les plus difficiles à expliquer sont peut-être encore ceux qui nous montrent un fait, une situation, un état de choses non encore arrivé, et qui se trouve réalisé effectivement à quelque distance de là, dans un avenir plus ou moins rapproché. Il ne s'agit pas seulement ici de voir sans les yeux, mais de voir d'avance ce qui n'existe pas encore.

L'énoncé seul de la question paraît absurde et contradictoire, par conséquent inacceptable. Son acceptation est grosse de conséquences, car elle impliquerait que l'avenir peut être déterminé d'avance par l'enchaînement des causes et des effets successifs, et que le libre arbitre est bien voisin d'une illusion.

Avant d'entrer dans l'analyse philosophique d'un problème qui touche aux plus grandes difficultés de la connaissance des choses, voyons d'abord s'il y a des rêves dignes de foi qui aient vraiment montré l'avenir, d'une façon ou d'une autre. C'est là une première constatation nécessaire et sans laquelle il serait superflu de s'engager en des digressions imaginaires.

Eh bien, je dois l'avouer tout de suite, les rêves qui montrent d'avance et avec précision un événement futur sont certains, doivent être acceptés comme réels. Ce ne sont pas des fables, et ici non plus la coïncidence fortuite, le hasard n'explique pas la réalisation du rêve.

Nous venons de voir, au chapitre précédent, des rêves montrant ce qui se passe au loin, dans le présent. Des faits analogues sont observés dans certains cas d'hypnotisme, de magnétisme, de somnambulisme et d'expériences spirites. C'était là une sorte de préface, de préparation naturelle à ce que nous avons maintenant à examiner.

Je citerai d'abord deux rêves dont je puis affirmer l'authenticité absolue, éprouvés par ma mère en deux circonstances bien différentes, et qu'elle vient encore de me confirmer, pour la vingtième fois peut-être.

Le premier date d'une époque à laquelle elle n'était pas encore venue à Paris. Mes parents habitaient le bourg de Montigny-le-Roi (Haute-Marne). Je commençais mes études à Langres, et ils avaient décidé de quitter la province pour la capitale, surtout dans le désir de préparer pour leurs enfants des carrières plus sûres et plus élevées. Une quinzaine de jours avant leur départ, ma mère rêva qu'elle était déjà à Paris, qu'elle traversait de grandes rues et arrivait devant un canal, au-dessus duquel était jeté un pont à escaliers. Or, quelque temps après son arrivée à Paris, elle alla rendre visite à une de ses parentes demeurant rue Fontaine-au-Roi, dans le faubourg du Temple, et fut bien surprise, en arrivant au canal, de reconnaître le pont, le quai, l'aspect du quartier, dont elle n'avait pu avoir aucune connaissance ni par des gravures, ni autrement.

Ce songe ne peut guère s'expliquer. Il faut admettre que l'esprit puisse voir à distance, et pendant la nuit, des détails que l'on trouvera, de jour, conformes à l'image laissée dans le cerveau. C'est assurément difficile. Je préférerais supposer que des personnes venues de Paris auront raconté à ma mère l'existence de ces sortes de ponts, qu'elle aura oublié ce récit et qu'il sera reparu dans le rêve. Mais ma mère m'affirma absolument que jamais personne ne lui avait parlé ni du canal parisien ni de ces ponts aériens.

Voici son second rêve :

Un certain été, l'une de mes sœurs était allée, avec son mari et ses enfants, habiter la petite ville de Nogent (Haute-Marne) ; mon père les avait accompagnés, et ma mère était restée à Paris. Tous les enfants étaient en bonne santé, et l'on n'avait aucune inquiétude sur eux. Ma mère rêve qu'elle reçoit de mon père une lettre dans laquelle elle lit cette phrase : « Je suis le messager d'une triste nouvelle, le petit Henri vient de mourir presque sans être malade, à la suite de convulsions. » Ma mère en s'éveillant se dit : « Ce n'est qu'un rêve; tout songe, tout mensonge. » Huit jours après, une lettre de mon père portait *exactement la même phrase*. Ma sœur désolée venait de perdre son dernier-né, à la suite de convulsions.

Dans le premier de ces deux rêves on pourrait, à la dernière rigueur, invoquer, comme nous le disions, un récit oublié, latent dans le cerveau. C'est excessivement peu probable, puisque ma mère est sûre de n'avoir jamais entendu parler de ces ponts. Mais dans le second, quelle explication donner?

Mon ami regretté, le docteur Macario, auteur d'un ouvrage estimé sur le *Sommeil, les Rêves et le Somnambulisme*, dont j'ai parlé plus haut, rapporte le fait suivant, arrivé dans sa famille :

Mme Macario, dit-il, partit le 6 juillet 1854 pour Bourbon-l'Archambault, afin de prendre les eaux pour une affection rhumatismale. Un de ses cousins, M. O..., qui habite Moulins, et qui rêve ordinairement ce qui doit lui arriver d'un peu extraordinaire, fit, la nuit qui précéda le voyage de ma femme, le rêve suivant : il vit Mme Macario, accompagnée de sa petite fille, prendre le chemin de fer pour se rendre aux eaux de Bourbon. A son réveil, il pria sa femme de se préparer à recevoir deux cousines qu'elle ne connaissait pas encore.

« Elles arrivent aujourd'hui même à Moulins, ajouta-t-il, et partiront ce soir pour Bourbon ; elles ne manqueront pas, j'espère, de venir nous voir. »

En effet, ma femme et ma fille ne tardèrent pas à arriver à Moulins; mais, comme il faisait un temps affreux (la pluie tombait à verse), elles descendirent chez un ami, près de la gare du chemin de fer, et n'allèrent point rendre visite (le temps leur manqua) à leur cousin qui habite un quartier fort éloigné de la ville. Celui-ci ne se découragea pas.

« Ce sera pour demain, » pensa-t-il.

Mais, cette fois encore, il fut trompé dans son attente.

Persuadé, cependant (nous l'avons déjà fait remarquer : M. O... a l'habitude de rêver vrai), que les avertissements de son rêve étaient justes, il alla au bureau de la diligence qui fait le service de Moulins à Bourbon, pour s'enquérir si une dame, accompagnée de sa fille, dont il donna les signalements, n'était pas partie la veille pour Bourbon. Il lui fut répondu affirmativement; il demanda alors si cette dame était descendue à Moulins, et apprit que toutes les particularités de son rêve étaient parfaitement exactes.

Avant de terminer, qu'il me soit permis de faire observer que M. O... n'avait aucune connaissance ni de la maladie, ni du voyage de Mme Macario, qu'il n'avait pas vue depuis plusieurs années[1].

Le docteur ajoute, à ce propos, le fait suivant :

Le jeudi 7 novembre 1850, au moment où les mineurs de la charbonnerie de Belfast se rendaient à leur travail, la femme de l'un d'eux lui recommanda d'examiner avec soin la corde de la benne ou cuffard, qui sert à descendre au fond du puits :

« J'ai rêvé, dit-elle, qu'on la coupait pendant la nuit. »

Le mineur n'attacha pas d'abord grande importance à

1. Sans mettre un seul instant en doute la sincérité absolue du Dr Macario, que j'ai constatée en toutes circonstances, je répéterai qu'il est regrettable que ce M. O... ait eu le préjugé de ne pas oser signer ses observations et ses convictions. Pourquoi cette étroitesse d'esprit? Qu'y a-t-il dans ce rêve qui puisse compromettre un honnête homme?

cet avis; cependant, il le communiqua à ses camarades. On déroula le câble de la descente, et, à la grande surprise de tous, on le trouva haché en plusieurs endroits. Quelques minutes plus tard, les travailleurs allaient monter dans la benne, d'où ils auraient été infailliblement précipités; et, s'il faut en croire le *Newcastle Journal*, ils n'ont dû leur salut qu'à ce rêve.

Lors de mes débuts dans le journalisme, à Paris, j'avais pour collègue, au *Siècle*, un écrivain charmant, d'un fort aimable caractère, qui se nommait Émile de la Bédollière. Son mariage a été dû à un rêve prémonitoire.

Dans une petite ville du centre de la France, à La Charité-sur-Loire, département de la Nièvre, il y avait une jeune fille ravissante de grâce et de beauté. Elle était, comme la Fornarina de Raphaël, fille d'un boulanger. Plusieurs prétendants aspiraient à sa main, et l'un d'eux avait une grande fortune. Les parents le préféraient. Mais Mlle Angèle Robin ne l'aimait pas et le refusait.

Un jour, poussée à bout par les instances de sa famille, elle alla à l'église et pria la sainte Vierge de lui venir en aide. La nuit suivante, elle vit en rêve un jeune homme en costume de voyageur, portant un grand chapeau de paille et des lunettes. A son réveil, elle déclara à ses parents qu'elle refusait absolument le prétendant et qu'elle attendrait, ce qui leur mit en tête mille conjectures.

L'été suivant, le jeune Émile de la Bédollière est entraîné par un de ses amis, Eugène Lafaure, étudiant en droit, à faire un voyage dans le centre de la France. Ils passent à La Charité et vont à un bal de souscription. A leur arrivée, le cœur de la jeune fille bat tumultueusement dans sa poitrine, ses joues se colorent d'un rouge incarnat, le voyageur la remarque, l'admire, l'aime, et, quelques mois après, ils étaient mariés. C'était la première fois de sa vie qu'il passait dans cette ville.

Cette curieuse histoire de mariage n'est pas unique dans son genre. Je pourrais en citer plusieurs autres analogues, et je crois même n'être pas indiscret en ajoutant que l'un de nos astronomes contemporains les plus célèbres, M. Janssen, a été vu d'avance en rêve par Mme Janssen assez longtemps avant leur présentation mutuelle.

Alfred Maury cite un cas analogue, mais en l'expliquant par sa théorie des images de la mémoire, qui ne s'applique certainement pas au mariage de la Bédollière, et qui sans doute ne s'applique pas davantage à celui-ci. « M. P[1]..., écrit-il, ancien bibliothécaire au Corps législatif, m'a assuré avoir vu en songe la femme qu'il épousa par la suite, et cependant elle lui était inconnue, ou du moins, il croit qu'il ne l'avait jamais vue réellement : il y a là *selon toute vraisemblance*, un fait de souvenir non conscient. »

Le tort des théoriciens est de vouloir tout expliquer, tout enfermer dans leurs cadres. *Selon toute vraisemblance*, à la lumière de nos nouvelles investigations psychiques, Alfred Maury se trompe ici.

M. A. Goupil, ingénieur civil à Cognac, nous a communiqué le fait suivant :

A Tunis, entre la Poste et le Café de France, est un coiffeur français dont j'ai oublié le nom. Un matin de l'été de 1891, je faisais une partie de billard avec lui;

---

1. Encore un qui n'ose pas se compromettre en donnant son nom.

cette partie terminée, je lui en proposai une seconde.
« Non, me dit-il, j'attends le médecin et je désire savoir
ce qu'il a dit. — Est-ce que vous avez quelqu'un de malade ? — Non, mais j'ai mon petit neveu âgé de... (11 ans
je crois), qui a eu hier soir une hallucination, il s'est
levé tout à coup en criant : « Voilà une femme qui veut
« prendre ma petite cousine (ma fillette de quelques
« mois), je ne veux pas qu'elle l'emporte. » Cela dura un
bon moment et nous ne pûmes lui faire croire qu'il avait
rêvé. — Est-ce qu'il a déjà eu des hallucinations? — Non.
— Il se porte bien? — Oui, mais je crains que cela soit
l'indice d'une fièvre. — Votre petite fille se porte bien?
— Oui, très bien. » Je posais cette dernière question
parce qu'il venait de me passer par la tête *que cette
vision voulait dire que la petite allait mourir avant
peu*. Je ne dis rien de ma pensée à mon interlocuteur qui
me quitta. Le lendemain, je lui demandai des nouvelles.
Tout son petit monde allait bien. Le surlendemain, même
question, et même réponse; le troisième jour, même
question et encore même réponse. Il avait l'air de s'étonner de l'intérêt que je semblais porter à ces enfants que
je ne connaissais pas. Trois jours se passèrent sans que je
le visse de nouveau. L'ayant rencontré le jour suivant
dans la rue, je lui demandai si les enfants allaient toujours bien. « Vous savez, me dit-il, que nous avons perdu
ma petite fille : elle a été emportée en rien de temps. (Je
crois qu'il m'a dit que c'était du croup.) — Non, dis-je,
je ne le savais pas, mais j'attendais cela. — Comment?
— Oui, c'est la femme qui l'a emportée. — Quelle
femme? — Eh bien, celle qu'a vue votre neveu, elle représentait la mort, la maladie, ou tout ce que vous voudrez ; ça devait être une hallucination prophétique. »

Je laissai là mon homme très étonné : il pourrait affirmer ce récit au moins dans ses lignes principales, car il
a été surpris de mes réflexions et il doit s'en souvenir.

Invoquera-t-on encore ici le hasard? Non. Il y a

là quelque chose d'*inconnu* pour nous, mais de réel.

Un ancien magistrat, actuellement député, M. Bérard, a publié l'émouvant récit que voici dans la *Revue des Revues* du 15 septembre 1895 :

A cette époque, il y a de cela quelque dix ans, j'étais magistrat, je venais de terminer la longue et laborieuse instruction d'un crime épouvantable, qui avait porté la terreur dans toute la contrée ; jour et nuit, depuis plusieurs semaines, je n'avais vu, en veille et en rêve, que cadavres, sang et assassinats.

J'étais venu, l'esprit encore sous la pression de ces souvenirs sanglants, me reposer en une petite ville d'eaux, qui dort tranquille, triste, morose, sans bruyant casino, sans mail-coachs tapageurs, au fond de nos montagnes vertement boisées.

Chaque jour, je m'égarais à travers les forêts de chênes, mêlés aux hêtres et aux fayards, ou bien par les grands bois de sapins. Dans ces courses vagabondes, il arrivait parfois que je m'égarais complètement, ayant perdu de vue les cimes élevées qui me permettaient habituellement de retrouver la direction de mon hôtel.

A la nuit tombante, je débouchais de la forêt sur une route solitaire, qui franchissait ce col étroit entre deux hautes montagnes ; la pente était rapide, et dans la gorge à côté de la route il n'y avait place que pour un petit ruisseau retombant des rochers vers la plaine en une multitude de cascades. Des deux côtés, la forêt sombre, silencieuse à l'infini.

Sur la route, un poteau indiquait que la ville était à 10 kilomètres : c'était ma route ; mais, harassé par six heures de marche, tenaillé par une faim violente, j'aspirais au gîte et au dîner immédiats.

A quelques pas de là, une pauvre auberge, isolée, véritable halte de rouliers, montrait son enseigne vermoulue : *Au rendez-vous des amis*. J'entrai.

L'unique salle était fumeuse et obscure : l'hôtelier taillé en hercule, le visage mauvais, le teint jaune; sa femme petite, noire, presque en haillons, le regard louche et sournois, me reçurent à mon arrivée.

Je demandai à manger et, si possible, à coucher. Après un maigre souper, très maigre, pris sous l'œil soupçonneux et étrangement inquisiteur de l'hôtelier, à l'ombre d'un misérable quinquet, éclairant fort mal, mais répandant en revanche une fumée et une odeur nauséabondes, je suivis l'hôtesse, qui me conduisit à travers un long couloir et un dur escalier, dans une chambre délabrée située au-dessus de l'écurie. L'hôtelier, sa femme et moi, nous étions certainement seuls dans cette masure perdue dans la forêt, loin de tout village.

J'ai une prudence poussée jusqu'à la crainte, cela tient de mon métier qui, sans cesse, me fait penser aux crimes passés et aux assassinats possibles. Je visitai soigneusement ma chambre, après avoir fermé la porte à clef; un lit, — ou plutôt un grabat — deux chaises boiteuses, au fond, presque dissimulée sous la tapisserie, une porte munie d'une serrure sans clef. J'ouvris cette porte : elle donnait sur une sorte d'échelle qui plongeait dans le vide. Je poussai devant pour la retenir si on tentait de l'ouvrir en dehors, une sorte de table en bois blanc portant une cuvette ébréchée, qui servait de toilette; je plaçai à côté une des deux chaises. De cette façon, on ne pouvait ouvrir la porte sans faire de bruit. Et je me couchai.

Après une telle journée, comme bien on pense, je m'endormis profondément. Tout à coup, je me réveillai en sursaut : il me semblait que l'on ouvrait la porte et que en l'ouvrant, on poussait la table; je crus même apercevoir la lueur d'une lampe, d'une lanterne ou d'une bougie, par le trou resté vide de la serrure. Comme affolé, je me dressai dans le vague du réveil et je criai : « Qui est là? » Rien : le silence, l'obscurité complète. J'avais dû rêver, être le jouet d'une étrange illusion.

Je restai de longues heures sans dormir, comme sous

le coup d'une vague terreur. Puis la fatigue eut raison de la peur, et je m'endormis d'un lourd et pénible sommeil entrecoupé de cauchemars.

Je crus voir, je vis, dans mon sommeil, cette chambre où j'étais, dans le lit, moi ou un autre je ne sais; la porte dérobée s'ouvrait, l'hôtelier entrait, un long couteau à la main; derrière, sur le seuil de la porte, sa femme debout, sale, en guenilles, voilant de ses doigts noirs la lumière d'une lanterne; l'hôtelier à pas de loup s'approchait du lit et plongeait son couteau dans le cœur du dormeur. Puis le mari portant le cadavre par les pieds, la femme le portant par la tête, tous deux descendaient l'étroite échelle; voici un curieux détail : le mari portait entre ses dents le mince anneau qui tenait la lanterne, et les deux assassins descendaient l'escalier borgne à la lueur terne de la lanterne. Je me réveillai en sursaut, le front inondé d'une sueur froide, terrifié. Par les volets disjoints, les rayons du soleil d'août inondaient la chambre : c'était sans doute la lueur de la lanterne, je vis l'hôtesse seule, silencieuse, sournoise, et je m'échappai joyeux, comme d'un enfer, de cette auberge borgne pour respirer sur le grand chemin poudreux l'air pur des sapins, sous le soleil resplendissant, dans les cris des oiseaux en fête.

Je ne pensais plus à mon rêve. Trois ans après, je lus dans un journal une note à peu près conçue en ces termes : « Les baigneurs et la population de X... sont très émus de la disparition subite et incompréhensible de M. Victor Arnaud, avocat, qui depuis huit jours, après être parti pour une course de quelques heures dans la montagne, n'est point revenu à son hôtel. On se perd en conjectures sur cette incroyable disparition. »

Pourquoi un étrange enchaînement d'idées ramena-t-il mon esprit vers mon rêve à mon hôtel? Je ne sais, mais cette association d'idées se souda plus fortement encore quand, trois jours après, le même journal m'apporta les lignes que voici : « On a retrouvé en partie les traces de M. Victor Arnaud. Le 24 août au soir, il a été vu par un roulier dans une auberge isolée : *Au rendez-vous des amis*. Il se disposait à y passer la nuit ; l'hôtelier dont la réputation est des plus suspectes et qui jusqu'à ce jour avait gardé le silence sur son voyageur a été interrogé. Il prétend que celui-ci l'a quitté le soir même et n'a point couché chez lui. Malgré cette affirmation, d'étranges versions commencent à circuler dans le pays. On parle d'un autre voyageur d'origine anglaise disparu il y a six ans. D'autre part, une petite bergère prétend avoir vu la femme de l'hôtelier, le 26 août, lancer dans une mare cachée sous bois des draps ensanglantés. Il y a là un mystère qu'il serait utile d'éclaircir. »

Je n'y tins plus, et tenaillé par une force invincible qui me disait malgré moi que mon rêve était devenu une réalité terrible, je me rendis dans la ville.

Les magistrats saisis de l'affaire par l'opinion publique recherchaient sans donnée précise. Je tombai dans le cabinet de mon collègue le juge d'instruction, le jour même où il entendait la déposition de mon ancienne hôtelière. Je lui demandai la permission de rester dans son cabinet pendant cette déposition.

En entrant, la femme ne me reconnut pas, ne prêta même aucune attention à ma présence.

Elle raconta que, en effet, un voyageur, dont le signalement ressemblait à celui de M. Victor Arnaud était venu, le 24 août au soir, dans son auberge, mais qu'il n'y avait point passé la nuit. Du reste, avait-elle ajouté, il n'y a que deux chambres à l'auberge et, cette nuit-là, toutes deux ont été occupées par deux rouliers, entendus dans l'instruction et reconnaissant le fait.

Intervenant subitement : « Et la troisième chambre, celle sur l'écurie ? » m'écriai-je.

L'hôtelière eut un brusque tressaillement, et parut subitement, comme en un soudain réveil, me reconnaître. Et moi, comme inspiré, avec une audacieuse effronterie, je continuai : « Victor Arnaud a couché dans cette troisième chambre. Pendant la nuit vous êtes venue avec votre mari, vous tenant une lanterne, lui un long couteau ;

vous êtes montés par l'échelle de l'écurie, vous avez ouvert une porte dérobée qui donne dans cette chambre; vous, vous êtes restée sur le seuil de la porte pendant que votre mari est allé égorger son voyageur afin de lui voler sa montre et son portefeuille. »

C'était mon rêve de trois années que je racontais; mon collègue m'écoutait ébahi; quant à la femme, épouvantée, les yeux démesurément ouverts, les dents claquant de terreur, elle était comme pétrifiée.

« Puis, tous deux, ajoutai-je, vous avez pris le cadavre, votre mari le tenant par les pieds; vous l'avez descendu par l'échelle. Pour vous éclairer, votre mari portait l'anneau de la lanterne entre ses dents. »

Et alors, cette femme terrifiée, pâle, les jambes se dérobant sous elle : « Vous avez donc tout vu ? »

Puis, farouche, refusant de signer sa déposition, elle se renferma dans un mutisme absolu.

Quand mon collègue refit au mari mon récit, celui-ci se croyant livré par sa femme, avec un affreux juron : « Ah ! la c..., elle me le payera ! »

Mon rêve était donc bien vrai et était devenu une sombre et terrifiante réalité.

Dans l'écurie de l'hôtel, sous un épais tas de fumier, on retrouva le cadavre de l'infortuné Victor Arnaud et à côté de lui, des ossements humains, peut-être ceux de l'Anglais disparu six ans auparavant dans des conditions identiques et tout aussi mystérieuses.

Ce récit est assez éloquent par lui-même pour dispenser de tout commentaire. C'est un rêve prémonitoire de toute beauté. Nous ne supposons pas que l'auteur, ancien magistrat, l'ait inventé pour le plaisir d'écrire un conte dramatique admirablement rédigé. Cependant la chose n'est pas impossible. Peut-être M. Bérard pourrait-il en donner lui-même le témoignage irrécusable par une confrontation avec le dossier de l'affaire Victor Arnaud [1].

Mme A. Vaillant m'a adressé de Foncquevillers (Pas-de-Calais) le curieux récit d'un rêve prémonitoire et de trois cas de télépathie très remarquables qui, par une inadvertance due certainement à la quantité considérable des lettres reçues, n'ont pas été inscrits plus haut. Sans revenir sur ce sujet, je dirai que le premier concerne la vue précise d'une mort, en 1794, des bords du Rhin à Arras; le second l'apparition et l'audition à Bapaume, par deux témoins séparés, d'un mari et d'un père morts ce même jour en Autriche (1796); le troisième une jeune fille habitant un château d'Écosse, descendant en courant un escalier, et voyant au pied de cet escalier, baignant dans son sang, un oncle assassiné en cet instant même à Londres (1796). Voici le rêve prémonitoire.

Il y a quelques années, dans une ville du Nord, un nouveau vicaire fut nommé dans une certaine paroisse. Une personne connue de Mme Vaillant rêva, quelques jours auparavant, que ce vicaire était un M. G...; qu'il prêchait le dimanche suivant sur tel sujet, que sa sœur

1. Cette histoire est rapportée aussi dans les *Mémoires* de M. Goron, ancien chef de la sûreté (tome II, p. 338), qui y adjoint un autre rêve de lui-même, à propos d'un autre assassinat. Ce dernier rêve, remarquable d'ailleurs, me paraît pouvoir s'expliquer par les *associations de pensées* qui occupaient ce jour-là le cerveau de l'auteur (voir plus haut, p. 398-404).

était assise devant lui, et *toutes les particularités de son rêve se trouvèrent réalisées*. [*Lettre* 103.]

Voici un autre rêve prémonitoire, rapporté par un honorable ecclésiastique :

J'étais en pension à Niort, j'avais quinze ou seize ans, et, une nuit, j'eus un singulier songe. Il me sembla être à Saint-Maixent (ville que je ne connaissais que de nom), avec mon maître de pension, sur une petite place, auprès d'un puits en face duquel était une pharmacie, et voir venir à nous une dame de la localité, que je reconnus pour l'avoir vue une seule fois à Niort, dans la maison où j'étais. Cette dame, en nous abordant, nous parla d'affaires que je trouvai si extraordinaires que, dès le matin, j'en fis part au patron. (On appelait ainsi le chef de l'institution.) Celui-ci, très étonné, me fit répéter cette conversation. Quelques jours après, ayant eu à faire à Saint-Maixent, il m'emmena avec lui. A peine arrivés, nous nous trouvâmes sur la place que j'avais vue

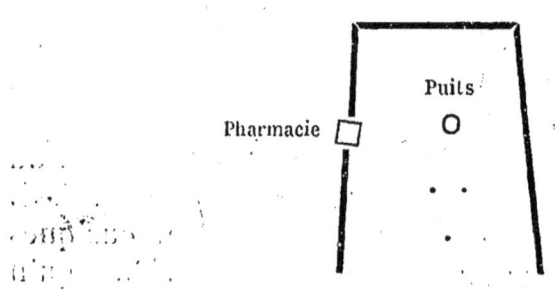

en songe, aux deux points marqués ci-dessus, et nous vîmes venir à nous, au point posé plus bas, la dame en question, qui eut avec mon patron la conversation telle que je l'avais racontée, *absolument mot à mot*.

GROUSSARD,
Curé de Sainte-Radegonde (Charente-Inférieure).

On ne voit pas non plus comment le hasard pourrait expliquer cette prémonition si précise.

Mon enquête m'a fourni un grand nombre de rêves prémonitoires. Je les ai classés spécialement, et je demanderai encore à mes lecteurs la permission d'en citer ici les principaux et de les ajouter aux onze exemples précédents, afin de mettre entre leurs mains toutes les pièces de conviction.

XII. — Je me présente moi-même, Pierre Jules Berthelay, né à Yssoire, Puy-de-Dôme, le 23 octobre 1825, ancien élève du lycée de Clermont, prêtre du diocèse de Clermont en 1850, ancien vicaire pendant huit ans à Saint-Eutrope (Clermont), trois fois inscrit au ministère de la Guerre comme aumônier militaire.

1° Après treize ans de pénible ministère, j'étais très fatigué, d'autant plus que j'avais dû servir de contre-maître surveillant au nom de la fabrique, pour la construction de la gracieuse église de Saint-Eutrope à Clermont; pendant quatre ans, j'ai suivi les ouvriers depuis 10 m. 50 dans l'eau des fondations, jusqu'à la croix de la flèche. C'est moi qui ai posé les trois dernières ardoises. Notre professeur, M. Vincent, pour me faire changer de travaux, me fit venir à Lyon, où je n'étais jamais allé. Un des premiers jours, mon élève me dit, en sortant de déjeuner : « Monsieur l'abbé, voulez-vous m'accompagner à notre domaine de Saint-Just-Doizieux ? » J'accepte ; nous voilà en voiture. Après avoir passé Saint-Paul-en-Jarret, je pousse une exclamation : « *Mais je connais le pays!* » dis-je, et, de fait, j'aurais pu m'y diriger sans guide. Au moins un an auparavant, j'avais vu pendant mon sommeil toutes ces petites terrasses en pierres jaunes.

2° Je suis rentré dans mon diocèse, mais on m'a envoyé remplir dans les montagnes de l'Ouest une mission très pénible, au-dessus de mes forces. Je suis resté sept mois très malade à Clermont. Enfin je puis me tenir sur mes jambes, on m'envoie remplacer l'aumônier de l'hôpital d'Ambert frappé par une congestion cérébrale. Le chemin de fer d'Ambert n'était pas encore construit, j'étais dans le coupé de la voiture faisant le service de Clermont à Ambert. Après avoir dépassé Billom, je jette les yeux à droite et *je reconnais le petit castel avec son avenue d'ormeaux, comme si j'y avais vécu.* Je l'avais vu pendant mon sommeil au moins dix-huit mois auparavant.

3° Nous sommes à l'année terrible. Ma mère qui avait vu les alliés parader dans les Champs-Élysées à Paris est veuve, elle me réclame comme son seul soutien; on me donne une petite paroisse proche d'Yssoire. La première fois que je suis allé voir un malade, je me suis trouvé dans des ruelles étroites, entre de hautes murailles noires, mais j'ai parfaitement trouvé le débouché. J'avais pendant mon sommeil, plusieurs mois auparavant, *parcouru ce dédale de ruelles sombres.*

4° Des événements indépendants de ma volonté m'ont amené à Riom, où je me prépare au grand voyage. Quelle n'est pas ma surprise de retrouver comme une vieille connaissance la chapelle que mon camarade l'abbé Faure avait bâtie pour les soldats, que je n'avais jamais vue de mes yeux, et dont j'ignorais même l'existence! J'aurais pu faire le croquis[1] que je vous adresse comme si j'avais servi de contremaître.

BERTHELAY,
à Riom (Puy-de-Dôme). [*Lettre* 19.]

XVI. — Dans les premiers jours de septembre 1870, aux bains de mer à Weymouth (Angleterre.), vers 2 heures du matin, jeudi à vendredi, je me suis réveillée au même moment qu'une voix mystérieuse a prononcé ces paroles très distinctement : « *Jump out of bed, pray for these at sea.* » « Sautez hors de votre lit, priez pour ceux qui sont sur la mer. » A peu près au même temps le *Captain* grand vaisseau anglais, s'est perdu dans la baie de

---

1. Cette communication est accompagnée de quatre dessins des paysages et monuments vus en rêve.

Biscaye. Trois cents noyés. Le reste de l'escadre est arrivé près de nous dans les Portland Roads. Le public étant admis à l'inspection de ces vaisseaux, compagnons du malheureux, j'en ai profité, ainsi qu'un frère. Sept ans plus tard, 9 septembre 1877, ce frère a péri lui-même dans le naufrage de l'*Avalanche*, dans ces mêmes Portland Roads.

Mary C. Deutschemdaff,
épouse du pasteur protestant
de Charleville (Ardennes). [*Lettre* 29.]

XVII. — Le fait suivant m'a été rapporté par un de mes vieux confrères, âgé aujourd'hui de quatre-vingt-onze ans, esprit très positif et nullement enclin au mysticisme.

Un soir, vers 1835, il travaillait dans sa chambre, à Strasbourg. Soudain il eut la vision très nette de Morey, son village natal. La rue où était la maison paternelle présentait une animation insolite à cette heure, et il reconnut plusieurs personnes parmi lesquelles une de ses parentes portant une lanterne.

« Quelques jours après, me disait-il, je reçus la nouvelle de la mort de ma mère, survenue ce même soir, et *en présence des mêmes personnes que j'avais vues*. De plus, c'était bien la mère de ma mère qui tenait la lanterne. »

De pareils faits sont sans doute inexplicables actuellement, mais ce n'est pas une raison pour les nier dédaigneusement. Attendons et cherchons : l'avenir nous réserve bien des surprises et dévoilera bien des mystères.

Qu'est-ce que la pensée ? Nous l'ignorons absolument, mais nous pouvons supposer qu'elle correspond à un nombre de vibrations déterminé : mettons si l'on veut un million de quintillions par seconde. Le cerveau, appareil qui émet ces vibrations, est à la fois transmetteur et récepteur. Il est possible que sous l'influence d'une excitation intense, ces vibrations soient capables d'impressionner à d'énormes distances d'autres cellules nerveuses. Et si les phénomènes de télépathie sont surtout produits par des mourants, on sait que, souvent à l'approche du dernier moment, le cerveau possède une suractivité extraordinaire. D'autre part, ceux qui sont impressionnés sont aussi généralement des êtres sensibles, nerveux, impressionnables en un mot. Enfin, l'affection, la haine, l'inquiétude peuvent contribuer à mettre en état d'isochronisme cérébral deux personnes possédées de ces sentiments.

Sans tomber dans le domaine du surnaturel ou de l'impossible, un jour viendra peut-être, mais si lointain encore, où l'homme regardera le téléphone et le télégraphe comme des moyens primitifs et barbares pour correspondre à distance ; à volonté il enverra sa pensée à travers l'espace. Ce sera alors vraiment le bouleversement du vieux monde.

Docteur Dève,
à Fouvent-le-Haut (Haute-Saône). [Lettre 26.]

XVIII. — L'année dernière, au mois de septembre, j'eus, pendant une nuit, la vision très distincte d'un enterrement d'enfant sortant d'une maison dont je connais les habitants, seulement j'ignorais dans mon rêve celui des enfants qui était mort.

Ce rêve me revint à la mémoire toute la journée et j'essayai en vain de le chasser de mon esprit. Le soir, un des enfants de cette maison, âgé de quatre ans, tomba accidentellement dans une douve et s'y noya.

Émile Boismard,
à Seiches (Maine-et-Loire). [Lettre 53.]

XIX. — Mon frère aîné, Émile Zipelius, artiste peintre, mourut le 16 septembre 1865, à l'âge de vingt-cinq ans, en se baignant dans la Moselle. Il habitait Paris, mais se trouvait à ce moment-là en visite chez ses parents à Pompey, près Nancy. Ma mère avait rêvé deux fois, à des intervalles assez éloignés, que son fils se noyait.

Lorsque la personne chargée d'annoncer la terrible nouvelle à mes parents se présenta chez eux, ma mère, devinant qu'il était arrivé un malheur, s'informa d'abord d'une de ses filles absentes dont elle n'avait pas eu de nouvelles depuis quelques jours. Lorsqu'on lui répondit qu'il ne s'agissait pas d'elle, elle dit : « Ne continuez pas, je sais ce que c'est; mon fils s'est noyé. » Nous avions eu une lettre de lui dans la journée, de sorte que rien ne faisait prévoir cette catastrophe.

Mon frère lui-même avait dit à sa concierge peu de temps auparavant : « Si je ne rentre pas un soir, allez à la Morgue le lendemain, j'ai le pressentiment que je mourrai dans l'eau. J'ai rêvé que j'étais au fond de l'eau, mort et les yeux ouverts. »

C'est en effet ainsi qu'on l'a trouvé, il était mort sur l'eau, de la rupture d'un anévrisme. Ma mère et mon frère étaient si persuadés que cela arriverait, que le jour de sa mort, il avait refusé de se baigner dans la Moselle. Mais, vers le soir, il se laissa séduire par la fraîcheur de l'eau, et fut enlevé ainsi à notre affection.

J. VOGELSANG-ZIPELIUS,
à Mulhouse. [Lettre 127.]

XX. — Il y a plusieurs années, pendant six mois, je rêvais au moins une fois par semaine que j'étais obligée de laisser mes enfants seuls pour aller travailler dans un bureau, je courais de crainte d'être en retard; et la fatigue, l'inquiétude me réveillant, je constatais avec plaisir que rien ne justifiait ce bête de rêve, et qu'avec mon mari j'avais une position modeste mais suffisante.

Hélas, dans l'année, ce rêve se réalisait.

CLAIRE.
[Lettre 151.]

XXI. — Le 25 novembre 1860, étant à chasser en mer, vers 4 heures du soir, dans une barque, nous revenions et n'étions plus qu'à 20 mètres du rivage, lorsqu'un de mes amis m'avoua qu'il avait rêvé la nuit précédente qu'il mourrait noyé ce jour.

Je le rassurai en lui disant que dans dix minutes nous serions à terre.

Quelques instants après, notre barque chavira et, deux de mes amis, dont celui en question, se noyèrent, malgré les soins que nous leur avons prodigués. Le frère de mon ami dont il est question ci-dessus est encore avocat au Havre, où cette catastrophe s'est passée. (On peut consulter à ce sujet les journaux du Havre du 26 novembre 1860).

E. B.
78, rue de Phalsbourg, au Havre. [*Lettre* 194.]

XXII. A. — Au mois d'août dernier, à un moment où j'étais occupé d'une étude de craie, en rêve je crus trouver un galet dans la craie des Brocles, près de Bernot. J'avais disposé de ma journée du lendemain pour voir cette craie; pendant mon exploration, je fus très surpris de trouver un galet et très exactement dans les conditions de mon rêve; les galets de la craie sont rares[1].

B. — Il y a quelques années, en rêve également, je vis une trouvaille d'objets gallo-romains à un endroit précis du village de Sissy. Cet endroit vint à être choisi pour l'emplacement d'un nouveau cimetière. Dans une des premières fosses creusées, les fossoyeurs trouvèrent un pot qui me fut envoyé : c'était un pot gallo-romain, et le nouveau cimetière se trouvait être sur d'anciennes tombes gallo-romaines.

Alphonse Rabelle,
pharmacien, à Ribemont (Aisne). [*Lettre* 222.]

XXIV. — J'ai été à deux fois différentes, en rêve, prévenue de la mort de personnes que je connaissais *seulement de vue*, et dont le décès, arrivé la veille ou la nuit du rêve, m'a été annoncé le lendemain dans des circonstances, et avec des paroles à peu près identiques à celles du rêve. Dans l'un et l'autre cas, j'ignorais absolument la maladie de ces personnes qui m'étaient d'ailleurs indifférentes.

M. Lorilliard,
à Przemysl (Pologne). [*Lettre* 248.]

1. Cas de cérébration inconsciente, peut-être. Cependant....

XXV. — J'avais dix-huit ans, quand mon pauvre père mourut, à la suite d'une attaque. Quinze jours avant sa mort, je l'avais vu, en rêve, dans sa chambre, étendu sur son lit tout habillé et mort, avec, autour de lui, *cinq personnes*, toutes des intimes de la famille, qui le veillaient. Ce sont ces mêmes *cinq personnes* qui veillèrent le corps toute la nuit qui suivit le décès. Cette constatation bien étrange m'a laissé pendant longtemps sous le coup d'une émotion profonde.

P. B.,
à Marseille. [*Lettre* 251.]

XXVI. — Trois jours (juste le temps nécessaire à une lettre de venir de Pétersbourg ici) avant d'apprendre la mort de la sœur du peintre Vereschaguine, je vis en rêve son mari auquel je demandai, étonnée de le voir seul : « Où est Marie Vasilievna ? » Il me répondit distinctement : « She rest », ce qui veut dire : « elle repose. »

J. Mottu,
à Seale-How-Ambleside. Westmorland. [*Lettre* 253.]

XXVII. — Alors que ma femme, encore jeune fille, soignait sa mère, elle prenait fort peu de repos la nuit comme le jour. Une nuit, la dernière, pendant un court sommeil bien peu réparateur, elle vit sa mère en rêve. Cette dernière lui dit :

« Tu me perdras à *onze heures*. »

Et la prédiction s'accomplit exactement; le douloureux événement arriva à l'heure dite.

Ma femme ne parla de ce rêve qu'après les premiers jours de deuil, il n'y a donc d'autre preuve que sa parole, à laquelle je crois aveuglément.

Si vous croyez utile de publier ce fait à vos lecteurs, je préfère, étant donné ma qualité, que mon nom reste inconnu.

X.,
lieutenant de vaisseau, à Rochefort. [*Lettre* 261.]

XXVIII. — A. En 1858 (je ne suis pas jeune), j'étais à Terrasson (Dordogne), employé à la construction du chemin de fer de Périgueux à Brive. Un autre employé sur le terrain, originaire des Hautes-Alpes, me dit, un matin, très préoccupé, que dans la nuit précédente, il avait *vu* un fantôme en lequel il avait cru reconnaître son père. Deux jours après, il recevait un pli bordé de noir; une lettre lui annonçait le décès de son père, survenu dans *la nuit même* de l'apparition.

B. En 1885, j'étais à Périgueux avec ma famille. Ma femme a vu en rêve, dans la nuit du 15 au 16 janvier, un lit fermé par des rideaux, et, auprès, une table sur laquelle étaient posés un cierge allumé et un crucifix; elle me fit part de ce rêve qui l'alarmait. Or, nous reçûmes une lettre de Rodez, où se trouvait mon beau-père, nous annonçant qu'il était atteint d'une fluxion de poitrine à la suite de laquelle il a succombé peu après.

LUMIQUE,
7, rue Traversière-des-Potiers, à Toulouse. [*Lettre* 268.]

XXX. — Étant éveillée, j'ai bien souvent senti près de moi la présence d'un être disparu et vivement regretté. De plus, deux jours avant la mort de cette même personne, j'ai rêvé qu'il arrivait une lettre *imprimée* me faisant part de son décès, et c'est de cette manière que la triste nouvelle m'est parvenue.

VVE POULLAIN-BOUHON,
à Seignelay. [*Lettre* 270.]

XXXI. — J'ai fait la triste expérience que toutes les fois que je vois en rêve une dame de mes amies, morte il y a cinq ans, je perds un membre de ma famille.

Mais ce qui m'a le plus frappé, il y a environ un mois et demi, c'est que cette même personne est venue dans un rêve se promener avec moi du côté de Lagoubran. Arrivés sur le boulevard de Strasbourg, en entrant à Toulon, elle m'a quitté et elle est retournée vers Lagoubran avec des ouvriers que je ne connaissais pas. Ils avaient tous l'air malheureux.

Pendant plusieurs jours, je me demandais avec effroi qui j'allais perdre encore, quand arriva la catastrophe de Lagoubran que tout le monde connaît.

Elle était donc venue m'annoncer le malheur qui devait frapper la ville entière.

Une de mes amies a, dans la nuit du 3 au 4 mars, rêvé les scènes qui se sont produites dans la nuit du 4 au 5, et le dimanche, quand elle a vu défiler devant sa porte les prolonges d'artillerie portant les morts et les blessés accompagnés de soldats et de prêtres, il lui semblait voir une seconde édition de son rêve.

M. J. D.,
à Toulon. [*Lettre* 345.]

XXXII. — Souvent il m'est arrivé de me trouver dans une situation quelconque, aussi banale que possible, dont j'avais eu l'*exacte* sensation un temps indéterminé auparavant.

J.-H. Charpentier,
à Francfort-sur-Mein. [*Lettre* 351.]

XXXIII. — C'était en 1889, un jour du mois d'avril, une jeune fille nommée Jeanne Dubo, attachée au service de ma maison en qualité de domestique, s'affaissait soudainement, en ma présence, sans que j'aie pu lui porter le moindre secours. Il s'agissait là d'un cas de mort subite, causée par la rupture d'un anévrisme.

Les parents de cette fille, de pauvres métayers, qui habitaient et qui habitent encore le département des Landes, ayant appris l'affreuse nouvelle, arrivaient en pleurs à la maison, le lendemain de ce triste événement.

Cette première entrevue fut aussi pénible pour moi que pour eux, car je me sentais profondément affecté de la mort de cette fille à laquelle je m'étais attaché autant pour la franchise et la douceur de son caractère, que pour le zèle qu'elle apportait aux soins de mon ménage.

La nuit venue, alors que je veillais la morte en compagnie de son père et de sa mère, m'adressant au vieux

Dubo, je lui posai, en patois, la question suivante :
« Dites-moi, Dubo, n'avez-vous pas eu quelque pressentiment, à propos de la mort de Jeanne? — Comment cela ? me répondit-il, je ne comprends pas? — Oui, continuais-je, un signe quelconque... que sais-je... un je ne sais quoi qui a pu vous avertir qu'un malheur vous menaçait? — Non, me répondit-il, en secouant la tête, rien!... — Un rêve?... par exemple, insistai-je. — Un rêve!... Ah! attendez, dit-il, comme une personne qui cherche à se rappeler. Oui, un rêve ! » murmura-t-il, puis tournant la tête du côté de sa femme, laquelle était couchée tout habillée sur un matelas : « Entends-tu Marceline? Ton rêve, tiens! » ... Des sanglots étouffés répondirent à cette interrogation. Alors, il me raconta qu'une nuit, il y avait de cela une dizaine de jours, sa femme avait rêvé *que leur fille était morte*; que pendant ce rêve, elle avait gémi et pleuré à chaudes larmes et que malgré les efforts qu'il avait faits pour la consoler, elle avait conservé jusqu'au jour l'idée que sa fille était morte. Une forte migraine s'ensuivit, qui dura plusieurs jours.

Ce rêve, que j'avais en quelque sorte deviné, et que la femme Dubo avait pris pour une réalité, devait le devenir en effet, dix ou douze jours plus tard.

Justin Mano,
receveur buraliste, à Belin (Gironde). [*Lettre* 371.]

XXXIV. — En 1865, j'étais en Angleterre, institutrice dans un pensionnat; j'avais dix-huit ans. Le climat ne convenait pas à mon tempérament, j'étais dans un état maladif et mes pensées retournaient toujours en France.

J'étais allée en Angleterre pour y rester deux ans, le temps nécessaire pour apprendre l'anglais; j'y étais depuis le mois de janvier, lorsque, tout à fait à la fin de juillet, je rêvai qu'il me fallait étudier rapidement, que je ne devais pas rester longtemps encore dans ce pays, mais sans connaître le motif qui m'obligerait à partir.

Ce rêve me préoccupa et je le chassai de ma pensée, me disant que tout songe est mensonge.

Le 13 août suivant, ma mère mourut, et je dus, en effet, revenir en France.

LÉONIE SERRES, née FABRE,
à Deaux, canton de Vézénabres (Gard). [Lettre 406.]

XXXV. — Dans un rêve, j'ai vu et visité en détail un pays qui m'était inconnu. J'ai, depuis, contrôlé cette... vision qui était exacte et précise. Si vous le désirez, je détaillerai.

ABDON GRAU,
à Aïn-Beïda (Constantine). [Lettre 486.]

XXXVI. — Il y a juste deux ans que j'occupais une place en Amérique, nous étions en villégiature dans le Maryland, lorsqu'une nuit je vis en rêve une grande porte monumentale qui fermait l'entrée d'une vaste forêt, et à deux pas de cette porte la maisonnette d'un garde-chasse. Je racontai mon rêve le lendemain matin à Mlle S..., chez laquelle j'étais institutrice, en lui disant que sans doute je retournerais bientôt en Europe.

Mais quelle ne fut pas ma suprise, lorsque l'année passée, étant de retour véritablement, et ayant été nommée à Cracovie, nous partîmes pour la campagne au mois de juin. Quelques jours après notre arrivée, mon élève, jeune fille de quatorze ans, me dit : « Venez, Mad, il faut que je vous montre la belle forêt de T..., appartenant au comte P.... » Nous y allons et, à l'entrée de la forêt, *je reconnais cette porte* qui m'avait tant frappée lors du rêve, juste un an auparavant. « Marie, dis-je à mon élève, j'ai vu cette porte il y a un an, bien loin d'ici, et c'était en rêve. » Elle s'en amusa beaucoup.

Prière de ne pas imprimer mon nom.

L. R.
Moravie (Autriche). [Lettre 496.]

XXXVII. — Je crois utile de vous signaler deux faits bien

caractéristiques relatifs au pressentiment éprouvé en rêve par deux personnes que je connais parfaitement.

A. La première personne rêve que son père est mort. Un mois après, son père meurt *dans les mêmes circonstances qui ont accompagné le rêve.*

B. La seconde rêve (une dame) que son jeune enfant vient de mourir, la veille du jour où il trépasse réellement et toujours *dans les mêmes circonstances du rêve.*

G. VIAN,
ancien secrétaire de la Société scientifique Flammarion,
de Marseille. [Lettre 499.]

XXXIX. — J'eus une année, en février ou mars, en rêve, la vision d'une amie intime en très grand deuil d'un de ses proches. J'assistai cette nuit-là à toutes les péripéties que l'on peut éprouver à un retour de voyage au milieu de la nuit, la voyant dans mon rêve avec son enfant *errant, au milieu d'une gare, en pleine nuit,* à la recherche de véhicules ou moyens de transport pour arriver dans sa maison avant la cérémonie funèbre.

Cinq mois après, j'apprenais la complète réalisation de mon rêve. Cette personne, que j'affectionne au plus haut point, a éprouvé dans les circonstances relatées, tous les soucis, les tourments et les angoisses dont je l'avais vue accablée avec son enfant. Le membre de sa famille qu'elle a perdu était d'ailleurs assez malade, mais on était loin cependant de soupçonner un aussi prompt dénouement.

La réalisation pour n'être pas très rapide ne s'en est cependant pas moins produite à peu de mois de distance.

D'où vient donc cette prescience de l'avenir manifestée dans nos songes?

M. P. H. D. M.,
à Romans. [Lettre 509.]

XL. — J'allais au collège comme externe et, dans mon rêve, je me vis traversant la place de la République, à Paris, une serviette sous le bras, quand exactement en face les magasins du Pauvre-Jacques, un chien passa poursuivi par une bande de gamins qui le maltraitaient. J'en vis exactement le nombre, huit. Les employés commençaient à faire leur éventaire, une marchande des quatre saisons passait avec sa voiture pleine de fruits et de fleurs.

Le lendemain matin, me rendant au collège, je vis dans le même cadre, à la même place, la scène que j'avais vue en rêve. Rien n'y manquait : *le chien* courait dans le ruisseau, *les huit gamins* le poursuivaient, *la marchande des quatre saisons* remontait avec sa voiture, gagnant le boulevard Voltaire, et les employés du Pauvre-Jacques disposaient leurs tissus à la porte de leur magasin.

Ed. Hannais,
10, av. Lagache, à Villemomble (Seine). [*Lettre* 527.]

XLI. — Vers 1827 ou 1828, mon père se trouvait à Nancy. A ce moment avait lieu une de ces loteries, interdites depuis, et dans lesquelles il importait de déterminer en les prenant les numéros que l'on désirait avoir. Mon père était fortement tenté de courir la chance, mais il hésitait encore quand une nuit il vit, durant son sommeil, deux numéros se détacher en caractères phosphorescents sur l'un des murs de sa chambre. Vivement frappé, il résolut d'aller dès l'ouverture des guichets demander les numéros rêvés. Des scrupules de délicatesse le retinrent sur le seuil! Mais il ne put s'empêcher, après le tirage de la loterie, d'aller s'informer des résultats du tirage. Les numéros qu'il avait rêvés étaient sortis dans l'ordre où ils lui étaient apparus, donnant un gain de 75 000 francs.

Mlle Meyer.,
à Niort (Deux-Sèvres). [*Lettre* 549.]

XLII. — Nous allâmes à Paris, ma femme et moi, en mai 1897, passer quelques jours, et nous nous sommes arrêtés à Angers chez des parents. Le matin du jour fixé pour notre départ pour Paris, j'étais dans cet état de délicieux engourdissement dans lequel on se complaît, lorsqu'on a la vague idée que la vie renaît autour de soi, et qu'on repose bien confortablement couché dans un bon lit. Je n'étais pas éveillé, je somnolais. Tout à coup, j'entendis une voix fraîche et bien timbrée, chanter une romance délicieuse qui me charma; cet air me parut si joli que je regrettai de m'être éveillé. J'étais dans le ravissement.

Dans mon imagination, j'attribuai ce chant à un jeune apprenti qui se serait arrêté sur le quai, juste sous mes fenêtres, pour chanter.

Arrivés à Paris le jour même, nous fûmes passer la soirée dans un café-concert des Champs-Élysées. Jugez de mon étonnement, lorsque à moitié spectacle, j'entendis une artiste chanter le même air que j'avais entendu en rêve le matin. *J'affirme* que c'était absolument les mêmes notes.

Cet air m'était complètement inconnu la veille et je ne l'ai plus entendu depuis.

ÉMILE SOUX,
6, rue Victor-Hugo, à Carcassonne. [*Lettre* 554.]

XLIII. — J'avais, en 1874, un grand frère de vingt ans, médecin militaire à l'hôpital de Montpellier. Mon malheureux frère vint à tomber malade. On mande mon père par dépêche, mon frère avait la fièvre typhoïde. Épuisé par les émotions et les fatigues de la guerre, il devint vite plus mal malgré les soins dont il fut entouré.

Le 1er décembre, il dit à mon père qui ne quittait pas son chevet : « Je vois trois cercueils dans la chambre. » Père lui dit : « Tu te trompes, mon bon ami, tu vois des berceaux. » Il faut vous dire que j'avais une sœur aînée, mariée depuis trois ans, qui avait un gentil garçon de treize mois, très bien portant, et un autre de huit jours.

Le lendemain mon frère est plus mal; il expire entre les bras de mon père.

Celui-ci revient à Douai après l'enterrement, et il trouve mon plus petit neveu mourant du croup; le second, superbe de santé, succomba à son tour. Voilà donc les trois cercueils vus par mon malheureux frère. Voilà textuellement comment les faits se sont passés.

BERTHE DUBRULLE,
3, rue de l'Abbaye-des-Prés, à Douai. [Lettre 558.]

XLIV. — A. En 1889, j'étais agent voyer d'arrondissement dans le département de la Lozère. Étant en tournée à Saint-Urcize (Cantal), j'eus, vers minuit, l'impression d'une voix qui me dit : « *Ton père est mort.* » Je rentrai le surlendemain, assez frappé, chez moi ; il n'y avait aucune fâcheuse nouvelle de mon père, habitant une commune éloignée ; mais le surlendemain (je crois), je reçus une dépêche m'appelant auprès de lui, gravement malade d'une fluxion de poitrine. Je partis immédiatement, mais je n'arrivai que dix à douze heures après le décès. Si j'étais parti à la suite de l'avertissement reçu en rêve, j'aurais pu passer près de trente-six heures avec mon père avant sa mort. Je n'ai pas besoin de vous dire combien j'ai regretté de ne l'avoir pas fait.

B. J'avais vingt et un ans ; j'allais tirer au sort ; la veille j'ai rêvé le numéro 45 que j'ai apporté le lendemain. Cela me semble indiquer que les opérations qu'on croit abandonnées au pur hasard sont soumises à d'autres lois. D'autre part, entre le moment du rêve et le moment où j'ai extrait le numéro de l'urne, il s'est passé beaucoup d'opérations dans le but de bien remettre au hasard l'attribution des numéros. Comment se fait-il qu'elles n'aient pas modifié ce qui semblait arrêté la veille ?

GUIBAL,
agent voyer d'arrondissement à Belizane (Algérie). [Lettre 573.

XLVI. — En 1893, j'avais ma fille à Paris, à l'École dentaire. Quoique âgée de vingt ans, elle n'avait aucun goût pour le mariage. Le 2 janvier, je fis un rêve assez étrange. Je voyais ma fille qui arrivait en vacances, à cinq heures du matin (elle ne venait jamais par ce train), je la vis entrer dans ma chambre, couverte d'un grand manteau à rayures que je ne lui connaissais pas. Elle s'approcha de mon lit, m'embrassa, et me dit :

« Mère, je veux me marier ; j'aime, je suis aimée, et, si je ne l'épouse pas, j'en mourrai. »

Je lui fis toutes mes remontrances, lui disant qu'il serait plus sage d'attendre la fin de ses études, pour ne pas interrompre ses cours. Rien n'y fit ; elle insista tellement que, dans mon rêve, j'acquiesçai à son désir.

Le lendemain, en me réveillant, mon rêve me revint à la mémoire. Je le racontai aussitôt à ma domestique et à une ouvrière que j'avais chez moi et j'ajoutai :

« *Tout songe, tout mensonge*. Mais, n'importe, je ne vais pas écrire mon rêve à ma fille, de crainte de lui donner l'idée du mariage. »

La même année, fin juillet, je reçus une lettre de ma fille, m'annonçant qu'elle avait passé, avec succès, ses examens de seconde année, et qu'elle me revenait, le soir même, par le train qu'elle prenait habituellement et qui arrivait à Saint-Amand à minuit quarante-neuf. Nous l'attendons, mais en vain.

A cinq heures du matin, nous sommes réveillées par un grand coup de sonnette. Ma bonne va ouvrir, et ma fille entre dans ma chambre, couverte d'un cache-poussière à rayures, qu'elle avait acheté quelques jours auparavant. Elle m'embrasse et me répète, mot à mot, les paroles qu'elle était venue me dire, le 2 janvier, en rêve. J'étais à peine éveillée et je lui fis cette réponse :

« Mais tu me l'as déjà dit !

— Comment aurais-je pu te le dire ? Il y a huit jours à peine que j'ai pris cette décision ! »

Aussitôt, je me souviens de mon rêve ; ma domestique lui en fit le récit. Mais ma fille n'a pas été étonnée, me disant que j'avais déjà vu en rêve ce qui devait arriver longtemps après. Effectivement, j'avais vu Saint-Amand, que je ne connaissais pas, ainsi que les appartements que j'occupe actuellement, deux ans avant de venir les habiter.

Mme BOVOLIN,
à Saint-Amand (Cher). [*Lettre* 584.]

XLVII. — A. Il y a quelques années, nous avions une petite amie que sa mère venait de conduire en pension à Écouen. Je rêvai à cette époque, que je voyais l'enfant passer dans la rue. Je m'étonnais de sa présence, la sachant partie et (toujours dans le rêve) sa mère vint nous dire : « Je n'ai pu prendre sur moi de laisser ma fille en pension, *j'ai été la chercher.* » Un jour ou deux jours après ce rêve, nous recevons la visite de cette dame. Je lui dis : « Marguerite se plaît-elle en pension ? » Elle nous répondit : « Vous ne savez pas ce que je viens de faire, je ne pouvais m'habituer à l'y laisser et *j'ai été la chercher.* »

B. A Toul, où nous habitions, il y avait un mendiant qui m'impressionnait étrangement, il m'inspirait une grande répulsion, car il était repoussant au physique et au moral. Une nuit, je rêvai qu'on sonnait à la porte, c'était le soir, et dans l'obscurité il me sembla reconnaître la silhouette de ce mendiant qui me dit : « Mademoiselle, je suis sans abri, voulez-vous me donner un gîte pour la nuit ? » Le lendemain soir, plus en rêve, mais en réalité, j'étais dans la salle à manger avec ma sœur et une petite cousine lorsque j'entendis du bruit du côté de la porte de la cuisine. J'allai voir. Le mendiant était là qui me dit : « *Je suis sans abri, voulez-vous me donner un gîte pour la nuit ?* »

Mlle Hubert,
à Nancy. [*Lettre* 607.]

XLIX. — A. Vers l'âge de 11 ans, j'ai rêvé que j'étais près d'un bois, le soir, à la tombée de la nuit, ayant devant moi un mur. J'étais seul et j'avais envie de pleurer. Je me suis trouvé quelques mois plus tard dans ce même cadre et dans ces mêmes dispositions.

B. En 1882, venant de passer sous-officier au 119ᵉ (Havre), j'ai rêvé que j'étais instituteur ; j'en ai ri, car c'était la dernière corde à mon arc. Deux ans après, je me trouvais à Stains, dans la classe et avec les enfants que j'avais vus.

C. En 1893, je frappais à la porte de la chambre de mon père (Faux-la-Montagne, canton de Gentioux, Creuse), revenant de la Martinique, après neuf ans d'absence. Il me demande, sans me reconnaître, qui je suis et ce que je veux : « Je suis un voyageur et je vous porte des nouvelles de votre fils qui est en Normandie. — Et celui de la Martinique? — Je n'en ai pas de nouvelles, pourquoi me demandez-vous cela? — C'est que *cette nuit, j'ai rêvé que je le voyais là*, près de la porte, *comme vous êtes maintenant.* » Et il est parti en pleurs. Il faut remarquer qu'il avait parlé de ce rêve à son réveil et avant de m'avoir vu. Mon retour n'avait été annoncé en aucune façon.

LEGROS,
directeur d'école, à Gros-Morne (Martinique). [*Lettre* 608.]

LII. — Quelques jours après mon mariage, ma femme me dit : « C'est extraordinaire, mais voilà environ six mois, j'ai rêvé que je me mariais avec toi. J'en ai même fait la réflexion à ma mère le lendemain matin et nous en avons ri, ma mère ayant ajouté : « Oh! il est probable « que ce jeune homme ne pense pas à toi! » »

Or, notez que nous ne nous étions, jusqu'à cette époque, jamais parlé, que *nous ne nous connaissions pas*, bien qu'habitant la même localité, que nous nous étions seulement vus de loin, par hasard, et que nous ne fréquentions aucun ami commun.

Il est donc assez extraordinaire que cette jeune fille ait rêvé d'une prochaine union avec moi. Ce rêve a pourtant eu sa réalisation[1].

T.,
à Villeneuve-sur-Yonne. [*Lettre* 619.]

1. Ce rêve est à la limite de ceux qui peuvent être expliqués par des causes connues, car, à la rigueur, on peut admettre que cette jeune fille ait remarqué ce jeune homme et que le rêve ait associé des idées fort naturelles. Il peut n'y avoir ici que coïncidence fortuite.

LIII. —. Vous avez demandé qu'on vous signale les faits inexpliqués dont on est sûr concernant les rêves et autres observations du même ordre; peut-être, ce que je vais vous dire n'aura-t-il pour vous aucune importance, aucun intérêt, mais si tout le monde pensait ainsi, ne disait rien, votre appel serait inutile et la science n'avancerait pas. Je vais donc vous écrire ce que je sais, vous priant seulement de ne pas citer mon nom, si par hasard vous faites usage de ma lettre : j'habite une petite ville et je préfère le silence.

A. Au mois de janvier 1888, j'étais enceinte depuis un temps absolument inconnu pour des raisons spéciales. Me trouvant très fatiguée, mon mari fit venir la sage-femme qui me dit : « Je crois que ce sera pour bientôt. » C'est une femme fort instruite. Le lendemain, j'allais bien. Le 1ᵉʳ février, même incident, et ma sœur, d'un an plus jeune que moi et non mariée, me dit le matin (elle ignorait que j'eusse encore souffert et habitait un autre quartier) : « Cette nuit, ce n'était pas comme un rêve, mais je n'étais pas éveillée pourtant et quelqu'un me dit : « Votre sœur n'a pas à s'inquiéter de ces malaises, *l'enfant « naîtra le 22 juin.* » Et elle ajouta : « Je répliquai à la « voix : « Mais puisque vous êtes si bien renseigné, sera-ce « un garçon ou une fille? » On répondit : « Je n'en sais « rien, mais vous ne serez guère contents. » Nous avions deux fils et adorions les filles.

Naturellement, nous nous moquâmes tous de ma sœur, et mes malaises durant toujours, je faisais mes préparatifs.

Mais les mois de février, de mars, d'avril passant, nous finîmes peu à peu par moins rire d'elle, qui supportait nos moqueries sans qu'elles ébranlassent sa certitude; même nous conclûmes que ce serait encore un garçon, puisque nous ne devions pas être contents, et nous crûmes si bien à sa prédiction, que le 21 juin je montai le berceau et préparai tout pour le lendemain. Le 22 juin, à dix heures du matin, l'enfant vint au monde. C'était une fille, qui eût été acclamée, mais j'eus tout de suite après une hémorragie qui me mit aux portes du tombeau. Deux jours après, mon fils aîné eut une bronchite; ma sœur, pour la première fois de sa vie fut malade; ensuite, mon second fils eut le croup et subit l'opération, ma sœur sortie trop tôt pour le voir eut une angine couenneuse très grave, et enfin mon père, trois mois après, eut un accident dont il mourut : nous n'étions donc certes pas heureux.

B. Ma fille avait trois semaines, je ne pouvais plus la nourrir, ayant des abcès, mon mari devait aller à Manosque voir une nourrice qu'on nous recommandait et la ramener le même jour. C'était le vendredi 13 juillet. En m'éveillant, je fus tracassée d'un rêve bizarre. Mes fils allaient bien, l'aîné était en convalescence et le second, enfant superbe, se portait comme un charme. Je dis à mon mari : « C'est étrange, cette nuit j'ai rêvé que j'étais dans une ville inconnue, je cherchais la bonne de René et on me dit : « Comme c'est *samedi*, elle est allée laver. » Je la cherchais, inquiète, et la rencontrant seule je lui demandai : « Et René, qu'en avez-vous fait? » Clotilde répondit : « Madame, je l'ai laissé derrière ce mur. » J'allai en courant le chercher, il était couché contre le mur, tout nu, le corps noir comme de la suie, et un trou à la gorge d'où sortait la trachée artère : il n'était pas mort cependant. »

Mon mari se moqua de mon rêve et de l'inquiétude qu'il me donnait. Vers quatre heures de l'après-midi, René, qui n'était pas sorti, jouant avec son père, fut pris d'une quinte de toux bizarre qui l'étouffait; j'envoyai en hâte appeler un médecin : bientôt le croup se déclara.

A deux heures du matin, le *samedi* 14 juillet, les quatre médecins se préparaient à faire l'opération de la trachéotomie : c'était avant la découverte du sérum. L'enfant *tout nu* fut couché sur une table, *il eut le cou percé et une canule d'argent dans la trachée artère*, et, l'opération presque faite, la trachée s'étant déchirée du crochet qui la tenait, l'enfant fut étouffé par le sang, *son corps devint tout noir*. Heureusement, une forte dose d'ipéca amena une toux qui fit remonter la trachée qu'on saisit. Pendant l'opération, mon mari se penchant vers moi, me dit : « Valentine, ton rêve d'hier dont je m'étais moqué !... »

L'enfant est grand maintenant et se porte très bien.

Mme X.,
à Forcalquier. [*Lettre* 623.]

LV. — M. A... juge au tribunal raconta un matin à sa femme et à sa fille (Mme M..., dont je tiens le récit) le rêve suivant :

« J'entrais en voiture dans le bourg, lorsque je vis devant la maison D... *deux cercueils* et un convoi funèbre qui se formait derrière; je reconnus à peu près tous les assistants : le préfet, les juges, les autorités municipales, les parents; je demandai à un passant : Qui donc est mort dans la famille D...? Ne le savez-vous donc pas, me fut-il répondu, Mme D... et son fils sont morts le même jour et c'est aujourd'hui l'enterrement. »

Le jour même, en arrivant au bourg, M. A. vit, en effet, deux cercueils devant la maison D... et les assistants *exactement tels qu'ils les avait reconnus en rêve*. Il n'osait presque pas demander quelles étaient les personnes décédées, tant il était sûr d'avance d'entendre les paroles de son rêve. Il se décida à arrêter un passant et à lui poser la question : « Ne le savez-vous donc pas, lui fut-il répondu, Mme D... et son fils sont morts le même jour et c'est aujourd'hui l'enterrement. »

Ce qui m'a paru intéressant dans ce rêve, c'est que les paroles entendues en rêve ont été exactement les mêmes que dans la réalité; il y a eu donc tout à la fois vision et audition prémonitoires.

Vous pouvez être assuré de la *parfaite authenticité* du fait : la famille A... a été si frappée de la chose qu'elle en a conservé un souvenir absolument précis.

H. BESSON,
pasteur, à Orvin-près-Bienne (Suisse). [*Lettre* 632.]

LVI. — Je rêvai que faisant une course à bicyclette,

un chien venait se jeter au travers de la route et que je tombais à terre, brisant la pédale de ma machine.

Le matin, je racontai la chose à ma mère qui, sachant combien d'habitude mes rêves sont exacts, m'engagea à rester à la maison. Je résolus, en effet, de ne pas sortir, mais, vers 11 heures, au moment de nous mettre à table, le facteur apporta une lettre nous informant que ma sœur, qui demeurait à environ 8 kilomètres, était malade. Oubliant tout à coup mon rêve, pour ne songer qu'à prendre des nouvelles de ma sœur, je déjeunai au galop et partis à bicyclette. Mon voyage s'accomplit sans encombre jusqu'à l'endroit où je m'étais vu, la nuit précédente, roulant dans la poussière et brisant ma machine. A peine mon rêve avait-il traversé mon esprit qu'un énorme chien déboucha tout à coup d'une ferme voisine, cherchant à me mordre la jambe. Sans réfléchir, je voulus lui envoyer un coup de pied, mais au même moment, je perdis l'équilibre et tombai sur ma machine, dont je brisai la pédale, réalisant ainsi mon rêve dans ses moindres détails. Or, remarquez, je vous prie, que c'était bien la centième fois pour le moins que je faisais ce trajet, sans que jamais j'eusse eu à déplorer le moindre accident.

AMÉDÉE BASSET,
notaire à Vitrac (Charente). [Lettre 640.]

LVII. — Le maréchal Vaillant, qui n'était ni un visionnaire, ni un petit esprit, a affirmé à un de mes amis, qui me l'a plus d'une fois raconté, que, partant pour le siège de Rome, dont il était chargé de diriger les opérations, et ignorant complètement les travaux exécutés pour fortifier la place, avait vu très distinctement en songe, avant d'aborder en Italie, l'*endroit précis* par où il fallait commencer l'attaque. C'était, en effet, comme il le reconnut ensuite, le point le plus faible de la défense. Je vous livre le fait sans commentaires; vous le rangerez sans doute dans la catégorie des autosuggestions[1].

B. KIRSCH,
proviseur en retraite, à Semur (Côte-d'Or. [Lettre 643.]

1. Ce rêve est également à la limite des prémonitoires, comme

LVIII. — A. Ma mère, née en 1800, morte en 1886, eut la fièvre en 1811, étant en pension, à Aire-sur-la-Lys. Dans un accès de délire, elle se vit chez sa mère, Mme Campagne, née Marie-Louise De Lannoy de Linghem, à Estrée-Blanche (Pas-de-Calais), et demanda à grands cris qu'on l'emmenât, parce que la maison était en feu.

Or, un an après, en 1812, la maison d'Estrée brûlait bien réellement, et ma mère revoyait l'incendie *exactement* comme elle l'avait vu dans sa fièvre en 1811.

Le corps de logis et une aile furent réduits en cendres; l'autre aile fut préservée et ce fut là que ma grand'mère se logea provisoirement, malgré sa nombreuse famille. Ma mère n'a jamais menti, à ma connaissance; elle m'a raconté la chose un nombre incalculable de fois, et non seulement elle, mais aussi mes oncles et mes tantes. Le bâtiment préservé du feu existe encore.

B. Vers juillet 1887, je pense (on pourrait savoir la date exacte à la mairie de Saint-Omer), — j'habitais alors Tatinghem, village situé à 4 kilomètres de cette ville; — une personne, Mlle Estelle Poulain, qui demeure chez moi depuis 1873, vit en rêve sa tante, Mme Leprêtre, née Honorine Hochart, qui lui parlait. Mlle Poulain ne pouvait distinguer ses traits, mais elle *savait* que c'était bien sa tante. Elle se réveilla en sursaut, et, presque aussitôt, trois heures (du matin) sonnèrent à la pendule de sa chambre.

Vers midi ou une heure, l'oncle de Mlle Poulain, M. Noël Leprêtre, arriva chez moi, pour lui annoncer que sa femme, la tante de celle-ci, Honorine Hochart, était morte le matin un peu avant 3 heures et avait dit à la sœur de Saint-Vincent de Paul qui la soignait :

« Quel malheur ! je ne verrai plus ma nièce Estelle ! »

Or, Mlle Estelle Poulain, je l'affirme sur l'honneur,

---

le cas LII. Le maréchal Vaillant étudiait alors le plan de la prise de Rome, dont il m'a entretenu plusieurs fois lui-même. Cérébration inconsciente, probablement.

m'avait raconté son rêve, *longtemps avant* l'arrivée de son oncle....

Léon Leconte,
rédacteur en chef de *l'Étudiant*, à Paris. [*Lettre* 667.]

LX. — J'ai été en 1882 séparée brusquement d'une personne qui m'était *très chère*, et tandis que j'étais depuis plusieurs semaines plongée dans le plus profond chagrin, j'entendis une voix inconnue me disant : « Dans un an, jour pour jour, cette personne te reviendra ». C'était au mois de mai, et l'année suivante, à la même époque, je rencontre dans la rue cette même personne qui, à ma vue, éprouve une émotion aussi vive que celle que j'éprouvais moi-même. Explications, regrets, remords, réconciliation, et depuis je n'ai pas eu d'ami plus dévoué ni dont le repentir fût plus *sincère*.

J'ai eu à l'état de sommeil des vues, à distance, de villes où je suis allée ensuite (très surprise de voir des rues et des monuments *déjà vus* en dormant), comme Bruxelles par exemple, que j'ai visité *un an avant d'y être allée*.

H. Poncer,
457, rue Paradis, à Marseille. [*Lettre* 725.]

LXI. — A. Ma pauvre mère mourut dans la nuit du 17 septembre 1860, à 3 heures du matin, ayant conservé toute sa mémoire et ayant bien conscience de ce qui se passait autour d'elle. Un peu avant de mourir, elle me cherchait du regard et sa douleur était navrante; de grosses larmes lui coulaient sur la figure (ceci m'a été raconté plus tard).

Or, cette même nuit, 17 septembre 1860, à 3 heures du matin, je m'éveillai en sursaut, croyant entendre ma mère m'appelant — et cela, à diverses reprises; je me levai sur mon lit, criant : « Maman, maman! » ce qui éveilla mon compagnon de lit — puis, comme une masse, je tombai à terre. Il fallut me faire revenir d'une syncope qui ne dura pas moins de vingt minutes.

B. C'était en 1869, au moment du plébiscite, une nuit

j'ai eu un rêve, pour mieux dire : un cauchemar terrible.

Dans ce cauchemar, je me voyais soldat, nous avions la guerre, je ressentais tous les besoins de la vie militaire : la marche, la faim, la soif ; j'entendais les commandements, la fusillade, le bruit du canon ; je voyais tomber des morts et des blessés à mes côtés, entendant leurs cris.

Tout à coup, je me trouvai dans un pays, dans un village où nous dûmes soutenir une attaque terrible de l'ennemi, et c'étaient des Prussiens, des Bavarois et des cavaliers (dragons badois) — notez bien que jamais je n'avais vu de ces uniformes, qu'il n'était nullement question de guerre. — A un certain moment, je vis un de nos officiers monter dans le clocher du village, muni d'une jumelle, pour se rendre compte des mouvements de l'ennemi, puis, redescendre, nous former en colonne d'attaque, faire sonner la charge et nous lancer en avant au pas de course, à la baïonnette, sur une batterie prussienne.

A ce moment de mon rêve, étant aux prises corps à corps avec les artilleurs de cette batterie, je vis l'un d'eux me porter un coup de sabre sur la tête, tellement formidable, qu'il me la sépara en deux. C'est alors que je m'éveillai, sur ma descente de lit : je ressentais une forte douleur à la tête. En tombant de mon lit, je m'étais heurté la tête sur un petit poêle qui me servait de table.

Le 6 octobre 1870, ce rêve a été réalisé : village, école, mairie, église ; notre commandant montant au clocher pour se rendre compte des positions de l'ennemi, redescendant et, au son de la charge, nous jetant à la baïonnette sur les pièces prussiennes. Dans mon rêve, à ce même moment, j'avais eu la tête fendue d'un coup de sabre ! Ici, dans la réalité, je l'attendais ; mais je n'ai reçu qu'un coup d'écouvillon (peut-être destiné à la tête) qui, par suite d'une parade, vint me frapper à la cuisse droite.

A. RÉGNIER,
ancien sergent-major de la compagnie des francs-tireurs
de Neuilly-sur-Seine,
23, rue Jeanne-Hachette, au Havre. [*Lettre* 748.]

LXIII. — En 1867, j'étais à Bordeaux, à la tête d'une pharmacie que je venais d'ouvrir depuis quelques mois. Une nuit, je vis en songe le chiffre de 76 fr. 30 inscrit sur le livre de recette à la place où devait s'inscrire celle du lendemain. Le lendemain, dans la matinée, je voyais ce chiffre si bien gravé dans mon esprit que je ne pus m'empêcher d'en parler à mon aide. La recette ordinaire étant en moyenne de 45 francs, nous pensions que le chiffre 76 fr. 30 représenterait deux journées. Le travail dans la journée fut ce qu'il était les jours précédents, mais le soir nous fûmes débordés de monde. Enfin, à 10 heures et demie, après le dernier client (le centième au moins), je fis la caisse et j'y trouvai *exactement* 76 fr. 30.

M. Jaubert, de Carcassonne, à qui je racontai le fait, me fit remarquer qu'il avait fallu un concours d'esprits très nombreux : amener des clients, empêcher d'autres d'arriver, un caissier sûrement devait figurer dans les opérateurs[1]. Je me souviens d'une circonstance. Une jeune dame, que je savais payant très mal, achetait, achetait, articles sur articles, elle semblait obéir à une inspiration. Enfin elle régla ! Cet acheteur était le dernier, sûrement il fallait son argent au caissier spirituel.

A. Coméra,
à Toulouse. [*Lettre* 782.]

LXIV. — J'ai perdu mon père en 1865 et suis resté chef de famille, avec deux frères moins âgés.

Le cadet, Aristide, né en 1853, faisait partie de la classe 1873, tirant au sort en 1874. Il n'avait point voulu préparer son volontariat, et s'en rapportait au hasard, pour faire soit six mois, soit cinq ans de service militaire actif.

Cette alternative préoccupait beaucoup ma pauvre mère, qui m'en entretenait chaque fois que je me rendais auprès d'elle, à Nieuil-sur-l'Autise (Vendée), tous les dimanches, faisant alors mon notariat à Niort.

---

1. Cette hypothèse ne paraît pas nécessaire. M. Jaubert, magistrat fort distingué d'ailleurs, avait une tendance à tout attribuer aux esprits.

Tenant à assister mon frère — comme père — lors de son tirage au sort, le mardi, 10 février 1874, je partis de Niort, le lundi, pour Nieuil. Après le dîner, où la conversation roula sur les chances du tirage au sort, j'allai me coucher vers dix heures.

La préoccupation sans doute me fit rêver, et je vis distinctement mon frère Aristide mettant sa main dans l'urne, retirant un numéro, et me montrant le chiffre *considérablement agrandi* de 67.

Réveillé en sursaut, j'allume ma bougie et regardant l'heure, je constate 3 *heures du matin*.

En me levant à 8 heures, je fis part de mon rêve à ma mère, à mon frère, au garde-champêtre et aux conscrits de la commune, qui en rirent fort.

Mais à 3 heures de l'après-midi exactement, le même jour, au chef-lieu de canton *Saint-Hilaire-des-Loges* (*Vendée*), mon frère tirait de l'urne le fameux numéro 67, et me le montrait du même geste que dans le rêve de douze heures auparavant; et chose, également bizarre, le numéro 66 fut le dernier pris du contingent, et fit cinq ans de service actif; tandis que mon frère s'en tira avec six mois dans l'artillerie à Brest.

ALFRED CAIL,
à Paris, 154, avenue de Wagram. [*Lettre* 788.]

LXV. — A. Une de mes grand'tantes aujourd'hui défunte eut, durant sa vie, de fréquents pressentiments qui se sont réalisés. Dans le mois de février 1871, elle eut un rêve lui annonçant la mort prochaine de deux de ses sœurs, qui jouissaient alors d'une parfaite santé. Ce rêve fut transcrit, dans un livre de mémoires où elle avait coutume de noter tous les événements de sa vie, et il fut malheureusement bientôt réalisé d'une manière terrible. Un mois après, comme on peut le contrôler dans les journaux de l'époque, la fièvre jaune éclatait à Buenos-Ayres et les deux sœurs furent emportées par l'épidémie.

B. Une autre fois, en 1868, la même parente vit en songe une scène d'intérieur qui était toute une révélation. Ce tableau représentait un appartement où une de ses amies, Mme B..., assise dans son fauteuil près d'une cheminée, dans laquelle flambait un grand feu, caressait un petit enfant qu'elle tenait dans ses bras, pendant qu'une servante séchait ses langes devant les flammes. Ce rêve fut raconté à plusieurs personnes sans qu'aucune y prêtât grande attention, car Mme B., mère d'une nombreuse famille, ayant passé la quarantaine, et n'ayant pas eu d'enfants depuis sept ans, ne paraissait plus susceptible d'en avoir d'autres. Cependant, ce qui paraissait d'abord impossible se réalisait un an après, et un soir que ma grand'tante allait visiter l'accouchée, pour la féliciter de la naissance de son dernier-né, elle revit en réalité son rêve précédent. L'appartement, la disposition des objets, la cheminée allumée, la femme de service occupée à sécher les langes devant le feu, enfin tous les détails du songe étaient reproduits fidèlement. La divination s'était réalisée avec une exactitude complète.

EMILIO BECHER,
à Rosario de Santa-Fé (République argentine). [*Lettre* 802.]

LXVII. — J'ai été élevé à Paris où mes parents étaient établis marchands de vins-crémiers, 7, rue Saint-Ambroise. Mon père est décédé en 1867. Ma mère et moi nous avons quitté Paris en 1872. J'avais aussi un oncle, frère de mon père, qui est décédé depuis, et qui était établi épicier, 32, rue Saint-Roch.

A. En 1868, j'avais alors 17 ans, j'étais employé chez cet oncle comme commis. Un matin, et après lui avoir souhaité le bonjour, encore sous l'impression d'un rêve qu'il avait eu dans la nuit, il me raconta que dans ce rêve il était sur le pas de sa porte lorsque ses regards se portant dans la direction de la rue Neuve-des-Petits-Champs, il en voit déboucher un omnibus de ville de la Compagnie des chemins de fer du Nord, qui s'arrête devant la porte de son magasin. *Sa mère* en descend et l'omnibus continue sa route, emportant une autre dame qui était dans la voiture avec ma grand'mère, laquelle dame, vêtue de noir, tenait un panier sur ses genoux.

Tous les deux, nous nous amusions de ce rêve si peu en rapport avec la réalité, car *jamais* ma grand'mère ne s'était aventurée à venir de la gare du Nord jusqu'à la rue Saint-Roch. Habitant près de Bauvais, lorsqu'elle voulait venir passer quelque temps chez ses enfants, à Paris, elle écrivait de préférence à mon oncle qui était celui qu'elle affectionnait le plus, et il allait la chercher à la gare, d'où il la ramenait *en fiacre*, invariablement.

Or, ce jour-là, dans l'après-midi, comme mon oncle regardait les passants sur le pas de sa porte, ses yeux se portant machinalement vers le coin de la rue Neuve-des-Petits-Champs, il voit tourner un omnibus du chemin de fer du Nord qui vient s'arrêter devant son magasin.

Dans cet omnibus il y avait deux dames, dont l'une était ma grand'mère qui en descend, et la voiture continue sa route emportant l'autre dame telle qu'il l'avait vue en rêve, c'est-à-dire vêtue de noir et tenant son panier sur ses genoux.

Jugez de la stupéfaction générale! Ma grand'mère, croyant nous faire une suprise, et mon oncle lui racontant son rêve!

B. Pendant le siège de Paris, j'étais mobile au 10e bataillon de la Seine. Un jour que j'étais à dîner chez ma mère, il y avait à notre table un de mes cousins, alors étudiant en pharmacie, actuellement propriétaire aux environs de Dieppe; un de mes amis, sergent de mobiles; un autre, dessinateur, qui habite maintenant, 1, boulevard Beaumarchais; et enfin, un client de la maison, comptable de profession et remarquablement intelligent, sergent-major au 192e bataillon de marche. Je ne me souviens plus de son nom; appelons-le M. X...

A la fin du dîner, et comme nous parlions de la guerre et des Allemands qui nous cernaient, M. X... se mit à examiner les lignes de nos mains, nous disant qu'il s'occupait sérieusement de chiromancie et prétendant nous annoncer s'il nous surviendrait quelque chose de grave pendant les événements présents. Naturellement, nous lui demandâmes si nous serions blessés? La réponse fut négative pour trois d'entre nous : M. Lucas l'étudiant, M. François le dessinateur, et moi-même. Quant au quatrième, le sergent de mobiles, M. Lallier, M. X... lui dit après lui avoir minutieusement examiné l'intérieur de la main : « C'est étrange, vous serez blessé sérieusement, avant qu'il soit longtemps, mais pas par une arme, vous serez brûlé. — Comment cela? lui demanda Lallier. — Je ne saurais vous le dire; accidentellement, sans doute, » lui répondit M. X... — Et l'on parla d'autres choses.

Ceci se passait vers la fin de 1870.

Dans le courant de l'année 1871, j'étais parti à Bordeaux, d'où je rentrais en novembre, lorsqu'en passant à Tours, je m'y arrêtai pour voir mon ami Lallier qui y était placé depuis la fin de la guerre. A sa vue, je restai saisi du changement opéré dans sa physionomie, sans pouvoir bien me rendre compte de ce qui le changeait ainsi, lorsqu'il me dit — « Te souviens-tu des prédictions de X...? Ce qu'il m'a prédit est malheureusement arrivé! Il y a deux mois, l'apprenti du magasin a commis l'imprudence d'aller avec une chandelle allumée dans une pièce où il y avait deux touries de pétrole; par sa maladresse, l'une a pris feu; j'ai voulu, pour éviter un plus grand danger, enlever la seconde dont le liquide s'est enflammé. *J'ai eu tout le côté gauche brûlé*, et voilà à peine quinze jours que j'ai repris mon service. »

Je vous cite ces deux faits, comme *rigoureusement vrais*, puisque tous les deux se sont passés en ma présence et que j'ai pu les contrôler. J'en ai souvent parlé aux miens et à mes amis sans pouvoir en trouver une explication qui me satisfasse, sauf cependant pour une partie du rêve de mon oncle, depuis que j'ai lu vos intéressants articles sur les rêves.

Je suppose que ma grand'mère, dans un moment d'insomnie, aura pris la détermination subite de partir pour Paris le jour même, avec la résolution de ne prévenir personne, et une fois arrivée à la gare du Nord de prendre une voiture comme elle l'avait vu faire si souvent, et cela, pour jouir de la surprise de son fils. C'est, sans doute, à ce moment précis que mon oncle aura eu son rêve.

PAUL LEROUX,
Le Neubourg (Eure). [Lettre 825.]

LXIX. — En 1879, mon oncle Jacques Théodore Hoffmann était instituteur à Heerenveen (Hollande). Mon père étant allé le voir au commencement de juillet, sa belle-sœur, ma tante Marguerite, lui raconta, avant son départ, qu'elle avait vu en rêve la femme de mon oncle Jacques et ses deux enfants habillés en grand deuil, qu'elle craignait un malheur, qu'il fasse bien attention s'ils allaient en bateau, etc.

Mon père et son frère Jacques firent le 7 juillet une longue course à la voile, aucun accident n'arriva, et l'on ria un peu du rêve de ma tante Marguerite.

Deux jours après, le 9 juillet, on reconduisit mon père à la gare. Une partie de la famille était là. Mon oncle Jacques, traversant les voies, ne prit pas garde à un train qui venait se garer, fut renversé, et guillotiné, la tête alla rouler loin de son corps.

Mes deux tantes et les deux enfants vivent encore et peuvent certifier comme moi la réalisation de ce rêve.

A. C. A. HOFFMANN,
étudiant en médecine à l'Université d'Amsterdam,
rue de France, 25. [Lettre 850.]

LXX. — Je fus brusquement réveillé dans la nuit à la suite du rêve suivant : l'apparition de *la moitié d'un cercueil*, isolée dans l'espace.

La précision de ce rêve me troubla et me jeta toute la matinée dans une certaine mélancolie. Toutefois, les nombreuses affaires que j'avais à régler, les nombreuses courses que je fis, chassèrent un peu les idées tristes, je déjeunai comme d'habitude et retournai à mes occupations.

Après quatre heures, arrivant, dans une course, à l'angle de la rue Saint-Pierre et de la rue du Plâtre (à Lyon) et regardant devant moi à cause des voitures qui encombraient le passage, je vis, à environ vingt-cinq mètres, et dans l'espace, *la moitié d'un cercueil*.

Ce cercueil venait d'être tiré de la voiture de l'entrepreneur des pompes funèbres par un porteur, et la première moitié m'était masquée par l'encadrement de l'entrée de la maison.

P. C. Revel,
rue Thomassin, 39, à Lyon. [*Lettre* 862.]

J'allais clore ces exemples lorsqu'en parcourant d'anciennes lettres sur ces problèmes, je viens d'en rencontrer une de la regrettée princesse Emma Carolath, du 5 mars 1870, me racontant un rêve du même ordre et remarquablement explicite. Le voici encore, très abrégé :

LXXI. — Je venais de m'endormir, très anxieuse sur la santé d'une personne aimée, et je me trouvai transportée en rêve dans un château inconnu, dans un cabinet octogone tendu en damas rouge. Il y avait un lit, où dormait la personne dont la santé m'inquiétait. Une lampe suspendue à la voûte inondait de lumière la face pâle, mais souriante, encadrée d'une opulente chevelure noire. Au chevet du lit, je vis un tableau dont le sujet se grava si étrangement dans ma pensée qu'à mon réveil j'aurais pu le dessiner : c'était un Christ couronné de roses par un génie céleste, avec des versets de Schiller que je lus.

Deux ans après, appelée en villégiature dans un château du fond de la Hongrie, je m'arrêtai en tressaillant en pénétrant dans l'appartement qui nous était destiné : j'étais dans le cabinet octogone tendu en damas rouge, devant le lit, et devant le tableau du Christ couronné de roses avec les versets de Schiller. Mais ce tableau n'a été copié ou reproduit, et il était impossible que je l'eusse vu autrement que dans le rêve, pas plus, du reste, que le cabinet octogone.

EMMA, princesse CAROLATH.
à Wiesbaden.

Après avoir lu et comparé cet ensemble de faits, il est impossible de douter que l'on ait vu parfois en rêve les choses à venir.

Plusieurs de ces rêves peuvent s'expliquer naturellement. Nous l'avons déjà fait remarquer. Par exemple, il n'est pas plus extraordinaire de rêver à un numéro de tirage qui sortira qu'à un autre, et comme ces cas sont très rares, la coïncidence fortuite les explique peut-être. Il faudrait en connaître le nombre pour savoir s'il surpasse notablement celui qui serait donné par le calcul des probabilités. Mais la plupart des prémonitions qui viennent d'être exposées ne s'expliquent pas.

Ce sont là des rêves, des songes, qui paraissent s'être produits à l'état normal de santé, ou à peu près, et non dans des cas pathologiques exceptionnels. Cette même prévision de l'avenir a été observée dans l'état somnambulique et magnétique. Les exemples en sont même très nombreux. Nous en signalerons seulement quelques-uns.

Le Dr Liébeault cite le fait suivant dans sa *Thérapeutique suggestive* :

LXXII. — Dans une famille des environs de Nancy, l'on endormait souvent une fille de dix-huit ans, nommée Julie. Cette fille, une fois mise en état de somnambulisme, était portée d'elle-même, comme si elle en recevait l'inspiration, à répéter à chaque nouvelle séance qu'une proche parente de cette famille, qu'elle nommait, mourrait bientôt et n'atteindrait pas le 1ᵉʳ janvier. On était alors en novembre 1883. Une telle persistance dans les affirmations de la dormeuse conduisit le chef de cette famille, qui flairait là une bonne affaire, à contracter une assurance à vie de 10,000 francs sur la tête de la dame en question, laquelle n'étant nullement malade, obtiendrait facilement un certificat de médecin. Pour trouver cette somme, il s'adressa à M. L..., lui écrivit plusieurs lettres, dans l'une desquelles il racontait le motif qui le portait à emprunter. Et ces lettres, que M. L... m'a montrées, il les garde comme des preuves irréfragables de l'événement futur annoncé. Bref, on finit par ne pas s'entendre sur la question des intérêts, et l'affaire entamée en resta là. Mais quelque temps après, grande fut la déception de l'emprunteur. La dame X..., qui devait mourir avant le 1ᵉʳ janvier, succomba en effet, et tout d'un coup, le 31 décembre, ce dont fait foi une dernière lettre du 2 janvier, adressée à M. L..., lettre que ce monsieur garde aussi avec celles qu'il avait reçues précédemment à propos de la même personne.

Le même auteur cite également le cas suivant, extrait textuellement de son agenda journalier. On sait à quel point M. Liébault est un scrupuleux et méthodique observateur.

LXXIII. — 7 janvier 1886. — Est venu me consulter aujourd'hui, à quatre heures après-midi, M. S. de Ch... pour un état nerveux sans gravité. M. de Ch... a des préoccupations d'esprit à propos d'un procès pendant et des choses qui suivent. En 1879, le 26 décembre, se promenant dans une rue de Paris, il vit écrit sur une porte : Mme Lenormand, nécromancienne. Piqué par une curiosité irréfléchie, il entra.

Mme Lenormand regardant la face palmaire de l'une

de ses mains, lui dit : « Vous perdrez votre père, dans un an, jour pour jour. Bientôt vous serez soldat (il avait alors dix-neuf ans), mais vous n'y resterez pas longtemps. Vous vous marierez jeune; il vous naîtra deux enfants, et vous mourrez à vingt-six ans. »

Cette stupéfiante prophétie, que M. de Ch... confia à des amis et à quelques-uns des siens, il ne la prit pas d'abord au sérieux; mais son père étant mort le 27 décembre 1880, après une courte maladie et juste un an après l'entrevue avec la nécromancienne, ce malheur refroidit quelque peu son incrédulité. Et lorsqu'il devint soldat — seulement sept mois — lorsque marié peu après il fut devenu père de deux enfants et qu'il fut sur le point d'atteindre vingt-six ans, ébranlé définitivement par la peur, il crut qu'il n'avait plus que quelques jours à vivre. Ce fut alors qu'il vint me demander s'il ne me serait pas possible de conjurer le sort. Car, pensait-il, les quatre premiers événements de la prédiction s'étant accomplis, le cinquième devait fatalement se réaliser.

Le jour même et les jours suivants, je tentai de mettre M. de Ch... dans le sommeil profond, afin de dissiper la noire obsession gravée dans son esprit : celle de sa mort prochaine, mort qu'il s'imaginait devoir arriver le 4 février, jour anniversaire de sa naissance, bien que Mme Lenormant ne lui eût rien précisé sous ce rapport. Je ne pus produire sur ce jeune homme même le sommeil le plus léger, tant il était fortement agité. Cependant, comme il était urgent de lui enlever la conviction qu'il devait bientôt succomber, conviction dangereuse, car on a souvent vu des prévisions de ce genre s'accomplir à la lettre par autosuggestion, je changeai de manière d'agir, et je lui proposai de consulter l'un de mes somnambules, un vieillard appelé le prophète, parce qu'il avait annoncé l'époque précise de sa guérison pour des rhumatismes articulaires remontant à quatre années, et l'époque même de la guérison de sa fille.

M. de Ch... accepta ma proposition avec avidité et ne manqua pas de se rendre exactement au rendez-vous. Entré en rapport avec ce somnambule, ses premières paroles furent : « Quand mourrai-je? » Le dormeur expérimenté soupçonnant le trouble de ce jeune homme, lui répondit, après l'avoir fait attendre : « Vous mourrez... vous mourrez... dans quarante et un ans. » L'effet causé par ces paroles fut merveilleux. Immédiatement le consultant redevint gai, expansif et plein d'espoir ; et quand il eut franchi le 4 février, ce jour tant redouté par lui, il se crut sauvé.

Ce fut alors que quelques-uns de ceux qui avaient entendu parler de cette poignante histoire s'accordèrent pour conclure qu'il n'y avait eu rien là de vrai ; que c'était par une suggestion post-hypnotique que ce jeune homme avait conçu ce récit imaginaire. Paroles en l'air! le sort en était jeté, il devait mourir.

Je ne pensais plus à rien de cela lorsque, au commencement d'octobre, je reçus une lettre de faire part, par laquelle j'appris que mon malheureux client venait de succomber le 30 septembre 1886, dans sa vingt-septième année ; c'est-à-dire à l'âge de vingt-six ans, ainsi que Mme Lenormand l'avait prédit. Et pour qu'il ne soit pas supposé qu'il y eût là quelque erreur de ma part, je conserve cette lettre comme mon registre : ce sont là deux témoignages écrits indéniables.

Voici un autre fait du même ordre, non moins curieux, rapporté à M. A. Erny par Mme Lecomte de Lisle, belle-sœur du poète et cousine d'un de ses amis.

LXXIV. — Un M. X... avait eu l'idée de consulter une tireuse de cartes. Celle-ci lui prédit qu'il mourrait de la piqûre d'un serpent.

Ce M. X..., employé dans l'administration, avait toujours refusé un poste à la Martinique, île réputée pour ses serpents, qui sont des plus dangereux.

Enfin M. B..., directeur de l'Intérieur à la Guadeloupe,

le décida à accepter une bonne position sous ses ordres, dans l'administration de cette colonie, qui, quoique proche de la Martinique, n'a jamais eu de serpents.

Nul n'échappe à sa destinée, dit un proverbe, qui, une fois de plus, s'est trouvé vrai.

Ayant terminé son temps de séjour à la Guadeloupe, M. X... rentrait en France. Le bateau ayant fait, comme toujours, escale à la Martinique, il n'osa même pas descendre à terre pendant quelques heures.

Comme d'habitude, des négresses étaient venues à bord du navire pour vendre des fruits. M. X... ayant très grand soif prit une orange dans le panier d'une des négresses, mais aussitôt il poussa un cri et se dit piqué. La négresse renversa son panier, et on vit un serpent qui était caché non sous les fruits mais sous les feuilles garnissant le panier. On tua le serpent, mais le malheureux M. X... mourut quelques heures après[1].

Le cas extraordinaire de clairvoyance et de prévision que voici a été publié par le même recueil (1896, p. 205).

LXXV. — Une dame de mes amies, lady A..., habitait aux Champs-Élysées. Un soir d'octobre 1883, j'avais dîné chez elle. Malgré sa grande fortune, c'était une femme d'ordre. Très active, elle ne s'accordait que peu d'heures de sommeil. Tous les soirs, ses hôtes partis, elle faisait ses comptes.

Quel fut ce soir-là son étonnement en constatant qu'une somme de 3500 francs manquait dans la poche intérieure de l'immense sac de voyage où elle avait l'habitude de garder ses bijoux et son argent!

Cependant la serrure n'était point forcée; seuls les bords du sac semblaient avoir été un peu écartés... Et, pourtant, Lady A... était certaine que, vers deux heures de l'après-midi, devant sa femme de chambre, elle avait

---

1. *Annales des sciences psychiques*, 1896, p. 257.

ouvert son sac, payé une note, et *sûrement* remis l'argent à sa place ordinaire. Dans son trouble, elle sonna sa femme de chambre qui ne put rien lui apprendre, mais qui eut le temps d'avertir tout le personnel. De sorte que, le coupable ou les coupables, — s'ils se trouvaient parmi les domestiques, — purent mettre en lieu sûr le fruit de leur larcin.

Le lendemain, dès l'aurore, le commissaire de police de la rue Berryer fut averti. On fouilla maîtres et domestiques, armoires, placards, tous les meubles enfin.

Naturellement, on ne trouva rien.

Le commissaire, ayant terminé ses recherches infructueuses, causa un moment avec Lady A... Il lui demanda quelles étaient ses impressions au sujet de la manière dont s'était accompli le vol,... lesquels parmi ses domestiques étaient moins dignes de confiance, etc.

Lady A..., en énumérant ses serviteurs, pria le commissaire d'exclure de ses soupçons son second valet de chambre, un jeune homme de dix-neuf ou vingt ans, fort bien de sa personne, très respectueux, très au courant du service, qu'on avait surnommé « le Petit », non à cause de sa taille, car il était plutôt grand, — mais par un sentiment de gentille familiarité protectrice que lui avaient acquis ses bonnes qualités.

La matinée s'était presque écoulée dans ces formalités sans résultat, lorsque, vers onze heures, Lady A..., m'envoya Mlle C..., l'institutrice de sa plus jeune fille, pour me raconter ce qui lui arrivait et pour me prier d'accompagner cette dame chez une clairvoyante dont j'avais, — quelques jours auparavant, — vanté la lucidité.

Je ne connaissais pas moi-même cette clairvoyante: mais une dame de mes relations m'avait raconté une de ses consultations où elle s'était montrée étonnante comme prédiction de l'avenir. Nous y allâmes.

Mme E..., notre clairvoyante, apporta un bol rempli de marc de café, pria Mlle C... de souffler dessus par trois fois; après quoi, ce marc fut versé dans un autre bol, le premier s'abouchant sur le second afin que son contenu passât en partie dans le nouveau récipient, ne retenant sur la surface de ses côtés intérieurs que quelques parcelles plus solides de la poudre de café qui devait, en laissant échapper sa partie liquide, former d'étranges dessins dans lesquels la pythonisse semblait lire.

Pendant cette préparation occulte, il fallait nous occuper, Mme E... avait étalé ses cartes et commençait :

« Ah !... mais... c'est un vol, et un vol commis par une des personnes de la maison et non par quelqu'un s'introduisant subrepticement. »

Ceci promettait bien.... Nous reconnûmes que ce qu'elle avançait était vrai.... Quant au voleur, il nous était malheureusement inconnu.

« Attendez, nous dit-elle, je vais maintenant voir les détails dans le marc qui doit avoir formé son dépôt. »

Elle saisit le bol renversé, y fit encore souffler par trois fois Mlle C...; prit son lorgnon.

. . . .

Alors, comme si elle avait assisté à la scène, elle nous dépeignit pièce par pièce la topographie de l'appartement de Lady A..., sans jamais se tromper d'une chambre ou d'un salon. Elle vit défiler devant ses yeux, comme dans une lanterne magique, sept domestiques dont elle nous dit exactement le sexe et les attributions. Puis, pénétrant de nouveau dans la chambre de Lady A..., elle aperçut une armoire[1] qui lui parut bien étrange :

« Elle a, nous répétait-elle, avec étonnement, un placard au centre, dont la porte est recouverte d'une glace; et, de chaque côté de cette armoire principale, il y en a encore deux autres sans glace, et tout cela se tient...

« Pourquoi cette armoire n'est-elle jamais fermée ? Pourtant elle contient toujours l'argent qui est... dans.... Quel objet bizarre !... il s'ouvre comme un porte-monnaie, forme pochette... pas comme un coffret.... Ah ! j'y suis !.. c'est un sac de voyage.... Quelle idée de mettre

---

1. C'était une armoire anglaise, comme elle n'en avait sans doute jamais vu.

son argent là! et surtout, quelle imprudence de laisser ce placard ouvert!...

« Les voleurs connaissaient bien le sac.... Ils n'ont point forcé la serrure. Ils ont introduit un objet assez large, pour en écarter les deux côtés; puis, à l'aide d'un ciseau ou d'une pince, ils ont attiré l'argent qui était en billets de banque.... »

. . . .

Nous l'avions laissée parler. Tout ce que nous avait dit cette femme nous confondait, dans la vérité des détails, même les plus infimes.

Elle s'arrêta fatiguée. Nous, nous désirions en savoir davantage. Nous la priâmes, nous la suppliâmes de nous dire lequel ou lesquels des domestiques avaient commis le larcin, puisqu'elle nous assurait que c'était quelqu'un du personnel.

Elle avoua qu'il lui était impossible de le faire sans encourir les rigueurs de la loi française qui ne peut et ne doit admettre qu'un coupable soit reconnu comme tel, sans preuves, par des moyens occultes.

A force d'être pressée, elle nous assura pourtant que l'argent de Lady A... ne serait jamais trouvé; ce qui était très probable, puisque le coupable ne serait point pris pour ce vol, et enfin, ce qui était plus étonnant, que « *deux ans plus tard, il subirait la peine capitale* ».

Toutes les fois que son regard, parcourant les dessins du marc, s'était porté sur « le Petit », elle l'avait vu près des chevaux. Nous lui avions certifié que jamais il n'avait servi de valet de pied, étant consacré exclusivement au service de la maison, et les valets de pied demeurant avec les cochers; Mme E... s'était entêtée dans son dire. Plus nous l'avions contredite, plus elle avait affirmé.

Nous avions fini par abandonner ce petit *rien*, qui nous choquait cependant comme une tache dans un ensemble surprenant d'exactitude.

Lady A..., au bout de quinze jours, renvoya son maître d'hôtel et sa femme de chambre. « Le Petit », sans qu'on en sût alors la raison, quitta Lady A... trois ou quatre semaines plus tard. L'argent ne fut pas retrouvé; et, un an plus tard, Lady A... partait pour l'Égypte.

Deux ans après cet événement, Lady A... recevait, venant du Tribunal de la Seine, l'avis de se rendre, comme témoin, à Paris.

On avait trouvé l'auteur du vol. Il venait de se faire prendre : « Le Petit », doué de tant de qualités, n'était autre que Marchandon, l'assassin de Mme Cornet.

Comme on le sait, il subit la peine capitale, ainsi que l'avait annoncé la clairvoyante de la rue Notre-Dame-de-Lorette, et, dans le procès, il fut constaté que « le Petit » avait, aux Champs-Élysées, tout près de la résidence de Lady A..., un frère cocher dans une grande maison.

« Le Petit », ou Marchandon puisqu'ils ne font qu'un, profitait alors de tous ses moments de liberté pour aller vers son frère, car il était grand amateur de chevaux. C'est donc là la raison pour laquelle Mme E... nous avait affirmé, malgré nos contradictions, qu'elle le voyait sans cesse près des chevaux.

Elle avait encore vu vrai, dans ce petit détail que les péripéties du procès nous ont livré.

L. D'ERVIEUX,

Certifié conforme à la vérité,

C. DESLIONS,
ayant assisté à la consultation.

REMARQUE. — Ce cas de clairvoyance est absolument extraordinaire. Nous avons vu Lady A... qui nous a confirmé l'exactitude du récit qui précède.

Il ne faut évidemment voir dans l'emploi des cartes et du marc de café qu'un moyen employé, sans doute inconsciemment par le sujet, pour se mettre en auto-somnambulisme, c'est-à-dire dans un état second où la conscience normale devient inactive au profit de l'inconscient. Dans cet état second, les facultés inconscientes peuvent prendre tout leur essor et il est possible d'admettre que la faculté de clairvoyance, que nous possédons peut-être tous à un état plus ou moins rudimentaire, puisse s'exercer plus librement et acquérir, chez des sujets prédisposés, un certain degré de précision.

DARIEX.

M. Myers cite dans le même recueil (1899, p. 170), le cas suivant de répétition d'un rêve prémonitoire :

LXXVI. — Il y a soixante ans, une Mme Carleton mourut dans le comté de Leitrim. Elle était l'intime amie de ma mère, et peu de jours après sa mort elle lui apparut en rêve et lui dit que jamais plus ma mère ne la verrait en rêve, sauf une fois, qui aurait lieu vingt-quatre heures avant sa mort.

En mars 1864, ma mère habitait avec mon beau-fils et ma fille, le docteur et Mme Lyon, à Dalkey. Le 2 mars au soir, ma mère monta dans sa chambre, très en train, riant et plaisantant avec Mme Lyon. Cette même nuit, ou plutôt le matin suivant, le docteur Lyon entendant du bruit dans la chambre de ma mère réveilla Mme Lyon et l'envoya voir ce qui se passait. Elle trouva ma mère le corps à moitié sorti de son lit avec une expression d'horreur peinte sur ses traits. On lui donna les meilleurs soins, et le lendemain matin, elle paraissait rétablie en son état ordinaire. Elle déjeuna comme d'habitude, dans son lit et très gaiement. Elle pria ma fille de dire à la servante de lui préparer un bain qu'elle prit. Elle envoya ensuite chercher Mme Lyon et lui dit que Mme Carleton était enfin, après un intervalle de cinquante-six ans, venue lui parler de sa mort très prochaine, et qu'elle mourrait le lendemain matin à la même heure que celle où ils l'avaient trouvée comme je viens de le dire. Elle ajouta qu'elle avait par précaution pris un bain pour éviter le lavage de son corps. Elle commença alors à décliner peu à peu et mourut le matin du 4 mars à l'heure qu'elle avait dite.

Le docteur et Mme Lyon peuvent corroborer ce récit. Ma mère m'avait toujours dit qu'elle reverrait Mme Carleton juste avant sa mort.

THOMAS JAMES NORRIS.

Dalkey, Irlande.

Suivent des attestations.

M. Myers écrit à ce propos :

Il y a, dit-il, trois explications possibles à ces faits :

Je suis, quant à moi, tout disposé à admettre que la défunte Mme Carleton connaissait réellement la maladie qui menaçait son amie, et que les deux rêves furent produits télépathiquement par un esprit désincarné chez un esprit incarné. Mais nous pouvons aussi supposer que le premier rêve, quoique purement accidentel, fit une si profonde impression que quand il se reproduisit, aussi par hasard, il fut l'équivalent d'une autosuggestion de mort. Ou bien nous pouvons supposer que le premier rêve fut accidentel, mais que le second fut symbolique, et produit par quelque sensation organique qui préludait à la mort imminente mais fut perceptible pendant le sommeil avant de l'être à l'état de veille.

Il y a cependant des cas où ces prédictions de mort en rêve sont faites si longtemps à l'avance et avec tant de latitude pour la date fixée pour le décès qu'il est difficile de concevoir que ce soit l'autosuggestion qui amène le résultat.

Nous ne commencerons pas ici la discussion du grand problème des communications de *morts*, qui demandera, à lui seul, des développements indispensables à son élucidation, si même nous pouvons y arriver. On a déjà pu en remarquer plusieurs dans la variété des exemples consignés ici. Nous en possédons un nombre considérable, dont l'analyse exige un travail encore plus attentif que celui qui a présidé aux recherches précédentes, dans lesquelles nous ne sommes pas sorti du cadre des êtres vivants.

Ce que nous avons voulu établir ici par la publication de ces rêves prémonitoires, c'est que réellement des songes ont PRÉVU ET ANNONCÉ L'AVENIR, et cela *avec précision*. Il ne s'agit pas de pressentiments vagues ou de prédictions alambiquées à double et triple sens, dans le genre de celles de Nostradamus, qui peuvent s'appliquer après coup à plusieurs événements différents, mais de la *vue réelle et exacte* de ce qui est ensuite arrivé.

Pour le moment, nous n'irons pas plus loin. L'être humain est doué de facultés encore inconnues qui permettent de voir de loin, dans l'espace et dans le temps. C'est ce que nous voulions démontrer par un ensemble de témoignages satisfaisants.

Quant à en chercher les lois, l'heure n'en est pas venue. On a pu remarquer que ces rêves concernent souvent les choses les plus banales, celles de la vie quotidienne. Mais on peut avouer, du reste, que la vie humaine terrestre est, en général, ainsi composée.

De ce que l'avenir a été vu en certains rêves exceptionnels, il ne faudrait pas en conclure à l'interprétation générale des songes. Ce serait là une erreur complète. Je ne conseillerais pas davantage de consulter qui que ce soit sur l'avenir.

La place nous manque pour traiter dans ce volume la question des *pressentiments*, ainsi que celle de la divination de l'avenir à l'état éveillé, et nous sommes obligé de remettre à plus tard ces intéressantes recherches. Le fait est également résolu pour nous dans le sens de l'affirmative. La curieuse impression du *déjà vu* sera ensuite examinée. Puis nous arriverons à l'éternel problème du libre arbitre et de la destinée, et nous constaterons que l'avenir existe aussi sûrement que le passé et le présent, déterminé par les causes qui l'amèneront, en vertu de ce principe absolu qu'il n'y a pas d'effets sans causes, l'âme humaine, avec toutes ses facultés, étant d'ailleurs l'une de ces causes.

On ne peut tout faire à la fois, et je m'excuse plutôt, en lisant le chiffre 563 au-dessus de cette page, de la longue attention à laquelle j'ai soumis mes lecteurs et mes lectrices. Mais ce qu'il importait de faire avant tout, c'était une *classification méthodique* des phénomènes, c'était de commencer par les plus sûrs, de les étudier successivement et complètement, et d'admettre d'abord ce qui paraît démontré à notre raison comme certitude morale.

Les manifestations télépathiques de mourants, la transmission de pensée, l'action psychique d'un être humain sur un autre à distance, sans l'intermédiaire des sens, la vue à distance et la prévision de l'avenir en rêve et en somnambulisme, sont pour nous des *faits certains*. Il nous a paru logique de commencer par là notre investigation du monde invisible.

CONCLUSION

Les documents présentés dans ce volume à l'attention des amis de la vérité sont loin d'embrasser l'ensemble des phénomènes psychiques; mais ils nous conduisent déjà à quelques conclusions préliminaires.

Le but de ces recherches est de savoir si l'âme humaine existe comme entité indépendante du corps, et si elle survit à la destruction de celui-ci.

Eh bien! les faits qui viennent d'être exposés sont presque tous en faveur de cette existence.

Il est certain qu'une âme peut en influencer une autre à distance et sans l'intermédiaire des sens.

Un grand nombre de morts, dont les exemples sont donnés ci-dessus, ont été *apprises* par communications télépathiques, apparitions (subjectives ou objectives), appels de voix entendus, chants, bruits et mouvements (fictifs ou réels), impressions diverses. Il n'y a plus aucun doute à conserver sur ce point. Donc l'âme agit à distance.

La suggestion *mentale* est également certaine.

La communication psychique entre vivants n'est pas moins prouvée par un nombre suffisant de faits d'observation. Il y a des courants psychiques, comme il y a des courants aériens, électriques, magnétiques, etc.

L'abondance des témoignages récents et contemporains nous a empêché de citer les récits anciens, qui sont extrêmement nombreux aussi, et dont plusieurs se présentent avec tous les caractères d'une authenticité incontestable. Peut-être les décrirons-nous un jour avec tous leurs intéressants détails. Rappelons seulement les principaux.

La télépathie était presque un des lieux communs de la littérature antique. Les œuvres d'Homère, d'Euripide, d'Ovide, de Virgile, de Cicéron mettent très souvent en scène des manifestations de mourants et de morts, des apparitions, des évocations, des réalisations de songes prémonitoires.

L'un des plus anciens récits de ce genre est celui de la Bible, au *Livre de Samuel* : le roi Saül consultant la pythonisse d'Endor et voyant apparaître devant lui le fantôme du prophète Samuel. Si ce récit n'est qu'un conte (ce qui n'est pas démontré), il indique du moins les croyances de cette lointaine époque.

On peut lire dans PLUTARQUE l'histoire tragique de l'assassinat de Jules César et le rêve prémonitoire de sa femme Calpurnia, qui fit tout au monde pour l'empêcher de se rendre au Sénat. Il semble, en lisant ce récit, que l'on entende la voix du Destin, et il y a même là de curieux signes prémonitoires, (ouverture des fenêtres de la chambre à coucher de César, etc.), analogues aux faits dont nous venons de nous occuper.

Brutus et Cassius étaient, assurément, de mâles esprits, assez sceptiques, appartenant à la philosophie d'Épicure. Lisez aussi dans PLUTARQUE l'apparition d'un fantôme à Brutus, sous sa tente, lui donnant rendez-vous dans la plaine de Philippes, où il devait trouver la mort.

Si Jules César avait été moins incrédule en ce qui concerne les songes, il eût peut-être écouté la prière de sa femme. Auguste fut mieux inspiré à la bataille de Philippes. Le rêve d'un de ses amis le fit, quoique souffrant, quitter sa tente. Son camp fut pris et sa litière percée de coups d'épées. (SUÉTONE, *Auguste*, XCI.)

Cicéron montre dans son livre sur *la Divination* l'apparition de Tibérius Gracchus à son frère, le songe de Simonide récompensé par une ombre d'avoir donné la sépulture à son corps, et celui du voyageur de Mégare que j'ai rapporté dans *Uranie* (p. 193).

Valère Maxime signale (VII, § I, 8) le rêve prémonitoire d'Atérius Rufus assistant à un combat de gladiateurs, tué par un rétiaire qu'il avait vu en rêve la nuit précédente, et au moment où il venait de raconter ce rêve à ses amis.

Lisez dans le même auteur le rêve prémonitoire du roi Crésus voyant son fils Athys tué par un fer homicide, écartant de lui tous les dangers, et le confiant à un garde qui le tua dans une chasse au sanglier (VII, § II, 4).

Pline le Jeune raconte dans ses *Lettres* (Liv. VII) l'histoire d'une maison hantée à Athènes et d'une sépulture réclamée par un spectre.

Vopiscus signale la prédiction faite par une druidesse à Dioclétien de sa destinée future.

Grégoire de Tours affirme que le jour de la mort de saint Martin à Tours (l'an 400), saint Ambroise, évêque de Milan, vit et connut cette mort pendant une syncope. On sait qu'il en a été de même au xviiie siècle pour saint Alphonse de Liguori à la mort du pape Clément XIV (*Stella*, p. 73). Ces exemples ne sont pas très rares dans la vie des saints, mais ils ne sont pas du tout une preuve de sainteté, et encore moins de miracles, comme le croient les canonisateurs.

Pétrarque, en 1348, vit sa chère Laure lui apparaître en rêve le jour où elle rendit le dernier soupir, et a consacré à ce souvenir une belle pièce de poésie (*le Triomphe de la mort*).

Le pape Pie II (Æneas Sylvius) raconte dans son *Histoire de Bohême* que Charles, fils de Jean, roi de Bohême, qui fut ensuite l'empereur Charles IV, fut averti par un songe de la mort du dauphin (26 août 1336). [Je dois la connaissance de cette relation à M. Mourrel, de Monestier, qui me signale aussi l'apparition d'un mourant décrite par Nicolas Charrier, avocat au Parlement de Grenoble au xviie siècle].

Jeanne d'Arc avait prédit sa mort.

On avait prédit à Catherine de Médicis que ses trois fils seraient rois.

Agrippa d'Aubigné signale l'apparition du cardinal de Lorraine, le jour et à l'heure de sa mort, à Catherine de Médicis.

Jean Stoeffler, astrologue (1472-1530), avait annoncé la date de sa mort et son genre de mort (chute d'un objet sur la tête).

François de Belleforest, auteur des *Histoires prodigieuses* (1578), rapporte que son père lui est apparu dans un jardin au moment même où il mourut, quoiqu'il ne le sût pas malade.

Montluc fait part, dans ses *Commentaires*, du curieux rêve qui lui montra, la veille de l'événement, la mort du roi Henri II percé d'une lance dans le tournoi de Montgomery (30 juin 1559). [Ce fait vient de m'être rappelé par Mme Villeneuve de Nérac.]

La reine de Navarre, Marguerite d'Angoulême, étant au couvent de Tusson (Charente) s'entendit appeler par son frère François Ier au moment où celui-ci mourait à Rambouillet.

François Bacon rapporte (*Sylva sylvarum*, 10e centurie, 986) qu'une vision en rêve lui présagea la mort de son père, entre Londres et Paris (1578).

Sully met dans ses *Mémoires* (VII, 383) les pressentiments suivants dans la bouche de Henri IV : « On m'a dit que je devais être tué à la première magnificence que je ferais et que je mourrais dans un carrosse, et c'est ce qui fait que j'y suis si peureux. Si l'on pouvait ne pas faire ce maudit sacre! »

David Fabricius, astronome allemand auquel on doit la découverte de la fameuse étoile variable Mira Ceti, avait prédit qu'il mourrait le 7 mai 1617. Il prit toutes les précautions pour éviter ce sort et ne sortit pas de sa chambre. Enfin, à dix heures du soir, il voulut prendre l'air : un paysan le tua d'un coup de fourche.

L'abbé de Saint-Pierre (1658-1743) rapporte que l'abbé Bezuel vit son camarade Desfontaines, mort l'avant-veille, noyé, et s'entretint avec lui pendant assez longtemps.

Charles Nodier rapporte (*Jean-François les Bas-Bleus*) que, le 16 octobre 1793, le jeune homme que l'on appelait ainsi, à Besançon, signala l'exécution de Marie-Antoinette, à la grande stupéfaction des auditeurs.

(Je n'inscris pas la prédiction de Cazotte, parce qu'elle paraît être un conte arrangé par Laharpe. Mes recherches ont conduit au même résultat négatif pour la prétendue vision de Charles XI.)

Gratien de Semur expose, dans son traité critique *Des erreurs et des préjugés*, qu'une amie de sa famille, Mme de Saulce, femme d'un riche colon de Saint-Domingue, s'écria un jour, en faisant une partie de cartes : « M. de Saulce est mort! » et tomba à la renverse. Ce jour même, son mari était assassiné par des nègres.

Nous rappelons brièvement les principaux de ces

48.

faits anciens, — de valeurs diverses, assurément, — simplement pour montrer qu'ils ne datent pas d'aujourd'hui. On peut espérer que leur étude scientifique les fera sortir des ombres de la légende et de la superstition.

L'espace nous manque également pour analyser en détail chacun de ceux que nous avons enregistrés dans ce volume et pour établir dès maintenant qu'il y a un grand nombre de *causes diverses* en jeu dans ces phénomènes. Nous avons d'abord voulu prouver ici la réalité des manifestations de mourants, de l'action psychique à distance, des communications mentales, de la connaissance des choses par l'esprit sans le concours des sens.

On peut *voir sans les yeux, entendre sans les oreilles*, non point par une hyperesthésie du sens de la vue ou de l'ouïe, car ces observations prouvent le contraire, mais par un sens intérieur, psychique, mental.

La vue intérieure de l'âme peut voir non seulement *ce qui se passe au loin*, à des distances considérables, mais elle peut encore connaître d'avance *ce qui arrivera dans l'avenir*. L'avenir existe potentiellement, déterminé par les causes qui amèneront les effets successifs.

L'OBSERVATION POSITIVE PROUVE L'EXISTENCE D'UN MONDE PSYCHIQUE, aussi réel que le monde connu par nos sens physiques.

Maintenant, de ce que l'âme agit à distance par une force qui lui est propre, sommes-nous autorisés à en conclure qu'elle existe comme être réel, qu'elle n'est pas une résultante des fonctions du cerveau?

La lumière existe-t-elle réellement?

La chaleur existe-t-elle?

Le son existe-t-il?

Non.

Ce ne sont là que des manifestations de mouvements.

Ce que nous appelons *lumière* est une sensation produite sur notre nerf optique par les vibrations de l'éther comprises entre 400 et 756 trillions par seconde, ondulations obscures en elles-mêmes.

Ce que nous appelons *chaleur* est une sensation produite par des vibrations dont le nombre est compris entre 350 et 600 trillions.

Le soleil éclaire l'espace à minuit comme à midi. Cependant l'espace reste noir. Sa température est voisine de 270 degrés au-dessous de zéro.

Ce que nous appelons *son* est une sensation produite sur notre nerf auditif par des vibrations de l'air, silencieuses en elles-mêmes, comprises entre 32 et 36 000 par seconde.

L'*électricité* existe-t-elle ou n'est-elle elle-même qu'un mode de mouvement? L'avenir de la science nous l'apprendra. (Il est probable qu'elle existe comme entité réelle. L'éther ne serait-il pas une substance électrique?)

Le mot d'*attraction* n'a été donné par Newton que pour représenter la manière dont les corps célestes se meuvent dans l'espace. « Les choses se passent, dit-il, *comme si* ces corps s'attiraient. » Quant à l'essence, à la nature de cette force apparente, nul ne la connaît.

Un grand nombre de termes scientifiques ne représentent que des effets, non des causes.

Il pourrait se faire que l'âme fût dans le même cas.

Les observations exposées dans cet ouvrage, les sensations, les impressions, les visions, les auditions, etc., pourraient indiquer *des effets physiques produits entre cerveaux.*

Oui, sans doute. Mais c'est ce qui ne semble pas être.

Examinons un exemple.

Ouvrons ce livre à la page 186 :

Une jeune femme, adorée de son mari, meurt à Moscou. Son beau-père, à Poulkovo, près de Saint-Pétersbourg, la voit, à cette heure même, à côté de lui, l'accompagnant dans la rue, puis disparaissant. Saisi de surprise et d'effroi, il télégraphie à son fils et apprend à la fois la maladie et la mort de cette jeune femme.

Nous sommes absolument obligés d'admettre que « quelque chose » est émané de la mourante et est venu toucher son beau-père. Cette « chose inconnue » peut être un mouvement éthéré, comme dans le cas de la lumière, et n'être qu'un effet, un produit, un résultat; mais cet effet a une cause, et cette cause c'est la mourante, évidemment. La constitution du cerveau peut-elle expliquer cette projection? Je ne pense pas qu'aucun anatomiste ni aucun physiologiste ose répondre affirmativement.

On sent là une propriété inconnue, *non de l'organisme physique*, mais de l'*être pensant*.

Prenons un autre exemple, soit page 79 :

Une dame, chez elle, entend une voix qui chante, la voix d'une amie entrée au couvent, et tombe évanouie parce qu'elle a compris que c'était la voix d'une morte! *Au même moment*, cette amie mourait, en effet, à 40 kilomètres de là.

N'avons-nous pas ici encore la même impression, celle d'une communication d'âme à âme?

Autre exemple encore (p. 195) :

La femme d'un capitaine parti pour les Indes voit, une nuit, son mari debout devant elle, les mains pressées contre la poitrine et l'air souffrant. La commotion qu'elle en ressent la convainc qu'il est tué ou gravement blessé. C'était le 14 novembre. Le ministère de la Guerre lui annonce ensuite qu'il a été tué le 15. Elle fait vérifier. Le ministère s'était trompé : c'est bien le 14 qu'il était mort.

Un enfant de six ans s'arrête au milieu de ses jeux en s'écriant d'un air effrayé : « Maman, j'ai vu maman »! A cet instant même sa mère mourait, loin de là (p. 153).

Une jeune fille au bal s'arrête tout d'un coup au milieu d'une danse et, fondant en larmes, s'écrie : « Mon père est mort, je viens de le voir »! Au moment même mourait son père, qu'elle ne savait pas malade (p. 141).

Tous ces faits se présentent à nous comme indiquant non des actes physiologiques de cerveau à cerveau, mais des actes psychiques d'esprit à esprit.

Sans doute, il est toujours difficile de faire la part de ce qui appartient à l'esprit, à l'âme, et de ce qui appartient au cerveau. Nous ne pouvons nous laisser guider dans nos appréciations et dans nos jugements que par le sentiment intime qui résulte en nous de la discussion des phénomènes. C'est ainsi que toutes les sciences ont été fondées. Eh bien ! chacun ne sent-il pas ici qu'il s'agit de manifestations d'un être pensant et non pas seulement de faits physiologiques matériels ou de transformations de l'énergie physique ?

Cette impression est surabondamment confirmée par la constatation de facultés de l'âme inconnues, en jeu dans les rêves et le somnambulisme.

Un frère apprend la mort de sa jeune sœur par un horrible cauchemar (p. 446).

Un monsieur rêve qu'il voit tomber d'une fenêtre une jeune fille, qu'il ne connaît pas d'ailleurs (p. 460). — Une dame voit en rêve un de ses amis se noyer (p. 464).

Une mère voit en rêve sa fille tombée sur une route et couverte de sang (p. 467).

Une dame va, en rêve, visiter son mari sur un navire lointain, et son mari reçoit réellement cette visite, vue par une troisième personne (p. 483).

Une dame magnétisée voit et décrit tout l'intérieur du corps de sa mère mourante, état exact constaté à l'autopsie (p. 492).

Un monsieur voit en rêve une dame de ses amies

arriver par le chemin de fer, voyage imprévu d'ailleurs (p. 507).

Une jeune fille voit d'avance en rêve le jeune homme inconnu qu'elle épousera (p. 509).

Un magistrat voit, trois ans d'avance, la perpétration d'un crime, dans ses moindres détails (p. 512).

Plusieurs personnes voient d'avance une ville, un paysage, des situations où ils se trouvent réellement ensuite (p. 505, 518, 519, 521, 529, 531, 540, 545, 547).

Une mère entend, six mois d'avance, sa fille lui annoncer un mariage imprévu (p. 555).

Une mort est prédite avec précision (cas fréquents).

Un vol est vu par une somnambule, et l'exécution du coupable annoncée (p. 556).

Une jeune fille voit son fiancé, son ami intime, au moment de la mort (cas fréquents), etc., etc.

L'action psychique d'un esprit sur un autre, la communication à distance existent, aussi sûrement que les courants électriques et magnétiques de l'atmosphère (p. 274-363).

Ce sont là des facultés de l'âme inconnues. Telle est, du moins, mon impression. Il ne me semble pas que l'on puisse raisonnablement attribuer la prévision de l'avenir et la vue mentale à une production nerveuse du cerveau.

Le cerveau n'est qu'un organe, comme le nerf optique ou le nerf auditif. L'âme, l'esprit, l'être intellectuel agit et perçoit par lui, mais n'en est pas une propriété physique.

La divination de l'avenir est peut-être ce qu'il y

a encore de plus extraordinaire, car pour qu'elle existe, il faut que l'avenir soit déterminé d'avance avec certitude par les causes qui l'amèneront. Remarquons qu'un seul fait de ce genre, exactement constaté, prouverait la thèse. Or ce n'est pas un fait que nous avons sous les yeux, mais des centaines.

L'espace nous manque — et ce n'est pas ici le lieu — pour discuter le grave problème du libre arbitre et de la fatalité. Rappelons seulement les paroles suivantes de Laplace : « Les événements actuels ont avec les précédents une liaison fondée sur le principe évident qu'une chose ne peut pas commencer d'être sans une cause qui la produise. Cet axiome connu sous le nom de *principe de la raison suffisante* s'étend aux actions les plus indifférentes. La volonté la plus libre ne peut sans un motif déterminant leur donner naissance, car si toutes les circonstances de deux positions étant exactement les mêmes, elle agissait dans l'une et s'abstenait d'agir dans l'autre, son choix serait un effet sans cause : elle serait alors, dit Leibniz, le hasard aveugle des épicuriens. L'opinion contraire est une illusion de l'esprit qui, perdant de vue les raisons fugitives du choix de la volonté dans les choses indifférentes, se persuade qu'elle s'est déterminée d'elle-même et sans motifs. Nous devons donc envisager l'état présent de l'univers comme l'effet de son état antérieur et comme la cause de celui qui va suivre. Une intelligence qui connaîtrait toutes les forces dont la nature est animée et la situation respective des êtres qui la composent, si d'ailleurs elle était assez vaste pour soumettre ces données à l'analyse, embrasserait dans la même formule les mouvements des plus grands corps de l'univers et ceux du plus léger atome : rien ne serait incertain pour elle, et l'avenir comme le passé serait présent à ses yeux. L'esprit humain offre dans la perfection qu'il a su donner à l'astronomie, une faible esquisse de cette intelligence¹ ».

Si l'avenir est inévitable, que devient notre liberté? La philosophie conciliera sans doute un jour ces deux contradictions apparentes, car nous avons le sentiment de pouvoir choisir et de l'utilité des efforts accomplis, et tout le progrès des peuples occidentaux est dû précisément à l'action intellectuelle, opposée au fatalisme des Orientaux. Des faits en apparence contradictoires s'expliquent déjà aujourd'hui par la connaissance des choses, par exemple l'élévation, la lévitation d'un lourd morceau de fer sous l'influence d'un aimant. L'ascension d'un ballon est aussi naturelle que la chute d'une pierre. Que les moralistes n'arguent donc pas des conséquences d'une certaine nécessité déterminée d'avance, pour se refuser à admettre les prévisions d'avenir reconnues et contrôlées. Les contradictions ne sont qu'apparentes. Le déterminisme n'est pas le fatalisme.

Les phénomènes que nous étudions ne sont peut-

---

1. LAPLACE, *Essai analytique sur les probabilités*, 1814, p. 3.

être pas aussi éloignés qu'ils le paraissent des raisonnements de la science positive.

Je crois qu'il faut, ou nier tous ces faits, ou admettre qu'ils dénotent une cause intellectuelle, spirituelle, d'ordre psychique, et je suis d'avis que les sceptiques de parti pris préféreront les nier, les traiter d'illusions et de coïncidences fortuites : ce sera plus simple. Les négateurs intransigeants, rebelles même à l'évidence, seront encore plus absolus et déclareront que les auteurs de ces récits extravagants sont des farceurs qui m'ont écrit pour me mystifier, et qu'il en a été de même dans tous les siècles pour tous les penseurs qui ont eu à s'occuper de ces questions.

Serait-il vraiment possible de nous refuser à accepter tous ces témoignages humains? Je ne pense pas que nous en ayons le droit. Ceux qui ont été contrôlés ont prouvé leur vérité, leur authenticité. Ce n'est pas après coup qu'ils ont été imaginés ou arrangés : c'est, au contraire, leur spontanéité qui a frappé, et c'est souvent à cause de cet apparent mystère que l'on m'a écrit, dans le désir de recevoir une explication. Sans aucun doute, tous les récits n'offrent pas les mêmes garanties et plusieurs peuvent, très sincèrement d'ailleurs, s'être eux-mêmes modifiés dans la mémoire des narrateurs et adaptés plus strictement aux événements; mais ils n'ont pas été inventés pour cela, et ce ne sont point là des mystifications. Récuser tous ces témoignages conduirait à récuser les relations de tout ce qui se passe constamment autour de nous dans la vie, sous prétexte qu'on n'a pas tout vérifié ou que certains détails sont inexacts. Je m'en tiens ici au raisonnement d'Emmanuel Kant cité plus haut (p. 225) et à ce que j'ai déjà fait remarquer à ce propos (p. 219).

Telle est, du moins, mon impression, et je la soumets avec confiance aux lecteurs soucieux d'arriver à la vérité, sans d'ailleurs avoir en aucune façon la présomption d'imposer mon opinion à personne. Chacun appréciera suivant son jugement propre. J'essaye simplement de mettre les choses au point, comme un astronome à sa lunette, un photographe devant un paysage ou un naturaliste armé d'un microscope.

Ces phénomènes prouvent, selon moi, que l'âme existe et qu'elle est douée de facultés encore inconnues. C'est par là qu'il était logique de commencer nos études, dont la suite nous conduira au problème de la survivance et de l'immortalité. Une pensée peut se transmettre d'un esprit à un autre. Il y a des *transmissions mentales*, des *communications de pensées*, des *courants psychiques* entre les âmes humaines. L'*espace* ne semble pas un obstacle, et le *temps* paraît parfois comme annihilé.

Quel est le mode d'énergie en jeu dans ces transmissions ? Il est impossible de le dire actuellement. Un certain nombre des impressions ressenties font songer aux faits et gestes de la foudre et de l'électricité. Il ne serait pas déraisonnable de penser que cet agent soit beaucoup plus intimement associé à l'organisme humain qu'on ne l'a cru jusqu'ici. Mais, encore une fois, l'heure des théories n'est pas venue.

Tout en restant relativement rares et en n'ayant pas la banalité des choses ordinaires de la vie quotidienne, ces faits sont beaucoup plus nombreux et plus fréquents qu'on ne l'a pensé jusqu'à présent. Nous avons vu plus haut que l'enquête ouverte par moi au mois de mars 1899 m'en a transmis 1150. En y ajoutant ceux que j'ai reçus pendant l'impression de ce volume, ils dépassent 1200. On a pu lire, juger, apprécier, dans ce premier volume, 186 cas de manifestations de mourants constatées à l'état éveillé, 70 cas perçus pendant le sommeil, 57 observations ou expériences de transmission de pensée sans le concours de la vue, de l'ouïe ou du toucher, 49 exemples de vue à distance en rêve ou en somnambulisme, 76 rêves prémonitoires et divinations de l'avenir, soit 438 phénomènes d'ordre psychique indiquant l'existence de forces encore inconnues agissant entre les êtres pensants et les mettant en communication latente les uns avec les autres. (J'en ai encore peut-être autant d'analogues.) Même en faisant la part la plus large aux variations de la mémoire et à l'imagination des narrateurs, il n'est pas possible de ne pas sentir et de ne pas reconnaître dans ces témoignages un fond de vérité et de sincérité incontestables. D'ailleurs, certaines observations et certaines expériences ont été relatées avec un tel souci de ne laisser aucune prise à l'erreur, qu'elles portent en elles-mêmes le caractère de l'authenticité scientifique la plus absolue et la mieux contrôlée. Ce sont donc là surtout des témoins qui accusent le scepticisme des négateurs de parti pris et le réduisent à la dernière extrémité. Et maintenant que l'attention générale est appelée sur ces sortes de faits, on en remarquera un nombre beaucoup plus grand, qui passaient inaperçus ou auxquels on n'attribuait aucune valeur. En astronomie, une fois que les astres sont découverts, tout le monde les voit.

Il me semble que les conclusions suivantes ressortent logiquement de l'ensemble des faits exposés :

1° L'AME EXISTE COMME ÊTRE RÉEL, INDÉPENDANT DU CORPS ;

2° ELLE EST DOUÉE DE FACULTÉS ENCORE INCONNUES A LA SCIENCE ;

3° ELLE PEUT AGIR ET PERCEVOIR A DISTANCE, SANS L'INTERMÉDIAIRE DES SENS ;

4° L'AVENIR EST PRÉPARÉ D'AVANCE, DÉTERMINÉ PAR LES CAUSES QUI L'AMÈNERONT. L'AME LE PERÇOIT QUELQUEFOIS.

D'autres observations sont déjà présentées, notamment en ce qui concerne les doubles de vivants, le corps éthéré ou astral et les manifestations de morts ; mais les quatre points qui précèdent me paraissent affirmés et démontrés.

Quant aux explications, il est sage de n'y point prétendre. J'ai déjà montré plusieurs fois dans ce livre qu'elles ne sont pas nécessaires pour admettre les faits. On est dupe, en général, sur ce point, d'illusions assez singulières. Par exemple, au temps des possédées de Loudun ou des convulsionnaires de Saint-Médard, les effets de la suggestion et de l'hypnotisme étant inconnus, on déclarait que ces phénomènes étaient ou frauduleux ou diaboliques. Or ils ne sont ni l'un ni l'autre. Aujourd'hui, plusieurs s'expliquent, et l'on entend souvent dire de tous ceux dont on parle : « c'est de l'hypnotisme, c'est de la suggestion, c'est de la subconscience ». Autre erreur. Ce peut n'être ni de l'un ni de l'autre non plus, et n'en pas moins exister pour cela. Ne fermons pas le cercle de nos conceptions, n'établissons ni écoles ni systèmes, et ne prétendons pas que tout doive actuellement s'expliquer pour être admis. La science est loin d'avoir dit son dernier mot en quoi que ce soit.

Ces études dépassent de beaucoup l'étendue d'un volume dans laquelle j'avais eu l'intention de les renfermer. Mais ce cadre restreint m'obligeait à tant de condensations, de restrictions et de suppressions que la connaissance des sujets en était considérablement diminuée, et insensiblement, naturellement, un plus grand développement s'est imposé. Être trop incomplet eût été ne rien prouver. J'ai préféré traiter entièrement et méthodiquement les sujets d'études au lieu d'en effleurer superficiellement et inutilement un trop grand nombre. Il faut, dans ces sortes de recherches, des preuves accumulées et convaincantes, des témoignages sûrs, nombreux et concordants. Il importait d'abord de prouver. J'espère que cette démonstration est faite ici pour tout esprit libre, éclairé et de bonne foi.

La suite de ces recherches conduit à examiner les phénomènes du spiritisme et de la médiumnité, ceux du somnambulisme, du magnétisme et de l'hypnotisme, la connaissance des faits lointains et de l'avenir en dehors des rêves, les pressentiments, les doubles de vivants, le corps astral, les apparitions et manifestations de morts, les maisons hantées, les mouvements d'objets sans contact, la sorcellerie, la magie, etc., etc.

Ce que nous pouvons penser, dès aujourd'hui, c'est que, tout en faisant la part des superstitions, des erreurs, des illusions, des farces, des malices, des mensonges, des fourberies, il reste des faits psychiques véritables, dignes de l'attention des chercheurs. C'est dire que nous sommes entrés dans l'investigation de tout un monde, aussi ancien que l'humanité, mais encore bien nouveau pour la méthode scientifique expérimentale, qui commence seulement à s'y attaquer depuis quelques années, et simultanément dans tous les pays.

C'est là un programme d'études que j'aimerais mener à bonne fin, si le temps indispensable pour y parvenir m'était donné. Mais, d'une part, il est prudent de ne pas se livrer exclusivement à ces sortes de sujets occultes, parce qu'on perdrait assez vite l'indépendance d'esprit nécessaire pour juger impartialement : il vaut mieux ne voir là qu'un hors-d'œuvre de la vie normale, une distraction d'ordre supérieur, curieuse et intéressante : il y a des mets et des liqueurs qu'il est plus hygiénique de ne prendre qu'à petites doses. D'autre part, la terre tourne très vite et les jours passent comme des rêves. J'espère néanmoins me donner le plaisir scientifique d'étudier une partie de ces mystères. Et puis, ce que l'un ne fait pas, d'autres le font, chacun apporte sa modeste pierre pour la construction de la pyramide future.

Rappelons aussi que ces faits sont exceptionnels. Les phénomènes psychiques de tout ordre, d'ailleurs, tout en cessant d'appartenir au domaine morbide des superstitions et des fantômes occultes et en étant appelés dans la lumière des méthodes expérimentales, ne cesseront pas pour cela de rester anormaux et exceptionnels. On ne doit donc jamais s'y abandonner en négligeant l'esprit critique sans lequel la raison humaine ne serait qu'un leurre, et l'on ne doit les considérer que comme des *sujets d'études* intéressants pour notre connaissance de nous-mêmes. Il faut bien avouer, en effet, que ce que nous connaissons encore le moins, c'est notre propre nature. La maxime de Socrate « Connais-toi toi-même ! » peut toujours inspirer nos plus nobles pensées.

Tout auteur a charge d'âmes. On ne doit dire que ce que l'on sait. Peut-être ne doit-on pas toujours dire tout ce que l'on sait; mais, même dans la vie normale de chaque jour, on ne devrait jamais dire que ce que l'on sait.

Étudions donc, travaillons et espérons. L'ensemble des faits psychiques montre que nous vivons au milieu d'un monde invisible au sein duquel s'exercent des forces encore inconnues, ce qui est d'accord avec ce que nous savons sur la limite de nos sens terrestres et sur les phénomènes de la nature. C'est même précisément à cause de cet état de choses que ce travail a pour titre l'Inconnu. Répétons avec Shakespeare la pensée que nous avons inscrite en épigraphe à l'un de nos chapitres :

> Il y a plus de choses dans le ciel et sur la terre, Horatio,
> Que n'en peut rêver toute notre philosophie;

et disons aussi avec Lamartine, en revenant à la philosophie astronomique :

> La vie est un degré de l'échelle des mondes
> Que nous devons franchir pour arriver ailleurs.

TABLE DES MATIÈRES

Introduction 1
I. — Les Incrédules 4
II. — Les Crédules 30
III. — Les Manifestations télépathiques de mourants 58
IV. — Admission des faits 216
V. — Des Hallucinations proprement dites . . . 248
VI. — L'action psychique d'un esprit sur un autre. — Transmission de pensées. — Suggestion mentale. — Communication à distance entre vivants 274
VII. — Le Monde des rêves. — Diversité indéfinie des songes. — Physiologie cérébrale. — Rêves psychiques. — Manifestations de mourants ressenties pendant le sommeil. — La télépathie dans les rêves . . 375
VIII. — La Vue à distance, en rêve, des faits actuels 452
IX. — Les Rêves prémonitoires et la divination de l'avenir 504
Conclusion 564

40 607. — Imprimerie générale Lahure, rue de Fleurus, 9, à Paris.

ŒUVRES DE CAMILLE FLAMMARION

OUVRAGES PHILOSOPHIQUES

La Pluralité des Mondes habités. 1 vol. in-12. 57ᵉ édition. . . . . . 3 fr. 50
Les Mondes imaginaires et les Mondes réels. 1 vol in-12. 23ᵉ édit. 3 fr. 50
La Fin du Monde 1 vol. in-12. 16ᵉ mille . . . . 3 fr. 50
Récits de l'Infini. Lumen. 1 vol. in-12. 13ᵉ édition . . . . 3 fr. 50
Lumen. 1 vol. in-18. 52ᵉ mille . . . . 0 fr. 80
Dieu dans la nature. 1 vol. in-12. 28ᵉ édition . . . . 3 fr. 50
Les derniers jours d'un philosophe, de sir H. Davy. 1 vol. in-12 . 3 fr 50
Lumen. Édition de luxe, illustrée par Lucien Rudaux. 1 beau vol. in-8° . 5 fr.
Uranie, roman sidéral. 1 vol. in-12. 30ᵉ mille . . . . 3 fr. 50
Stella, roman sidéral. 1 vol. in-12. 10ᵉ mille . . . . 3 fr. 50

ASTRONOMIE PRATIQUE

La planète Mars et ses conditions d'habitabilité. Étude synthétique accompagnée de 580 dessins télescopiques et 23 cartes aréographiques. . . 12 fr.
La planète Vénus. Discussion générale des observations (91 dessins). 1 brochure in-8°. . . . . 1 fr.
Les Étoiles doubles Catalogue des étoiles multiples en mouvement, avec les positions et la discussion des orbites . . . . 8 fr.
Études sur l'Astronomie. Recherches sur diverses questions. 9 volumes in-18. Le volume . . . . 2 fr. 50
Grand Atlas céleste, contenant plus de cent mille étoiles. In-folio. . 45 fr.
Grande Carte céleste, contenant toutes les étoiles visibles à l'œil nu. 6 fr.
Planisphère mobile, donnant la position des étoiles pour chaque jour. 8 fr.
Carte générale de la Lune . . . . 6 fr.
Globes de la Lune et de la planète Mars. . . . . 6 fr.

ENSEIGNEMENT DE L'ASTRONOMIE

Astronomie populaire. Exposition des grandes découvertes de l'astronomie. 1 vol. grand in-8°, illustré. 100ᵉ mille . . . . 12 fr.
Les Étoiles et les Curiosités du Ciel. Supplément de l'*Astronomie populaire*. 1 vol. grand in-8°, illustré. 35ᵉ mille. . . . . 12 fr.
Les Merveilles célestes. 1 vol. in-8° illustré. 50ᵉ mille. . . . . . 2 fr. 60
Les Terres du Ciel. Description des planètes de notre système. 1 vol. grand in-8°, illustré. 50ᵉ mille. . . . . 12 fr.
Petite Astronomie descriptive. 1 volume in-12, illustré. . . . . . 1 fr.
Qu'est-ce que le Ciel? 1 volume in-18, illustré. . . . . 0 fr. 60
Copernic et le Système du monde. 1 volume in-18. . . . . 0 fr. 60
Petit Atlas astronomique de poche. 1 vol. in-24 . . . . 1 fr. 50
Annuaires astronomiques. 1 fr. 25

SCIENCES GÉNÉRALES

Le Monde avant la création de l'Homme. 1 vol. gr. in-8°, ill. 56ᵉ mille. 12 fr.
L'Atmosphère. Météorologie populaire. 1 vol. grand in-8°, ill. 28ᵉ mille. 12 fr.
Mes Voyages aériens. 1 volume in-12 . . . . 3 fr. 50
Contemplations scientifiques. 2 volumes in-12 . . . . 3 fr. 50
L'Éruption du Krakatoa et les Tremblements de terre. 1 v. in-18. 0 fr. 60

VARIÉTÉS LITTÉRAIRES

Dans le Ciel et sur la Terre. 1 volume in-12. . . . . 4 fr.
Rêves étoilés. 1 volume in-18. . . . . 0 fr. 60
Clairs de Lune. 1 volume in-18. . . . . 0 fr. 60
Excursions dans le Ciel. 1 volume in-18 . . . . 0 fr. 60